イアンブリコス

ピタゴラス的生き方

西洋古典叢書

凡　例

一、この翻訳は、西暦後三〇〇年頃（前後各二〇年くらいの誤差がありうる）にギリシア語で書かれたシリア人イアンブリコス著『ピタゴラス的生き方』の全訳である。なおこの表題は、「ピタゴラスの生涯」あるいは「ピタゴラス伝」と訳されることもある。

併せて、著者不明『ピタゴラスの生涯』（要約）の翻訳を収める。その著者や底本などについては、同作品の「解説」を参照されたい。

二、翻訳の底本は、下記のドイプナーによる校訂版である。すなわち

Iamblichi De Vita Pythagorica liber, edidit L. Deubner (1937), editionem addendis corrigendis adiunctis curavit U. Klein, Stuttgart, 1975

底本と異なる読み方をした場合には、その旨を註記した。およそ七箇所である（三〇、四二、一六二、一七六、二一八、二四四、二五四節）。

三、ギリシア語をカタカナ表記するに当たっては、

(1) ϕ, θ, χ と π, τ, κ を原則として区別しない（例外、フォティオス）。

(2) 固有名詞は原則として音引きを省いた。

(3) 地名人名等は慣用に従って表示した場合がある（例、ピタゴラス）。

四、訳文中の［　］内の言葉は訳者による付け加えである。これは、直前の言葉の言い換えとか補足とか、その他何らかの仕方で理解を助けるはずのものである。

五、原書は三六章に区分されている、この区分は原著者イアンブリコスによるものかもしれない。巻頭に付された章別の「要項」が原著者自身の作成したものだとすれば、である。

六、章区分とは無関係に、原書は二六七節に区分されている（ただし「章」と「節」という語は原書にはない）。この節区分は、近世以降の校訂者たちによるものである。区切りが必ずしも適切でない箇所も見受けられるが、一節の長さが比較的短いので、引用や言及に際して、こちらの区分の方がより便利であろう。

七、「訳註」や「解説」において略称で言及された文献は以下のものである。

(1)「本書」＝イアンブリコス『ピタゴラス的生き方』

(2)「ディオドロス」＝シチリアのディオドロス『歴史文庫』（つまり『世界史』、前一世紀）

(3)「ラエルティオス」＝ディオゲネス・ラエルティオス『哲学者伝』（後三世紀前半）

(4)「ポルピュリオス」＝ポルピュリオス『ピタゴラスの生涯』（後三世紀後半）

(5)DK＝ディールス／クランツ編『ソクラテス以前哲学者断片集』（第六版、一九五一年）

(6)「ローデ」＝ローデ『小品集』（第二巻、一九〇一年）。E. Rohde, *Kleine Schriften*, Zweiter Band. この本（pp. 102-172）に「〈ピタゴラス伝〉においてイアンブリコスが利用した資料」と題される論文が収められている。元来は一八七一－七二年に学術誌に発表された論文である。

(7)デラット「研究」＝アルマン・デラット『ピタゴラス派文献資料の研究』（A. Delatte, *Études sur la littérature Pythagoricienne*, Paris, 1915）

(8)デラット「注釈」＝アルマン・デラット『ディオゲネス・ラエルティオス「ピタゴラスの生涯」、原典、解説、注釈』（Diogène Laërce, *La vie de Pythagore*, Bruxelles, 1922）

(9)「ブルケルト」＝W. Burkert, *Lore and Science in Ancient Pythagoreanism*, 1972（一九六二年に出たドイツ語原書の英訳。表題のloreは、前科学的、宗教的迷信を意味する）

(10)「仏訳」＝L. Brisson/A. Ph. Segonds, *Jamblique, Vie de Pythagore*, Paris, 1996

八、訳註で言及されたアリストテレスの断片の番号は、V・ローゼ編の「断片集」（第三版、一八八六年）のそれである。また初期ペリパトス派（エウデモス、ポントスのヘラクレイデス、アリストクセノス、ディカイアルコス、クレアルコス）の断片の番号は、ヴェーアリ（F. Wehrli）編の断片集（*Die Schule des Aristoteles*）の番号である。

九、巻末には、イアンブリコス『ピタゴラス的生き方』の固有名詞索引と事項索引を収録する。

目　次

ピタゴラス的生き方

水地宗明 訳

イアンブリコス

ピタゴラス的生き方

「第一巻　ピタゴラス的生き方」の要項(1)

第一章　ピタゴラスの愛智［哲学］についての序文(2)。ここでは神々のご加護を祈り、併せて、この仕事が有益でもあり困難でもあることを述べる［一―二節］。

第二章　ピタゴラスについて、つまり彼の父祖と祖国と養育と教育と国外留学と帰国とイタリアへの旅立ちについて、また全般に彼の全生涯［の目標］(3)について［三―一二節］。

第三章　彼のフェニキアへの渡航と、かの地での勉学。かの地からエジプトへの船旅の模様［一三―一七節］。

第四章　エジプトでの彼の勉学ぶり。そこからバビュロンへ旅したわけ。かの地でマゴスたちと交流した次第。再びサモスへ帰った次第［一八―一九節］。

第五章　サモス在住中の彼の教育活動。彼と同名の弟子を驚くべき巧妙さで教育した次第。彼のギリシアへの旅。彼のサモスでの研究のようす［二〇―二七節］。

第六章　彼がイタリアへ移住した理由。また彼のこの旅行について。またピタゴラスがどのような人物であったかについての、および彼の愛智についての、全般的規定［二八―三二節］。

第七章　イタリアでの彼の行動と、人々に対して公然と語られた言説との、若干のいわば類型〔三三―三五節初め〕。
第八章　いつ、どのようにして彼はクロトンへ移住したか。また到着後、最初に何をしたか。若者たちにどのような講話をしたか〔三五―四五節初め〕。
第九章　〔クロトンの〕国家全体を主導していた千人衆に対して、最良の〔政治的〕思想とふるまいについて、彼が行なった講話の内容〔四五―五〇節〕。
第十章　移住当初に彼がアポロン神殿で、クロトン国民の子どもたちに勧めたことの内容〔五一―五三節〕。
第十一章　移住当初に彼がクロトン人の妻たちにヘラ神殿で話したことの内容〔五四―五七節〕。
第十二章　愛智についての彼の解説の内容と、その理由〔五八―五九節〕。

(1) この「要項（ケパライア）」は、イアンブリコス自身が作成したものかもしれない。なぜなら、彼の『一般数学』に付されている「要項」の一部分が、すでにシュリアノス（後五世紀前半頃）によって引用されているからである（『アリストテレス「形而上学」注釈』一〇一―二九以下）。なおポルピュリオスも、彼が編集したプロティノス『エンネアデス』の「ケパライア」を作成したという（『プロティノス伝』第二十六章末）。

(2)「本書」だけへの序文でなくて、イアンブリコス『ピタゴラス派について』（内容的に「ピタゴラス派思想集成」とでも言うべきもの。全九巻あるいは一〇巻）への序説であるらしい。「本書」は、この『ピタゴラス派について』の第一巻であった。

(3) 彼の目標は、愛智あるいは学問追求であったという。一一節を参照。彼の全生涯が第二章で語られているわけではないので、「目標」という語を補ってみた。

第十三章　獣類つまり理性［言葉］を欠く動物をさえも、言葉によって教育する技能をピタゴラスがもっていたこと。そのことの二、三の実例［六〇－六二節］。
第十四章　彼が前生の想起を教育の手始めとしていたこと。つまり、［各人の］魂がそのとき宿っていた肉体の内へ入る以前に、［別の肉体の内で］生き終えた［複数の］生涯の想起を［六三節］。
第十五章　彼による教育的指導の第一段階――それは感覚を介しての指導であった――の内容。そして彼が弟子たちの魂を音楽によって矯正した次第。また彼がこの種の矯正を自分自身に対して完全に行なっていたこと［六四－六七節］。
第十六章　彼自身も相共に実行した［弟子たちの魂を］浄化する作業の内容。また彼が課した友愛の高次元での実践の内容。この実践も、素質のある人を愛智者として養成した［六八－七〇節］。
第十七章　初めて彼を訪ねた弟子［つまり弟子入り志望者］たちを、ピタゴラスがどのように試験したか。愛智へ導き入れる前に、彼らの素質をどのように吟味したか［七一－七九節］。
第十八章　ピタゴラスが自分の弟子たちをいくつの部類に、そしてどんなふうに、区分したか。またどのような理由［事情］で、彼らをそのように区別したのか［八〇－八九節］。
第十九章　ピタゴラスが、人々［弟子たち］を効果的に教育するために、あまたの方途を発見したこと。ここではまた、かのアバリスさえも彼に師事したこと、彼が別途の教育方法によって［短期間に］アバリスを智恵の極致へまで導いた次第が語られる［九〇－九四節初め］。
第二十章　ピタゴラス的愛智の独特の訓練。またピタゴラスがどのようにしてそれらの訓練を施したか。またどんなふうに、その時その時の愛智志望者たちを鍛えた〔そして検査した〕か〔九四－九五節〕。
第二十一章　ピタゴラスが定めて、弟子たちに終日細心に実行するように命じた日課。またこれらの日課にかかわる若干の訓戒〔九六－一〇〇節〕。
第二十二章　ピタゴラス的訓告による教育方式。これらの訓告は、日々の生活と人間的信条に関するものである〔一〇一－一〇二節〕。
第二十三章　シュンボロン〔符丁、暗喩〕による愛智への導きと、教説の内密の〔門外不出の〕覆い隠された意味。この方式の教育は、ピタゴラスがエジプト人と太古のギリシアの神学者たち(1)の流儀を真似て、すでに〔一応の〕教育を受けた者だけに対して行なったものである〔一〇三－一〇五節〕。
第二十四章　ピタゴラスが一般的にどのような食品を避けたか。また弟子たちに、どのようなものを避けるように命じたか。なお、このことについて彼は〔一律にではなくて〕各人それぞれの生き方に対応して異なる規則を定めたが、その内容と理由〔一〇六－一〇九節〕。
第二十五章　彼が音楽と歌曲によっても人々を教育した〔浄化した〕次第。それは一定の〔恒例の〕時機〔たとえば春季〕にだけでなく、とりわけ情念が人々〔弟子たち〕を悩ましたときに、行なわれた。そして〔人々の〕魂と身体の病気のどのような浄化〔治療〕を彼が行なったか。またどのようにそれら〔浄化〕を実施したか

(1)「神学者たち」とは、オルペウス、ホメロス、ヘシオドスなどを指すのであろうか。アリストテレス『形而上学』B巻第四章、Λ巻第六章、N巻第四章の「神学者たち」を参照。

〔一一〇―一一五節〕。
第二十六章　どのようないきさつで、またどのような方法で、ピタゴラスが〔楽音の〕協和と〔三つの〕協和的比率を発見したか。また彼がこれらについての知識のすべてを弟子たちに授けた次第〔一一五後半―一二一節〕。
第二十七章　どれほど多くの市民的公共的利益を、彼自身と彼の弟子たちが人々に提供したか。行為と言説によって、国制を定めることと法律を制定することによって、その他多くの善美な仕事によって〔一二二―一三三節〕。
第二十八章　〔彼の敬虔さについて。〕どれだけ多くの神的で驚嘆すべき仕事を彼が成し遂げたか。敬虔〔の美徳〕に基づく仕事、すなわち、神々のご好意によって人間へ最大の恩恵をもたらす仕事を、どれだけ彼が達成したか。これらの仕事〔あるいは恩恵〕は、〔神々から〕ピタゴラスを通じて死ぬべき種族〔人類〕へ下賜されたのである〔一三四―一五六節〕。
第二十九章　ピタゴラスの智恵について、それがどのようなものであったか。また、どのようにして彼が〔自分の〕認識諸能力を――第一の能力から末端の能力にいたるまで――正常さと精確さの点で、完成させて、弟子たちにも伝授したか〔一五七―一六六節〕。
第三十章　正義について、ピタゴラスが人々のために、それに関してどれだけ寄与したか。どのようにして根本から、つまり正義の最高の諸類から、末端の諸種にいたるまで、それを研究し実践して、すべての人〔弟子たち〕に伝えたか〔一六七―一八六節〕。

第三十一章　節制について、ピタゴラスがそれをどのように研究したか。そして言説と行為とその他あらゆる活動によって、それをどのように人々［弟子たち］へ伝授したか。またそれの種別がいくつあり、何と何であるかを弟子たちに対して確立した次第［一八七―二一三節］。

第三十二章　勇気について、いくつの、どのような訓戒をピタゴラスが人々へ授けたか。またどれだけの訓練と高貴な［勇気ある］行為を、彼自身も実践し、弟子たちにも実行させたか［二一四―二二八節］。

第三十三章　友愛について、それがピタゴラスその人においてはどのような性質の、どれだけの分量［範囲］のものであったか。どのようにして、それをすべての者へまで及ぼしたか。また、それの種別をいくつと定めたか。またピタゴラス派の人たちが［かの人の］言動に合わせて、どのような［友愛的］行為を成し遂げたか［二二九―二四〇節］。

第三十四章　若干の雑記。つまり、ピタゴラスその人が、あるいは彼の愛智を受け継いだ人たちが、言ったことや行なったことのうちで、美徳別に配列された［以上の］記述においては述べられなかった事項についての記事［二四一―二四七節］。

第三十五章　ピタゴラス派に対して起きた反乱がどのようなものであったか。そのときピタゴラスはどこにいたか。どのような理由でかの人たちを専制的で悪逆無道な徒輩が攻撃したのか［二四八―二六四節］。

第三十六章　ピタゴラスの後継について。また彼の最期について。また彼から［直接あるいは間接に］愛智を教えられた男性および女性の名前［二六五―二六七節］。

第一章

一　およそ何らかの哲学的考察を始めるに当たって神のご加護を祈ることは、少なくともすべての思慮深い人の慣わしであるが、[1] ましてや「神のごとき［人］」[2] と正当にも呼ばれたピタゴラスの［教え］として崇敬されている哲学［の考察］に際しては、そうすることがよりいっそう適切であろう。というのは、この哲学はもともとは神々から授けられたものであるから、[3] それを理解することも、神々のお助けによる以外に方策はないからである。加えて、この哲学の美しさと偉大さは人間の［理解する］能力を超えているので、一挙にこの哲学［の全容］を看取することは不可能であり、[4] ただ、だれかが神々のうちのどなたか慈悲深いお方の手引きによって、徐々に近寄って、いくぶんかのものを少しずつこの哲学から引き出すことができるだけだからである。

二　さてそこでわれわれは、以上すべての理由で、神々を先導者として招き、自分たちと自分たちの［以下の］論考を神々に委ねて、どこへなりと神々が導かれるところへついて行こうではないか。その際［次の諸事情を］まったく意に介しないでおこう。すなわち、この学派［の思想］がすでに多年にわたって無視されてきたこと、異様な教説と若干の不可解な符丁によって隠蔽されていること、(5) 多くの偽書のためにその姿が曖昧模糊としていること、(6) その他このたぐいの多くの悪条件によって妨害されていることを、である。なぜな

---

(1) 神に祈ることについては、たとえばプラトン『法律』第四巻七一二B、同『ティマイオス』二七C、プルタルコス『イシスとオシリス』一などにその例がある。

(2) 弟子たちはピタゴラスを「神のごとき人」と呼んだという（二五五節）。また彼は弟子たちによって、「神」あるいは「神と人との中間の者」とみなされた、とも伝えられる（三〇、三一節）。後世でも、彼を神にゆかりのある人とみなす見解があった（八節、アポロニオスあるいはイアンブリコスの意見）。

(3) 愛智（哲学）が神々からの贈り物であることについては、三〇、二五三節、「ポルピュリオス」五八を参照。ただしこれは、ピタゴラスが彼の哲学のすべてを神々から直接に啓示された、という意味ではないだろう。彼はたとえばエジプトの神官たちや、オルペウス教徒などからも学んだ、と言われている（一八、一四五―一四六節など）。

(4) 「一挙に」の原語「エクサイプネース」は、「突然に」、「瞬時に」、「忽然として」という意味をもつ。プラトン『饗宴』の有名な箇所（二一〇E）では、人がいろいろな段階の美しいものを観照した後で、最後に「忽然として」美そのものを看取する、と言われている。一説によると、イアンブリコスはここで、ピタゴラス哲学の理解は美のイデアの観照よりも困難だ（あるいは、優越する）というような含みで、この副詞を否定的に用いたのだ、という（オメアラ p. 36）。しかしそのような、いわば異類のもの（美のイデアとピタゴラス哲学）の対比がここで意図されているとは思えない。なお美のイデアは瞬時に直観されるとしても、そこへいたるまでの道程は長い、とプラトンは言っているようである。

(5) 符丁（シュンボロン、隠喩的表現を用いた短文）については、八二、一〇三―一〇五、二二七節を参照。

(6) 偽書がはびこっていたことについては、「ポルピュリオス」五三末を参照。イアンブリコスが真作だと信じたものの中にも偽書があったかもしれない。たとえばドーリア方言で書かれた散文の『聖語（ヒエロス・ロゴス）』である（一四六節）。

らわれわれには神々の［援助の］ご意志だけで十分であるから。これさえあれば、もっと困難なことにも耐えることができよう。また神々の次には、この神的な哲学の創始者であり父である人［の生き方、生涯］を［ここで描いて］われわれの手本として仰ぐことにしよう。ただし少々［年代を］さかのぼって、彼の父祖と生国から説き始めて(1)。

第二章

三 さて伝えられるところでは、ケパレニア［島］(2)のサメ［市］(3)の住人アンカイオス(4)はゼウスの子孫であった。このようなうわさ［名声］を彼がかちえたのは、美徳のゆえか、魂の何らかの偉大さのゆえか、どちらかであろうが、とにかく彼は、思慮と名声において、他のケパレニア人を凌駕していたという。そしてこの人にピューティアー［デルポイの女性神官、巫女］(5)から神託が降りたという。それは、ケパレニアとアルカディアとテッタリアから移住［希望］者を集め、さらにアテナイ人とエピダウロス人とカルキス人のうちの植民［希望］者も加えて、これらすべての人々を率いて、土壌が肥沃なためにメランピュロスと呼ばれる島に植民せよ(6)、そしてその都市をケパレニアのサメにちなんでサモスと名づけよ、という趣旨のものであった(7)。**四** その神託［の文言］は以下のごとくであった。

アンカイオスよ、我［アポロン］は汝に命ず。海に囲まれたサモスの島に、
サメに代えて、植民せよ。この島の名は今はピュリス(8)

(1) 一―二節は、(三節以下と同様に)アポロニオスからの引用文であるのか(十八世紀のマイネルスの説)、イアンブリコス自身の文章であるのか、断定しがたい、と「ローデ」127は言った。しかし内容的に見て、この箇所(第一章)は単に「本書」だけでなく、『ピタゴラス派について』(全一〇巻?)への序文であるとすれば(オメアラ p. 35)、イアンブリコス自身の文章であるだろう。

(2) ケパレニアは、イオニア海東部(ギリシア半島の西海岸沖)にある、不規則な形状の島。七一七平方キロメートル。その東隣にイタケ島がある。ホメロス『イリアス』第二歌六三四と『オデュッセイア』第四歌六七一―八四五では、ケパレニアがサモスと呼ばれている。ケパレニアとイタケからサモスへ植民が行なわれたという伝承が、ストラボン第十四巻第一章一五(六三七)に記されている。

(3) サメは、ケパレニア島にあった四都市のうちで最大の町。同島の東岸にあった(ある)。

(4) アンカイオスは半ば神話的人物。ポセイドンと女人アステュパライアの息子とも言われた(パウサニアス第七巻第四章一、サモスの詩人アシオスの説)。アルゴ船の乗員の一人であったという(ロドスのアポロニオス『アルゴナウティカ』第一歌一八五―一八九)。サモスの原住民(Leleges)の王であったとも言われる(ストラボン第十四巻第一章三(六三二)、パウサニアス前記箇所)。彼がケパレニアのサメの出身であったという説は、他の史料には記されていないようである。

(5) ピューティアーは、ピュティオス・アポロン(ピュトの、つまりデルポイの、アポロン)に仕えて神託を伝える女性神官(巫女)をいう。固有名詞ではない。

(6) メランピュロスは、「うっそうと葉が茂った島」の意。サモス島の旧名の一つがメランピュロスであったという説は、ストラボン第十四巻第一章一五(六三七)にも記されている。

(7) 三―二五節前半の記事の出所は、「ローデ」127-128によると、(テュアナの人)アポロニオスである。この範囲の記述は一貫しているという。一方「ブルケルト」100 n. 11は、三―八節と一一節のみをアポロニオスに帰している。このアポロニオスの名は「本書」では二五四節で一度出てくるだけだが、イアンブリコスがこのあたりの記事をアポロニオスから引用していることは、「ポルピュリオス」二から推定できる。

(8) 「ピュリス」は前節の「メランピュロス」を縮めた名称であろう。

なお植民者たちが前記の諸地域から合流したことの証拠は、［サモス人が］神々を祭り犠牲を捧げる祭式が、彼ら［植民者たち］の大多数の出身地であるあの諸地域から移入されたものだという事実だけでなく、さらに、サモス人とあれらの地域の人たちとの親戚関係と同盟である。そして伝えられるところでは、ピタゴラスの両親ムネマルコスとピュタイスはこの家の、つまりあの植民を主導したアンカイオスの一族の、子孫であった(1)。

五　ところで彼［ピタゴラス］がこの名家の出であることは同国人の間で認められていたのだが、一方、サモス生まれのある詩人は、彼がアポロンの子であるとまで主張して、こう歌っている(2)。

そしてピタゴラスを。この人をゼウスの愛息アポロンによって
産んだのはピュタイス、サモス随一の美女

そこで、このような説が広まった由来を説明しておくべきであろう。このサモス人ムネマルコスが、交易の途次、妻を伴ってデルポイに滞在していたとき、彼女が当時妊娠していたことはまだ分かっていなかったのだが、シリアへの航海について神託を伺った彼に、ピューティアーは「その航海はきわめて満足できる利益の多いものになるだろう。そして妻はすでに身ごもっていて、美しさと賢さで過去の人間を凌駕し、人類にとって最大の恩恵者となるであろう男児を産むだろう」と予言した。**六**　それでムネマルコスは、「自分が尋ねもしないのに、子どものことを神［アポロン］がお告げになったのは、この子に特別の資質が備わるはずだからであろう。この子は本当に神からの授かりものなのであろう」と推測して、そのときただちに妻の名をパルテニスからピュタイスに改めた。生まれる子［の予定された名前］と預言者［つまりピューティアー］に

ちなんだのである。七　そしてフェニキアのシドンで妻が出産したので、生まれた息子をピタゴラスと名づけた。ピュティオス〔つまりデルポイのアポロン〕が〔この子の誕生を〕彼に予言（プロアゴレウエイン）したからである。(3)

というのも、この点においてエピメニデスとエウドクソスとクセノクラテスの憶測は退けられねばならないのである。この人たちによると、実はアポロンがそのときにパルテニスと交わったのであり、まだ身ごも

(1) アンカイオスがピタゴラスの（父方と母方と両方の、あるいは母方だけの）先祖だという説の直接の出所は、アポロニオスである。現存の他の史料には記されていない。なお父の名は「本書」では一貫して「ムネマルコス」と表記されているが、他の史料では通例「ムネサルコス」である。この例外的表記がアポロニオスに由来するのか、イアンブリコスの発案か、明らかでないが、多分後者であろう。『ポルピュリオス』一冒頭を参照。一四六節の『聖語（ヒエロス・ロゴス）』からの引用文でも「ムネマルコス」と記されている。これがこの表記の元来の出所であろうか。

(2) 以下の二行の詩句は、字句に若干の違いはあるが、「ポルピュリオス」二でも引用されている。出所はアポロニオスの『ピタゴラスの生涯』だと明記されている。なお母の名を記した文献は、「ポルピュリオス」によると、アポロニオスのこの書だけである。「詩人」の名は不明。アシオスか（一三頁註（4））。一説によると、この詩句はアポロニオスが創作したものだろうという（「ローデ」128）。

(3) この説によると、「ピタゴラス」の語義は、「ピュティオス（つまりデルポイのアポロン）がその誕生を予言した人」である。別の説では、「ピュティオス（アポロン）に劣らず真実を語る（アゴレウエイン）人」である（「ラエルティオス」八-二一、アリスティッポスの説だという）。なおピタゴラス（イオニア方言では「ピタゴレス」）という名前の人はたくさんいたはずである。二五節、「ラエルティオス」八-四六―四七を参照。

っていなかった彼女を身ごもらせて、預言者を通じて［子の誕生を］予報したのだという。(1) このような推測は、けっして容認されるべきでない。

八　とはいえ、ピタゴラスの魂がアポロンの導きによって人間界へ送り出されたということは――この魂がアポロンの随行者であるのか、(2) それとももっと親密な関係でこの神に結びつけられているのかは、ともかくとして(3)――以上のような誕生のいきさつと、さらにまた彼の魂のあらゆる面での賢明さを考えれば、疑う人はだれもいないだろう。彼の生誕については、これだけにしておこう。

九　さてムネマルコスは［貿易を終えて］シリアから莫大な利益と巨富を携えてサモスへ帰った後で、アポロンの社を建立し、これをピュティオスに奉献した。(4) そして息子にはさまざまの最も重要な学びごとを学ばせた。彼［父親］は、あるときには［サモスの詩人］クレオピュロスに、(5) あるときにはシュロスの人ペレキュデスに、(6) またあるときには、神々に関することも当人の能力の許すかぎりは十分に習得させようとして、神事に関する第一人者たちのほとんどすべてに、息子を師事させたのである。そして息子は幸運にも、およそこれまでに語り伝えられていた人間のだれよりも姿形が美しくて、だれよりも神々しい人として育った。

一〇　そして父が亡くなった後も、彼［ピタゴラス］はきわめて謹厳できわめて節度ある人として成長し、まだずいぶん若かったのに、最長老の人たちからも尊敬され、丁重に扱われた。彼が人前に出たり発言したりすると、すべての人の注目を集めた。だれであれ彼と視線を交わしたすべての人の目に、彼は驚嘆すべき人と映じた。このようなわけで、多数の人が、彼はどなたかある神様の子だと確信したのも、もっともなことである。また彼の方では、このような声望と幼児期からの［良い］教育と生来の神々しい姿形から力を得

（1）エピメニデスのどの著作に「父アポロン説」が記されていたのか、不明である。なお「ローデ」128によると、これは有名なクレタの人エピメニデスではなくて、系譜学者エピメニデス（年代不詳、「ラエルティオス」一-一一五に名前が記されている）のことだろうというが、確かでない。

エウドクソス（前四世紀）は『地誌』第七巻においてピタゴラスに言及したらしいから（「ポルピュリオス」七）、ピタゴラスの誕生についての伝説にも同書で触れたかもしれない。しかし彼自身が「父アポロン説」を信じていたのかどうか、疑わしい。

クセノクラテス（前四世紀）には『ピタゴラス考（ピュータゴレイア）』と題される著書があったというから（「ラエルティオス」四-一三）、「父アポロン説」がそこに記されていたのかもしれない。しかし彼自身がこの説を信じていただろうか。ツェラー『ギリシア人の哲学』第五版、p. 311 n. や「ローデ」128などはこれを否定し、「ブルケルト」124などは肯定した。

（2）神の「随行者（シュノパードス）」、あるいはアポロンの「随従者（オパードス）」という表現が、プラトン『パイドロス』二四八C、二五二Bにある。そこでは、ゼウスやアポロンなどに率いられて、天外の真実在（イデア）を見ようと努める「神々やダイモーンたち」を指している（二四六E）。人間の魂は、これらのダイモーンのうちで、地上へ転落したものである。またイアンブリコス『エジプトの密教』一-三では、神々の随行者とは、ダイモーン、ヘーロース、清らかな（つまり、肉体と結合したことのない）魂などを指す。

（3）「もっと親密な関係」の具体的な意味は不明。アポロンのいわば「分身」のようなもの（たとえば極北のアポロンなど、三〇節参照）を示唆しているのであろうか。

（4）ピタゴラスの誕生を予言した「デルポイのアポロン」を祭る社をサモスに建てた、という意味であろう。「ピュティオス」については一三頁註（5）を参照。アポロンは、「デロスのアポロン」とか「極北のアポロン」とかと区別された。

（5）クレオピュロスは、ホメロスと親交があったとされる半ば伝説的な人物（一一節）。サモスあるいはキオスの人。彼がピタゴラスの師であったということは、年代的に不可能であろう。むしろ「クレオピュロスの子孫のヘルモダマス」が師であった、という説の方が（史実はともかくとして）もっともらしい。一九頁註（4）を参照。

（6）シュロスのペレキュデスは前六世紀前半頃の「神学者」。タレスと同時代か少し後の人（アリストテレス「断片」七五＝「ラエルティオス」一-四六）。ピタゴラスが（超能力発揮に関して）この人の影響を受けたらしいことは、アリストテレス（「断片」一九一）も示唆している。

て、自分を現在の特権［声望など］によりいっそう値する者となすべく努力し、神事の心得と学問と立派な生活態度によって自己を美しく装わせた。彼の魂は［常に］安定していたし、身体も落ち着いていた。言葉と挙動は晴れやかであり、真似のできない一種の和やかさを漂わせていた。彼はかつて一度も怒らず、哄笑せず、熱狂せず、競争心をもたず、またその他どのような心の乱れと激情のとりことなることもなかった。あたかも一柱の善きダイモーン［神霊］がサモスに滞在されているかのようであった。

一一　だから彼がまだ成年［一八歳］に達したばかりの頃に、高い名声が二人の賢人ミレトスのタレスとプリエネのビアスのもとへ届いたし(1)、近隣の諸都市へも鳴り響いた。そして「サモスの長髪者［若者］」という呼び名がすでに普及し、多くの人が多くの土地でこの若者を褒めちぎり、神様扱いし、喧伝した(2)。

さてしかしポリュクラテスの僭主政治が今しがた芽生えた頃に、せいぜい一八歳くらいだったピタゴラスは、この政治の将来を予見し(3)、これが自分の目標の、すなわち何よりも自分の関心事である学問追及の障害になるだろうことを見越して、夜中に人目を避けて、ヘルモダマスという名の人と一緒に――この人はクレオピュロスの子孫だと言われ、クレオピュレイオス［つまりクレオピュロス一族の人］と付称されていた。クレオピュロスは詩人ホメロスを客人として迎えた人で、この詩人の友人であり、よろずのことを彼に教えたということであるが(4)――海峡を渡って［シュロス島あるいはデロス島の］ペレキュデスのもとへ(5)、さらにミレトス

---

(1) ピタゴラスとビアス（七賢人の一人、「ラエルティオス」一・八二）のつながりについて触れた史料は、他にはなさそうである。ここでも、ピタゴラスの評判がビアスの耳に入った、と言われているだけである。プリエネもミレトスも、海

を隔ててはいるが、サモスから遠くない。

（2）「長髪者（コメーテース）」は、未成年（一八歳未満）の若者を指すことが多い。いつの頃からか「サモスの長髪者」という成句が出来たが、その起源と意味はいろいろに説明された。「本書」では、この成句は（好学者としての）若者ピタゴラスを讃えた言葉だと解釈されている（ただし三〇節では、成人のピタゴラスを指しているようである）。一方、前三世紀のエラトステネスと詩人テアイテトスによると、前五八八年頃に、ピタゴラスという名前の一八歳くらいの長髪の拳闘家がオリュンピアで未成年組の試合で優勝し、さらに成年組の試合でも優勝した。これがこの成句の起源だという説があった。エラトステネスは、この拳闘家が若き日の哲学者ピタゴラスであった、と考えたらしい（「ラエルティオス」八-四七―四八）。一方、「本書」二五や「ポルピュリオス」一五では、ピタゴラスが若い頃に競技者であったことは否定されている。なおこの成句をピタゴラスとも拳闘家とも無関係に解釈する説もあった。たとえばディオゲニアノス『ことわざ集』四-五八などを参照。「長髪者」の原語には「彗星」の意味もあるが（最古の用例はアリストテレスあたり）、この意味をこの場合にニュアンスとして感じ取る（リートヴェーク p. 80）のは、無理ではないか。

（3）精確な年代は不明だが、僭主ポリュクラテスはサモス島を前五三八年頃から兄弟三人で分割統治し、前五三二年頃から単独で支配したという（ヘロドトス第三巻三九、ただしヘロドトスは年代を記していない）。アプレイウスが、ピタゴラスのサモス出国を「ポリュクラテスの支配が始まったばかりのとき」と書いているので（『フロリダ』一五-一三）、「ローデ」はそれを前五三二年と解した。ただしアリストクセノスによると、このときピタゴラスは四〇歳であり、（シュロスやミレトスへではなく）イタリアへ向かったのである（「ポルピュリオス」九。「本書」三五でも、ピタゴラスのイタリア到着は前五三二年前後（オリュンピア暦第六十二期）と記されている。

（4）ヘルモダマスはここではピタゴラスの学友であるかのように書かれているが、他の史料によると彼の師であった（「ポルピュリオス」一、二、一五、「ラエルティオス」八-二、アプレイウス『フロリダ』一五-一二）。ただしアプレイウスはヘルモダマスのことを「クレオピュロスの弟子レオダマス」と記している。「クレオピュロス一族」とは、一説によると、ホメロスについての専門家集団であり、ピタゴラスはヘルモダマスからホメロスの詩について学んだのであろうという（リートヴェーク pp. 21-22）。

（5）ペレキュデスに師事したという記事は、九節と重複する。

の自然学者アナクシマンドロスとタレスのもとへ行き、一二　それぞれに順次、熱心に師事した[1]。その結果、どの師も彼に好意をもち、彼の天成の資質に驚嘆して、自分の学説を彼に伝えた。中でもタレスは大喜びで彼を受け入れた。そして他の若者たちとの違いに驚いた。この違いは、当人よりも先にすでに到着していた世評を上回る、格段に大きいものだったからである。だからタレスは彼の力の及ぶかぎりはピタゴラスに学問を授けたが、自分の老齢と病弱を理由にして、エジプトへ渡航［留学］するように、とくにメンピスとディオスポリスの神官たちに会うように、と彼に勧めた[2]。というのは、自分［タレス］も彼らから学問的知識を供給されて、そのおかげで、大衆の間で賢人だと信じられているのだから。しかもまた、ピタゴラスの内に今自分が看取するほどの優れた資質を、自分は天性によっても訓練によっても得ることはできなかった、とタレスは言った。だから、すべての事情を考え合わせて、もしピタゴラスが前記の神官たちに師事するならば、万人を凌駕する最も神的で最も賢明な人になるだろう、とタレスは喜ばしい予言をしたのである。

第三章

一三　さてピタゴラスはタレスから、他の多くのこともだが、とりわけ時間を何よりも大切にすることを学んだ。そしてその目的で飲酒と肉食を、また何よりもまず大食を避け、あっさりした消化のよいものだけを食べるようにして、その結果、少眠と鋭敏と魂の清浄と身体の健康を、［だいたいのではなく］きっちり精確な、揺らぐこともない健康を得た[3]。そのうえで彼は［フェニキアの］シドンへ渡ったのだが、これは、そこが自分の生地だと聞いていたのと、エジプトへの渡航はそこから出発すれば比較的容易だろうと、正しく判断したからである。(4)

(1) アナクシマンドロスに師事したことは、「ポルピュリオス」一一、一一やアプレイウス『フロリダ』一五-二〇にも記されている。その情報の出所は、ネアンテスやアントニオス・ディオゲネスらしい。一方、ピタゴラスがタレスに師事したことは、現存する他の史料には書かれていない。なおサモスからミレトスへの航海は、気象条件が良ければ、翌日に着く、と後二世紀にアプレイウスが書いている（『フロリダ』一五-一）。

(2) 「ポルピュリオス」七-八によると、ピタゴラスはヘリオポリスとメンピスでは受け入れてもらえず、ディオスポリスで研修したという。その情報の出所はアンティポンらしい。一方「本書」一八によると、彼はエジプトの有名な神殿と神官をすべて訪ねて研修したという。この記事の出所は「ローデ」によるとアポロニオスである。ディオスポリスは通称テバイ（テーベ）、現在のルクソルのあたりにあった。メンピスは現在のカイロの南方にあった都市。

(3) 肉食忌避の目的の一つが時間節約であったという説は、他の史料には記されていないようである。「鋭敏（エペグリア）」の原意は「目覚めている状態」である。思考力を研ぎ澄ましていることを意味するのであろう。この用語は一八七、二二五節でも用いられている。

(4) シドンからエジプトへ行く船が比較的多かったということか。シドンは現レバノンのサイダ。港があった。ただし一四節によると、彼はカルメル山の麓の海岸から船に乗ったという。そのあたりに港はなかったという（「仏訳」の註）。しかし何とか停泊はできたのであろうか（仮に「本書」の記述が史実を伝えているとすれば）。

一四　さてその地［シドン］で彼は、自然学者で預言者でもあったモコスの子孫たちや(1)、その地のフェニキア人密儀指導者たちに会って、ビュブロス、テュロスその他シリアの多くの地域で行なわれている独特な宗教的密儀のすべてを伝授された。彼が迷信のためにこのように労苦に耐えたのだと、短絡的に推測する人がいるかもしれないが、そうではなくて、むしろ見聞への愛と欲求のため、また神々に関する秘教と典礼の中に保存されている何か学ぶに値するものを自分が見逃すことのないように、という用心深さのためであった。さらにまた、その地の宗教的秘儀はエジプトのそれの、ある意味での分枝であり、末裔であると教わっていたから、そしてそれゆえに、もっと善美な、もっと神的な、もっと純粋な秘儀をエジプトで授かる［のに役立つ］だろうと期待したからでもあった。かくして彼は、師のタレスの勧めに従って、喜び勇んで、好都合にもフェニキアのカルメル山の麓の海岸に船を停泊させたエジプト人の船人たちに頼んで、ためらうことなくエジプトへ渡った。彼はこの山の神殿にたいていは独りでこもっていたのである(2)。一方、船人たちは喜んで彼を船に乗せたが、それは彼の青春を慰みものにすること、また彼を売れば多額の利益がえられることを期待したからであった。

一五　しかし航海中、彼が行儀正しく謹厳に、持ち前の態度でふるまうのを見て、彼に対する彼らの気持ちが好転した。彼らはこの少年の整然としたふるまいの中に何か人間性を超えるものを見て取ったし、また船が接岸した直後に見た彼のようすを思い出したのである。そのとき彼はカルメル山の頂から、ゆったりとした態度で、あたりを見回しもせずに、下りていた。この山が他の山々よりも格段に神聖であり、多くの人には足を踏み入れることが許されないのを、彼らも知っていた。彼は断崖にも歩行を妨げる石にも阻まれないで、船のそばまで来ると、ただ単に「エジプトへ行きますか」とだけ言葉を発した。彼らが肯定したので、彼は乗船し、彼らが仕事をするのにいちばんじゃまにならないような場所へ黙って座った。彼らは航海中ずっと同じ姿勢で三日二夜を過ごした。その間、食べ物も飲み物も睡眠もとらなかった。ただし、だれにも気づかれずに、座ったまま身じろぎもせずに。一六　そして航海は彼ら［船人たち］の予想に反して、何の支障もなく、すいすいと順調にはかどり、あたかも、どなたかある神様が［この船に］臨在したまうかのごとくであった。このような状況をすべて考え合わせて彼らは、本当に神霊が彼らとともにシリアからエジプトへ向かっておられるのだ、と確信した(3)。そして残りの航海に謹んで言葉少なにいそしみ、お互いの間でも、彼に対しても、ふだんより改まった言葉づかいとふるまいをした。その状態が、非常に好運で終始波のない航海を終えて、船がエジプトの海岸に接岸するまで続いた。

(1) モコスはシドンの人で、生存年代はトロイア戦争以前。原子論を説いたという（ポセイドニオス「断片」二八五、二八六 (E/K)）。しかしモコスが預言者だったという説は、他の史料には見当たらない。「本書」ではモコスとモーセが混ぜ合わされているのではないか、と疑う人もいる（J・ディロンの説）。

(2) カルメルは現在のイスラエル国北部（ハイファ市の南方）にある長さ二三キロメートルほどの丘陵。最も高い丘が五五〇メートルくらい。そこに祭られていた神は、時代によって、バールだったり、ヤハウェだったりだが、後にはこの神はゼウスと同一視されたらしい。

(3)「シリア」は国名ではなくて、地中海東岸一帯の広域を指す。境界線は明確でないが、北はタウロス山脈あたりから南はガザあたりまでか。だからテュロスやシドンなどのフェニキアの諸都市もシリアに含まれる。

一七　さてここで下船する彼を、船人たちが全員で恭しく抱き支えて、順々に受け渡しながら、いちばんきれいな砂の上へ座らせた。そして即製の祭壇のようなものを作って彼の前へ置き、その上へ有り合わせたかぎりのいろいろな果物を、いわば船荷のお初穂として供えてから、船を自分たちの目的地へ向けて出航させた。一方彼は、長時間の断食のため体がいくぶん弱っていたので、ここで降ろされることも拒まず、彼らの支えと手引きも拒絶しなかったし、また置いていかれた果物も遠慮しないで、彼らが去った後で十分に食べて、体力を少し回復し、近辺の集落へ無事にたどり着いた。いつもの、どんなときにも乱れない、落ち着いた態度を保持しながら。

第四章

一八　その地から出発して彼は、非常な熱意をもって［エジプトの］すべての神殿を訪ねて、精確に研究した。そして出会った神官たちと預言者たちに(1)よって驚嘆され、気に入られ、何事についても細心に［彼らから］習得した。当時称賛されていた教説をどれ一つとして、識見のゆえに有名であった人物をだれ一人として、どこにおいてであれ貴ばれていた密儀をどれ一つとして、彼は見逃さなかったし、またそこへ行けば何か重要なことを発見するだろうと考えたどの土地も、訪ねずにはおかなかった。そのようにして彼はすべての神官を訪ね、各人が長じていた学術に関して、各人から益された。

一九　さてこのようにして彼は二二年間をエジプトで［諸神殿の］至聖所において過ごし、天文学や幾何学を研究し、また——けっして衝動的にでも、行き当たりばったりにでもなく——すべての宗教的密儀を伝授されたのである。(2) しかしおしまいに彼はカンビュセスの軍隊に捕らえられて、バビュロンへ連れて行かれた。(3) そしてその地で喜んで、やはり喜んでいるマゴスたちと交流し、彼らの聖事と神仕え［つまり宗教］の奥義を習得し、また彼らが保持する算数や音楽やその他の学問の蘊奥を究め、一二年間をその地で過ごして、すで

(1)「預言者」とは最高位の神官。しかるべき機会に神の名において語る、という職務を負うので、ギリシア語ではこう呼ばれたという。エジプト語では「神のしもべ」と名づけられていたという（ビュデ版、ポルピュリオス『肉断ち論』四-八-五への註、p. 59）。

(2) ピタゴラスのエジプトへの船旅と、滞在中の研修についての比較的詳細な報告は、アポロニオス（あるいは彼が利用した著作者）による創作だ、と「ローデ」128は推測した。ただし彼のエジプト留学を、ありそうなことだと考える学者は少なくない（ツェラー『ギリシア人の哲学』伊訳、第二巻、p. 395 n. 2）。

(3) ペルシアのカンビュセス二世のエジプト攻略は（ヘロドトス第三巻一一など）、前五二五年頃とされる。エジプト王アマシスが死んだ六ヵ月後のことであったという（ヘロドトス第三巻一四）。カンビュセスは前五二二年にエジプトから帰る途中で死んだ（ヘロドトス第三巻六六）。ピタゴラスがエジプトでカンビュセスの軍隊の捕虜になったという話は、アプレイウス『フロリダ』一五-一四にも記されているので、アポロニオスの創作ではないだろうが、年代的にありえないことだと考える学者が多い（「ブルケルト」112 n. 16）。その頃にはピタゴラスはイタリアにいたとすれば、である。ただし彼が（いつ、どのようにしてかは別として）バビュロンへ行ったことを蓋然的とみなす学者も皆無ではない（たとえばゴンペルツ『ギリシアの思想家』第一巻第三章一）。

に五六歳くらいになったときにサモスへ帰った(1)。

第五章

二〇　そして［サモスで］彼は何人かの古老たちから［これはあのピタゴラスだと］認知されて、以前に劣らず賛嘆された。というのも彼は、以前よりももっと美しく、もっと賢く、もっと神々しいように彼らに思えたからである。そして祖国が公的に彼に委嘱して、全国民を益すること、彼の学問を伝授することを求めたので、彼は拒まないで、エジプトで自分が教育されたのとまったく同じ符丁的教育方法を用いて教えることを試みた(2)。けれどもサモス人はこのような方法をあまり好まなかったし、当然そうあるべきふうには彼に懐かなかった。

二一　だから、だれも彼のところへ寄り付かないし、彼がギリシア人の間へ移植しようと万策を講じて試みた諸学問を本当に愛好する者もいなかったのだが、自分の祖国であるので、サモスを軽蔑したり見下したりしないで、何としてでも祖国の人たちに学問［数学］の美しさを味わってもらいたいと彼は希求し、彼らが進んで学ぼうとしなくても、こちらの工夫と計画によって学ばせてやろう、と考えた。そこで、スポーツ好きで［体育場で］いつも体を鍛えているが、貧しくて生活が楽でない者たちの一人である若者が、巧みに機敏に球技をしているのを観察して、十分な生活の資を与えてやれば、よく言うことを聞くだろうと推測し、その若者が［球技を終えて］体を洗った後でそばへ呼んで、もし彼が自分［ピタゴラス］からある学問を、少しずつ、苦労しないで、段階的に、一度にたくさんの重荷にならないようにして、教わるならば、［その報酬として］体の鍛錬を怠らず続けるのに十分なだけの生活費を継続的に与えよう、と提案した。この学問は、自分が若いときに外国人から学んだものだが、老齢とそれに伴う記憶力減退のために、すでに忘れかけているのだ［だから、それをおさらいしたいのだ］、と彼は言った。二三　そして若者が承諾し、生活の資の欲しさに［学習することを］約束したので、ピタゴラスは彼に算数と幾何を教えようと試みて、砂を入れた画板（アバクス）の上で一つ一つの事項について証明し、それぞれの形つまり図形を教えるごとに、賃金あるいは報償として三オボロスを与えた。(3) このような授業を長期間彼は続けた。非常な熱意をもって真剣に、しかも最良の順序で若者を［数学的］観照へ導き、後者が一つの図形を学び取るたびに三オボロスを褒美に与えたのである。

---

(1) この（アポロニオスの）年代計算によると、ピタゴラスは一八歳の頃にサモスを出国し（一一節）、ペレキュデス、アナクシマンドロス、タレスに師事し（推定で約四年間）、次いでエジプトで二二年、バビュロンで一二年を過ごして、五六歳でサモスへ帰ったことになる（「ローデ」123）。なお「マゴス」は通例はペルシア（あるいはメディア）の神官を指すが、ここではバビュロンの神官を意味するのであろう。

(2)「符丁」については一一頁註（5）を参照。むろん、以下（二一―二三節）に記されている数学の授業は、符丁による教育ではないだろう。

(3)「オボロス」は小額の金の単位。六オボロスが一ドラクメ。前六世紀後半頃のサモスでの三オボロスの購買力は分からないが、この数学授業の話が実話であったとすれば、三オボロスで貧者の数日の生活費がまかなえたのであろう。ちなみにピタゴラス派は、「形と踏み台を（選べ）。形と三オボロスをではなくて」と言っていたという（イアンブリコス『哲学の勧め』第二十一章三六、プロクロス『エウクレイデス注釈』八四・一―一六）。この符丁の意味は、プロクロスによると、「図形の研究を足場として非物体的な世界へ上がれ。図形の研究を物質的金銭的利益の手段とみなすな」というようなことであった。

二三　さてかの若者は適切な方法で導かれたので、この学問〔数学〕のすばらしさと楽しさと整合性をすでに理解するにいたった。この事実を賢者は看取して、この若者はもはや自発的には止めないだろうし、たとえどんなに苦しい目に遭っても学ぶことをあきらめないだろうと考えて、自分の貧しさを理由にして、もはや三オボロスを上げられない、と言った。二四　しかし若者は、「いえ、それを頂かなくても、ぼくは学ぶこと、あなたから学問を受け継ぐことができます」と答えたが、賢者はこう言った。「だが私自身が自分の食費にも事欠くようになった。だから日常の必需品と毎日の食料を工面するための時間が必要で、画板と無益な無駄骨折に熱中するのは適当でない」。すると若者は、観照〔学習〕を続けることを止められない気持ちになっていたので、「ではこれからは、いわばコウノトリが親を養うように、ぼくがあなたのためにそれ〔生活費〕を工面しましょう。つまり、図形を一つ学ぶたびに、今度はぼくがあなたに三オボロスをお礼に差し上げます」と言った。

二五　そしてこれ以後、かの若者は学問〔数学〕のとりことなって、サモス人のうちでただ一人、ピタゴラスと一緒に〔サモスを〕去った。彼はピタゴラスと同名で、エラトクレスの息子であった。世に知られている〔ピタゴラス著の〕体育に関する書物は、この人物の著作であるし、また当時の体育競技者たちに〔従来の〕乾しイチジク食の代わりに肉食を勧めたのも、この人であった。世上これら〔二件〕が、誤ってムネマルコスの息子ピタゴラスに帰せられている(1)。

また同じ頃に彼はデロスで〔人々によって〕驚嘆された、と言われている。というのも彼は〔その地の他の祭壇を無視して〕無血の〔祭壇〕と呼ばれるゲネトル・アポロンの祭壇だけに詣でて、この神を礼拝したのであ

る。[2] そしてこの地から彼は［ギリシアの各地の］すべての託宣所を訪ねた。またクレタとスパルタでは、法律

（1）ピタゴラスが運動競技家に肉食を勧めたという話は、「ポルピュリオス」一五、ポルピュリオス『肉断ち論』一-二六、「ラエルティオス」八-一二などに記されている。それが実は同名別人のピタゴラスであったという「修正説」は、「本書」のほかに、「ラエルティオス」八-一三などにも見られる。前説の出所（の一つ）は、ポルピュリオスによるとポントスのヘラクレイデスである。また修正説の（「本書」での）直接の出所は、「ローデ」によるとアポロニオスだが、元の出所はティマイオスかもしれない（デラット「注釈」175）。

一三頁註（7）に記したように、三節初めから二五節のこの箇所までの記事の出所は、「ローデ」によると、テュアナのアポロニオスである。ただし以下のゲネトル・アポロン参拝の記事も、アポロニオスに由来するかもしれない。なぜなら、その記事も、ピタゴラスが全面的に肉食を禁じたという伝承につながっているからである（「デラット」の意見。次註参照）。

（2）「ゲネトル」の語義は「産出者」である。アポロンの息子アニオスはデロスの王であり、アポロンに仕える神官でもあった。彼の三人の娘はそれぞれが（大地から、あるいは何であれ彼女たちが手で触れたものから）オリーブ油、穀物、あるいはワインを産出させる能力をもっていた（アポロドロス『ビブリオテーケー』摘要三-一〇、オウィディウス『メタモルフォセス』第十三歌六五〇など）。「ゲネトル」というアポロンの冠称は、この三人の孫娘の産出能力のゆえであろうか（この能力を授けたのがアポロンであったとして）。

デロス島には、複数のアポロンの祭壇の一つとして、ゲネトル・アポロンの祭壇があり。そこでは小麦や大麦やケーキなどが供えられ、動物はけっして供えられなかったという（アリストテレス「断片」四八九＝「ラエルティオス」八-一三、ティマイオス「断片」一四七＝ケンソリヌス『生誕日』二、キケロ『神々の本性』三-八八など）。

ピタゴラスはデロスへ行ったとき、この祭壇だけに詣でたという話は、「本書」二五、三五、一〇八のほか、前記「ラエルティオス」やキケロなどにも記されている。「本書」でのこの情報の出所は（アポロニオスを介して）ティマイオスだと推測する説がある（デラット「注釈」176）。「ブルケルト」180 n. 108 はこの推測を不確かだと言っている。

の研究に時を費やした。そしてこれらのすべて［神託や法律など］について聴講し学習したうえで、［サモスの］自宅へ帰り、残されていたことの研究に取り掛かった。(1)

二六　そしてまず第一に、この都市に学舎を建てた。これは現在でも「ピタゴラスの半円堂」と呼ばれ、サモス人は今はここで国家公共の問題について討議している。(2)善美なこと、公正なこと、有益なことについては、これらすべてに心を砕いた人［ピタゴラス］が建設したこの場所で検討すべきだ、と彼らは信じているのである。

二七　彼はまた郊外に、哲学するための自分用の洞窟を設けて、ここで昼夜の大半を過ごし、ゼウスの子ミノスと同じ志を抱いて、学問［数学］において有用なことを研究した。(3)彼は、後に彼の学問的成果を利用した人たちよりもはるかに卓越していた。後者は自分たちの狭小な研究を鼻にかけていたが、ピタゴラスは天体についての学を全体的に確立し、算数的、幾何学的論証によって、これを十分に基礎づけたのである。(4)

第六章

二八　けれども、これ以後に彼が行なったことによって、彼はもっと多く賛嘆されねばならない。というのは、すでに［彼の］哲学が大人気を博していて、全ギリシアがとりわけ彼を賛嘆し、最も愛智的［哲学的］で最良の人たちが彼を目当てにしてサモスを訪れ、彼の教育を受けたいと望むようになったが、一方、彼は祖国人によって外国へのすべての使節団に加えられ、また公共の務めにも参加するように強いられたので、(5)祖

（1）「本書」の記述をうのみにするならば、ピタゴラスはバビュロンからサモスへ帰った後で、つまり五六歳以後に（一九節）、デロス、クレタ、スパルタへ旅して、再びサモスへ帰ったことになる。しかし本節後半の記事の出所は、「ローデ」129によると、もはやアポロニオスではなくて、ニコマコスである。そしてニコマコスは（アリストクセノスに依拠して）このデロスやクレタなどへの旅行を、ピタゴラスが四〇歳でイタリアへ行く以前（あるいは途中）のこととみなしたであろう。

（2）「半円堂」建築の話は「ポルピュリオス」九にも記されている。「現在でも」、「今は」は、イアンブリコスの時代（後三〇〇年頃）ではなくて、引用元の筆者の時代（前五ないし前三世紀？）である。

（3）洞窟を研究室にしたことは、「ポルピュリオス」九にも記されている。ミノスはホメロスによるとクレタ島のクノッソスの王（『イリアス』第十三歌四四九、『オデュッセイア』第十九歌一七九）。九年ごとにイダ山の洞窟へ行き、父ゼウスの教えを受けて、法律を定めたという（プラトン『法律』第一巻六二四A、『ミノス』三一九C）。洞窟にこもって神に接近するという点で、ピタゴラスはミノスを真似た、という文意であろうか。

（4）二六―二七節の記事の大半の出所は、アリストクセノスか（「ローデ」129）、アンティポンであろう（デラット「注釈」182,「ブルケルト」112 n. 14, 155 n. 197）。アンティポンの名は「本書」には出てこないが、「ポルピュリオス」七、「ラエルティオス」八-三に記されている。生存年代は不明。ソフィストのアンティポンであれば前五世紀だが、これとは別人とみなす人が多い（「ブルケルト」155 n. 197）。

本節後半の、ピタゴラスの（天文学の領域での）業績についての評価は、誇張であろう。一説によると、サモスでのピタゴラスの活動を（イタリアでの活動に劣らず）高く評価しようとしたサモスびいきの人による記述だろうというが（リートヴェーク p. 24）、「サモスびいき」でなくて、「ピタゴラスびいき」の人が創作したのかもしれない。

（5）「公共の務め（レイトゥールギアー）」とは、一般的な国民の義務か、それともむしろ狭義のそれ、つまり裕福な人が公共的な事業（たとえば体育場の管理とか、演劇の合唱隊を出すとか）の費用を負担することであろうか。

国に留まってこの国の法律と慣習に従っていては、哲学することが困難だ、と彼は悟った。それにまた、従前の哲学者たちもすべて異国の地で暮らしたことを彼は知っていた(1)。このような事情をすべて思いめぐらして彼は、国事の多忙さを避けて――ただしある人たちの説では、当時のサモス人たちの教育への無関心さを嫌って――イタリアへ向かって旅立った。住民の大半が学ぶことに関心をもっているような土地こそが自分の祖国だ、と彼は信じたのである(2)。

二九　そして最初に［当時イタリアで］とりわけ有名な都市であったクロトンで人々に教えを説いて、多数の追随者を得た。すなわち――伝えられるところでは六〇〇人が彼に従ったという。彼らは単に彼が講じた哲学へ引き入れられただけでなく、彼の指示に従って、いわゆる共同生活者（コイノビオイ）になった(3)。**三〇**　そしてこの人たちが愛智者であり、その他の多数者は聴講者であって、アクースマティコイと呼ばれた(4)。――かの人が独りで(5)イタリアへ上陸してから最初に行なったただ一回の公開講演において、二〇〇〇人以上が圧倒的に魅せられて、彼の講説のとりこになった、と言われる。その結果、この人たちはもはや帰宅しないで、子どもたちや妻たちと一緒に巨大な聴講堂を建てた。そして万人が大ギリシア（メガレ・ヘラス）と呼ぶようになった都市を形成して(6)、ピタゴラスから法律と命令を受け取り、まるで神が定めたもうた掟である

---

(1) 彼以後の著名な哲学者の幾人かは異郷の地で後半生を送ったが（クセノパネス、エンペドクレス、アナクサゴラスなど）、彼以前のギリシアの哲学者には該当する人は知られていない。

(2) 彼のイタリア移住の動機は、別の伝承によると、ポリュクラテスの専制政治への嫌悪である（「ポルピュリオス」九、一六、「ラエルティオス」八-三、アエティオス一-三-九など）。しかしイアンブリコス（アポロニオス）はこの動機をす

でに（ピタゴラスが一八歳でサモスを出国したときに）利用した（一一節）。だから本節では、ポリュクラテスの僭主政治がすでに終わって、サモスは自由な国家であったかのように記述されている（「ローデ」129-130）。

二八－二九節の出所は、「ローデ」130によると、テュアナのアポロニオスである。

（3）初期ピタゴラス派が「コイノビオイ」という言葉を使ったかどうか、確かでない。現存文献上でのこの語の用例は少なく、すべて後二世紀以降のものであるらしい。この語は英語などのcenobite（修道士）の語源でもあるが、イアンブリコス（あるいはアポロニオス）がキリスト教徒と張り合って、この語を用いたという推測には証拠がない、という（「仏訳」158 n. 29-1）。

（4）アクースマティコイ（聴講者、聴聞派）と研学派（本節では「愛智者」）の区別については八一節を参照。

ダッシュ内の言葉は、直後の文章にうまくつながらないので、底本では削除されている。しかし「ブルケルト」100 n. 15, 192 n. 3などは、削除に反対する。「六〇〇人」と「二〇〇〇人」が食い違っているが、一方はアポロニオスによる数字で、他方はニコマコスが伝える数字だとも解釈できよう。イアンブリコスはこの食い違いを、愛智者（六〇〇人）と聴講者（二〇〇〇人）を区別することによって説明しようとしたのかもしれないが、「二〇〇〇人」も共同生活をしたということだから、単なる聴講者ではなく、愛智者にほかならないだろう（「ローデ」130）。要するに、イアンブリコスの編集の不手際で、食い違う二つの史料を一つにつなぎ合わせて、文章も文意もちぐはぐになった、ということだろうか。

「六〇〇人」という数字は「ラエルティオス」八－一五などにも伝えられている。「六〇〇人を下らない人たちが彼の夜間の講義に出席していた」。

（5）「独りで（モノス）」は、写本の読みである「単に（モノン）」を校訂者ドイブナーが修正したものである。しかしこの「モノン」を直前の「ただ一回の」の「ただ（モノン）」の重複とみなして削除する人もいる（ナウク、アルブレヒトなど）。三六節では「従者たち」がいたかのように書かれている。一方、二一四節では「彼はどこへ行くにも独りで旅した」と記されている。

（6）ここでは「メガレ・ヘラス」が一つの都市であるかのように述べられているが、この名称は通例は、イタリア半島南部（時にはシチリアも含めて）の沿岸の一群のギリシア人植民都市を指す（一六六節、ポリュビオス『歴史』第二巻第三十九章一、キケロ『トゥスクルム討議』五－一〇など）。これらの諸都市がピタゴラス派の尽力によって栄えたという説は、ティマイオスに由来するらしい（「ブルケルト」104 n. 34）。

かのように大切にして、これらに違反することを何一つ行なわず、集団の全員が一心同体となり、近隣の人たちから祝福され、前記のように資産を共有した。[1] そして以後彼らはピタゴラスを、人類にきわめて好意的なある善きダイモーン〔神霊〕として、神々の列に加えた。[2]

ある人たちによるとピュティオス〔つまりデルポイのアポロン〕が、ある人たちによると極北の地のアポロンが、ある人たちによるとパイアン〔つまり医神アポロン〕が、ある人たちによると月に住むダイモーンたちのどなたかが、またある人たちによるとオリュンポスの神々のうちの〔アポロン以外の〕他のお一方が、この死ぬべき生を裨益し矯正するために、人間の姿をまとって、当時の人々の前に現われたのであり、その〔より具体的な〕目的は、幸福と愛智〔哲学〕という救済の種火を死ぬべき本性をもつ者たちに恵与することであった、[3] と人々は語った。「神々からの贈り物として、これよりも大きい善はかつて到来しなかったし、今後も到来しないだろう」[4] と付け加えながら。だからこそ現在でもなお、「サモスからの長髪者」という成句によって、最高の敬意を込めて〔ピタゴラスのことが〕喧伝されているのである。[5]

三一　なおアリストテレスも、ピタゴラス哲学についての彼の著作において、次のような区分がかの人たち〔ピタゴラス派〕によって彼らの厳重な秘密〔の教説〕の中に保存されている、と述べている。すなわち、理性的な動物のうちの、ある者は神、ある者は人間、そしてある者はたとえばピタゴラスのような者であると。[6]

---

(1) 資産を共有したことは、「本書」ではここで初めて記されているので、「前記のように」はイアンブリコスのミスであろうか。彼は種本の言葉をそのまま引用したのであろう。それとも、二九節の「共同生活者」という語の意味に「資産共

有」も含まれている、と彼は考えたのであろうか。この場合、二九―三〇節のダッシュ内の言葉は削除されてはならないことになるだろう(アルブレヒトによる独訳への註、モントネリによる伊訳への註)。

(2)三〇節前半は(冒頭の言葉を別にして)「ポルピュリオス」二〇の大部分に一致する。出所がニコマコスであることは、そこに明記されている。

(3)他の史料によって解釈すると、常人の魂も不死ではあるが(「ポルピュリオス」一九)、輪廻転生の連鎖から逃れられない(「ラエルティオス」八-一四)。一方、愛智者の魂はそこから離脱できる(『黄金の詩』七一、「ラエルティオス」八-三一)。愛智によるこの離脱が、究極の「幸福」である、と考えられたのであろう。

(4)プラトン『ティマイオス』四七Bから引用された言葉である。

(5)「サモスからの長髪者」については一一節を参照。そこでは「長髪者」は「若者」の意味であったが、イタリアでのピタゴラスは四〇歳以上である。一つの伝承によると、彼は後年まで長髪であったという(ルキアノス『生き方の競売』二)。だからこの成句の意味は、一一節と本節とでは違っているようである。種本の違い(アポロニオスとニコマコス)によるのであろうか。

三〇節後半から三三節末までの、ピタゴラスの神性についての「脱線」は、「ローデ」131の推測によると、ニコマコスの(三〇節前半とは)別の箇所からの引用であろうという。三〇節前半に続くニコマコスの文章は、三三節以下で引用される。

(6)アリストテレス「断片」一九二。なおローゼ編の「断片集」では、三〇節の一部分(「そして以後彼らは」以下)もこの断片に含められているが、不適当であろう(「ブルケルト」166 n. 4)。アリストテレスからの引用は、三一節冒頭からここまでであろう。

「ピタゴラスのような者」とは、「神が人間の姿をとって現われたもの」、あるいは「神と人との中間的存在」というほどの意味であろう。なお「理性的動物」という表現を初期ピタゴラス派が使ったかどうか、疑問である(「ブルケルト」144)。とはいえ、「知性(ヌース、グノーメー)」という言葉をすでに初期ピタゴラス派やエピカルモスが使ったらしい(八一、二二八節、「ポルピュリオス」四六)。

そして彼らが彼をこのような者として理解したのは、本当にもっともなことである。なぜなら、この人のおかげで、神々とヘーロースとダイモーンと宇宙について、(1)また諸天球と星々のさまざまな運動について、掩蔽《えんぺい》と食と不規則性と偏心性と周転円について、(2)また宇宙の内のすべての事象について、つまり天と地とその中間の区域の現われているものと隠れているものについての、真相に近い、だいたい正しい観念が［われわれのもとへ］到来したのだからである。この観念は、現象のどれにも、［正しい］理論のどれにも、けっして矛盾しない。彼のおかげで、数学と理論的観照と学術的知識のすべてがギリシア人の内に宿るにいたったのである。これら［学術］は、真に魂の目［知性］を開かせるものであり、他のもろもろの営みのせいで視力を失っていた知性を清め癒して、万有の真実の始元と原因を看取できるように回復させるのである。(3)

三二　また最良の国制、(4)国民の和合、(5)「友人のものは共有」、(6)神々への奉仕と死者の崇敬、立法と教育と寡

(1) ヘーロースもダイモーンも神と人間の中間に位置する存在だが、両者の差異については「本書」では説明されていない。ダイモーンの方が上位とされる場合が多いが（三七、一〇〇節、「ラエルティオス」八-二三）、ここではヘーロースが先に書かれている。

(2) 「掩蔽」とは、（われわれから見て）ある天体の前を別の天体が通過する際に、前者を覆い隠す現象。たとえば木星が双子座の星の一つを覆ったなど（アリストテレス『メテオロロギカ』第一巻第六章）。ただしこの術語（「エピプロステーシス」）の用例は、前三世紀（アリスタルコス）以後の文献にのみ見られるという。

「不規則性（アノーマリアー）」は、とりわけ惑星の運動の（順行は別として）留（一時停止）と逆行を指すのであろう。

「偏心」の字義は、同心でないこと、つまり、ある円の中心が（同心円である）他の諸円の中心を外れていることである。そして、ある惑星の円軌道が偏心的（エクケントロス）であるとは、その中心が地球でなくて、地球の外部にあることを意味する。

「周転円（エピキュクロス）」とは、一つの大きい円の円周上を動く小さい円である。この小円の中心は大円の円周上にある。そして小円は滑るのではなくて、転がるのである。周転円の円周上に一つの惑星が固定されているならば、この惑星は（大円の中心に位置する）地球に近づいたり遠ざかったりするだろう。一方、惑星が地球を中心として回転する円（球）の円周上に付着すると仮定するならば、地球からの距離は不変であり、惑星の見かけの大きさや明るさの変化を説明できない。

偏心円や周転円の理論は、諸惑星の軌道を（地球を中心とする）同心円だとみなしたエウドクソスやカリッポスやアリストテレスの学説を修正するために提出されたものであり、彼らよりも後の時代に考案されたものである、とみなすのが通説である（たとえばシンプリキオス『アリストテレス「天体論」注釈』四九三－一一）。だから、これらの理論をピタゴラスに帰するのは困難であろう（たとえば「ブルケルト」325）。

（3）知性の「失明」と「視力回復」については、一二八節と「ポルピュリオス」四六を参照。

（4）最良の国制とは、（単数あるいは複数の）愛智者が統治する政体であろうか。一つの伝承によると、クロトンは一時期、約三〇〇人のピタゴラス派が国政を処理していたという（二六〇節、「ラエルティオス」八－三、ユスティヌス二〇－四）。「ラエルティオス」はこれを「ほとんどアリストクラティアー（最善者支配）だった」と記している（出所はティマイオスか）。ただしピタゴラスや初期ピタゴラス派がすでに「アリストクラティアー」という用語を使ったという証拠はない。また「ラエルティオス」（あるいはティマイオス）がどういう意味でこの語を使ったのかも明確でない。「ラエルティオス」は「彼らは国事を最善に（アリスタ）処理したので、その国制はほとんど（ほぼ）アリストクラティアーであった」と書いている。いずれにせよ、それは民主制でも独裁制でも、いわゆる貴族制でも寡頭制でもなかったのであろう。

（5）「国民の和合」については、次の箇所を参照。三四節「国家から内紛を、家庭から不和を取り除け」、四五節「ミューズたち（和合の神）の神殿を建立せよ」。

（6）この有名な成句は、九二節末、「ポルピュリオス」三三、「ラエルティオス」八－一〇などにも記されている。元の出所は、「ラエルティオス」によると、ティマイオスである。内容（つまり資産の共有）については、三〇節と二五七節を参照。

黙(1)と他の動物への思いやり、(2)克己と節制と明敏と神性、(3)またその他の――一言で包括すると――もろもろの善、以上のすべてが愛好するに値する、熱心に追及すべきものであることが、彼によって、好学者に対して明らかにされたのである。だから当然なことに、以上のすべての功績のゆえに、彼らはピタゴラスを非常に賛嘆したのである。

第七章

三三　さて次に述べねばならないのは、彼がどんなふうに外地で、主としてどの国々で、過ごしたのか、どのような講話を、どんな主題について、だれに対して行なったのか、ということである。というのは、それによって、生涯のこの時期における彼の活動が何であり、どのようなものであったかが、われわれに理解しやすくなるだろうからである。(4)

さて伝えられるところでは、イタリアとシチリアへ渡ったときに彼は、各都市が互いに［都市国家相互間で、あるいは一都市内の市民間で］隷属状態にあるのを見出した。ある都市は多年にわたって、別の都市は最近になってからだが。そこで彼は、各都市での聴講者を通じて、これらの都市を少しずつ自由の精神で満たして、［隷属状態から］救出し解放した。それはクロトン、シュバリス、カタネ、レギオン、ヒメラ、アクラガス、タウロメニオン、その他若干の都市であった。しかも彼はこれらの都市に、カタネのカロンダス(5)とロクロイのザレウコス(6)を介して、法を制定した。この法のおかげで、これらは後年にいたるまで、近隣から羨まれる

（1）一つの伝承によると、弟子たちは五年間の沈黙を課せられたという（六八、七二節、「ラエルティオス」八-一〇、その出所はティマイオスらしい。セネカ『道徳書簡』五二-一〇、ルキアノス『生き方の競売』三など）。これが終日完全な沈黙であったのか、限定された（たとえば教場内だけでの）沈黙だったのか、分からないが、絶対的沈黙と明記している史料もある（たとえばルキアノス前記箇所）。

（2）三六節（魚の命を救った）、六〇節（動物への訓戒）などを参照。他動物も人間同様に生きる権利をもつという思想は、一〇八、一六八-一六九節、「ラエルティオス」八-一三、「ポルピュリオス」一九（すべての動物が親類である）などに記されている。

（3）明敏（アンキノイア）は鋭敏（エペグリア、一三節など）とほぼ同義か。また「神性」は、各人の魂が神的なものであることだろうか（二四〇節）。

（4）以上（つまり本節の冒頭部分）は、イアンブリコス自身の文章であろうか（「ローデ」131）。以下、本節と次節（三四）の大部分は、「ポルピュリオス」二一-二二にほぼ一致する。その直接の出所は（「ポルピュリオス」二〇で名を挙げられている）ニコマコスであろう（「ローデ」131,「ブルケルト」98 n. 6）。

（5）カロンダスはシチリアのカタネの人で、有名な立法家。カタネ、メッセネ（旧名ザンクレ）、レギオンなど（エウボイア島のカルキス人が植民した、シチリアとイタリアの諸都市）の法律を作ったという（プラトン『国家』第十巻五九九E、アリストテレス『政治学』第二巻第十二章）。生存年代は不詳だが、前七あるいは六世紀か。彼とザレウコスがピタゴラスの弟子であったという伝説は、アリストクセノス（前四世紀）までさかのぼることができる（「断片」一七＝「ポルピュリオス」二一、「断片」四三＝「ラエルティオス」八-一六）。ポセイドニオス（前一世紀前半）もこの伝説を信じた（セネカ『道徳書簡』九〇-六）。

（6）ザレウコスはイタリアのロクロイの人で、有名な立法家（アリストテレス『政治学』第二巻第十二章）。クレタのタレス（前七世紀前半頃）の弟子だったという説もあったらしい（アリストテレス前記箇所）。一方、エウセビオス『年代記』によると、前六六三年頃の人である。ティマイオスはザレウコスの実在性を否定したが、テオプラストスは肯定した、とキケロが伝えている（『法律』二-一五）。

ほどの、法制のよく整った都市であり続けた。

三四　また彼は内紛と不和と総じて対立を、弟子たちと彼らの子孫の間から——報じられるところでは、その後何世代にもわたって——根絶しただけでなく、広くイタリアとシチリアのすべての諸都市から、各都市の内部においても、都市相互間においても、それらを取り除こうとした。というのも、あらゆる人に対して、あらゆる機会に、多数の人に向かっても、少数の人に向かっても、彼はしばしば、神の助言的神託にも似た次のような寸言を口にしたのである。これは彼の思想のいわば一種の要約であり、総括であった。「万策を用いて追放すべし。〔外科手術においてのように〕火と鉄〔メス〕とあらゆる方策によって切除すべし[(1)]。身体から病気を、魂から無知を、口腹から贅沢を、国家から内紛を、家庭から不和を、総じてすべてのものから行き過ぎを」。この寸言によって彼は、いとも愛情深く、自己の思想の精髄を各人に想起せしめたのである。

三五　さて言説と行為に現われた、この時期の彼の生き様〔活動〕の一般的類型は、以上のようなものであった。

第八章

一方、彼が行なったことと説いたことを個別にも報告すべきだとすれば、以下のように語らねばならない。彼がイタリアへ到着したのはオリュンピア暦第六十二期〔前五三二－五二九年〕で、カルキスの王エリュクシアスが徒競走で優勝したときであったが、彼〔ピタゴラス〕はただちに注目と賛嘆の的となった。それは、以前に彼が［サモスから］デロスへ渡航したときと同様であった。というのも、彼はその地［デロス島］で［犠牲獣の］血で汚されていない唯一の神であるゲネトル・アポロンの祭壇にだけ近づいて祈りを捧げ、この島の住民たちの間で驚嘆されたのである。(2)　三六　同様にまたこの時機［イタリアへ上陸したとき］にも彼は、シュバリスからクロトンへ向かう途中で、海岸で網を引く漁師たちのそばに立って、網がまだ海中深く沈んでいて引き上げられつつあったときに、どれだけの漁獲があるか、魚の数を明示して予言した。そして漁師たちが、結果がそのとおりだったら、何でもあなたのおっしゃることをしましょう、と同意したので、魚の数を数えたうえで、生きたまま放してやれ、と命じた。しかも［予言が当たったことよりも］もっと驚くべきことには、数える間の長い時間、水の外にいた魚たちが、彼がそばにいたので、一匹も死ななかったのである。ところ

(1)「火と鉄によって」という表現は、以下の四箇所（事項索引を参照）でも（また「ポルピュリオス」二二でも）用いられている。外科手術（火で焼き、メスで切る）からきた表現か。

(2) 三五節はイアンブリコス自身の文章であろう。ただしピタゴラスのイタリア移住の年代については、年表風のハンドブックのようなものに依拠したのであろうか（「ローデ」131）。またデロスでの無血祭壇礼拝の記事は、一一五節の繰り返しである。

ピタゴラスのイタリア移住の時期をオリュンピア暦第六十二期としている史料としては、他に、キケロ『国家』二-二八がある。この説は、（年代を明記していない）アリストクセノスの説（「ポルピュリオス」九）に実質的に一致するのであろう。他に、第六十期とか（「ラエルティオス」八-四五）、第六十一期とか（「ディオドロス」第十巻第三章一）の説がある。オリュンピア暦による年代表示の方法は前四世紀後半か前三世紀に（ティマイオスとエラトステネスによって）広まったというから、初期ピタゴラス派はそれを知らなかったはずである。

で彼は、魚の代金を漁師たちに与えてから、クロトンへ向かって立ち去ったが、一方、漁師たちはこの出来事を言い広め、また彼の名を従者たちから聞き出して、だれかれなしに吹聴した。そしてこの話を聞いた人たちは、その外人を一目見たいと切望したが、それは容易なことだった。なぜなら彼の容姿が、見る人に感銘を与えるものであり、人がそこから彼の真実の本性［つまり人間以上のものであるような本性］をうすうす感じ取るほどのものだったからである。(1)

三七　数日後に彼は［クロトンの］体育場へ入った。若者たちが彼のまわりに群がったので、伝えられるところでは、彼は彼らと若干の対話を行なって、年長者を敬うように勧めた。彼はこう解き明かしたという。(2)「宇宙においても人生においても国家においても自然界においても、時間的に先行するものが後続のものよりも尊重される。たとえば、日の出は日没よりも、朝は夕べよりも、生誕は死滅よりも、同様にまた土着の人は外来者よりも、同じくまた植民都市においても植民の主導者たちと最初の入植者たちが［後から移住した人たちよりも］、また一般的に言うと、神々はダイモーンよりも、そしてダイモーンはヘーロースよりも、そしてヘーロースは人間よりも、(3)そして人間の中では生誕の原因者［祖先あるいは親］が後で生まれた者［子孫あるいは子］よりも尊ばれる」と。

三八　ところで彼は帰納するためにこれら［の事例］を述べたのであって、ここから、両親を自分自身よりも大切にすべきことを［帰納推理の結論として］導いたのである。というのも、彼が言うには、「あたかもいったん死んだ人が、自分をこの世へ連れ戻してくれることができた人［たとえば医者など］に対して負うのと同じほどの恩義を、子は親に負っているのである」。そして続けてこう説いた。「第一の恩人と最大の恩人をだれよりも愛して、けっして悲しませないのが、公正なことである。そしてわれわれの誕生に関しては、両親だけが第一の恩人である。また子孫によって行なわれたすべての立派な行為の原因は父祖である。彼ら［両

(1) 魚数を予言して魚の命を救った話は、「ポルピュリオス」二五にも記されている。直接の出所は、どちらの場合も、ニコマコスであろう。しかしこれを、イタリア上陸後のピタゴラスの（評判になった）最初の活動として報じているのは、「本書」だけである。イアンブリコスの創作であろうか（「ローデ」131）。なお魚数を予言したのではなくて、単に魚を買い取って放してやったのだという話が、プルタルコス『モラリア』（九一Cなど）や、アプレイウス『弁明』三一に記されている。ニコマコスが伝えたのとは別の伝承によるのだろうか。

ピタゴラスの超人間的本性については、三一節初めを参照。

(2) 三七－五七節には、ピタゴラスがクロトンで行なったとされる四つの講話の内容が記されている。この記事の直接の出所は、（以前には、ディカイアルコスだと考える研究者もいたが）テュアナのアポロニオスだろうと推測されている（ツエラー『ギリシア人の哲学』第五版、p. 314.「ローデ」134.「プルケルト」100 n. 12）。というのも、二五四－二六四節がアポロニオスからの引用であることはほぼ確かであり、そしてその箇所とこの箇所（三七－五七節）との間には、いくつかの共通点があるからである。

ピタゴラスがクロトン到着後に間もなく四つの講話を行なったことは、すでにディカイアルコスが伝えている（「ポルピュリオス」一八＝ディカイアルコス「断片」三三）。この伝承に基づいて、まずティマイオスが、その後でさらにアポロニオスが、講話の具体的内容を創作し、肉付けしたのだろう、と「ローデ」133は推測した。なおピタゴラスがクロトンで、男たちにだけでなく、子どもたちや婦人たちにも、しばしば道徳的講話を行なったという伝承は、ユスティヌス二〇-四にも（多分ティマイオスに依拠して）記されている。

(3) ダイモーンとヘーロースについては、三六頁註（1）を参照。ここでは神々はダイモーンよりも、そして後者はヘーロースよりも、「年長者」である、とみなされているようである。「ラエルティオス」八-二二－二三を参照。

親、父祖〕こそが他のだれにも〔神々にも〕ましてわれわれの恩人であると論証することは、神々に対して罪を犯すことにはけっしてならない。なぜなら、自分の父をだれよりも尊敬する者を、神々は大目に見てくださるはずだからである。というのも、そもそも神を敬うことをも、われわれは父親から教わったのだからである。(1) 三九　だからこそホメロスも、神々の王〔ゼウス〕をまさにこの〔「父」という〕名称を用いて、「神々と死ぬべき者たちとの父」と呼んで、讃えているのである。(2) また他の神話創作者たちの多くが伝えるところでは、神々の統治者たち〔ゼウスとヘラの夫妻〕は、子どもたちから両親へ分配される愛情を自分だけが独り占めしようとして争った。そしてまさにこの理由で、各自が父と母との両方の役割を演じて、一方〔ゼウス〕は単独で〔女神〕アテナを産み、他方〔ヘラ〕も単独で〔男神〕ヘパイストスを産んだ。つまり、自分と反対の性をもつ子を産んで、〔自分から〕より多く隔たっている〔子からの〕愛情を得ようとしたわけである。(3)

四〇　そして居合わせた者たちが全員、不死なる者〔神々〕の判断こそが最も確実であることを認めたので、彼はこれらのクロトン人〔の若者たち〕に対して、ヘラクレスはこの地〔クロトン〕へ入植した人たちにゆかりの神であること〔五〇節〕を足がかりにして、両親の命じたことには喜んで従わねばならないことを、次のように論証したという。「彼〔ヘラクレス〕は神であるのに、他のもっと長老の神〔アポロン〕の命令に従って多くの難業を遂行し、成功の記念としてオリュンピア競技会を開設して、これを父〔ゼウス〕に捧げたのである」。(4) そして「お互い同士の交際も、友人に対しては自分がけっして敵にならないように、また敵に対しては自分はできるだけ早く友人になるように努めるならば、うまくいくだろう」と彼は説いた。(5) また「年長者に対して礼儀正しくすることによって父親に対する従順を、他人に親切にすることによって兄弟との交わり

(1)『黄金の詩』冒頭では、「神々を第一に敬え」と説かれている。ヒエロクレス『「黄金の詩」注釈』五-四によると、神の意思と親の命令が一致しないならば、われわれは前者に従うべきである。しかし「本書」のこの箇所では、ピタゴラスは一般の若者たちに親孝行を勧めているのだから、厳密な議論を避けているのだ、とも言えるだろう。仮にこの講話が史実であるとして、である。ピタゴラスの弟子たちは、親よりも師に（両者の意思が食い違った場合に）従ったのではないか。

(2)たとえばホメロス『イリアス』第一歌五四四、第四歌六八、『オデュッセイア』第一歌二八など、多くの箇所で。

(3)成人し武装したアテナがゼウスの頭から生まれたという神話は、ヘシオドス『神統記』九二四、アポロドロス『ビブリオテーケー』一-三-六などにある。しかしその理由付けは、「本書」で述べられているようなこと（つまり子の愛情の独占）ではない。またヘラがゼウスと交わることなくヘパイストスを生んだという話も、『神統記』九二七、アポロドロス『ビブリオテーケー』一-三-五などにある。理由は、ヘラがゼウスとけんかしたからだ、とされている（ヘシオドス）。「本書」での新しい理由付け（神話の新解釈）は、ピタゴラスに由来するのであろうか、それともアポロニオスかだれかの創作であろうか。

(4)ヘラクレスに十（あるいは十二）の難行を課したのは、ミュケナイ（あるいはティリュンス）王エウリュステウスであるが（ホメロス『イリアス』第十九歌一三三）、後者に仕えよと（神託によって）ヘラクレスに命じたのはアポロンであった（アポロドロス『ビブリオテーケー』二-四-一二）。ただし通常の神話によると、ヘラクレスは十二の難業を達成した後で神になったのである。アポロンによって命じられたときには、まだ神ではなかった。なおヘラクレスがオリュンピア競技を創設したという伝説は、たとえばピンダロス『オリュンピア祝勝歌』第二歌三、第六歌六八、アポロドロス『ビブリオテーケー』二-七-二などに記されている。

(5)「ラエルティオス」八-二三によると、「人との交際は、友人が敵に回ることのないように、また敵が友人に変わるようなふうに、行なえ、とピタゴラスは教えた」という。「本書」と「ラエルティオス」の両方に共通するこの情報の元の出所は、ティマイオスであろうか（デラット「注釈」196）。アポロニオスはティマイオスをしばしば利用したらしい。

方を、練習すべきである」と彼は教えた(1)。

四一　引き続いて彼は節制について語った。「青年期は欲望が最も盛んな時期であり、ここで［各人の］本性が験されるのだ」と。そして次のことをよく考えてみるように勧めた。「もろもろの美徳のうちでこれ［節制］だけが──むろん少年にも少女にも婦人にも中高年の人たちにも［大切］ではあるが──とりわけ若者にとって、追求すべきものである。しかもまたこれだけが、身体の利益と魂の利益を包含している」と彼は指摘した。「というのも、これ［節制］は健康と［人間の］最良の営み［学芸］への欲求とを保護するからである。

四二　そしてこのことは、反対の性向(2)との対比によっても明らかになる」と彼は言った。「異国人とギリシア人がトロイアで戦列をしいて対峙したときに、双方がそれぞれ一人の男の放縦のせいで、このうえなく恐ろしい災厄に見舞われたのである。ある人たちは戦争において、他の人たちは［トロイアからの］帰航中に、であるが。そしてこの［それぞれの側の］ただ一つの不正行為［放縦に起因する不正］に対して、神は一〇年あるいは一〇〇〇年にわたる刑罰を科せられた。すなわち神は、［一〇年間の戦争と、その結末である］トロイアの陥落と、ロクリス人が毎年イリオンのアテナ［女神］の神殿へ［二人の］乙女を［一〇〇〇年間］送り出すべきことを託宣されたのである(3)」。

また彼は若者たちに教養を推奨して、次の点を反省するように勧めた。「諸君は精神（ディアノイア、思考力）を何よりも大切なものであると考えていて、その他の事柄についてはこれ［精神］によって判断しようとするのに、一方これの訓練にはほんの僅かの時間も労力も費やしたことがないのは、何とおかしなことであろうか。しかも、身体の手入れ［体育など］の成果は、悪い友人と同様に、間もなく去って行くが、教養は立派な人物のように、死ぬまで付き添ってくれるし、ある人たちの場合には死後も不滅の名声をもたらしてくれるのである」。

四三　またそのほかにも彼は、このたぐいの議論を、あるいは歴史から、あるいは思想から材料を取って組み立てて、「教養［知識］は、それぞれの分野で第一級であった人たちの［努力の］共同の精華である」ことを示した。「なぜなら、この人たちが発見したことが、他の人たちにとっての教養になるからである。そし

（1）ここでは、父母を敬うことと年長者を敬うことが類比的に扱われているようである。また兄弟と仲良くすることと、すべての人に親切であることが、類比的なこととみなされている。

（2）節制に反対の性向とは、むろん不節制、放縦である。「性向（ディアテシス）」の読みは、十九世紀の Cobet の修正案に従った。写本と底本によると「アンティテシス」で、訳は「（節制に反対の）対立」となる。

（3）四二節前半は簡略すぎて、論旨が少しあいまいである。トロイア王プリアモスの息子パリス（別名アレクサンドロス）が自制心を欠き、スパルタ王メネラオスの妻ヘレネを誘惑したことが、トロイア戦争の原因であった。トロイアは戦いが始まってから十年目に陥落する、とゼウスはギリシア軍に告げた（ホメロス『イリアス』第二歌二九九―三三〇）。そして戦闘と敗戦によってトロイア側は悲惨な目に遭った。一方、トロイア陥落の際に、ギリシア軍の勇将の一人、ロクリスの人アイアスが、トロイア王の娘カッサンドラを女神アテナの神域で陵辱した。このためギリシア軍の帰航中に、アイアスが溺死したばかりでなく、他の多くのギリシア人も災厄に見舞われた。またロクリス人は以後一〇〇〇年間、毎年二人の処女をトロイアのアテナの神殿へ捧げるよう、神託によって命じられたという（アポロドロス『ビブリオテーケー』摘要六-二〇―二二）。

てこの教養というものは非常にすばらしいものである。というのも、世間で褒め称えられるその他のものは、そのあるものは他人からもらうことができないし――たとえば力、美しさ、健康、勇気などである――またあるものは、それを他人に提供した人は自分ではもはや所有しないが――たとえば資産、支配権、その他多くのものである――一方、教養［知識］は、他人からもらうこともできるし、また与えた人も依然としてそれを保有できるからである。**四四**　同様にまた、ある種の善いものを獲得することは人間の思いのままにはならないが、教養［教育］を受けることは、本人の選択によって可能である。そしてそれ［教養］を得たうえで祖国の政治に参画する人は、厚顔無恥（アナイディア）のゆえにではなくて、教養（パイディアー）のゆえに参画していることが、だれの目にも明らかである。というのも、主として指導［教育］のおかげで、人間は獣類に、ギリシア人は外国人に、自由人は奴隷に、愛智者は一般人に勝っているのである。そもそもこの愛智者というものが卓越している程度は非常なもので、たとえば、かつてオリュンピアで他の人たちよりも速く走った人は、一国つまり諸君の国［クロトン］から七人も出たが(1)、一方、智恵に優れた人として数えられたのは、全居住世界から七人にすぎなかった(2)。そしてその後の、現にわれわれが生きている時代には、ただ一人［つまりピタゴラス自身］だけが愛智において万人に抜きん出ているのである」と。というのも、彼自身は「智者」に代えて、この名称［つまり「愛智者」、「智恵の愛好者」］を名乗っていたのである(3)。

四五　以上のことを彼は体育場で若者たちに語った。

第九章

さて若者たちが各自の父親に［ピタゴラスの］講話の内容を話したので、千人衆[4]が彼を議事堂へ招いて、ま

(1) クロトンでは（かつては）軍事教練とスポーツが盛んであった。ある年のオリュンピア競技大会で、競走での上位七人がすべてクロトン人であったという。それで「クロトン人のビリが他のギリシア人の中ではトップだった」と言われたとか（ストラボン第六巻第一章一二（二六二））。

(2) いわゆる七賢人（七智者）を指す。「七賢人」という呼称は、一つの伝承によると、前五八二年頃から用いられたという（「ラエルティオス」一-二二）。とすると、ピタゴラスの時代にすでにこの呼称は広まっていたのであろう。七人の名は必ずしも一定していなかったが、タレスやソロンやビアスは通例含まれていたようである（プラトン『プロタゴラス』三四三A、「ラエルティオス」一-四一など）。なお八三節を参照。

(3) 「愛智者」の名称と意味については五八節を参照。このような若者向けの講話において、ピタゴラスがいきなり「愛智者」という新奇な言葉を使っただろうか。それとも実際の講話においては、彼はこの新語に説明を付け加えた、というわけであろうか。ともあれ、彼はこの講話において若者たちに、自分を師として智恵（あるいは愛智）を学べ、と勧めているようである。

(4) 千人衆（ホイ・キーリオイ）とは、国務（立法、行政、司法など）をつかさどる、およそ一〇〇〇人の（？）権力者たちであるらしい。一二六、二五七、二六〇節でも、この名称が用いられている。四七節では「議員」と呼ばれている。この名称「本書」でこの名称が用いられている四箇所の直接の出所はアポロニオスであるらしい。「ポルピュリオス」や「ラエルティオス」には、この名称は出てこない。「ポルピュリオス」一八では、「長老たち」とか「統治者たち」と呼ばれている。なおアクラガスの千人衆については「ラエルティオス」八-六六で、ロクロイの千人衆についてはポリュビオス『歴史』第十二巻第十六章で言及されている。

ず息子たちへの彼の講話を称賛したうえで、彼がクロトン国民に対して何か有益なことを語ることができるのであれば、それを国政の指導者たち［つまり自分たち千人衆］に提示してほしい、と要請した。

そこで彼がまず第一に彼らに勧告したのは、「現在の［クロトン国民の］融和を［将来にわたって］維持するために、ミューズの神殿を建立する」ことであった。「というのも、これら［九人］の女神たちは全員が［ミューズという］同じ名前をもち、伝承によると、いつも一緒にいて、みんなでそろって崇拝されることを最も喜ばれる。(1) 要するに、ミューズたちは常に同一の合唱隊を形成していて、しかも斉唱、協和音、リズムなど、和合をもたらすすべての要素を具備しているのである」。また彼は、「ミューズたちの威力は最美の観照対象［詩歌、音楽など］にだけでなく、万有の交響と調和にまで及んでいる」ことを示した。(2)

四六 そしてその後で彼はこう語った。「皆さんは、自分たちは共同でこの祖国を国民の大多数から預かったのだ、と考えるべきである。だから皆さんは、信託されたものをそっくりそのまま次世代の国民へ引き渡せるように、この国をしっかり管理しなければならない。そしてこのことは、皆さんが国民すべてに公平であり、他の何よりも正義を重視するならば、確実に実現するだろう。というのも、あらゆる場所が正義を必要とすることを知っていた人たちが、法が国家に対して占めるその地位［同席者あるいは陪席者の地位］を、テミスがゼウスに対して占め、またディケがプルトンに対して占める、というふうに神話を作ったのである。これは、自分に課せられた義務を公正に果たさない人は、同時に全宇宙に対して不正を犯していることを示すためである。(3) **四七** また議員たる者は、誓言のために、いかなる神［の名］も乱用してはならない。誓わなくても信用されるような言葉を選んで話すべきである。(4) また各議員は自分の家庭を適切に管理して、国政上

の決定を家政上の決定に準じて行なうことができるほどでなければならない。また自分の子どもたちに対し

(1) この女神たちの数は、「本書」でも九名とみなされているのであろう。ホメロス『オデュッセイア』第二十四歌六〇、ヘシオドス『神統記』七六、九一七、「ポルピュリオス」三一などでも、九名とされている。個々のミューズの固有名は、すでに『神統記』七七以下に記されている。しかし各自がつかさどる領域（天文学、哲学、歴史など）が区別されているのは、もっと後代の文献においてである（たとえばプラトン『パイドロス』二五九C―D）。一方「本書」でのピタゴラスは、ミューズの一体性を強調している。

(2) 「交響（シュンポーニアー）」と「調和（ハルモニアー）」は、適切な関係（とくに、適切な数的関係、比率）を意味するのであろう。アエティオス一-三-八（二八一a二一-四）、アリストテレス『形而上学』A巻第五章九八六a二一-三を参照。いわゆる天球の音楽（六五節）もここで暗示されているのであろうか。

(3) テミスは「掟」あるいは「法」の女神である。テミスがゼウス（天と地上の支配者）の傍らに座を占める陪席者であることは、たとえばピンダロス『オリュンピア祝勝歌』第八歌二一にも記されている。「そこ（アイギナ）では、もてなしの神ゼウスのそばに座を占める救いの女神テミスが、他のどの土地でよりも、たいそう敬われている」。

プルトンは地下の冥界の王である。ディケは正義と裁きの女神である。この女神は天上のゼウスの陪席者と言われることもあるが（たとえばソポクレス『コロノスのオイディプス』一三八二）、地下の神々とともに住む、と言われたり、描かれたりする。たとえばソポクレス『アンティゴネ』四五一。絵画については、たとえば J. Harrison, *Themis*, 1977, pp. 520-521 を参照。なおピタゴラス派のテアゲスの著作とされる（実は偽書らしい）『美徳について』の断片に、こう記されている。「テミスは天上の神々のもとに住み、ディケは地下の神々のもとに、そしてノモス（法）は人間のもとに住む。この三者は、正義が最高の美徳であることの象徴である」。

ピタゴラスの主張の趣旨はこうであろう。「法は国家を補佐する地位にある。そして、国法が正当なものである場合、それは全宇宙の法（自然法?）に一致しているから、それに違反する者は全宇宙の法に違反する」。

(4) ピタゴラス派が（神にかけて誓う）誓言を極力避けたことは、一四四、一五〇節のほか、「ラエルティオス」八-二二、「ディオドロス」第十巻第九章一などにも記されている。

ては誠実に［真情を示して］接しなければならない。すべての動物のうちで彼ら［子どもたち、一般に人間］だけがこの［誠実の］観念を感得しているのだからである。また生活の伴侶である妻に対しては、次のことを心にとどめて接しなければならない。すなわち、他人との契約は文書や石碑に記録されるが、妻との契約は子どもたちの上に書き留められているのだということを。そして自分の子どもたちから愛されるように努めねばならない。それも、子どもたちがその原因者ではない自然の絆によってではなくて、選択によって、である。この種の善行［親への愛情］は自発的なものであるべきだからである。四八　そしてあなた方はこのことも熱心に努力しなければならない。すなわち、［妻の側だけでなく］あなた方自身も自分の妻だけを知ることを、そして妻が［自分に対する］配偶者の軽視と悪行のせいで血統を汚す［つまり妻が他の男性の子を産む］のを防ぐことを。さらに、妻は［神々への］献酒の後で、［実家の］かまどから離れて［夫の家へ］連れてこられたのだから、神々のみそなわす前で嘆願者［庇護を求める者］として夫のもとへ至ったのだ、と考えねばならない(1)。またあなた方［議員］は、規律正しいことと節制の点で、自分が治める家の家人たちのだけでなく、この国の全住民の手本であらねばならない。そして［国民の］だれ一人として、どんなことにも過ちを犯さないように、配慮しなければならない。それも、人々が法による刑罰を恐れて、こっそりと不正を行なうというのではなくて、あなた方の優れた人格に対する尊敬のゆえに正義を志向する、というふうでなければならない」。

四九　また彼は行為に関して怠慢を排するように勧めた。「なぜなら、各種の行為における好機こそが善にほかならないからである(2)」。また「不正行為の最たるものは、親と子を相互に対立させることである」と彼は断じた。そして「独力で有益なことを予見できる人が最良の人であり、二番目は、他人の身の上に起きたことから［自分にとっての］良策を看取する人であり、最悪なのは、自分が痛い目にあってから、やっと、もっと良い方策に気づく人である、と考えねばならない」[3]と彼は説いた。また彼はこう語った。「名誉を求める人［政治家］は、競走で栄冠を得ようとする人たちを見習うならば、誤ることはないだろう。というのも、後者は対抗する相手を苦しめようとするのではなくて、自分が勝利を得ることを望むだけである。同様に、政治に携わる人たちも、反対の意見を主張する人たちに腹を立てるのではなくて、［自分の意見を］聞き入れる人たちに利益をもたらすことだけを目指すべきである」。また「各人が真実の名声［称賛］にこだわって、自分が他人の目にそう映ってほしいと願うような人物に実際になる」ことを彼は勧めた。「というのも、忠告は［神聖なものではあるが］称賛ほどには神聖でない。[4]なぜなら前者は人間だけに向けられるものだが、後

（1）嘆願者（ヒケテース、女性はヒケティス）とは、ある場合には、他国へ行って、その国で保護されることをその地の神々（の祭壇）へ祈願する人である。新婦は、それまでその保護下にあった実家（の炉の神）から離れて、婚家（の炉の神）の保護を求めるので、一種の嘆願者である。嘆願者を不当に扱う者は神々の、とりわけゼウスの神罰を被る、と言われた。夫が妻を庇護すべきことについては、八四節を参照。

（2）好機（カイロス）の具体的な意味については、一八一－一八二節を参照。各種の行為が良い結果をもたらすか否かは行為の時機による、と考えられた。なおピタゴラス派は好機を七と定義したと伝えられるが（アリストテレス『形而上学』A巻第五章と、その箇所へのアレクサンドロスの注釈三八－一六）、「本書」ではこの定義に触れられていない。

（3）ヘシオドス『仕事と日』二九三－二九七にやや類似の教訓がある。

（4）忠告が神聖であることは、八五節で言われている。忠告あるいは助言する人は、自分をいくぶんか神に近い立場に置くわけであろう。

者は神々に向けられることがはるかに多いからである」。

五〇　そして締めくくりに彼はこう語った。「皆さんのお国は、伝承によると、ヘラクレスによって創建された。彼が牛たちを追い立ててイタリアを通っていたときに、ラキニオスによって傷つけられて、クロトンが夜に助けに来たのを、敵の一人だと勘違いして殺したので、自分［ヘラクレス］が不死を得た［神になった］あかつきには、クロトンの墓の周りに、彼［クロトン］と同名の都市を建設しよう、と約束したのである(1)。このようにして［ヘラクレスから］与えられた恩恵への報謝として、皆さん方はこの国を公正に治めなければならない」。

さて彼ら［千人衆］は［この講話を］聴いて、ミューズ神殿（ムーセイオン）を建立し、またその土地の慣習でそれまで抱えていた妾たちを解雇した(2)。そして彼がピュータイオン［アポロン神殿］で子どもたちに、またヘラ神殿で妻たちに、別々に講演するように依頼した。

第十章

五一　彼は承諾して、子どもたちに以下のような話をした、という。「人を非難することを自分から始めてもいけないし、自分を非難する者に反撃してもいけない」。そして「君たちの年齢［つまり子ども、パイス］に因む名称をもつパイデイアー［子どもの仕事、学び］にいそしみなさい」と彼は勧めた。さらに、「よい子どもは生涯立派な人柄を保ち続けることが容易だが、この時期に良く育っていない人は、スタート時の状態が悪いので、ゴールまでうまく走ることが困難、というよりもむしろ不可能である」と彼は説いた。そしてまた、「君たち［子ども］は神さま方の大のお気に入りである」ことを説明して、こう語った。「だから旱魃のときには、神々に雨乞いをするために諸国は子どもたちを差し向けるのだが、これは、神々がとりわけ子どもの願いを聞いてくださるから、また子どもは常時清浄であるので、神域に長く留まることが許されているからである。(3)

五二 そしてこの理由ですべての人が、神々のうちで最も人間に親切なアポロンとエロスを、子

（1）神話によると、ヘラクレスは十番目の難業を遂行した際に、スペインのガデイラ（現カジス）からギリシアのミュケナイまで多数の牛を連れて帰ったが、その途中でイタリアを通ったという（たとえばアポロドロス『ビブリオテーケー』二-五-一〇）。

ヘラクレスのはからいによってクロトン市が建設されたという話は、細部は多少異なるが、「ディオドロス」第四巻第二十四章七、第八巻第十七章一-二、オウィディウス『メタモルフォセス』第十五歌一二-五九などでも伝えられている。ラキニオスはギリシア人ではなくイアピュギア人で、その地の王であったという。クロトンの「ラキニオス岬」は彼の名にちなんだ地名だという。またクロトン（人名）は、ラキニオスの義理の息子だったという。しかしオウィディウスによると、クロトンはこの地の王であって、（ヘラクレスによって殺されたのではなくて）彼を歓待したので、ヘラクレスがそのお礼に、後に神になってから、ミュスケロスというギリシアのアルゴスの人に命じて、クロトン市を建設させたという。なお「本書」五二末を参照。

（2）ピタゴラスがクロトンの男たちに畜妾を止めさせたいきさつについては、少し違う話が一三二節に記されている。

（3）穢れの原因とみなされたのは、性交、殺人、死や死者との接触、出産や産婦との接触、その他多くのことであった。子どもは通例これらの汚染を免れているので、常時清浄である。子どもは心が純真であるから清浄だ、という意味では多分ないだろう。

どもの姿をしたものとして絵に描き、彫刻するのである。(1) また広く認められているように、優勝者に［金銭などでなくて、月桂樹その他の木の葉の］冠が授けられる競技会のいくつかは、子どもを記念するために設けられたのである。たとえばピュティア競技会は、［大蛇］ピュトンがある少年［アポロン］に打ち負かされたので設けられた。(2) またネメア競技会とイストモス競技会は［幼児であった］アルケモロスとメリケルテスが亡くなったときに、この子たちを記念して設けられたのである。また以上のことは別にしても、クロトン人の国が建てられたときに、この植民の指導者［アカイア人ミュスケロス］にアポロンが、イタリアへの植民を先導するならば子孫を授けよう、と約束したのである。(3) 五三　だから君たちは、自分たちの誕生についてはアポロンが、またおよそ子どもに関することについてはすべての神さま方が配慮してくださったのだと信じて、神さま方の愛情に値する者にならねばならない。そして、よく話せるようになるために、よく聴く練習をしなければならない。また、君たちが老年へまで歩むであろうその道を、今すぐ出発して、すでにそこへ到達している人たちに従って進み、年長者には決して反論してはならない。そうすれば将来、自分たちに対しても若い人たちは言い争うべきでない、と要求することができよう」と彼は語った。そしてこの講話のゆえに［彼を崇めて］、だれも彼の名前をあえて口にしなくなり、すべての人が彼を神人（テイオス）と呼ぶようになった、と一致して伝えられている。(4)

第十一章

五四　また婦人たちに対しては、最初に供物に関して次のように話した、と伝えられる。「だれかがあなたたちに代わって祈りを捧げてくれる場合には、その人が品行方正な人柄であることを、あなたたちは望むだろう。そうでないと、神々がその人に注意を向けてくださらないから。同様にあなたたち自身も、神々が

(1) エロス（キューピッド）は少年だが、アポロンは通例、若者として描かれた（文献としては、たとえばオウィディウス『メタモルフォセス』第一歌四五六以下など）。ただし「本書」のこの箇所では、「子ども」の範囲が通常よりも広く解されているのかもしれない。「ラエルティオス」八-一〇でも、（ピタゴラスの説として）二〇歳までが子ども（パイス）とされている。しかしその場合、「子ども」も必ずしも純潔でないことになるだろう。

(2) アポロンが、デルポイの（女神テミスの）神託所を守っていた大蛇ピュトンを殺したことは、アポロドロス『ビブリオテーケー』一-四-一も記している。アポロンが自己のこの偉業を記念するためにピュティア（デルポイの古名）競技会を創めたことは、オウィディウス『メタモルフォセス』第一歌四三八―四五一などにも記されている。しかしフレイザーは、大蛇の霊をなだめるためだったろう、と推測した（アポロドロスへの訳註において）。

(3) ネメア王リュクルゴスの息子（幼児）アルケモロスは、乳母がその場所を一時離れた間に、蛇によって絞め殺された。アルケモロス（語義は「不幸の始まり」、本名はオペルテス）の死と、ネメア競技会の起源については、アポロドロス『ビブリオテーケー』三-六-四にも記されている。その箇所へのフレイザーの註も参照。

ボイオティアの王アタマスの息子（幼児）メリケルテスは、ある事情で狂った母イノによって殺された。遺体が（イルカによって）イストモス地峡の海岸に運ばれたという。メリケルテスの死と、イストモス競技会の起源については、アポロドロス『ビブリオテーケー』三-四-三、パウサニアス第一巻第四十四章七―八、第二巻第一章三などに記されている。

(4) ピタゴラスを神あるいは神人とみなす見解については、三〇節と二五五節を参照。ただし、それらの箇所では、それはピタゴラス派の見解として、一方、本節ではクロトン国民の意見として、述べられている。なお五―八節と「ポルピュリオス」二〇も参照。

喜んで祈りを聴いてくださるように、自分が善良であることを何よりも心がけねばならない。そして神々にお供えしようと思うものを、たとえば餅や菓子やミツバチの巣や香料を、自分の手で用意して、召使たちの手を借りずに自分で祭壇へ運ばねばならない。殺されたもの、死んだものを供えて神明を敬ってはならない。また一度の機会に、まるで今後はけっして祭壇へ近づきませんと言わんばかりに、大量のものを［供物として］費消してはならない(1)」。

次に、夫とのつきあい方について、彼はこう勧めたという。「父親でさえも、女性というものの自然を考慮して、娘が生みの親よりも結婚した男の方をより多く愛することを容認している、という事実に着目しなさい。だから夫に対しては全然逆らわないか、それとも自分が譲ったときにこそ勝ったのだと信じるのが、美しいことである(2)。五五　なおまたこの集会で彼は、後々まで喧伝されたあの発言をしたという。「［婦人が］夫と共寝した後で神域へ入るのは、その日のうちにであっても敬虔なことであるが、不倫の相手との後では、いつであろうと敬虔でない(3)」。

また彼はこう勧めたという。「あなたたちは生涯にわたって、自分でも［他人について］言葉を慎み、他人も自分について言葉を慎んでくれるように、心がけなさい」。また「［女性の］伝来の名声を失墜させないように、そしてあの神話作者たちの信頼を裏切らないようにしなさい。この作者たちは、女性は自分の衣服や装身具を、他の女性が必要とするときには、証人も立てずに貸してやり、この信用貸しから、後になって訴訟も言い争いも起きることがないという事実から、女性たちの公正さを看取して、［グライアイと呼ばれる］三人の女が一つの目を共有し、それを気安く交替で使うという神話を創作した(4)。この話が男性に転用されるならば、つまり、先に［目を］手にした男がそれを機嫌よく返すとか、自分のもっているものを快く他人に譲り渡すというような話は、男というものの自然に合致しないので、だれもその話を受け入れないだろう」と彼は語った。**五六**　さらに、「すべての者のうちで最も賢いと言われ、人間の言語を組み立て、すべての［事物の］名称を発見した者が[5]――それが神かダイモーン［神霊］か神的な人間であるかはともかくとして――女性という種族はきわめて敬神の念に篤いものであることを見て取って、女の生涯の各期を、ある女神と同じ

---

(1) 神々への供物については、一二二―一二三、一五〇節、「ポルピュリオス」三六を参照。

(2) 婦人たちに夫への従順を勧めたことは、ユスティヌス二〇-四にも記されている。ティマイオス由来の記事か。

(3) 当時の社会通念では、性交後の短期間は（夫婦であっても）男女とも穢れていて、神域へ入るべきではなかった。なおこの発言は、一三二節ではデイノあるいはテアノに帰せられている。「ラエルティオス」八-四三でもテアノの言葉とされている。

(4) 「グライアイ」の語義は「老女たち」。生まれたときから白髪であった（ヘシオドス『神統記』二七〇―二七二）。人数は、ヘシオドスでは二人らしいが（目と歯のことは何も言われていない）、前五世紀前半頃のアテナイのペレキュデス（「断片」一一（ヤコービ））とアイスキュロス『縛られたプロメテウス』七九五―七九六、アポロドロス『ビブリオテーケー』二-四-二などによると、三人で、一つの目玉と一本の歯を交替で使ったという。オウィディウス『メタモルフォセス』第四歌七七四では、人数は二人（目玉一つ）とされている。ピタゴラスの時代に、すでにこの目玉と歯の交代使用の物語があったのかどうか、不明。

(5) ピタゴラス派は、原初にすべての事物に命名した者を想定したらしい。この命名者は二番目に賢いと言われている（八二節）。プロクロスの解釈では、それは魂（三始元の一つである魂）だという（たとえば『プラトン「クラテュロス」注釈』六-一〇（Pasq.））。

名前で呼んだ。すなわち、未婚の女をコレー［娘、乙女］、男にめあわされた女をニュンペー［若妻］、子を産んだ女をメーテール［母］、そして子を介して子を出産した女をドーリア方言でマイア［祖母］と名づけたのである。(1) またこのこと［女性が敬虔であること］に、ドドネとデルポイにおいて神託が女性を介して託宣されるという事実も合致する」と彼は語ったという。(2) そして彼がこのように女性の敬虔を称賛することとによって、質素な衣服で満足するように婦人たちの心に大変化をもたらしたので、以後はだれも高価な衣装を身に着けようとはせず、すべての婦人がヘラ神殿へ無数の衣服を奉納した、と伝えられる。(3)

五七　彼はまた以下のようなことも説き聞かせた、と言われる。「このクロトンの国土の近辺［の島］で示された、ある夫のその妻に対する美徳が、広く世に喧伝されている。すなわち、オデュッセウスは［女神］カリュプソから［妻］ペネロペを捨てるという条件で不死性を提供されたときに、それを受け取らなかった。(4) だから次は妻たちが夫に対する美徳［貞節］を示して、男性に負けない名声を樹立する番である」と。

さて以上のような講話によって、ピタゴラスに対する並大抵でない尊敬と思慕の念が、クロトン人の国にだけでなく、この国を通じてイタリア中で沸き起こった、と一様に伝えられている。

第十二章

五八　ところで、初めて自分を愛智者［哲学者］と名づけたのはピタゴラスであった、と言われる。それも、単に新しい名称を造っただけでなくて、当該事象をあらかじめ巧みに説明したうえでのことであった。すなわち彼はこう説いたのである。「人々の人生［社会］への登場は、群衆が祭典へ集まるのに似ている。というのも、祭典へはさまざまな人が、それぞれ別の用事でやってくる。ある人は商品を売って利益を得、金儲けをするためにそこへ急ぐし、別の人は［競技で］自分の肉体の膂力を顕示して名声を得るためにそこへおもむく。さらに第三種の人もいて、これがいちばん自由人らしい人たちであるが、土地や美術工芸品などを見物し、祭典で競われるのが常である体技と弁論を鑑賞するために集まる。同様に人生［社会］でも、関心の異

(1) 各時期の女性を表わす四つの普通名詞が神名でもある、とピタゴラスが指摘したという話は、ティマイオス『歴史』第十巻に由来するらしい（『ラエルティオス』八-一一）。「コレー」は神名としてはペルセポネを、また「ニュンペー」は流水にかかわる女神たちを、「メーテール」はデメテルを、あるいは「神々の母」キュベレを、そして「マイア」はプレイアデス（七人姉妹）の長姉を指す。「マイア」は、イオニア方言やアッティカ方言などでは「ばあや」、「養母」、「乳母」などを意味したが、ドーリア方言では「祖母」を表わしたらしい。

(2) ドドネはギリシア本土北西部のエペイロス地方の狭い盆地。その地のゼウスの神託所は、ギリシア最古のものと言われた（ホメロス『オデュッセイア』第十四歌三二七、ヘロドトス第二巻五五）。ドドネで神意を告げた男性神官たちはセロイと呼ばれたというが（ホメロス『イリアス』第十六歌二三四、ソポクレス『トラキスの女たち』一一六七）、ドドネにも女性の神官あるいは巫女がいたことが、ヘロドトス第二巻五五に記されている。

(3) ピタゴラスの教導の結果、クロトンの婦人たちが高価な衣服や装身具などをヘラ神殿へ奉納したことは、ユスティヌス二〇-四にも記されている。「このことによって婦人たちは、真実の装飾は衣服ではなくて貞潔であることを示したのである」。

(4) カリュプソがオデュッセウスに不老不死を提示したことは、ホメロス『オデュッセイア』第五歌二〇九、第七歌二五七で語られている。カリュプソが住んでいた島がどこか、諸説がある。たとえばマルタ島だという説もあるが、一説では、クロトンのラキニオス岬（ラキニオン）の沖合いの島だという（プリニウス『博物誌』三-九六）。

なるさまざまな人が同じ所へ集まる。というのも、ある人たちの心を捕らえるのは、金と贅沢な生活へのあこがれである。また別の人たちをつかまえて放さないのは、権力と支配への欲望や、名声を求めて猛り狂う競争心である。一方、いちばん清潔なタイプの人間は、最も善美なものの観照を目指す人である。そしてまさにこのような人を愛智者と彼は名づけたのである。(1) 五九 ところで善美なのは、まず、全天とその中で運行している星々の眺めである。ただし人が［その運行の］規則正しさを看取したならば、である。しかしそれ［星々の運行］がそのような［整然たる］ものであるのは、第一者と直知されうるものにあやかっているからである。(2) そして第一者とは、かのもの、すなわち、もろもろの数ともろもろの比率であり、あらゆる事象を貫通しているものであった。(3) これらによって、この世界のすべてのものがほどよく配置され、適切に整頓されているのである。そして智恵とは、特殊な知識、真実の意味での知識であって、第一の善美なもの、神的で純粋無雑で［物体的なものを含まず］常に同一不変であるもの——その他のものは、これらにあやかることによってのみ善美だと言われうるだろう——にかかわる知識である。そして愛智とは、このような観照［知識］の希求である。だからまた彼の教育への関心も——彼においては教育は［愛智による］人間の矯正を目指した——これもまた善美なものであった。(4)

第十三章

六〇 さて彼について記している、時代も古くて権威のある多数の著者たちの報告(5)を信用すべきだとすれば、ピタゴラスは理性［言葉］を欠く動物をさえも、言葉によってなだめて訓戒する技能を会得していた。そしてそのことによって彼は――つまり、理性を欠くと一般に信じられている、しかも野生の動物をさえも教えることができるという事実から――知性をもつもの［人間］に対しては教育によってどんなことでも可能だ、と推論した。というのも彼は、住民たちをひどく苦しめていたダウニアの熊を捕らえて――ということだが――しばらく撫でてやり、パンと木の実をふるまい、今後は生き物を襲わないと誓わせてから、放し

（1）ピタゴラスが「愛智者」あるいは「愛智」を造語したという話は、四四節と一五九節にも記されている。また三つのタイプの人生目標を、祭礼に集まる人々の三つの目的になぞらえたという話の元の出所は、ポントスのヘラクレイデスの『息絶えた女』断片八七－八八であるらしい。現存文献で「愛智する」の最古の用例は、ヘロドトス（前五世紀）『歴史』第一巻三〇であるらしい。

（2）「第一者」と「直知されうるもの」は、ここでは多分同じものを、つまり数と数の比を指すのであろう。アリストテレスによると、「にあやかる（を分有する）」はプラトンが用いた表現である。ピタゴラス派は、万象は数を「模倣する」と表現したという（『形而上学』A巻第六章）。

（3）数が万物の始元だという思想は、一四六節にも記されている。

（4）五八－五九節は、一つながりの文章である。その直接の出所は、テュアナのアポロニオスではないだろう。なぜなら、本節の「直知される数が万物の始元である」という形而上学的主張は、アポロニオスには似つかわしくないように思えるからである。だから「ローデ」135は、この両節の直接の出所はニコマコスだろう、と推測した。なお「ポルピュリオス」には、この二節に対応する箇所はない。

（5）具体的にだれを指すのか、確かでない。「ローデ」によると、とくにアリストテレス『ピタゴラス派について』を指す。ただし、この書は「ローデ」によると偽書だという。前四世紀頃のアンドロン『トリプス』（ポルピュリオス「断片」四〇八）なども含まれるのだろうか。

てやった。すると熊はまっすぐに山林へ向かい、二度と再び［人間はもちろん］理性のない動物をも襲うことはなかった。(1)

六一　また彼はタラスで、雑多な草が茂っている牧場で、ある牛が浅緑の豆に触れているのを見て、牛飼いのそばへ行き、豆を食べないように牛に言え、と勧めた。しかし牛飼いが「牛に言え」という彼の言葉を茶化して、「私は牛語をしゃべれません。あなたがご存知ならば、私にお勧めになることはない。ご自分で牛に命じてください」と答えたので、彼自身がその牡牛に近づいて、長い間、耳へ［何事かを］ささやいた。すると牛はすぐさま自発的に豆から離れただけでなく、以後もけっして豆を食べなかった、と言われる。そしてこの牛はずいぶん長命で、タラスのヘラ神殿で老いながら、「ピタゴラスの聖牛」とすべての人から呼ばれ、訪れる人が差し出す人間の食物を食べて生きながらえた、ということである。(2)

六二　また彼はオリュンピアで弟子たちに、鳥が示す前兆や［一般的な］兆しやゼウスの示す兆し［雷鳴や稲光などの気象による前兆］についてたまたま語っていたときに、「ワシたちもまた、本当に神のお気に召している人間への神々から遣わされた一種の伝令なのだ」と言いながら、そのとき上空を飛翔していた一羽のワシを招き降ろして、撫でてから去らせた、と言われる。(3)

これらの、またこれらに類似の出来事によって、彼がオルペウスと同じように鳥獣を支配する力をもっていることが示された。彼は口から出る音声の力によって、鳥獣を魅惑し服従させたのである。(4)

(1) 六〇節の記事は「ポルピュリオス」二三にほぼ一致する。そして後者の直接の出所がニコマコスであることは確からしいので（同書の二〇節にニコマコスの名がある）、「本書」のこの記事の直接の出所もニコマコスであろう。

ダウニアは、アプリア地方（イタリア半島南東部、カラブリアの北）の最北の地域。ギリシア人の植民都市はダウニアにはなかったらしい。ダウニアとピタゴラスを関連させる情報は、この熊の話だけである。

(2) 六一節の内容は、「ポルピュリオス」二四にほぼ一致する。直接の出所は、前節と同様に、ニコマコスであろう。

ピタゴラスが弟子たちに豆を食べることを禁じたことは、「本書」一〇九、二六〇のほか、「ポルピュリオス」四三―四四、「ラエルティオス」八-三四＝アリストテレス「断片」一九五、ポントスのヘラクレイデス「断片」四一などなどに記されている。本節では、この豆禁食が牛にまで適用されている。

タラスは現タラント。スパルタ人の植民都市。二六七節のピタゴラス派の名簿では、タラス出身者の数がいちばん多い。

(3) 本節前半（ワシの話）は、「ポルピュリオス」二五前半に一致する。直接の出所はニコマコスであろう。なおクロトンでワシを撫でたという話が一四二節にある。

(4) 本節後半（ピタゴラスをオルペウスになぞらえる話）に対応する箇所は「ポルピュリオス」にはない。ニコマコスからの引用か、それともイアンブリコス自身の文章か。「ローデ」136 の意見では後者。

オルペウスが歌声で鳥獣を魅了したという伝説は、たとえば次の文献に記されている。（前五世紀前半の）アイスキュロス『アガメムノン』一六三〇「歌声で万物（パンタ）を惹きつけた」、「ディオドロス」第四巻第二十五章「歌声で鳥獣と樹木を惹きつけた」、パウサニアス第九巻第三十章「ヘリコン山のミューズ神殿にオルペウス像があり、その周りに、彼の歌に聴き入る動物たちの像があった」（大意）。

第十四章

六三　他方しかし人間を教導する際には、彼は最良の出発点から始めた。これは、その他のことについても学ぼうとする人が、まず知っておかねばならない事柄であった。[1] すなわち、彼は自分と交わった人［弟子］たちの多くに、彼らの魂が現在のこの肉体に縛り付けられるはるか以前に生きた前生を、きわめて明瞭に鮮明に思い出させたのである。[2] そして彼自身も、疑問の余地のない確かな証拠を挙げて、自分がかつてはパントオスの息子エウポルボスであり、パトロクロスを打ち負かした人であったことを示した。[3] そして彼はホメロスの詩の中でも、彼自身への弔辞であるあの箇所をとりわけ愛唱し、リュラ琴に合わせて調べも高く歌ったり、しばしば［伴奏なしに］吟じたりした。

カリス［優雅］の女神たちのそれにも似た
彼［エウポルボス］の髪、金と銀［の留め金］で飾られた髪の房が
血で染まった。あたかもだれかが水の豊かに湧き出る広野で
オリーブの若木をみごとに育て、
よく繁らせて、木は四方からの風に揺られて
一面に白い花を咲かせたが、そこへ突然大嵐が襲って、
この木を根こそぎにし、地上へ横たわらせたかのように、

かくのごとくにパントオスの息子、槍の名手のエウポルボスを
アトレウスの子メネラオスが討ち取って、
物の具を剝ぎ取った。(4)

ちなみに、ミュケナイでアルゴスのヘラ［の神殿］へ、トロイアでのその他の戦利品とともに［メネラオスによって］奉納されたという、このプリュギア人エウポルボスの盾についての物語は、まったくの俗説として

（1）自分の過去を想起することによって、現在いかに生きるべきかを悟り、（心身を浄化して）将来において（輪廻転生の環から離脱して）幸福を得る、というような含みだろうか。なお前生の想起は、魂が不死であることの証明になるという。またこの想起は、心身が（かなり）浄化された人においてのみ可能だという（「ポルピュリオス」四五）。
以上の文章（本節の冒頭部分、動物から人間へのテーマ移行について）は、イアンブリコス自身の言葉であろう（「ローデ」136）。

（2）ピタゴラスが弟子たちに各自の前生を想起させたことは、一四三節、「ポルピュリオス」二六にも記されている。

（3）トロイア戦争で、若者エウポルボスは初陣であったが、敵を二〇人打ち倒したという。そして、すでにアポロンに手で打たれて無力になっていたパトロクロスに背後から槍を投げ、傷を負わせたが、討ち取ることはできなかった（ホメロス『イリアス』第十六歌八〇五－八一五）。

（4）ホメロス『イリアス』第十七歌五一－六〇。

われわれはこれを無視する。[1] とにかく、われわれが以上で示そうとしたのは、彼自身も自分の前世のいくつもの生涯を知っていたこと、[2] そして他人を指導する際に、まず前世でどのように生きたかを各人に思い出させることから始めたことである。[3]

第十五章

六四　さて人間にとっては感覚を通じてもたらされる指導が――人が美しい姿と形を見、美しいリズムとメロディーを聴くならば――最初の導きになる、と彼は信じたので、特定のメロディーとリズムを用いた音楽による教育を第一段階の教育と彼は定めた。これら［適切なメロディーとリズム］によって、人々の気分の変調と激情が治まり、魂に元来備わっていた諸能力の調和均衡が回復して、肉体と魂の病気が阻止され、癒されるように、彼は工夫したのである。いやしかしゼウスにかけて、それよりももっと述べるに値するのは、彼が弟子たちにいわゆる「調整」と「手当て」を［いわば］処方し調剤したことである。[4] というのも彼は、全音階的、半音階的、エンハルモニー的［細分音階的］なメロディーのいくつかの混成を神霊的に［絶妙に］工夫して、[5] 弟子たちの内に最近、不条理に芽生えて生育しつつある魂の病気［情念］、すなわち苦しみ、怒り、［過度の］哀れみ、不当な競争心、恐怖、さまざまな欲望、憤激、希求、思い上がり、気落ち、むしゃくしゃする気分などのそれぞれを、適切なメロディーをあたかも巧妙に調合されて効能の優れた薬のように用いて、美徳へ向かう［たとえば恐怖心が勇気へ変わる］ように矯正したのである。

(1) 本節の初めの方の「すなわち彼は」以下、ここまでは、「ポルピュリオス」二六―二七初めにほぼ一致する。両者の共通の出所はニコマコスであろう。

　ニコマコスが無視した「俗説」の、より詳しい内容は、「ディオドロス」第十巻第六章が伝えている。ピタゴラスはアルゴスのヘラ神殿へ行ったときに、トロイアからの戦利品の一つである楯が壁に掛けられているのを見て涙を流し、「これはエウポルボスであったときの自分がトロイアで使った楯だ。その証拠に、この楯の裏側に「エウポルボスのもの」という文字が刻まれているはずだ」というようなことを言った。そこでアルゴスの人たちが楯を下ろして裏側を見ると、古代の文字でそう刻まれていた、という。「ラエルティオス」八-五にも、細部は異なるが、類似の伝説が記されている。

　この話が俗説として退けられた理由は、いくつか考えられよう。そんな古い楯（およそ六〇〇年以前のもの）がそのまま残っていたはずがないと思えること、エウポルボスは非ギリシア人であり、本名は「エウポルボス」とは違うはずだということ、彼の時代に文字が一般に普及していたかも疑わしいこと、などである（彼が実在人物であったことは、ここでは前提されている）。ピタゴラスが涙を流したというのも疑わしい（たとえば二三四節を参照）。

(2) ピタゴラスの（エウポルボス以外の）「前身」については、「ポルピュリオス」四五、「ラエルティオス」八-四―五＝ヘラクレイデス「断片」八九、ゲリウス『アッティカ夜話』第四巻第十一章一四＝ディカイアルコス「断片」三六、クレアルコス「断片」一〇、その他多くの史料に記されている（具体的内容は必ずしも一致しない）。「前身」としてはエウポルボス一人だけを挙げる史料もあるが（たとえば「ディオドロス」第十巻第六章一）、一人だけだったと明記してはいない。

(3) 本節末尾の言葉（「とにかく、われわれが以上で」以下）は、イアンブリコス自身の文章であろう（「ローデ」136）。

(4) 「調整」と「手当て」はピタゴラス派の用語だったのであろう。両語は同義らしい。一一四節を参照。「調整（エクサルテューシス）」の一般的な意味は、たとえば弦楽器を調律するなどの「事前準備」である。ピタゴラス派はこれを「音楽による魂の病気の治療」の意味に転用したのであろう。

(5) 三つの音階については一一〇節を参照。

六五　また弟子たちが夜に就寝するときには、昼間の煩労と気疲れから彼らを解放してやり、動揺していた彼らの精神を清めて落ち着かせ、よい夢を、時にはまた予言的な夢を見る、安らかな眠りをもたらしてやった。また彼らが起床したときには、独特な歌と旋律の組み合わせを、リュラ琴に合わせて、あるいは伴奏なしに歌って、眠気とけだるさと鈍麻を彼らから取り去った。

一方、自分自身に対してはかの人は、［弟子たちに対するのと］同様な処方で、つまり楽器［演奏］やのど笛［歌声］によって、そのような効果を得たのではなくて、言いがたく理解しがたい一種の神業によって、天上はるかなる全宇宙の奏でる交響曲に耳を傾け、精神を凝らした。彼ただ独りが、諸天球とこれらに付着して動く星々が奏でる汎宇宙的協和音と斉唱を聴き取り、理解することができたようであった。この音楽は、諸天球のそれぞれ異なる音響と速さと大きさと位置がきわめて音楽的な比率で組み合わされているので、そして諸天球がきわめて旋律的であると同時に多様で極美の運動と回転を行なうから、人間界の音楽よりももっと充実した、もっと完全な旋律を奏でるのである(1)。

六六　この音楽によって彼は元気を回復し、知性の思考力を整え、［体育家が］身体を鍛えるように、それを鍛錬した。そして弟子たちにもこの音楽の模写像を、楽器［演奏］によって、あるいは無伴奏の歌唱によって、可能なかぎり伝えようと工夫した。というのも、「地上に住むすべての者のうちで自分だけにこの汎宇宙的音響が聴こえ、理解されるのだ」と彼は信じた。そして「自分は全自然の源泉と根元そのものから何かを教えられ学び取ることができるし、希求し模倣することによって自分を天上のものたちに似たものとすることができる。なぜなら、自分は幸運にも、自分を産出した神霊（ダイモニオン）から、そのような［心身の〕組織を賦与されているのだから」と彼は思った。そして「一方、他の人たちは、万物の第一〔究極〕の純粋な原型をありのままに認識することができないのだから、私を指導者として、私から映像と比喩による教示を恵まれて、これによって益され向上することで満足しなければならない」と彼は考えた。六七　それは、たとえて言えば、光線がまぶしくて太陽を直視できない人たちのために、われわれが彼らの弱い視力をいたわり、工夫して、日食を深い水溜りや、溶かした樹脂や、黒くいぶした鏡に映して見せてやり、一方彼らの側では、品質は劣るが一種の代償的な知覚としてのこのような映像を見ることで満足する、というようなことである。このこと〔天上の音楽を聴き、万有の原型を看取するなどの並外れた能力〕をエンペドクレスも以下の詩句において、かの人〔ピタゴラス〕について示唆し、余人を超えるかの人の特異な神与の資質に言及しているように思われる。

さてかの人たち〔前代の偉人たち〕の中に、比類なく豊かな智恵の富を築いた、
いとも該博な人物がいて、あらゆる賢いわざに精通していた。
かの人が全精神を傾注したときには、
有りとし有るもののそれぞれを、いとも易々と看取した。

（1）天球が奏でる音楽については、八二節（「セイレンたちの歌声の調和」）のほか、「ポルピュリオス」三一、プラトン『国家』第十巻六一七B、アリストテレス『天体論』第二巻第九章を参照。ピタゴラス派のこの思想がピタゴラスその人に由来するのかどうか、断定しがたい。

人の世の十世代にも
二十世代にもわたる出来事を。(1)

というのも、「該博」、「有りとし有るもののそれぞれを看取した」、「智恵の富」、その他類似の言葉が、見ること、聴くこと、思うことにおいて余人に卓越し、精確であったかの人の〔心身の〕組織をきわめてよく表現しているからである。(2)

第十六章

六八　さて以上は、彼が施した音楽による〔弟子たちの〕魂の調整である。(3) もう一つの〔調整である〕思考力および魂全体の浄化は、さまざまな方途によって以下のように行なわれた。彼の意見では、〔弟子たちは〕学問〔数学〕とその勉強にかかわる労苦に立派に耐えねばならない。また万人に生来付きまとっている自制力の弱さと貪欲さのきわめて多様な検査と懲らしめと切除が、弟子たちの魂に対して、いわば火と鉄によって〔厳しく、徹底的に〕施されるという掟を定めねばならない。(4) これらの懲戒と切除は、劣等な人が乗り切ることも耐え忍ぶこともできないほど厳しいものである。そのうえ、すべての生き物〔動物の肉〕と、その他の若干の食品――思考力の覚醒と純粋な活動を妨げる食品――の禁食を、また舌を制御する訓練として、多年にわたり冗舌を慎むことと、さらには完全な沈黙を、(5) そして最も理解困難な理論の熱心な間断ない研究と復習を、彼は弟子たちに課した。(6)

六九　また同じ理由で彼は禁酒、小食、少眠を、そして名誉や富やその他類似のものへの衷心からの軽視と拒否を勧めた。さらにまた先輩へのうわべだけでない尊敬、同輩への偽善的でない親しみと友情、後輩に

---

(1) このエンペドクレスの詩（「断片」一二九（DK））がピタゴラスについて歌っているとして（「ラエルティオス」八-五四によると、パルメニデスのことだという解釈もあったというが、妥当とは思えない）、ピタゴラスが天上の音楽を聴けたということを讃えているのか（ニコマコスの解釈）、それとも彼が輪廻転生してきて、しかも過去の経験をすべて想起できたことを賛嘆しているのか、解釈が分かれる（「ブルケルト」138 n. 98）。

(2) 六四―六七節の出所はニコマコスだと推定される（「ローデ」136）。理由は、ニコマコスに拠っている「ポルピュリオス」三〇―三一との（だいたいの）一致である。とくに、エンペドクレスの詩を引用し解説している箇所は、文章も「ポルピュリオス」とまったく一致している。他の箇所については、「ポルピュリオス」がニコマコスの文章をかなり簡略化し、一方「本書」はそれをより正確に引用しているのであろう、と「ローデ」は言う。

(3) ここの「調整（カタルテューシス）」は、六四節の「調整（エクサルテューシス）」と同義であろう。そして調整も浄化の一種だと思われる。

(4)「火と鉄によって」という表現については、四一頁註（1）を参照。

(5) 多年（五年）の沈黙については七二節を参照。ピタゴラス派が沈黙を重視したことに言及している現存最古の文献は、前三九〇年頃に書かれたイソクラテス『ブシリス』二九であるらしい（デラット「注釈」169 n. 3）。

(6) 六八―七三節は一つながりの記事であるように思える。その出所はアポロニオスだと推定される（「ローデ」137）。その根拠の一つは、肉食の全面的禁止（六八節）である。やはりアポロニオスに由来するらしい二五節の記事（二人のピタゴラスの区別、ゲネトル・アポロンへの参拝）を参照。なお「禁酒、小食、少眠などの勧め」（六九節）は、タレスの教え（一三節）に類似する。そして一三節の出所もアポロニオスであった。

対する支援と妬みのない激励を彼は勧めた。しかもまた、すべての者のすべての者に対する友愛を。すなわち、［人間の側からの］敬神と、［神の本質についての］知識に基づく神々への奉仕とに照応する、神々の人間に対する友愛。教説の相互の友愛［整合］。また全般的に魂の身体に対する友愛。そして［魂の］理性的な部分の非理性的な部分に対する友愛。これは愛智と愛智的観照の賜物である。また人間同士の友愛、つまり同国人同士の健全な順法のゆえでの友愛と、外国人同士の、［人間の］自然本性についての正しい知見に基づく友愛。また夫の妻に対する、兄弟に対する、家人に対する、ねじれのない共同生活のゆえでの友愛。そして総括的に言って、万人の万人に対する友愛。さらに、非理性的動物のあるもの［家畜など］に対するわれわれの友愛。これは正義と自然的連帯と共同生活の所産である。[1] また、それ自体としては可死的である身体の内に潜在する互いに対立する諸力［たとえば熱と冷、乾と湿など］の融和と均衡。これは健康と健康をもたらす生活と節制によって実現するのだし、［不死である］宇宙の諸元素［火、空気、水、土など］の協調を模倣するものである。

七〇　以上のすべてを要約し総括する単一の名称が友愛（ピリアー）であり、これを発見し規定したのは、異議なく認められているように、ピタゴラスであった。[2]

　また一般的に言って、彼は周囲の人［弟子たち］が、目覚めているときにも眠っているときにも、最も適切な仕方で神々と交わることについての最大の尽力者であった。この交わりは、怒りで濁されていたり、悲しみや快楽で、あるいはその他の醜い欲望で、とくにまた、これらすべての［心の不調の］うちで最も不敬虔で最も始末の悪いしろものである無知のせいで調子の狂っている魂には、けっして実現しないのである。彼はこれらすべて［の心の病］を神技によって癒した。そして［弟子たちの］魂を浄化して、魂の内の神的なもの

［知性］に再点火し、消えないように守り、この神的な目を直知される対象へ導いた。この目はプラトンによれば一万の肉眼よりも救われるに値するのである。[3] なぜなら、ただこの目によってのみ、ただしこの目が注視し、適切な支援を得て強化され調節されるならばだが、全存在についての真理が看取されるからである。[4] そしてまさにこのことを目指して彼は［弟子たちの］精神の浄化を行なったのである。彼による教育活動の概略は以上のようであり、その目標も以上のようなものであった。

第十七章

七一　さて弟子たちの教育について彼は以上のように企画していたので、若者たちが彼を訪ねて師事した

(1) 人間の動物に対する「親戚関係」と正義については、一〇七―一〇八節を参照。

(2) 「ピタゴラスが発見した」とここで言われているのは、広義の「友愛」の理念であろう。ただし原文は、「友愛」という語も彼が造語し、その意味を規定した、というふうにも解せる（「仏訳」）。名詞「ピリアー」はホメロスにもヘシオドスにも見当たらないようである。ペレキュデス（「断片」三）がこの語を使ったかどうか、確かでない。むろんエンペドクレスは使ったようだが（「断片」一八など）。なお「友愛」と「調和（ハルモニアー）」は類義語であろう。

(3) このあたりの文章は、プラトン『国家』第七巻五二七D―Eに拠って書かれているようである。「再点火する」などの表現もプラトンにある。

(4) 知性だけが真理を観照できるという思想については、前記プラトン（五二七E）と、二二八節の（エピカルモスからの）引用文を参照。

いと希望しても、すぐには許可せず、あらかじめ彼らを検査し判定した。彼はまず、両親その他の家族に対して彼らがどのように接しているかを尋ねた。次に、彼らの時宜を失した笑いや沈黙や必要以上の冗舌［の有無］を観察し、さらに、どのような欲望をもっているか、付き合っている友人とそのつきあい方、毎日をとくに何をして過ごしているか、何を喜び、何を悲しむかを聴いた。また彼らの姿かたちと歩き方と身体のすべての挙動をも観察して、これらの自然的な目印に拠って彼らを観相した。目に見えない魂の内の性格の、外に現われた証跡を捉えたのである。[1]

七二　そしてこのようにして［ひとまず合格と］判定された若者たちを彼はその後三年間放置し無視して、その間に、彼らの意志の強固さと真正の好学心がどの程度のものか、また名誉を軽視できるほどに、世間の思惑［悪評］に対して十分に覚悟ができているかどうかを判定した。そしてその後で志望者に五年間の沈黙を命じた。[2] これは自制力の程度を調べるためであった。宗教的密儀を制定した人たちによってもわれわれに示されているように、[3] 自分の舌を制御することは他の試練よりももっと困難だ、と彼は考えたのである。そしてまさにこの時期に、各人の所有つまり財産は共有化され、この任務のために指名された公務者（ポリーティコイ）と呼ばれる弟子たちに引き渡された。この人たちは一種の会計係であり、［会計についての］規則の制定者であった。[4] さて志望者たちは、生活態度やその他の素行から［かの人の］教説にあずかる資格があると判定されたならば、［前記の］五年間の沈黙の後で内輪弟子（エソーテリコイ）になって、垂れ幕の内側で目の当たりにピタゴラスを見ながら聴講した。それ以前は幕の外にいて、けっして彼を見ることができず、声だけを聴いて彼の教えにあずかった。彼らはこのようにして長期にわたり各自の性格を吟味されたわけである。[5]

七三　一方、彼らが不合格と判定された場合には、［供出していた］財産の二倍を受け取り、聴友たち（ホマコオイ）は——かの人の弟子たちは全員がこの名称で呼ばれていたのである——彼らを死者とみなして塚［墓］を築いた。そしてその後で弟子たちが彼らに出会うと、別人に出会ったかのようにふるまった。学問によって優秀な人物になるだろうと自分たちが期待して育成していた、あの人たちは死んだ、と弟子たちは言った。なお、学習の苦手な人を彼らは、［心身の］組織に欠陥があり、いわば未完成で不稔の人間だとみなした。

---

(1)「観相」は、顔つきだけでなく、全身のようすや動きなども観察することである。七四節初めを参照。「ポルピュリオス」一三とヒッポリュトス第一巻第二章五によると、ピタゴラスは自分で観相術を発見したのだという。「ポルピュリオス」のその情報の直接の出所は、本節のそれと同様に、やはりアポロニオスであったらしい。

(2)弟子たちが五年（あるいは三年）の沈黙を課せられたという話は、多数の文献に記されている。たとえばセネカ『道徳書簡』五二-一〇、ルキアノス『雄鶏』四、「ラエルティオス」八-一〇、ヒッポリュトス第一巻第二章一六など。この情報の元の出所はティマイオスらしい（「ラエルティオス」八-一〇）。ただしティマイオスの記述が正確に伝わっているかは不明。その沈黙は、四六時中のものか、それとも教場など特定の場所と特定の時間においてのものか、確かでない。

(3)宗教的秘儀に参加する人は、これから啓示されるであろうことをけっして他人に洩らさないと誓い、そしてこの誓いを破った人は罰せられる、というような掟を指すのであろうか。

(4)「公務者」、「会計係」、「規則制定者」については、八九節末を参照。

(5)弟子たちは、沈黙期間が終わるまでは対面聴講を許されなかったことは、「ラエルティオス」八-一〇にも（ただし簡略に、少し不正確に）記されている。情報の元の出所はティマイオスであろうという（デラット「注釈」169）。

七四　かくして、姿かたちや歩きぶりやその他の挙動や姿勢が彼によって[1]観相され、将来について明るい希望を抱かせた志望者は、五年間の沈黙の後で、しかも大量の学問という密儀と秘伝、魂のこれほど多くの、このような［徹底的な］洗浄と浄化の後で、つまりこのように多様な事項を学んで、これによって魂の鋭敏さと柔軟さがすべての志望者に注入された後で、それでもなお学問において動きが鈍く、ついてこられない者が発見されたならば、その人は一種の墓と墓標を学園内に築いてもらって――たとえばトゥリオンの人ペリロスやシュバリスの指導者［あるいは将軍］キュロンの場合のように[2]――大量の金と銀を携えて――というのは、金銀も彼ら［弟子たち］の間では共有のものであり、その職責によって「会計係」と呼ばれる適任者たちによって管理されていたのである――学園から追い出された。そして彼らが何かの折りにその人に出会ったならば、彼らは彼を、彼らの意見ではすでに故人であるあの人物とは別人のだれかだと信じた[3]。

七五　だからリュシスも、手ほどきを受けていない門外漢に、つまり学問も理論観照も積まないで付きまとう人たちに［ピタゴラスの］教説を伝えたヒッパルコスという人を［手紙で］叱責して、こう言っているのである[4]。

「うわさによると君は公開的に、だれにでも愛智［哲学］を教えるそうですが、これはヒッパルコスよ、君も熱心に学んだように、ピタゴラスが禁止されたことです。しかし君は、ご立派な人よ、この戒めを、シチ

---

(1) 底本は「彼らによって」と読むが、写本の読みは「彼によって」である。七一節でも、「観相する」のはピタゴラスであった。

(2) ペリロスという人については何も分からない。そもそもト

ゥリオン（あるいはトゥリオイ）は、ピタゴラスの死後半世紀を経て（前四四三年頃に）シュバリスの跡地付近に建設された都市である（当初はシュバリスと呼ばれ、しばらくしてトゥリオンと国名を変えたという）。

本節の「キュロン」が二四八節以降の「キュロン」と同一人物であるかどうか、問題である。後者はクロトンの人だが、前者はシュバリスの将軍（あるいは知事）と記されている。一説によると、クロトンはシュバリスを占領して（前五一〇年頃）、クロトン人キュロンを知事に任命したのだろうというが（「仏訳」171, n. 74-5）、本節の記事だけに基づく単なる推測である。「ポルピュリオス」五四と「本書」二四八によると、クロトン人キュロンは入門を申し出て、即座に拒否されている（情報の元の出所はアリストクセノスである）。一方、本節のキュロンは、いちおう受け入れられ、多年の検査を経て不合格と認定されたという。

(3) 本節の内容は、前二節（七二―七三）の記事と一部分重複し、何ほどか食い違ってもいる。イアンブリコスは、同じテーマについて二つの種本から引用したのであろうか。「ローデ」137の推測によると、前二節の出所はアポロニオスだが、七四節はニコマコスからの引用だという。その理由は、本節の「キュロンの墓が築かれた」という記事が、（ニコマコスに由来する）二五二節の記述に合致するように思えることである。ただし、この理由自体も確かだとは言えないだろう。

(4) リュシスはピタゴラス派の一員で、前五世紀頃の人（一八五、二四九―二五〇、二六七節、タラス出身）。「本書」一〇四には、ピタゴラスが老年のときの弟子と記されているが、直弟子であったかどうか、疑問。以下のリュシスの手紙（七五―七八節、ドーリア方言で書かれている）は、一説によるとニコマコスから（もともとはヒッポボトスから）引用されたものだという（「ローデ」138）。理由は、この手紙の（「本書」では省略されている）一部分が「ラエルティオス」八-四二に（推定ではヒッポボトスから）引用されているからである。しかし別の説では、この手紙は七一―七四節の記述の証拠文書として引用されているので、同一の出所、つまりアポロニオス（もともとはティマイオス）から引用されたはずだという（デラット「研究」85）。ともあれ、この手紙については、真作か偽作かが重要な問題であろう。

ヒッパルコスという人については不明。「ラエルティオス」八-四二では「ヒッパソス」と書かれている。後者については八一、八八節を参照。

リアの贅沢な生活を味わった後では、もはや守れなかったのですね。(1)それ［シチリア風の生活］に打ち負かされるべきではなかったのですが。さて君が改心するならば私は喜ぶでしょうが、そうでなければ、君は死んだのです。(2)というのも、かのお方の神と人間についての講説をしっかりと記憶にとどめること、そしてこの智恵の財宝を、眠っている間でさえも魂が清らかでないような人間には分かち与えないことが、敬虔なことでしょうから。なぜなら、これほどの苦闘の後でやっと手に入ったものを行きずりの人に手渡すのは、清浄でない人［たとえば殺人者］にエレウシスの二柱の女神［デメテルとペルセポネ］の秘教を解説するのに劣らず、不当ですから。(3)

このどちらを行なう人も、同程度に不公正であり、不敬神であるのです。七六　数えてみるべきです。われわれが自分の胸底に染み付いた汚れを洗い流しつつ歳月を経て、やっとかのお方の講説を聴くことができるようになるまでに、どれだけの時をわれわれは費やしたのか。(4)あたかも染物師が、染めねばならない布地の汚れをあらかじめ洗い落として、媒染剤で処理したうえで、やっと初めてそれを染める——つまり布地が染料をよく吸い込んで、後で洗い流されたり色あせたりしないように予防する——ように、(5)あの神霊的なお方も、愛智を求める人たちの魂にあらかじめ下ごしらえをして、立派な人物に育つだろうと期待されていた人たちのだれかが期待を裏切ることのないように予防したのです。というのも、彼は偽の学説を売りつけたのではありませんし、ソフィストたちの大半がするように、(6)わなを仕掛けて若者たちを捕らえて、無益なことに時間を浪費させたのでもありません。否、彼は神のことと人間のことを真に知る人であったのです。一方、彼ら［ソフィストの多く］は、かのお方の教えを看板に掲げて、(7)不当なやり方で巧妙に若者たちを狩り集めて、多くの恐ろしい教育を行なっています。七七　だから彼らは聴講者を手に負えない無思慮な人間に仕立て上げることになります。なぜなら、彼らは聴講者の乱れた濁った性格の中へ、神々しい学識と教説を混入するからです。それはたとえて言えば、だれかが泥の充満する深い井戸の中へ、清らかで澄み切った水を

---

(1) いつの頃からか、「シチリア風食卓」とか、「シラクサ風食卓」という慣用句があって（たとえばプラトン『国家』第三巻四〇四D）、贅沢な食事を意味した。ヒッパルコスはシチリアへ行って、贅沢な生活に慣れ、金を必要とし、ピタゴラスの教説をだれかれなしに教えた、という趣旨であろう。

(2) 死んだ人とみなされる、つまり破門される、という意味であろう（七三、七四節）。やがて神罰を被って本当に死ぬだろう、という意味（八八節のヒッパソスの例）が含まれているかどうか、疑問。

(3) エレウシスの秘儀に参入する人は、（細かく定められていた意味において）清らかでなければならなかった。そしてこの秘儀にあずかった人は、死後に冥界で優遇される、と言われた。『デメテル賛歌』四八〇―四八二を参照。

(4) 七二節によると、三年以上（あるいは、カーテンの内へ入って聴講できるまでには八年以上）である。ただしデラットの推測によると、七二節の具体的な数字は、この手紙の文面に拠ってティマイオスが創作したものだろうという（「研究」86-87）。

(5) 染物師のたとえは、プラトン『国家』第四巻四二九D以下で、軍人に勇気を教えることに関して、用いられている。リュシスの手紙が本物であれば、『国家』以前に書かれたはずだが、この手紙をプラトン以後に書かれた偽作とみなす人が多い。

(6) いわゆるソフィストだけでなくて、当時の哲学者たち（とくにエンペドクレスなど）も含めて言っているのであろうか（デラット「研究」97）。「ソフィスト」の原意は「智者」である。ヘロドトス第四巻九五はピタゴラスをソフィストと呼んだ。

(7) 立派な人間を養成するとか、数学や天文学や自然学を教えるとかの看板であろうか。

注ぎ入れるようなものです。その人は泥をかき回しただけのことで、おまけに元のきれいな水を台無しにしたわけです。同様のことが、このように［準備段階なしに、いきなり］教える人と教えられる人の場合にも起きます。というのは、学問によって清らかな仕方で秘教へ導かれたのでない人たちの精神（プレネス）と心（カルディアー）には、雑木がぎっしり繁っていて、魂の従順で温厚な考量する能力（ロギスティコン）を覆い隠し、知性（ノエーティコン）が目立って成長して現われ出るのを妨げるのです。私はまず、これら［雑木］を産出した母親たちを名指すことから説明を始めるべきでしょう。それは放縦［無抑制、アクラシアー］と貪欲です。そしてどちらも本性的に多産であるのです。七八　まず放縦から生まれるのは、違法な結婚、誘惑、泥酔、不自然な快楽、そして［当人を］墓穴や断崖へ追い込むある種の強烈な欲望です。事実、欲望はこれまでにもある男たちを、自分の母親や娘を犯すことさえも強制したのです。実に欲望はあたかも僭主のごとく国家と法律をないがしろにして、まるで捕虜を扱うようにその男たちを後ろ手に縛り上げて、無理やりに最後の破滅へまで引きずって行ったのです。次に貪欲から生育するのは、強盗、海賊、父親殺し、神殿荒らし、毒殺、その他類似の悪行です。だから何よりもまず第一に、これらの情念［放縦と貪欲］が巣くっている雑木林を火と鉄によって、学問を用いたあらゆる手だてによって取り除いて、これほどまでに大きい害悪から理性を救出し解放して、その後で初めて有益なものをそれ［理性］に植え付け、授けるべきなのです」。

七九　［以上のように］人は愛智を学ぶ以前に諸学問のこれほど多大の、このように必要不可欠の勉強をしなければならない、とピタゴラスは考えたわけである。彼は自分の学説の教育と伝授を非常に重要視していて、［準備段階についても］きわめて綿密な計画を立てた。志望者の心の中を、いろいろな課業と多種多様な学術

的観照によって試験し、判定したのである。(1)

第十八章

八〇　では次に、彼が自分の選抜した者たちを、各人の価値［資質］に応じてどのように区分したかを述べよう。というのも、各人の資性が異なるので、全員が一律に同じことを教わるのも適当でなかったし、かといって、ある弟子たちは最も貴重な講義をすべて聴講し、他の弟子たちはそれらに全然あずからないということも不当であった。なぜなら、これは共同と平等［の原則］に反するからである。そこで彼は、各人に適する教説の各人に向いている部分を［各人に］教えることによって、可能なかぎり全員に利益を分配するとともに、各人にふさわしいだけの講義をできるかぎり聴かせて、正義の原則を維持した。(2) そういうわけで彼は、［弟子たちのうちの］ある者たちをピュータゴレイオイ［ピタゴラス派］と呼び、他の者たちをピュータゴリスタイ［準ピタゴラス派］と呼んだ。これはちょうどわれわれが、ある人たちをアッティコイ［アッティカ人］と、

---

(1) 本節はイアンブリコス自身の文章であろう（［ローデ］138）。

(2) 公正な分配とは各人の「価値」に比例する分配である、という思想については、一七九―一八〇節を、なおアリストテレス『ニコマコス倫理学』第五巻第三章一一三一a二五も参照。ここでは「価値」は各人の学習能力である。

そして別の人たちをアッティキスタイ〔準アッティカ人〕と呼ぶのと同様である。[1] そしてこのように名称の上で適切に区別することによって、一方の人たちを正真正銘の弟子であると認定し、他方の人たちは前者の模倣者であることが表示されるように定めたのである。八一　さてピュータゴレイオイの財産は共有であるべきこと、四六時中共同生活すべきことを彼は定めた。しかし他方の者たち〔ピュータゴリスタイ〕は私有財産を保有するように、しかし全員が同じ場所に集まって一緒に勉強するように、と彼は命じた。このようにして、ピタゴラスからの〔教説の〕継承が二通りの仕方で成立したという。[2]

またこれとは別の意味で、〔この学派内に〕二種の愛智があった。というのも、愛智に携わる人たちに二種類あって、一方は聴聞派（アクースマティコイ）、他方は研学派（マテーマティコイ）と呼ばれたのである。[3] このうち研学派の方はピタゴラス派であると他方〔つまり聴聞派〕から認められていたが、一方〔つまり研学派〕は聴聞派を承認しなかったし、この人たちの伝える教説はピタゴラスのではなくて、ヒッパソスのものだ、と主張した。[4] このヒッパソスは、ある人たちによるとクロトンの人であり、他の人たちによるとメタポンティオンの人であった。

八二　さて聴聞派の哲学〔の中身〕は、しかじかのふうに行為しなければならないとか、その他、かのお方によって語られた、論証のない、理屈抜きのアクースマ〔聴問事項〕である。彼らはこれらのアクースマを神的な〔神に由来する〕教義とみなして、しっかりと保持するように努める。彼らは自分の考えを述べているようなふりはしないし、また自説を語ってはいけないと思っている。自分たちのうちでいちばん賢いのは、いちばんたくさんのアクースマを聴いて憶えている人だ、と彼らは信じている。

(1)「アッティキスタイ」とは、アッティカ人ではないが、アッティカ語を話したり書いたりできる人、というほどの意味であろう。この語はピタゴラスの時代にはまだなかったはずだから、ここの類比的説明は後代の人(ティマイオスかアポロニオス?)によるものであろう。ピュータゴレイオイとピュータゴリスタイの区別は、フォティオス『ビブリオテーケー』第二百四十九書一二六(Henry)、ヒッポリュトス第一巻第二章一七にも記されている。

(2)仏教徒が出家と在家信者に区別されたことが、いくぶん参考になるだろうか。

八〇節初めから八一節のここまでの出所は、アポロニオスであろうか(「ローデ」139)。

(3)「ローデ」によると、聴聞派と研学派の区別は、前記のピュータゴレイオイとピュータゴリスタイの区別と同じであり、名称が異なるだけである。イアンブリコスは、出所の異なる二つの文章を併記したのであろう、という。八一節のこの箇所から八九節(ただし末尾の要約部分を除く)までの出所は、ニコマコスだろうという(「ローデ」139-140)。

(4)この箇所(「このうち」以下)の「聴聞派」と「研学派」を互いに入れ換えて読むべきである。そのことは、「本書」八七後半と、イアンブリコス『一般数学』二五(七六-一九-七七-二)(Festa/Klein)から明らかである(デラット「研究」272-273.「ブルケルト」193 n. 8)。

アリストテレスによると、メタポンティオンのヒッパソスという人が「始元は火である」と主張したという(『形而上学』A巻第三章)。ヘラクレイトス以前の人とされている。ただしアリストテレスはこの人をピタゴラス派だとは言っていないが、地理的年代的にみて、ピタゴラスの直弟子だったかもしれない。しかしヒッパソスがピタゴラス派だったとすると、マテーマティコイに属したはずであろう(「本書」八八)。イアンブリコスは他の二箇所でもヒッパソスをアクースマティコイに属せしめている(「断片」第十八章一一(DK))。誤記か、それとも故意の歪曲によるのであろうか(「ブルケルト」194 n. 9)。

クロトンの人ヒッパソスの名が二五七節に出ているが、ピタゴラス派に属した人かどうか、本節のヒッパソスと同一人物か否か、不明である。また二六七節のピタゴラス派の名簿に、シュバリスの人ヒッパソスの名が記されている。別人であろうか。

ところで、これらのいわゆるアクースマは三種に分けられる。すなわち、そのあるものは「とは何であるか」を示し、あるものは「何が最も［何々で］あるか」を、またあるものは「何をなすべきか、なすべきでないか」を教える(1)。

まず、「何であるか」の例は次のようなものである。「至福者の島々とは何であるか。［答えは］太陽と月(2)」。「デルポイの神託とは何であるか。テトラクテュス、すなわちセイレンたちの歌声の協和(3)」。

次に、「何が最も［何々で］あるか」の例は、「何が最も公正なことか。［答えは］神々へ供物を供えること(4)」。「何が最も賢いか。数(5)」。なお二番目に賢いのは、事物に命名した者である(6)。「われわれ［人間］のもとにある

(1) アクースマについての以下の（八二―八六節）記事の多くは、（ニコマコスを介して）アリストテレス『ピタゴラス派について』に由来するらしい（「ポルピュリオス」四一を参照）。V・ローゼ（一八六三年）以来、多くの学者がそう考えている（「ローデ」138-139, デラット「研究」259, 273,「ブルケルト」166-170）。ただし、このアリストテレスの著書なるものは偽書であったとか（ローゼ、「ローデ」など）、アリストテレスの弟子たちが集成したものかもしれないとか（デラットなど）の説もある。なおアクースマを三通りに区分したのもアリストテレスだったかもしれないという（「ブルケルト」170）。

(2) ヘシオドス『仕事と日』一七一によると、人類の第四世代である英雄族の一部分は、死なないで、「福者の島々」へ移されて、そこで生活する。この島々は大地の果て、大河オケアノスのほとりにあるという。しかしこのアクースマは、福者の島々とは実は太陽と月である、と教える。良き人の魂は死後には月や太陽へ行く、ということであろうか。このアクースマは、他の史料には記されていない。

(3) このアクースマは難解である。「デルポイの神託」とは、「この神託が啓示するもの」の意味であろう。アポロンはこの神託によって、人間が知りたいと願う真実を開示する。ではピタゴラスの教説において、それ（重要な真実）に最も良

く相当するものは何であるか。答えはテトラクテュス（つまり一、二、三、四の四数）である。これは「自然の根元」である（一五〇、一六二節の誓いの言葉を参照）。では「セイレンたちの歌声の調和」とは何か。セイレンはここでは、どこかの島に住んでいる二人の魔女（ホメロス『オデュッセイア』第十二歌）ではなくて、星々あるいは天球に住まう女神たちであろう（プラトン『国家』第十巻六一七Bの八人のセイレンについての記述が参考になる）。セイレンたちの歌声はよく融和していて（四五節のミューズの合唱を参照）、いわば一つの協和音を成している。この協和音は、全宇宙の調和という「根本的事実」の原因あるいは具現とみなされたのであろう。なおこのアクースマの解釈については、デラット「研究」259-263, 276,「ブルケルト」187を参照。

(4) 尊敬の配分という観点からすると、公正な配分とは、最も価値ある者を最高に尊敬することであろう。そして神々こそが最高に価値ある者である。そして神々を崇拝する普通の方法は、供物を捧げることである。ピタゴラスが何を神々に供えたかは（確かではないが）「ポルピュリオス」三六に記されている。なおヒエロクレスによると、神を敬う最良の方法は、自己の精神を神に似たものとすることである（『「黄金の詩」注釈』一-一七）。

(5) 「賢い」はここでは「技術的に巧みである」という意味か。次例（命名者と医術）を参照。すべて整っているもの（たとえば天体の運行）は、数によって整えられている（五九、一四六節）。「すべてのものは数にかたどられている」（一六二節）。常識的には、（認識においても技術においても）最も賢いのは神々であろうが、ピタゴラス派によると神々も数である（一四六―一四七節）。

(6) このアクースマによると、ピタゴラス派は原命名者（つまり原初の時代に、各事物の本質を知っていて、その本質を表わすような名前を各事物に付けた者）の存在を想定したらしい。とすると、名称の語源を研究すれば、当該事物の本質が分かる、ということになるだろう。原命名者は何者であったか、説明はない。プロクロス（後五世紀）は、彼自身の立場から、それは（人間ではなくて）三つの始元の一つである「魂」だ、と答えた（『プラトン「クラテュロス」注釈』一六）。

ものの中で最も賢いものは何か。医術」[1]。「何が最も美しいか。調和」[2]。「何が最強か。知性」[3]。「何が最善か。幸福」[4]。「何が最も真実に言われていることか。人間は邪悪であること」[5]。だからかの人〔ピタゴラス〕は、以下のように歌ったサラミスの詩人ヒッポダマスを称賛した、と言われる。[6]

　ああ神々よ、あなた方はどこから来て、どこから〔どうして〕このような〔善良で至福な〕者となられたのか。

　人間どもよ、君たちはどこから来て、どこからこのようなよこしまな者となったのか。

八三　このたぐいのアクースマは以上のもの、およびこれらに類するものであった。そのそれぞれが、「何が最も〔何々で〕あるか」を示しているのである。これは七賢人のいわゆる智恵と同じものである。というのは、かの人たち〔七賢人〕も「善とは何であるか」をではなくて、「何が最も善いものであるか」を、また「困難なこととは何であるか」をではなくて、「何が最大の難事であるか」を――〔その答えは〕自己を知ること――また「容易なこととは何であるか」をではなくて、「何が最も容易なことであるか」を――〔答えは〕習俗に従うこと――探求したからである。そして〔ピタゴラス派の〕このたぐいのアクースマは、〔七賢人の〕このような智恵を模倣したものであるように思われる。というのも、この人たち〔七賢人〕はピタゴラス

---

(1) 三番目に（しかしわれわれのものとしては第一に）賢いのは医術である、という。「われわれ」はピタゴラス派なのか、人間一般であるのか、あいまいだが、多分後者であろう。数は人間ではないし、原初に事物に命名した者は、神々から教えを受けた人間か、人間以上の者であろう。一方、医術は人間自身が工夫したものである、ということであろうか（デラ

ット「研究」281）。ピタゴラス派が医療を行なったことは、アリストクセノス「断片」二六、「ラエルティオス」八-一二、「本書」一六三-一六四などに記されている。

（2）調和（ハルモニアー）は楽音の協和を、とりわけ星々の奏でる楽曲を意味するのであろう。前記「セイレンたちの歌声の協和」（本節）や「ポルピュリオス」三〇を参照。それとも、全宇宙にみなぎる調和（たとえば健康や美徳なども含めて）を指すのであろうか。アリストテレス『形而上学』Ａ巻第五章、「ラエルティオス」八-三三を参照。

（3）各人の知性（グノーメー）は情念の力や自然の力よりも強い、という意味か。デラット「研究」282は、アガトン（前五世紀）の次の詩句を引用している。「グノーメー（知性）は両手のローメー（力）よりも強し」。ただし、この詩句とピタゴラス派との関連は不明。『黄金の詩』六九では、「グノーメー（知性）を君の魂の最良の御者とせよ」と言われている。なお、（いつごろからか）ピタゴラス派は、一（モナス）を知性（ヌース）であると規定したという（たとえば偽イアンブリコス『数論の神学』五（三-一二）(Falco/Klein)、アエティオス一-三-八）。この場合には、知性は神の知性、あるいは神そのものであり、万有の形成者であるから、むろん最強の者だと言えるだろう。

（4）幸福（エウダイモニアー）の原意は「よきダイモーンをもつこと」である。そして「ダイモーン」とは、この場合には魂を意味する、とピタゴラス派は言ったらしい（「ラエルティオス」八-三二、アリストテレス『トピカ』第二巻第六章＝クセノス「断片」八一（Heinze））。では、よき魂とは、どのような魂であろうか。おそらく、ピタゴラスの教えに忠実に従って生きて、輪廻転生の連鎖を断ち切れるような魂が、よい魂、幸福な魂なのであろう。

（5）この人間邪悪説については、「われわれの魂は元来は清らかであったが、堕落して、懲罰を受けるために地上へ生まれた」という思想（八五節）を参照。いわゆる「性悪説」とは少し違うだろう。

（6）詩人ヒッポダマスについては、「本書」に記されていること以外は不明である。「サラミス」は、①サロン湾に浮かぶ小島、あるいは②キプロス島にあった都市。なお「サラミス」を「サモス」と修正すべしという説（ナウク）もある。

以前の人であったから(1)。

次に、「何をなすべきか、あるいは、なすべきでないか」についてのアクースマは、たとえば以下のようなものである。「子をもうけるべきである。なぜなら、自分に替わって神に仕える者を後に残さねばならないからである(2)」。あるいは「履物は右足から先に履かねばならない(3)」。あるいは「大通り〔人混みの中〕を歩くな(4)」。また「〔手洗いの〕水槽に手を入れるな」。また「公衆浴場で体を洗うな」。なぜなら、これらすべて〔以上の三つ〕の場合に、一緒になる人たちが清浄かどうか、不確かだからである。**八四**　またその他に次のようなものがある。「人がかついでいる荷物を下ろすのを手伝うな。なぜなら、〔君は人が〕労苦を避けることの原因者となってはならぬからである。しかし人が荷物をかつぐのは手伝え(5)」。「金を所持している女に、子を作るために近づいてはならぬ(6)」。「光なしに語るな(7)」。「神々に献酒するときはカップの耳〔取っ手〕を通して注

（1）第二種のアクースマを七賢人の智恵の模倣（あるいは延長）とみなす歴史的見識は、アリストテレスに由来する、と推定されている（デラット「研究」284）。なお、この箇所の「賢人」の原語は、通常の「ソポス」でなくて、「ソピステース」であるが、「アリストテレスは七賢人をソピステースと呼んだ」と伝える史料もある（アリストテレス「断片」五、「ブルケルト」一六九）。とするとアリストテレスは、アクースマ（少なくともその一部分）はピタゴラスその人に由来すると考えたのであろう。「七賢人はピタゴラス以前の人であった」という念押しの言葉もアリストテレスが付記したものだとすれば、である。

（2）子を作る目的は、普通には、親の死後の供養（イサイオス七-三〇、クーランジュ『古代都市』二-三）、親の老後の扶養（たとえばアリストテレス『政治学』第七巻第十六章一三三四b四〇）、国家の存続（同書一三三五b二八）などと言われた。一方「親に替わって神に仕えるため」という目的は、

プラトン『法律』第六巻七七三Eに記されている。このアクースマと年代的にどちらが先であろうか。ピタゴラス派の「神中心主義」については、八六―八七節を参照。プラトンでは、人類が永続することが神の意志であり、子を作ることは敬虔な行為である、とも言われているようである。

(3) ピタゴラス派は、右をより善いもの、左をより劣ったものとみなし、右を左よりも優先させたという(アリストテレス『形而上学』A巻第五章、同「断片」二〇〇、「ポルピュリオス」三八)。なおイアンブリコス『哲学の勧め』第二十一章一一には、このアクースマは「履くためには(まず)右足を、洗足のためには(まず)左足を(出せ)」と書かれている。

(4) 第三種のアクースマ③、④、⑤は、ここでは字義通りに理解されている。そして理由付けとしては、不浄な人との接触を避けるべきことが挙げられている。不浄とは、衛生的に不潔というだけでなく、「宗教的に」清らかでないという意味だろうか。たとえば殺人者は、身体は清潔でも、清浄でない。ただしアクースマ③は、イアンブリコス『哲学の勧め』第二十一章四と「ポルピュリオス」四二では、暗喩的に解釈されている。「大通りを歩く」とは、大衆の意見に従うことや、世俗的生活を意味する、という。

(5) 労苦と勤勉は善で、怠惰と安楽は悪だというような思想であろうか(八五節を参照)。なおこのアクースマも、イアンブリコス『哲学の勧め』第二十一章一〇や「ポルピュリオス」四二では、暗喩として解釈されている。「荷物をかつぐ」は徳行(たとえば勇気ある行為)を意味する、という。

(6) 「金(きん)」は「カネ(マネー)」に相当するのであろうか(七四節の「金と銀」を参照)。「金(装身具)を身に着けている女」は売春婦を意味するらしい(一八七節)。ただし、それでは「子を作るために」という言葉がそぐわないようにも思える。イアンブリコス『哲学の勧め』第二十一章三五によると、このアクースマは暗喩であって、「金を身に着けている女」は、人を地上的なものへ引き寄せる(ある学派の)哲学を意味する。「子を作るため」は(説明されていないが)人生の果実(幸福)を求めることであろうか。イアンブリコスによると、「イオニア哲学に惑わされるな。イタリア哲学を求めよ」という意味だという(同書第二十一章三六)。

(7) 字義どおりに解すると、「暗中で語るな」という意味である。ただし一〇五節とイアンブリコス『哲学の勧め』第二十一章一二では、「ピタゴラス派(の教説)については光なしに話すな」と記されている。そして後者の説明によると、「光」は魂の光、つまり知性である。「ピタゴラス派の教説を理解するには知性が必要だ」という意味だという。

げ」。これは前兆を求める［占いの］ためでもあり、まただれかがその箇所へ口をつけて飲むのを防ぐためでもある(1)。また「指輪に印章として神の姿を［刻んで］携帯するな」。これは、それが汚されるのを避けるためである。それは家に安置すべき神像であるから(2)。「自分の妻を不当に扱ってはならぬ。彼女は嘆願者であるから。だからこそわれわれは［結婚の日に］彼女を炉から導いたのであり、右手で［彼女の右手を］取ったのである(3)。また「白い雄鶏を犠牲に供してはならぬ。なぜなら、それは嘆願者であるから。またメーン［月神］に仕える神聖な生き物であるから。だから時を告げるのである」(4)。**八五**　また助言を受ける人にとって最良

(1) 詳細は不明だが、ワインの流れ方によって吉兆か凶兆かが得られる、ということだろうか。一方。「ポルピュリオス」四二には、このアクースマの暗喩的解釈（神々を音楽で讃えよ）が紹介されている。

(2) 二五六節によると、外出して葬列に出会うとか、不浄な場所を通るとかで、神像が汚されるからだという。これは字義的解釈である。一方「ポルピュリオス」四二では暗喩的解釈（神々についての自分の意見をあけっぴろげに語るな）が紹介されている。またイアンブリコス『哲学の勧め』第二十一章二三によると、そもそも神は物体的形態をもたない、ということが、この禁止の理由である。

(3) 妻が庇護を求める（神々への）一種の嘆願者であることは、四八節でも言われた。ただし本節の「炉」は実家のではなく、婚家のそれであろう。新郎は、炉の神々を礼拝した後の新婦を（別室へ）導くが、その際に右手で彼女の右手を取る。右手は信義と保証を意味する。たとえばアリストパネス『雲』八一を、その他の用例については辞書を、なお「本書」二六〇の「右手」も参照。「軽々しくだれにでも右手を差し出すな」と命じるアクースマもあった（イアンブリコス『哲学の勧め』第二十一章二八、「ラエルティオス」八-一七）。

(4) このアクースマは、「白い雄鶏を食べるな」と命じているのであろう（「ラエルティオス」八-三四、出所はアリストテレス）。なぜなら、神に供えられた動物の肉は食べてよいからである（九八節、「ポルピュリオス」三四）。「メーン」は

アナトリア起源の月神だが、ここでは起源は問題ではなく、単に月あるいは月神の意味であろう。「ギリシア人が小アジアの土俗の伝承の中である月神に出会ったとき、彼らはこの神を（月を意味する）古いインド・ヨーロッパ語の名称でメーンと呼んだ」（ブルケルト『ギリシア宗教』三-三-二）。月も時間に関係するが、雄鶏が時を告げるのは、むしろ太陽に関連する。一四七節とイアンブリコス『哲学の勧め』第二十一章一七では、雄鶏は太陽（と月）に捧げられた鳥だ、と記されている。ところで太陽と月は、前出（八二節）のアクースマによると、福者の島々である。だから、白い雄鶏はわれわれの死後の運命に何らかの影響を及ぼす、と考えられたのであろう。なお葬儀の絵に雄鶏が描かれていることがある（デラット「研究」290）。ピタゴラス派は、白は善い色、黒は悪い色とみなした（一五五節、「ラエルティオス」八-三四）。ただしイアンブリコス『哲学の勧め』第二十一章では、「白い」は省かれて、単に「雄鶏」と記されている。なおルキアノス『夢あるいは雄鶏』では、転生して雄鶏になったピタゴラスが登場する。

　雄鶏がなぜ嘆願者であるのか、分からない。善人の魂が（それとも雄鶏自身の魂が）太陽や月へ行けることを、雄鶏は月神や太陽神へ嘆願するのであろうか。

　イアンブリコス『哲学の勧め』第二十一章では、このアクースマは暗喩的に解釈されている。雄鶏が時を告げることは、宇宙の諸現象の相互感応を意味する。そして「雄鶏を大切に飼え」というこのアクースマは、些細な現象から出発して宇宙全体を考察することを、つまり愛智（哲学）することを勧めているのだという。

でない助言をけっして与えてはならぬ。助言は神聖であるから」[1]。「労苦は善である。快楽はどのようなものでも悪である。なぜなら、われわれは懲らしめのために［この世へ］来たのだから、罰せられねばならぬのだ」[2]。「［神々に］供物を捧げるときと、神殿へお参りするときには、はだしでなければならぬ」[3]。「神殿へ寄り道してはならぬ。神を副次的なものとして扱うべきでないからである」[4]。「［戦場で］踏みとどまって、向かい傷を受けて死ぬのは善であるが、反対のふうに［死ぬの］はその反対［つまり悪］である」[5]。「人間の魂がそこへ転生しない動物は、犠牲として捧げられてよい動物だけである。それゆえ、肉を食べねばならない人は、犠

(1)「助言は神聖なり」という文句は古い諺であった。プラトン『テアゲス』一二二Bやクセノポン『アナバシス』第五巻第六章四（松平訳「忠告は神の声」）などでも引かれているが、すでにエピカルモス（前五世紀）の作品に出ていたという（ゼノビオス『摘要』四-四〇）。ピタゴラスが初めて言った言葉であろうか。それとも彼あるいは初期のピタゴラス派が古くからの通俗的な諺を利用したのであろうか（デラット「研究」295）。

助言がなぜ神聖であるのか。一説によると、重大事について助言を求める人は、神託を伺うような気持ちでそれを求め、助言者はいわば神に代わって助言するのだから、助言は神聖であるという。別の説では、助言は貴重なものであるから、それを讃えて神聖だと言うのである（前記ゼノビオスへの註で引用されている説）。

とにかく、助言は助言者自身の利益のためとか、相手を当面喜ばせるためとか、その他何らかの不純な動機によるのでなく、真に最善の利益を目標として与えられねばならない。そもそも最善を目指さない助言は一種の虚言である。一方、神の属性の一つは真実であるとすれば（「ポルピュリオス」四一）、真実である助言は神聖（神の言葉に似る）と言えるだろう。

(2) 労苦は魂を清める（あるいは罪をつぐなう）ので善である、ということか。われわれの魂は（現生においてだけでなく）前生においても穢れた、と信じられたらしい（「ポルピュリ

オス」一二「前世の汚れ」)。イアンブリコス『哲学の勧め』第八章に、「われわれはある大きい過ちを犯したので、懲らしめのために(この世で)生きている」という古人の説が紹介されている。「古人」とはオルペウス教徒だという説と、そうでないという説がある(『オルペウス教徒断片集』断片八(ケルン)、「仏訳」85 n. 3)。

　ピタゴラス派の快楽観は二通りに伝えられている。一つは、快楽はすべて悪だという説である(本節、直接の出所はニコマコス)。他は、ある種の快楽には若干の価値を認める説である(二〇四―二〇五節、「ポルピュリオス」三九)。後説の出所はアリストクセノスやアントニオス・ディオゲネスらしい。

(3) このアクースマは字義通りに理解できる。理由付けは、イアンブリコス『哲学の勧め』第二十一章三によると、人は履物を脱いで(自分を地面よりも高い所へ置くことなく)謹んで、へりくだって神を礼拝しなければならないからだという。一方、暗喩的解釈によると、「履物」は肉体や情念などの束縛を表わす。われわれはそのような束縛を脱して、神をありのままに認識し、崇敬しなければならない、という意味だという。

(4) 一〇五節と「ポルピュリオス」三八にも同趣旨のことが記されている。むろん字義通りに理解できるが、暗喩的解釈によると、神は第一位の存在であり、最高の善であるので、他の何よりも優先して敬われねばならぬ、という意味だという(イアンブリコス『哲学の勧め』第二十一章二)。

(5) ピタゴラスは一般的には戦争を是認しなかったと伝えられる(一八六節「殺人は神の法に反する」、「ポルピュリオス」二二「対立と抗争を避けよ」)。しかし彼はクロトンのシュバリスとの戦争を是認したかのように伝えられてもいる(一七七節)。なお二二二節の勧告は、個人的な争いに関するもので、戦争には関しない、と思われる。

牲に適する動物だけを食べるべきである。その他の動物の肉をけっして食べてはならぬ」(1)。［第三種の］アクースマの一部分は以上のようなものである。他の部分は非常に長くて、折々にどのように供物を捧げねばならないかとか、その他の神祭に関するものや、この世からの［あの世への］移住と埋葬をどのように行なうべきかについてのものである(2)。

八六　ところで、あるアクースマには、なぜそうしなければならないか［理由］が付されている。たとえば［前記の］「子をもうけるべきである。自分に替わって神々に仕える者を後へ残すために」。しかし他のアクースマには説明は全然付いていない。また付記された説明のうちで、あるものは初めから自然に［主文と］一緒に生成したように思えるだろうが、他のものは後からくっつけられたようである。たとえば「パンを細かくちぎってはならぬ」の理由として、「ハデスの館［冥府］での裁きに役立たないから」(3)。しかしこのたぐいのアクースマに対するまことしやかな理由づけは、ピタゴラス派によるものではなくて、利口ぶって憶測で説明を付け足そうと試みた外部の若干の人たちの仕業である。たとえば今言及された、パンを細かくちぎってはいけないことの理由にしても、そうである。ある人たちによると、それは、団結させているもの［パン］を分断してはいけないからである。というのも昔は、現に未開人がそうしているように、親しい人たちがみんなで一つのパンの周りに集まったのである(4)。また別の人たちによると、それは、［何かを］分断し粉砕することの前兆を作り出す［縁起が悪い］からである。

しかし実は、なすべきことと、なすべからざることについて定めているすべて［のアクースマ］は神性を目指しているのである。これ［神性］が原点であり、［かの人たちの］全生活は「神に従う」［という目標］に合わせて統制されている。これこそがまさにこの哲学の原理なのである。八七　というのも、世間の人たちは幸せを神々以外のどこか別の所に求めるという、ばかげたことをしているが、これはまるで、国王によって統治されている地域において、ある人が全国民の支配者を無視して、下級役人である一人の国民に仕えるようなものである。世間の人たちもこれと似たようなことをしているのだ、と彼ら〔ピタゴラス派〕は考える。なぜなら神は事実、存在しているのだし、そして神はすべてのものの主人であるから、当然われわれは善を主人から頂こうと努めるべきである。というのも、だれでも自分が愛する人、自分を喜ばせる人に善を与え、その反対の人に反対のもの〔悪〕を与えるからである。さてこの人たち〔聴聞派〕の智恵は以上のもの、および

---

(1) ピタゴラス派のうちで「肉を食べなければならない人」については、一〇九節初めを参照。なおポルピュリオスは（このアクースマに関してではなく、一般的に）、職人、体育家、兵士、弁論家、実業家などには肉食を可とした（『肉断ち論』一-二七）。「犠牲に適する動物」と言われているが、ピタゴラス派の場合、「犠牲として捧げられた動物」のお下がりを食べた、と伝えられている（九八節、「ポルピュリオス」三四）。

このアクースマによると、アクースマ派は肉食絶対禁止派ではなかったことになる（一五〇節、「ローデ」144, デラット「研究」289）。

ピタゴラスが犠牲として神々に供えた動物は、雌鶏と子豚だけであったという（「ポルピュリオス」三六）。アクースマ派が供えた動物は、雄鶏、子羊、子豚などだという（一五〇節）。

(2) 一説によると、一五三―一五六節でこの種のアクースマの紹介が続けられている（デラット「研究」298）。

(3) このアクースマは「ラエルティオス」八-三五にも記されている。出所はアリストテレスである。なお、ここで挙げられた理由がなぜ理由になりうるのか、不明である。

(4) 人々は、パンを食べるためにではなくて、それを囲んで集合した、ということらしい（デラット「注釈」239）。

これらに類するものである。(1)

なおアシネのヒッポメドンという人がいて、ピタゴラス派の聴聞派の一人であったが、この人の説によると、かのお方〔ピタゴラス〕はこれらすべて〔のアクースマ〕に説明と証明を付け加えたのだが、多くの人を経て伝承され、しかも次の人ほどより怠惰であったので、説明は省かれてしまい、問題〔つまりアクースマの主文、結論〕だけが残されたのだという。(2)

一方、ピタゴラス派のうちの研学派は、この人たち〔聴聞派〕もピタゴラス派であることを認めるが、しかし自分たちは彼らよりももっとそう〔ピタゴラス的〕であり、自分たちの言っていることが真実なのだ、と主張する。(3)そして、〔両派の〕違いが生じた原因は以下のような事情にある、と彼ら〔研学派〕は言う。

八八　ピタゴラスはイオニアから、そして〔より精確には〕サモスから、ポリュクラテスが〔サモスで〕僭主であった時期に、当時最盛期を迎えていたイタリアへ到着した。そして〔イタリアの〕諸国の最上層の人たちが彼の弟子になった。しかし彼らのうちの年配で政務に忙殺されて時間のない人たちに対しては、学理と証明を経て教えることは困難であったので、彼は端的に〔結論だけを〕語るにとどめた。何を行なうべきかを理由抜きで知った人でも、〔理由も知った人に〕劣らず利益を得るだろう、と彼は考えたのである。それはあたかも医療を受ける人が、一々の処置について、なぜこうしなければならぬのかの説明を受けなくても、〔説明を受けた場合に〕劣らず健康になるのと同じである。一方、若くて刻苦し勉学することができる人たちを教えるときには、彼は証明と学理を通して教えた。というわけで、自分たち〔研学派〕はこの人たちの後継者であり、彼ら〔聴聞派〕の方は先の人たち〔年配の弟子〕を受け継いだのであると。またヒッパソスについて彼ら

［研学派］はとくにこう述べた。この人はたしかにピタゴラス派に属したが、一二の正五角形から球［正確には正十二面体］を作る方法を初めて記述し公表したために、不敬神の罪で海で遭難して死んだ。彼は［この方法

(1) 前節の「しかし実は」以下ここまでの一小節は、「ローデ」140によると、ニコマコスの文章の途中へ挿入されたものであって、これを取り去ると、前後の文章がしっくりつながるという。ただし挿入された文章もニコマコスのものだが、別の箇所からここへ移されたのだという。というのも、一三七節の大部分がこの一小節とほぼ重複しているのである。

(2) ヒッポメドンの推測は、ある程度は当たっているのかもしれない。単に「これこれのことをせよ」では、弟子たちは納得しなかったであろう。また現に一部のアクースマには（最初からと思われる）説明が付いているのであれば、元来はすべての、あるいは大部分のアクースマにも若干の説明が付いていたはずだ、とも考えられる。

ヒッポメドンの年代は不明である。出身地は、写本の読みが不確実である。訳文は底本に従っているが、写本には「アルゴスの人もしくはアシネの人」と記されていた可能性がある。アシネという都市はペロポネソス半島に二つあったが、ここのアシネは多分、半島の北東部（現ナフプリオの南東）のそれであろう。アルゴスに近い。二六七節のピタゴラス派の名簿に、「アルゴスの人ヒッポメドン」の名がある。

ヒッポメドンの説についての一小節を括弧に入れると、前後の文章がうまくつながる。

(3) 八五頁註（4）に記したように、その箇所とこの箇所とで、「聴聞派」と「研学派」が入れ替わっている。本節の方が正しいのであろう。

の」発見者だという世評を得たが、(1) 実際にはそのすべてが、かのお方の業績であったと。(2) というのも、彼らはピタゴラスを名前で呼ばないで、このように「かのお方」と呼んだのである。(3) 八九 また幾何学が外部へ発表されるにいたったいきさつを、ピタゴラス派はこう説明している。ピタゴラス派のある人が財産を失った。そしてこの災難のゆえに、幾何学で生計を立てることがこの人に許可されたのであると。(4) なお幾何学（ゲオーメトリアー）はピタゴラスによってヒストリアー［探求、知見］と呼ばれていた。(5)

さて二通りの学問とピタゴラスを聴講した二群の人たちの違いについて、われわれに伝えられている情報は以上である。というのも、カーテンの内と外でピタゴラスを聴講した人たち、また［彼を］見ながら、あるいは見ないで聴講した人たち、また内側の弟子と外側の弟子として区別された人たちは、前述の［研学派と聴聞派の］区別にほかならない、と解すべきである。また［ある弟子たちが任命された］公務者と会計係と規則係は、同じ役職だとみなすべきである。(6)

第十九章

九〇 なお［彼の教育方法について］全般的に次のことを知っておくべきだろう。ピタゴラスは教育の幾多の方途を発見し、各人の資質と能力に対応して応分の智恵を授けた。そのことの最良の証拠はこれである。スキタイ人で極北の地に住むアバリスが、ギリシア的教育には未経験で不案内のまま、しかも高齢になってから訪れたときに、ピタゴラスは彼を教導するに当たって、多様な研修を省略し、五年間の沈黙と長期の聴講

(1)正十二面体は、表面が一二の正五角形から成り、頂点が二〇個で、最も球に近い正多面体である。この多面体についての幾何学的理論をヒッパソスが発見し、外部の人に教えた、といううわさがあったわけである。

(2)研学派の祖はピタゴラスではなくてヒッパソスであるという聴聞派の主張(八一節)に反論して、自分たちこそピタゴラスの教説を継承しているのだ、と研学派は答えたわけである。そしてヒッパソスは研学派の歴史において重要な人ではなかった、と彼らは言う。なおヒッパソスの行為が不敬神であるのは、学派内の数学的な秘密を外部の人に洩らしたからであろう(イアンブリコス『一般数学』二四(七四-二二)(Festa/Klein))。一説によると、正十二面体の物体が神事に(たとえば一種のさいころとして占いに)用いられていたので、あるいは学派内部で何かのシンボルとして(たとえば有名なペンタグラムのように、二三八節を参照)用いられていたから、それを外部へ洩らすことは禁じられていたのだろうという(「ブルケルト」460)。

(3)ピタゴラスは神(あるいは神に準じる者)とみなされていたので、そして神の名をみだりに呼んではならないから、であろうか(一五〇節)。また尊敬する人の名前を呼び捨てにしないために(というのも、「様」とか「殿」とかの尊敬の接尾語がなかったので)、という理由も考えられる(二五五節のエウマイオスの言葉を参照)。七六、八七節でも彼は「かのお方(テーノス、エケイノス)」と呼ばれている。

(4)この話の真偽は不明。思わぬ災難で財産を失った人とはだれかも不明。有名な幾何学者キオスのヒッポクラテスを指すのかもしれないが(アリストテレス『エウデモス倫理学』第八巻第二章)、この人がピタゴラス派であったという証拠がない。

(5)真偽不明の情報。「ゲオーメトリアー(測地法、幾何学)」の現存文献での最古の用例は、多分(前五世紀の)ヘロドトス第二巻一〇九であろう。タレスやピタゴラスが幾何学をどう呼んでいたのか、分からない。なお一説によると、ヘラクレイトス(前五〇〇年頃)が「ピタゴラスは万人に抜きんでてヒストリエー(探求)に励んだ」と言ったので(「ラエルティオス」八-六)、この「ヒストリエー」とは幾何学のことに違いない、と後代のピタゴラス派が推測したのだろう、という(Hoelk の説、「ブルケルト」408-409)。おもしろい説だが、確かではない。

(6)カーテンの内と外や、内側の弟子と外側の弟子の区別については、七二節に記されている。また「公務者」などについても、七二、七四節を参照。

この一小節(「さて二通りの学問」以下、ここまで)は、イアンブリコス自身の文章であろう(「ローデ」140)。

その他の試練を課することなしに、[1]アバリスを彼の教説を聴く力量のある人として一挙に〔短期間で〕仕立て上げたうえで、彼の著作『自然について』と『神々について』の内容をできるだけ簡潔に説明した。[2]

九一　というのもアバリスは極北の地から来た人で、かの地のアポロンに仕える神官であり、高齢で、神祭のことにきわめてよく通じていた。彼は〔各地で〕寄進された黄金を極北の地の神殿において神〔アポロン〕へ奉納するために、ギリシアから故国へ帰る途中であった。その旅の途次、彼はイタリアを通り、ピタゴラスに会って、彼が神官として仕えていた神にピタゴラスが酷似していると見て、これはかの神以外の者ではなく、かの神に似た人間でもなくて、正真のアポロンご自身であると信じた。彼が目の当たりにしたかの人〔ピタゴラス〕のきわめて厳かな風貌と、神官として彼があらかじめ知っていた〔かの神の〕特徴から、そう判断したのである。だから彼はピタゴラスに、神殿から〔借りて〕持参していた矢を返した。この矢は、これほどの長途の旅の途次に遭遇するであろうもろもろの難儀を乗り切るのに役立つものであった。というのは、たとえば川や池や沼や山岳や、その他の歩行不能の場所を、彼はこの矢に乗って通過〔飛行〕したのである。また彼は、伝承によると、この矢に語りかけることによってお祓いをし、彼に助けを求めた国々から疫病や暴風を駆逐した。[3]　九二　たとえばラケダイモン〔スパルタ〕は、彼にお祓いをしてもらってから、以後は疫病に悩まされることがなかった、と伝えられている。それ以前は国土の劣悪な環境のせいで、つまり、その地にそびえるタユゲトスの山並みから吹き下ろす、むせるようなひどい熱気のために、たびたびこの災厄〔疫病〕に見舞われていたのである。またクレタ〔島〕のクノッソスも〔同様であった〕。この他にも、アバリスの威力についての類似の証拠がいくつか伝えられている。

さてピタゴラスはその矢を受け取って、いぶかることなく、またアバリスが自分にこの矢を渡す理由を問いただすこともなく、本当に自分がかの神自身であるらしくふるまって、彼の方でもアバリスをわきへ呼んで、後者がまちがっていないことのあかしとして、自分の黄金の太ももを見せ、(4)またかの地［極北］の神殿に蔵されている宝物の一つ一つを列挙して、その［アバリスの］推測が正しかったことの十分な証拠を示した。そしてさらに付け加えて、自分は人間たちの世話を焼き、恩恵を施すために来たのだが、人間の姿をしてい

(1) 五年間の沈黙や長期間の聴講などについては、六八、七二、七四節を参照。

(2)『自然について』という著作については、「ラエルティオス」八-六の『自然論』を参照（同一の書物を指すとは断定できないが）。また『神々について』という著作は一四六節でも言及されている。

本節はピタゴラスに著書があったと信じていた人の（「ローデ」の推定によるとイアンブリコス自身の）文章である。

(3) アバリスの矢のことは、すでにピンダロスやヘロドトス第四巻三六も言及している古い伝説である。ただし両者とも、この矢が乗り物として用いられたとは言っていない。この矢は「遠矢の神アポロン」（たとえばホメロス『イリアス』第一歌三七〇）のシンボルであったろう。これをピタゴラスと結びつけたのは、ポントスのヘラクレイデスであろうか（ローデ『プシュケー』英訳、第九章、p. 327, n. 108）。

九一－九三節（ただし末尾の部分を除く）の出所は、テュアナのアポロニオスであるらしい。ピタゴラスをアポロンの化身あるいは分身とみなす見解がその証拠になる、という。八節を参照（「ローデ」140）。

(4) ピタゴラスが、自分がアポロンの化身であることの証拠として、アバリスに黄金の太ももを見せたという話は、一三五節と「ポルピュリオス」二八にも記されている。また、偶然彼の太ももが人々に見えたという話が、一四〇節に記されている。アポロンは「輝く者（ポイボス）」とも呼ばれたので、ピタゴラスの片足の太ももが黄金であるということは、彼がアポロンの化身であることの証拠とされたのであろうか（デラット「注釈」171）。

るのは、自分の超人間的な姿に彼らが驚き、困惑して、自分に教わるのを嫌がってはいけないからだ、と言った。また彼〔アバリス〕が集めた黄金は、〔ピタゴラスの〕教説を高度に習得して、「友のものは共有」という教えをすでに実証しつつある好適の人〔優秀な弟子〕たちとの共同の資産とするように勧めた。[1] **九三** そしてこのようないきさつで〔クロトンに〕留まったアバリスに彼は、前述のように〔九〇節〕、簡略化した自然学と神学を伝授した。また〔アバリスが行なっていた〕犠牲動物〔とくに鳥〕の内臓〔肝臓など〕を検視して未来を占う方法に代えて、数による予知法を授けた。こちらの方がより清浄で、より神的で、神々にかかわる天上の数に、より似つかわしい、と彼は信じたのである。[2] またアバリスに適しているその他の学業も授けた。[3]

しかしわれわれは、当面の〔アバリスについての〕話がそのために語られた本題へ戻ろう。ピタゴラスは各人の資質と能力に応じて、各人を各様に矯正〔教育〕しようと努めた。したがって、このような彼の教育内容が全部〔後世の〕人々へ伝わったのではないし、また記憶されて〔伝わって〕いることをすべて叙述することも容易でない。**九四** しかしわれわれは、ピタゴラス的教導の少数の最もよく知られた事例を、そしてかの人たち〔ピタゴラス派〕が〔通例〕受けた訓練についての覚書〔の内容〕を述べよう。[4]

第二十章

第一に、検査期間中に彼ら〔志願者たち〕が口つぐみする[5]——これは彼自身が用いた言葉であるが——ことができるかどうかに彼は注目した。[6] そして〔とりわけ〕学んだときに聴いたことを他人にしゃべらないで心にしまっておけるか、また慎み深いかどうかを観察した。彼は話すことよりも沈黙することの方を重視したのである。またその他のあらゆる点にも注目した。激情や欲望を抑制できず、はめを外すのではないかなど、

(1)「友だちのものは共有」という標語は、三二節、「ポルピュリオス」三三などにも記されている。(一部の)弟子たちが資産を共有したことは、三〇、八一、一六八、二五七節などに記されている。

(2)アバリスが得意とした占いの方法については、一四七節を参照。「天上の数」とは、(独立自存する数ではなくて)天体において見られる数であろうか(天体は一〇個あるとして)。神々の本質が数によって規定されることは、一四七節に記されている。「数による予知法」とは具体的にどのような方法か不明である。サイコロのようなものによる占いか、飛ぶ鳥の数による占いか? なお後世の偽作である『ピタゴラスのテラウゲス宛の手紙』によると、人名を数字に置き換えて(ギリシア語では、アルファベットのそれぞれが数詞でもあった。たとえばAは一、Kは二〇、Tは三〇〇)それをあるルールに従って処理して、二人の敵対者のどちらが勝つかを予測する方法があった(たとえばフェステュジエール『ヘルメス・トリスメギストスの啓示』一-三三六-三三九を参照)。

(3)九一節から本節のここまでの出所は(すでに註記したように)アポロニオスであるらしい。

(4)「覚書」(あるいは「史伝」)が何を指すか、不明。ピタゴラス派の人たちが残した覚書(二五三節)か。それともアリストクセノス、ニコマコス、アポロニオスなど、諸家のピタゴラスについての著作を指すのであろうか。「ポルピュリオス」七の「史伝」を参照。

この一小節(前節の「しかしわれわれは」以下、ここまで)は、イアンブリコス自身の文章であろう(「ローデ」140)。

(5)動詞「口つぐみ(エケミューティアー)」はすでに三二、六八節に出てきた。一〇四、一八八、二二六節にも見られる。名詞「口つぐみする」はここでだけ用いられているが、「ポルピュリオス」には、この語は出てこない。普通の言葉では「沈黙(シオーペー)」である。

(6)入門志望者の資質検査については、七一-七二節で述べられた(出所はアポロニオス)。一方九四-九五節の主要部分の出所はニコマコスだろうという(「ローデ」141)。ニコマコスの(原本における)叙述の順序は、「九四、九五、七四-七八、八一-八九節」だったろう、と「ローデ」は推測した。

そのたぐいのことを、片手間にではなく、常時注視した。たとえば怒りや欲望にどう対処するか、負けず嫌いか、名誉欲が強いか、争うのが好きか、友情に厚いか、などである。そして精密に観察していた彼の目に、彼らが善い性格を十分に備えていることが明らかになったならば、そのとき初めて彼らの学習能力と記憶力に注目して、第一に、話されることを速く正確に理解するかどうか、次に、教えられる事柄に対して一種の喜びと落ち着きをもつかどうかを観察した。**九五** というのも彼は、彼らの本性がどの程度まで温順化されうるかに注目していたのである。彼はそれ［温順化］を「支度」と呼んでいた[1]。そして粗暴さをこのような［彼が弟子たちに課する］生活に敵対的なものだとみなした。なぜなら粗暴さには厚顔、無恥、不節制、無作法、学習困難、無抑制、不名誉、その他類似のものが伴うし、一方、素直さと温順さには、これらと反対のもの［美徳］が伴うからである。さてこのように彼は、検査期間中は以上のような点に注目し、学習者をこのような点に関して訓練したのである。そして彼のもとにある智恵がもたらす諸善を得るのにふさわしい人物を選抜して、もろもろの学術へ導くことを試みたのである。一方、だれかが不適格であることを彼が看破したならば、外人でよそ者であるとして［学園から］追放した[2]。

第二十一章

次に私は、彼が弟子たちに課した日々の生活の規則について語ろう。彼に指導された人たちは、彼の指示に従って以下のように行動したのである。

九六　まず早朝の散歩をこの人たちは独りで行なった。行き先は適度に閑静で静寂な場所で、そこには神殿や森やその他の心を静める何かがあった。というのも、自分の魂を落ち着かせ、精神［思考力］を整えるまでは、他人に出会うべきでない、そしてこのような静寂が精神を落ち着かせるのに適している、と彼らは考えたのである。というのは、起床直後に人込みの中を通行するのは心を騒がせるものだ、と彼らは信じていたわけである。だからピタゴラス派の人たちはみんな、最も神々しい場所を［散歩の際に］常に選んだ(3)。さて朝の散歩の後で初めて彼らは仲間同士で会った。たいていは神域で、そうでなくても類似の場所で。そしてこの機会を、教えることと学ぶことと性格の矯正のために利用した。

九七　そしてこのような勉強の後で、次に彼らは身体の鍛錬に向かった。大多数の人は体に油をすり込んで走ったが(4)、少数の人は庭園や森でレスリングをした。またある人たちは［両方の手に］重りをもって［それ

---

(1)「支度（下ごしらえ）」の原語は「カタルテューシス」。六八節に「音楽による魂の支度（調整）」とある。

(2) 不適格者の扱いについては七三―七四節を参照。

(3) 夕方の散歩については九七節末に、またピタゴラス自身の散歩については「ポルピュリオス」三二末に記されている。「ポルピュリオス」のその記事の直接の出所はアントニオス・ディオゲネスである。一方、「本書」九六―一〇〇の直接の出所は、「ローデ」142 の推定によると、ニコマコスであるが、元の出所はアリストクセノスであろうという。

(4) オリーブ油をすり込むのは、体を柔らかく強靭にするためだという（ルキアノス『アナカルシス』二四）。オリーブ油はまた香料や日焼け止めとしても用いられたという。

を後方へ投げながら前方へ〕跳躍したり、独りでボクシングをした[1]。要するに彼らは体力養成のために、各自が自分に適する運動を選択するように努めたわけである。そして昼食には彼らは小麦パンとハチミツあるいはミツバチの巣を食べた[2]。ワインは日中は飲まなかった。そして昼食後の時間に、法の定めに従って、国の政務と外交的対外的用務に従事した[3]。すべての公務を昼食後の数時間で処理しようと彼らは欲したのである。そして夕方になると再び散歩に出かけた。朝の散歩のように独りでなくて、二人か三人が一緒に散歩して、すでに学んだことを復習したり、立派な言動の練習をしたりした。**九八**　そして散歩の後で彼らは入浴し、それから共同食事に参加した。これは一〇人以下の人たちの会食であった。全員が集まると、神に献酒し、供物を供え、香をたいた。そしてその後で食事を始め、日没前に食事が終わるようにした。献立は、ワインと大麦パンと小麦パンと、おかずとしては煮たのと生のままの野菜であった。神々に供えられた動物の肉も〔時には〕添えられた。魚介類のおかずは稀であった。というのも、これらのあるものは若干の理由で食用には適さないからである[4]。**九九**　さてこの夕食の後で神への献酒が、それから朗読が行なわれた。最年少者が朗読し、最年長者が何を、どのように朗読するかを指図する慣わしであった[5]。そして解散する前に、酌人が彼らのカップへワインを注ぎ、彼らが神に献酒した後で、最年長者が次の戒告を唱えた。「栽培され果実を産する植物を傷つけるなかれ、あやめるなかれ。同じく、人類に有害でない動物を傷つけるなかれ、あやめるなかれ[6]。**一〇〇**　なおまた、神とダイモーンとヘーロースのたぐいについては言葉を慎み、よい心情を抱け。また両親と恩人についても同様の心情を持て。法に味方せよ。違法と戦え[7]」。以上の文言が唱えられてから、各人は家路に就いた。なお衣服は白い清潔なものを、同様にシーツも白くて清潔なものを彼らは用い

(1)ダンベル跳躍についてはたとえばアリストテレス『動物進行論』第三章を、また「独りボクシング」についてはプラトン『法律』第八巻八三〇Cを参照。

(2)アリストクセノス「断片」二七(アテナイオス第二巻四七a)にこう記されている。「アリストクセノスが言うには、ピタゴラス派の食べ物は小麦パンにハチミツを添えたものであった。これらを昼食に常時食する人は無病息災である、と彼は付言している」。なお、アリストクセノスが自分と同時代のピタゴラス派の食事について報じたことを、「ポルピュリオス」三四や「ラエルティオス」八-一九はピタゴラスその人の食事へも(しかも内容的に少々不正確に)当てはめたのだろう、と推測する説がある(「ローデ」142. デラット「注釈」188-190)。

(3)「政務」などについては八八節を参照。

(4)本節の元の出所がアリストクセノスだとすれば、省略された理由は何か合理的なこと(たとえば健康のためとか)であったかもしれない。一方アリストテレスによると、ある種の魚は(地下の)神々に帰属するから禁食の対象になったという(一〇九節、「ラエルティオス」八-三四)。それらの魚は転生した人の魂を宿す、と信じられたのであろうか(デラット「研究」291)。なおプルタルコス『イシスとオシリス』三二によると、エジプトの神官たちは魚を一切食べなかったが、その理由の一つは、海を不浄なものとみなしたからだという。

(5)何が朗読されたのか、不明。ホメロスやヘシオドスなどの作品の一節か(一一一、一六四節、「ポルピュリオス」三二)。

(6)「ポルピュリオス」三九に同趣旨のことが記されている。その出所はアントニオス・ディオゲネス。

(7)「ポルピュリオス」三八を参照。その直接の出所はやはりアントニオス・ディオゲネス。ダイモーンとヘーロースについては三一節、三六頁註(1)を参照。

た。[1] シーツはリネンであった。ウールのものは用いなかったのである。[2] また彼らは狩猟をよいこととは考えなかったし、このたぐいのスポーツを避けた。[3]

さて日々の食事と生活に関して、かの人たちの大多数に課せられた規則は、以上のようであった。

第二十二章

一〇一　また別の方式での教育、すなわちピタゴラス的訓告による教育方法も伝えられている。これらの訓告は、生き方と人間的信条にかかわるものである。多数の訓告のうちから少数のものを紹介しておこう。

かの人たちはこう教えていた。真実の友愛〔親愛〕からは、競争と張り合うことを排除しなければならない。できればすべての友愛から、でなければ少なくとも父親に対する、また一般に年長者に対する、同様にまた恩人に対する友愛から、である。なぜなら、このような人たちと競争し、あるいは張り合うことは、怒りや他の類似の情念が生じるので、既存の友情の維持を困難にするからである。かの人たちはまたこう言った。友愛の内に生じる引っかき傷〔亀裂〕とかさぶた〔遺恨〕は、最小限にとどめねばならない。そしてこれがうまくいくのは、双方ともが、とりわけ年下の方が、あるいは前記のどれかの位置にある者〔子や恩恵を受けた側の人〕が、怒りを抑制して譲歩するすべを知っている場合である。また矯正と忠告は――これをかの人たちは調律（ペダルタシス）と呼んでいたが[4]――年長者の側から年少者に対して、言葉を選んで慎重に行なわれるべきである。そして忠告する側の態度に、〔相手に対する〕好意と親近感がはっきり現われていなければばならない。そういうふうにすれば、忠告が体裁よく行なわれ、成果をあげるのである。一〇二　また、ふざけているときでも、まじめなときでも、けっして友愛から誠実［信頼性］を除去してはならない。なぜなら、友人だと称している人の性格の内へ一度でも「うそつき」が忍び込んだならば、既存の友情を無傷のままで維持することは、もはや容易でないからである。また災難その他の、人生で起こりがちな何らかの苦境［に友が陥ったこと］のゆえに、友人と絶交してはならない。友と友情からの唯一の正当な断絶は、相手の大きくて矯正しがたい悪徳のゆえでのそれである。

---

(1) 白が善い色で、黒が悪い色だとみなされたことは、「ラエルティオス」八-三四末（Long）、アリストテレス『形而上学』N巻第六章一〇九三b一一などにも記されている。その理由については一五三と一五五節を参照。

(2) ピタゴラス派が（ある場合に）ウールを避けたことは、ヘロドトス第二巻八一にも記されている。テュアナのアポロニオスは、「ウールはかつて羊がまとっていたものだが、リネンは水と土の清らかな贈り物だ」と言ったという（ピロストラトス『アポロニオス伝』第一巻第三十二章、第八巻第七章）。アプレイウス『弁明』五六にも同趣旨のことが、オルペウスとピタゴラスの意見として伝えられている。一方「ラエルティオス」八-一九によると、「ピタゴラスの寝具はウール地のものであった。当時その地域にはまだアマが伝わっていなかった」という。

(3) ピタゴラスは狩人や畜殺者を忌避したと伝えられる（「ポルピュリオス」七、出所はエウドクソス）。

(4) 名詞「ペダルタシス」（動詞は「ペダルターン」）はドーリア方言らしい。原意は確かでないが、「別の所へ掛け直すこと」である。一説によると「配列を変えること」あるいは「音階を変えること」である。この語（名詞と動詞）は、一九七、二三一節にも見られる。出所はいずれもアリストクセノス。一方「ラエルティオス」八-二〇では少し違う語形（動詞「ペラルガーン」）が伝えられている。

さて訓告による矯正［教育］の見本は――それ［訓告］はあらゆる美徳と生活全般にわたるものであるが――以上のようなものであった(1)。

第二十三章

一〇三　またシュンボロン［符丁的暗喩的な文］による教育方法も、かの人［ピタゴラス］において必要不可欠のものであった(2)。というのも、この方式は古来のものであるので、ほとんど全ギリシア人の間で尊重されていたのだが、とりわけエジプト人によって実にさまざまな形で利用された。そして同様にピタゴラスによっても、それが非常に熱心に実行されたのである。［そのことは次の場合に明らかになるだろう。］もしだれかがピタゴラス的シュンボロンの意味と隠された思想を正確に解明するならば、そして、それらの意味と思想がどれほどの正しさと真理を内蔵しているかが露呈し、謎めいた外形から解放され、単純で簡単な［学派の］伝承に従って、これらの愛智者たちの人間的な思考を超えた偉大で神的な英知にふさわしい姿を現わすならば、である。一〇四　というのも、この学舎の出身者たち、とりわけ初期の、ピタゴラスと同時代で、若いときに高齢の彼に師事した弟子たちは、すなわち、ピロラオス、エウリュトス、カロンダス、ザレウコス、ブリュソン、先代のアルキュタス、アリスタイオス、リュシス、エンペドクレス、ザモルクシス、エピメニデス、ミロン、レウキッポス、アルクマイオン、ヒッパソス、テュマリダス(3)、その他彼らの同輩たちのすべてが――彼らはいっかどの卓越した人物の集団であったが――討論とお互い同士の談話と覚書と記録において、さらにすべての著述と公刊書においても——これらの書き物の大半は現代まで保存されている[4]——他のすべての人々が用いる普通の凡俗の、聴く人に即座に理解できるような言い方をせず、自分たちによって語られる事柄が理解されやすくなるようには工夫しないで、むしろ逆に、ピタゴラスによって彼らに対して定めら

（1）一〇一—一〇二節の（直接あるいは間接の）出所は、アリストクセノス『ピタゴラス派の訓戒（ピュータゴリカイ・アポパセイス）』であるらしい。マーネ（一七九二年）以来、多くの学者がそう推定する（「ローデ」143,「ブルケルト」101 n. 17）。ただし「アリストクセノス断片集」には採られていない。

（2）シュンボロン（符丁）による教育については二〇節を参照。アクースマ（聴聞事項）は、シュンボロン（暗喩）として解釈されることもあるが、字義どおりに解釈されることもある。本節によると、アクースマ派だけでなく、研学派もシュンボロンを用いることがあった、ということになるだろう。

（3）以上の一六名の中には、ピタゴラスの直弟子ではなかった人（ピロラオスなど）や、そもそもピタゴラス派に属さなかった人（レウキッポスなど）が含まれているようである。なお「先代のアルキュタス」は、プラトンの友人であったアルキュタス（一二七、一九七節など）と区別されているのであろう。アプレイウス『プラトンの思想』一‐三にも、この人物の名が挙げられている。しかし実は、プラトンは彼より「年長のアルキュタス」の弟子であったという伝承があって（フォティオス『ビブリオテーケー』第二百四十九書の初め）、この伝承が誤解されて、年長（先代）と年少（子孫）の二人のアルキュタスの存在が想定されるようになったのであろうという（「ブルケルト」92 n. 42）。とすると、「先代のアルキュタス」は架空の人物である。

（4）これらの著作はほとんど全部が偽書だったらしい。たとえばピロラオス『魂について』（ストバイオス、「断片」第四十四章二一（DK））とか、テュマリダスの数論に関する著作（イアンブリコスが『ニコマコス「数論入門」注釈』で引用している）など。なお「現代」はイアンブリコスの時代（後三〇〇年頃）か、それとも種本の著者（ニコマコス？）の時代（後一〇〇年頃）。

れた「神的な事柄に関する秘密については口をつぐむ」という掟に従って、(1) 門外漢には不可解な表現を用いることにして、お互いの間の議論や著作をシュンボロンで覆い隠したのである。一〇五　だから人がシュンボロンを［シュンボロンとして］識別して、真剣に解釈するのでないかぎり、それらの文言はたわごとと冗舌以外の何ものでもなく、読む［聴く］人には、ばかばかしい老婆の痴れ言だと思えることだろう。(2) 一方それらの文言が当該シュンボロンにふさわしい仕方で解釈されて、大衆にとっては暗黒であるものが［その人にとっては］照り輝く光明となるならば、それらの文言は、ピュティオス［デルポイのアポロン］のいくつかの預言と託宣(3)にも似て、驚嘆すべき思想を表わしていて、その意味を洞察した好学の人の心に霊感を吹き込むのである。

なおこの教育方式の輪郭をもっとはっきりさせるために、［シュンボロンの］少数の実例を挙げておくのも悪くないだろう。「［どこかへ行く］途中でついでに神殿へ立ち寄ってはいけないし、そもそも［門前で］礼拝してもいけない。たとえ君がまさに神殿の門前を通り過ぎるとしてもである(4)」。「裸足で供物を供え、礼拝せよ(5)」。「大通りを避け、小道を歩け(6)」。「ピタゴラス派については、光のないところでは語るな(7)」。

さてかの人のシュンボロンによる教育方法は、概略的に言えば、以上のようであった(8)。

第二十四章

一〇六　さて飲食物も、正しい仕方で［正しい］規則に従って摂られるならば、最良の教育に資するところが大きいから、これについてもかの人がどのような掟を定めたかを見てみよう。一般的に言って、空気［ガス］を多く含み、体内をかき乱す原因となる食品を彼は不可とし、その反対のもので、身体の状態を落ち着かせ、引き締めるような食品を可とし、摂るように勧めた。キビでさえも適当な食べ物だと彼が信じたのも、この

（1）「口をつぐむ」という表現については九四節を参照。
（2）前節初めからここまでの大半に類似する文章が、イアンブリコス『哲学の勧め』第二十一章（一〇五‐二七‐一〇六‐一二）にある。
（3）ピタゴラスはピュティオスの化身とみなされたこともあるという（三〇節）。また「ピタゴラス」という名前の語源は、「ピュティオスに劣らず真実を告げる者」である、という説があった（一五頁註（3）を参照）。
（4）このシュンボロン（アクースマ）については八五節を参照。
（5）八五節を参照。
（6）八三節を参照。
（7）八四節を参照。そこでは「ピタゴラス派については」という限定は付されていない。
（8）一〇三―一〇五節は、「ローデ」143によると、イアンブリコス自身の文章である。なぜなら、シュンボロン（アクースマ）についてのニコマコスの解説は、すでに八二―八五節で紹介された。一方ここの三節は文章が余りに大仰で誇張されているので、アポロニオスのものとは言いがたい。だから筆者はイアンブリコスであろう、と「ローデ」は推定した。ただしピタゴラスの弟子を一六名書き並べた箇所（一〇四節）は、必ずしもイアンブリコスの創作ではなく、何らかの年表風の文献に拠ったのかもしれない、という（「ローデ」144）。

理由によるのである。[1] また一般に神々に疎まれるような食品を、[2] われわれの神々との親しみを妨げるものとして、彼は退けた。さらにまた別の観点からも彼は、神聖だと信じられているものを[3]けっして食べないように強く命じた。これらのものは丁重に扱われるべきであり、通常の人間的使用に供せられるべきものではない、と彼は考えたのである。[4] また占いを妨害する食品[5]や、魂の純潔と清浄や節制と美徳の保持を妨げる食品を避けるように命じた。[6] 一〇七 また明敏さを妨げる食物、魂のいろいろな清らかさを、[7] とくにまた睡眠中に現われるもの［夢］をかき乱す食品を彼は退けた。[8]

さて彼は飲食物について一般的には以上の掟を定めたのだが、愛智者のうちでも最も観照能力のあるきわめて卓越した人たちに対しては特別に、[9] 余分で不公正な飲食物を一切禁止した。すなわち、有魂のもの［動物］を一切、どんなときにもけっして食べないように、酒を一切飲まないように、動物を神々に供えないように、動物をどんなふうにであれけっして傷つけないように、そして動物に対しても正義を細心の注意をはらって守るように命じたのである。[10] 一〇八 そして彼自身もそのように生活した。動物性の食物を避け、［犠牲獣の］血で汚されていない祭壇でだけ礼拝した。[11] そして彼は他の人々も、われわれ［人類］と同族である動物を殺さないようにしむけた。また野生の動物をも、懲らしめのために傷つけるのでなくて、言葉としぐさによって教育し、分別をもたせるように努めた。[12] また彼は政治家たちのうちの立法者[13]に対しても、有魂のものの肉を控えるように命じた。なぜなら、彼らは最も公正にふるまおうと望んでいる［はずだ］から、自分たちと同族である動物のどれに対しても不公正なことをしてはならないからである。いったい自分自身が貪欲不正に陥っていながら、どうして他人を公正であれと説得できようか。なお動物たちはわれわれと共同で生活し、同じ諸元素［空気、水、土など］とこれらから成る複合物［たとえば植物、山、川など、あるいは骨、肉、血液など］をわれわれと共有しているのだから、彼らはわれわれといわば兄弟のように親密な関係にあるわけ

（1）ガスを多く含む食品の一例は豆である（「ラエルティオス」八-二四）。ピタゴラスが夕食にキビ（あるいはアワ）のパンを食べたという話が、「ポルピュリオス」三四にある。出所はアントニオス・ディオゲネス。

（2）食品そのものが神に嫌われるというよりも、むしろ、それをわれわれが食べることが嫌われる、という意味だろうか。豆がその代表的な例である。「豆を控えよというシュンボロンは、われわれの神との交わりと神的な占いを妨げるすべての食品を避けよ、と勧めているのである」（イアンブリコス『哲学の勧め』第二十一章三七）。

（3）たとえば白い雄鶏（八四節）や黒尾魚（一〇九節）などか。

（4）「同じものが神々と人間とに配属されるべきでない」（「ラエルティオス」八-三四、出所はアリストテレス）。

（5）前註（2）の引用文を参照。

（6）たとえば肉食は身体だけでなく、魂をも汚す（あるいは鈍くする）、と考えられたのであろう（一二三節）。

（7）小食、菜食、禁酒などが、「鋭敏と魂の清浄さ」をもたらす（一二三節）。

（8）豆が夢をかき乱すという説が、「ラエルティオス」八-二四、キケロ『卜占論』二-一一九に記されている。前註（2）の引用文中の「われわれの神々との交わり」にはある種の夢も含まれるのであろう。

（9）研学派（マテーマティコイ、八一節）を指すのであろう。

（10）人間と動物が同族である一つの理由は、人の魂が動物へ転生するからであろう（八五節、「ポルピュリオス」一九）。しかし「本書」では別の理由でも人間と動物は兄弟だと言われている（一〇八節後半）。また動物はわれわれと同様に生きる権利をもっている（「ラエルティオス」八-一三）。だから、人間が動物を殺すのは正義に反する。

（11）デロス島での彼のふるまい（二五、三五節）。

（12）彼が熊や牛を戒めた話を参照（六〇、六一節）。

（13）史実かどうかは別として、彼の弟子のうちで立法家として知られているのは、カロンダス、ザレウコス、ティマレス（ティマラトス）、テアイテトスなどである（三三、一三〇、一七二節）。

である。

一〇九　しかし他の人たちには、すなわち、その生活がすっかり浄化されていて神聖で愛智的であるまでにはいたっていない弟子たちには[1]、若干の動物に手を着ける［食べる］ことを彼は許した。ただしこの人たちも一定期間は肉断ちすべきことを定めた。またこの人たちに対しても［動物の］心臓を口にしないことと、脳を食べないことを掟として定めた[2]。だからピタゴラス派のすべての人たちがこれら［動物の心臓と脳］を食べることを禁止されていたわけだが、それはこれらが思慮することと生きることの司令塔であり、いわば足がかりであり、一種の座であるからである。これらは神的な理性を宿しているので、神聖だと考えられたのである[3]。同様にまた、ゼニアオイを［食べることを］彼は禁じた。それは天上のものの地上のものとの感応の最初の報知者であり伝令であるからである[4]。また黒尾魚は地下の神々に帰属するので食べるなと彼は命じた[5]。また赤魚も別の理由で禁じた[6]。また豆を絶てと命じたのは、宗教的な、かつ自然的な、かつまた魂にもかかわる多くの理由によるのである[7]。なおこれらに類する他のいくつかの掟も定めた。まず飲食物のことから始めて、そこから美徳へこの人たち［弟子たち］を導こうとしたわけである[8]。

第二十五章

一一〇　彼はまた音楽も、適切な仕方で利用されるならば、健康に大いに寄与する、と信じていた。というのも彼はこのような［つまり音楽による心身の］浄化を、［医療への］付けたりとしてではなく［本格的医療法と

(1) 聴聞派を指すのであろう。一五〇節では「聴聞派」と明記されている。

(2) 心臓の禁食はアリストテレス「断片」一九四＝ゲリウス『アッティカ夜話』第四巻第十一章一二にも記されている。脳あるいは頭部の禁食は「ポルピュリオス」四三、プルタルコス『食卓歓談集』二‐三（六三五E）などにも記されている。

(3) 人間の魂が動物の魂になるので、動物も理性をもっている、ということか。なおイアンブリコス『哲学の勧め』第二十一章三一によると、理性を宿しているのは脳であって、心臓と肝臓は魂の非理性的能力の座である。プラトン『ティマイオス』六九D－Eなどを参照。

(4) ゼニアオイは太陽の動きにつれて向きを変える（それとも向日性の）植物とされ、天象と地象の感応の事例とみなされたという（イアンブリコス『哲学の勧め』第二十一章三八）。なおヘシオドス『仕事と日』四一で、貧者の食べるものとされている。

(5) 黒尾魚（メラヌーロス）についてはイアンブリコス『哲学の勧め』第二十一章五でも同じことが言われている。地下の神々は死者の魂を支配する。そして黒尾魚には死者の魂が宿っている、と信じられたのであろう（デラット「研究」291）。

(6) 赤魚（エリュトリーノス）も何らかの理由で神聖な魚とみなされたのであろう。深紅色は死者にかかわる色でもあった（たとえばプルタルコス『リュクルゴス伝』二七、ローデ『プシュケー』第五章註（61））。

(7) 宗教的な理由とは、占いの妨げになることなどか（一一七頁註（2））。自然的な理由とは、健康によくないという理由などか（一一七頁註（1））。また魂にかかわる理由とは、死者の魂が豆に入っているということだろうか（デラット「研究」37, 293）。

(8) 一〇六－一〇九節の大部分の直接の出所はニコマコスであるらしい（「ローデ」144,「ブルケルト」181 n. 112）。なお間接的にはアリストテレスとティマイオスからの情報がかなり多く含まれているかもしれない（デラット「注釈」197-198, 同「研究」291 n. 1）。

して〕常に利用していたのである。その証拠に、彼はこれを「音楽による医療」と呼んでいた。(1) そして彼は〔毎年〕春季に次のような合唱会を催した。(2) 中央にリュラ〔竪琴〕を弾く〔一人の〕人を座らせ、その周りに歌の上手な人たちが座った。そして前者の演奏に合わせて後者が、いくつかのパイオーン〔癒し歌〕を合唱した。これら〔特定のパイオーン〕によって自分たち〔の心身〕が快活になり、好調で律動的になる、と彼ら〔ピタゴラス派〕は信じていたのである。(3) また別の季節にも彼らは音楽を医療の方法として利用した。一一一 そして〔医療用に〕魂の諸情念に適応する旋律が工夫された。たとえば気落ちと不安に対して考案されたきわめて有効な曲があった。また怒りに対するもの、興奮に対するもの、その他このような〔不調な〕魂のあらゆる症状に対する、それぞれ別の適切な旋律があった。また欲望に対しては別類の適当な曲が工夫されていた。そして踊りも〔医療に〕利用された。なお用いられた楽器はリュラであった。というのもアウロス〔クラリネットやオーボエのたぐい〕の音色は、羽目を外した、騒々しい、自由人に全然ふさわしくないものだ、と彼は考えていたのである。またホメロスとヘシオドス〔の作品〕から抜粋された詩も、魂の矯正〔治療〕のために用いられた。(4)

一一二 〔音楽療法の〕実績についても次のような話がある。まずピタゴラスについてだが、彼はあるときアウロス吹奏者による献酒調の曲によって、酒に酔ったタウロメニオン出身の若者の狂乱を静めたという。後者は夜に恋人を追って恋敵の家の門口へ押しかけ、聞こえてきたアウロスのプリュギア調の〔狂騒な〕曲が彼の怒りに火をつけ、あおり立てたので、その家へ放火しようとしたのだが、それをピタゴラスが素早く防止したのである。彼自身は星を観察するために深夜そこに居合わせたのである。彼が吹奏者に曲を献酒調に変えるように命じ、若者はこの曲によってただちに心が落ち着き、何事もなく帰途に就いた。とはいえその直前にはピタゴラスのいさめの言葉を聞き入れず、いや頭から聞こうともせず、おまけにここで彼に出会ったことを愚かにも呪いさえしたのである。(5)

---

(1) 適切な音楽によって情念が静められ、魂に本来備わっていた諸能力の調和が回復する。これを音楽による浄化とも矯正とも教育とも医療とも呼んだ、という。六四節を参照。

(2) ピタゴラス派が催した春の合唱会のことは、他の史料にも記されている。たとえばホメロス『イリアス』第二十二歌三九一へのスコリアTを参照（「ローデ」145,「ブルケルト」376 n. 29)。

(3) 本節の初めの方の主語はピタゴラスだったが、ここからはピタゴラス派である。原史料（アリストクセノスか）ではピタゴラス派について語られていたことを、イアンブリコスが（本節初めで）ピタゴラスに当てはめたので、ちぐはぐが生じたのだろう、と「ローデ」145は推測した。

(4) この両詩人の作品を利用したことは、一六四節と「ポルピュリオス」三二にも記されている。

(5) 細部は異なるが似たような話が、アテナイの音楽家ダモン（前五世紀）についても伝えられている（後二世紀のガレノスと、後五世紀のマルティアヌス・カペラによって。「断片」第三十七章A八（DK））。「ローデ」146は、ダモンについての話が、より有名な人物であるピタゴラスへ移されたのであろうと推測したが、確かではない。後一世紀のクインティリアヌス一-一〇-三二、後二世紀頃のセクストス・エンペイリコス『音楽家たちへの論駁』八なども、この話をピタゴラスのこととして簡略に伝えている。なおタウロメニオンというシチリアの都市は、ピタゴラスの時代にはまだ存在しなかった。

　プリュギア調と献酒調は、音階（あるいは旋律）の名称である。プリュギア調は、アリストテレス『政治学』第八巻第七章によると、興奮や情熱を表現するのに適する。楽器のうちではアウロスがプリュギア調に相応するという（なおプラトン『国家』第三巻では、プリュギア調について少し異なる見解が表明されているようである）。一方「献酒調」（スポンデイアコス・メロス、神々に献酒する際に用いられる旋律）という名称は、プラトンにもアリストテレスにも見当たらないが、偽プルタルコス『音楽について』一一や、前記クインティリアヌスやセクストスなどに出ている。厳粛で落ち着いた気分を表わす旋律であろう。

一一三　またエンペドクレスは、彼を客人としてもてなしていたアンキトスに向かってすでに剣を抜いていたある若者の［殺意を静めた］。というのは、アンキトスは裁判官として公的にこの若者の父親に死刑を宣告したからである。若者は混乱し逆上していたので、父親への刑の宣告者であるアンキトスを殺人者とみなして、刺そうとして剣を手にして飛びかかったのだが、そのときエンペドクレスはもっていたリュラの調べを変えて、心を和らげ落ち着かせる旋律を奏で、詩人［ホメロス］の一句「［この妙薬は］悲しみを消し、怒りを除き、一切の不幸を忘れさせる」［『オデュッセイア』第四歌二二一］を歌った。かくして彼は自分の主人役アンキトスを横死から、そして若者を殺人の罪から救ったのだった。一一四　この若者はそのとき以来エンペドクレスの弟子たちのうちで最も重視される人となった、と伝えられる。[1]

なおまたピタゴラス学園全体が、［音楽によって］いわゆる「癒し」と「調節」と「手当て」を行なった。[2]つまり適切なメロディーによって、魂の［不良な］気分を反対の良好な感情へ巧みに向け変えたのである。たとえば就寝時に彼らは特別の静穏な歌と曲によって、日中の心の動乱とその残響を追い払い、夢の少ない、そして快い夢を見る眠りを準備した。また起床時の鈍重さと眠気を、別の歌曲によって、時にはまた歌詞のないメロディーによって、取り除いた。[3]また場合によっては彼らはある種の情念や病気を、彼らの言葉では文字どおり「歌いかける（エパーデイン）」ことによって、治療した。おそらくこのような史実から、「エポーデー［歌いかけ、呪文］」という名称が広く用いられるにいたったのであろう。[4]

以上のようにピタゴラスは、人間の性格と生き方の、音楽によるきわめて有効な矯正方法を確立した。[5]

一一五　ところで、われわれはピタゴラスの教育［とくに音楽による教育］に関する智恵について説明しなが

（1）エンペドクレスについての逸話の出所はニコマコスであろうが（後註（5）を参照）、元の出所は分からない。エンペドクレスの有名な弟子というと、（現存文献から判断するかぎり）パウサニアスである（「ラエルティオス」八-六〇、六一、六八、七一など）。この人はシチリアのゲラ市の人で、父の名はアンキトスであったという。一方「本書」によると、エンペドクレスをもてなした主人役の名がアンキトスである。一つの推測によると、若者の父の名が、誤って主人役の名として伝えられたのではないか、という（「断片」第三十一章A一五への註（DK））。

（2）以上の三語は六四節でも用いられている。ただし「調節」はそこでは動詞形（訳語は「調剤する」）が使われていた。なおこの三語はほぼ同義であろう。

（3）就寝時と起床時の音楽利用についても六五節に記されている。

（4）ピタゴラスあるいはピタゴラス派が治療法の一つとして呪文を利用したという情報は、一六四節や「ポルピュリオス」一三三にも記されている。呪文（エポーデー、歌いかけ）は一種の歌であった。たとえば傷を治す呪文は傷口に向かって歌いかけられたので、「歌いかけ」が「呪文」の意味になったという。すでにホメロス『オデュッセイア』第十九歌四五七に、呪文（歌いかけ）によって出血を止めたという話が語られている。だから、ピタゴラス派の治療行為から「歌いかけ」が「呪文」の意味になった、とまでは言えないのではないか。

（5）一一〇-一一四節は、六四-六五節で言われたことの繰り返し、あるいは、そこで言い残されたことの補足である。したがってこの五節の直接の出所もやはりニコマコスであろう。ニコマコスはここでアリストクセノスを利用しているようだが、ただし一一二-一一四節初めがアリストクセノスに由来するかどうかは断定しがたい、と「ローデ」144-146は言う。

ら、ここまで話を進めてきたのだから、これに隣接するテーマについて引き続いてここで述べておくのも、不当なことではないだろう。それは、どのようにして彼が協和学と協和的比率を発見したのか、というテーマである。では［年代的に］少し後戻りしたところから話を始めよう(1)。

第二十六章

あるとき彼は、聴覚を補助する堅固で誤りのない器具を発明できないものかと――ちょうど視覚がコンパスと定規によって、あるいはまたゼウスにかけて［付け加えるならば］ディオプトラによって(2)、また触覚が秤によって、あるいは分銅の発明によって助けられているように、である――一心不乱に考えをめぐらしながら、たまたまある鍛冶屋の前を通り過ぎていた。そのとき神霊的な偶然で、金床の上の鉄が［複数の］ハンマーで打たれて、相互に入り混じった、よく協和した音響を発した。ただし一対の音は除いて［つまり、この一対は互いに協和しなかった］。そして彼はこれらの協和する音において、一オクターブ［八度］と五度と四度の音程の協和を認知した(3)。また四度と五度の中間の音程は、それ自身は不協和だが、両音程の大きさの差に相

(1) この発見はピタゴラスがクロトンで音楽教育と音楽療法を始める以前（イタリアへ行く以前、あるいはイタリアへ移住して間もなく）のことだった、という意味だろうか。

次章（第二十六章）は（最後の一小節を除いて）ニコマコス『調和学（つまり音楽理論）ハンドブック』第六－七章にほぼ一致する。しかし「ローデ」146-147は、ニコマコス『ピタ

ゴラスの生涯』にもほぼ同じ文章が記されていて、イアンブリコスは後者から引用したのだろう、と推測した。「本書」の文章が『調和学ハンドブック』の文章とほんの少し違っている箇所があることが、この推測の一つの根拠である（一三〇頁註（1）参照）。なお「ローデ」は、イアンブリコスの種本をできるだけ少数のものに限定しようとしたのである。一方「ブルケルト」101は、イアンブリコスは『調和学ハンドブック』から引用したと考える方が簡単だ、と言っている。

（2）ディオプトラは、遠方の物体（天体、山、建造物など）の高さや横幅や（二物体の）隔たりなどを測定する器具。ピタゴラスの時代にはまだなかったかもしれない。アルキメデス（前三世紀）やヒッパルコス（前二世紀）は使ったらしい。なお「ゼウスにかけて」という付言は、「ピタゴラスがディオプトラのことを考えたかどうかは分からないが、これも好例である」という気持ちを表わすのだろうか。

（3）複数の職人が四つの、重さが違う（重量比が12:9:8:6の）ハンマーを使っていたことになる。ハンマーが四つであれば、音は四つ。二音の組み合わせは六つ。うち、協和するものは五つ。不協和が一つ（音程9:8の二音）。

　古代ギリシア音楽において、楽音が協和するとは、通例、（同時にではなくて）順次に響く二音について言われたという（たとえばバーネット『ギリシア哲学』一九一四年、p. 45）。しかし「本書」では、二音が同時に響くときの協和について語られているようでもある（一一七節初めの「同時に」を参照）。とにかく、当時認められていた協和音程は、（一オクターブの範囲内では）オクターブ（八度）、五度、四度の三つだけであった。二音が協和するかどうかは聴覚によって決められていたのだが、ピタゴラスがその数的比率（協和する二音の弦の張力の比）を発見した、とニコマコスは伝えているわけである。なお「度」とは、たとえば四度とは、元来は（つまり字義的には）、「弦を四本隔てた」音程、つまり、ある弦の音と、その弦から四番目の弦の音との高さの隔たりをいう。

当するものであることを看取した。[1] 一二六　そこで彼は、自分の目標が神助によって達成されつつあると信じて、鍛冶屋の仕事場へ走り込み、いろいろ実験してみて、音の高さの違いはハンマーの重量によるのであり、打つ人の力や、槌の形状や、打たれる鉄の向きや位置によるのではないことを発見した。だから彼は、それらのハンマーの重さを正確に秤量し、書き留めて、帰宅した。そして塀の角に特定の一本の掛け釘を差し渡して固定し――というのも、一定のものでないと、釘により［実験の結果に］何らかの差異が生じるか、少なくともそれぞれの釘の特質の違いによる影響が疑われるからである――その掛け釘［短いさお］に四本の弦を、素材も撚り糸の数も太さも編み方も等しいのを、互いに離して垂らし、それぞれの弦の下端に［前記の四つのハンマーの重さに対応する重さをもつ］おもりを吊るした。その際、弦の長さは完全に等しくなるように工夫した。一二七　それから彼は弦を順次に二本ずつ同時に［ばちで］はじいて、前述の三つの協和音をそれぞれ別の組において認知した。というのは、まず、最大の［いちばん重い］おもりで引っ張られている弦と最小の［いちばん軽い］おもりの付いた弦との組み合わせでは、一オクターブの音程を彼は聴いたが、このとき一方の弦には一二単位の、他方の弦には六単位のおもりが付いていた。だから一オクターブの音程は、おもりそのものが示しているように、二対一の比によって生じることを彼は明らかにしたわけである。次に、最大のおもりの付いた弦［の音］は、小さい方から二番目のおもり、つまり八単位のおもりの付いた弦［の音］に対して協和し、音程は五度であった。だから五度の音程が三対二の比によることを彼は示したわけである。おもりの重さの比［一二対八］がそうなっているからである。また最大のおもりの付いた弦は、それの次に重くて、その他のおもりよりも重い、つまり九単位のおもりの付いた弦に対して［協和し］、四度の音程を示した。その比はおもりの比［一二対九］に等しいから、四度の音程は四対三の比によることを彼はただちに悟った。一方この二番目のおもりの弦と最小のおもりの弦とでは、三対二の比であった［したがって音程は五度である］。なぜなら九単位の六単位に対する比であるから。一一八　同様にまた、二番目に小さい八単位のおもりの付いた弦は、六単位のおもりの弦と組み合わされると、音程は四対三の比であったが、それと一二単位のおもりの弦との音程は二対三の比であった。したがって五度と四度の間隔、つまり五度が四度より大きい部分は、九対八の比であることが確証されたのである。(2) また一オクターブは二通りの仕方で合成されること

（1）一対の音（「本書」によると、「ハンマーの重さが」9:8 の比であるときの二音）は協和しなかった。一オクターブは五度と四度から成る。そして五度と四度の差（むしろ比）は、後にトノス（全音）と呼ばれ（たとえばプトレマイオス『ハルモニア論』一-五（一一-一二））、音程の単位とみなされた。トノスの比率は（一一八節でも述べられるように）9/8 である（ピロラオス「断片」六を参照）。

（2）音程五度と四度の差（比）は、3/2÷4/3＝9/8 である。前註を参照。

物理学的には、弦の音の高さは、おもりの重さ（弦の張力）に比例するのではなくて、弦の張力の平方根に比例する。だからピタゴラスのこの実験物語は、だれかの創作であろう。このことは十七世紀以来（M・メルセンヌ、一六三四年）、多くの学者によって指摘されてきた（「ブルケルト」376）。この実験物語は多くの史料（たとえばマクロビウス『キケロ「スキピオの夢」注釈』など）に記されているが、それらの記事の出所はニコマコスであろう（「ローデ」146）。しかしニコマコスは何に拠って書いたのか、不明である。一説では、この物語はクセノクラテスに由来するのではないかという（「ブルケルト」376）。なおピタゴラスが協和音程の比を発見したとすると、その方法は、単弦器（モノコード）の弦を（「こま」を動かすなどして）長めたり縮めたりすることによって発見したのだろう、と推測されている（バーネット『ギリシア哲学』一九一四年、p. 46）。

も明らかになった。すなわち、一つは五度と四度の合成として。なぜなら、二対一は三対二と四対三との合成であるから。たとえば一二対八対六のように。もう一つは、逆に、四度と五度の合成として。なぜなら、二対一は四対三と三対二との合成であるから。たとえば一二対九対六のように。(1)

さて彼はこのように、[弦に] 吊り下げられたおもりを相手に手にも聴覚にも大働きさせて、おもり [の重さ] に対応する音程の比率を確定したうえで、この仕組みを巧妙に [ある器具へ] 移転した。まず、[四本の] 弦の共通の元締め、つまり塀の角で差し渡された掛け釘 [短いさお] を、この器具 [楽器] の下端のさお [駒に相当] へ移した。このさお [単数] を彼は弦伸ばし (コルドトノン) と呼んだ。次に、おもりによる弦のある強さの引っ張りを、弦の上端にある [複数の] 栓の相応の回し締めへ移した。一一九 そして彼はこの [四弦の] 器具を足がかりとし、いわば欺くことのない指針として、(2) いろいろな楽器へ実験を拡げた。すなわち、小皿の打ち合わせ [シンバル]、アウロス、シューリンクス [パンの笛]、モノコルドン [一弦琴]、トリゴーノン [三角状の弦楽器、弦は複数で長さは不等]、その他類似のものである。そしてあらゆる場合に、数 [の比] による説明が一致し、食い違いがないことを見出した。そして彼は [これらの比を構成する四数のうちで] 数の六に相当する音をヒュパテー [最高弦音] と名づけ、八に対応する音を——これは前者に対して四対三の比をもつが——メセー [中弦音] と呼び、また九に対応する音をパラメセー [次中弦音] と呼んだ。これはメセーに対して九対八の比をもつ。そして一二に対応する音をネーテー [最低弦音] と名づけた。(3) また彼は [以上の四音の] 中間 [の四箇所] を全音階的にふさわしい [四つの] 音で埋めた。このようにして彼は八度音程を、協和する数的関係 [つまり比] ——二対一、三対二、四対三——と、後二者の差である九対八の比で組み立てたのである。(4)

(1) 一オクターブを構成する八弦（八音）をＥＦＧＡＢＣＤｅで表わすと、Ｅ－Ｂは五度で、Ｂ－ｅは四度である。またＥ－Ａは四度で、Ａ－ｅは五度である。

ここで比の「合成」とは、二つの比を一つにまとめて三項の連比とすることである。たとえば4:1と3:5の合成は、12:3:5である。

(2) この四弦の装置が、彼が求めていた（一一五節）器具に相当する、ということだろうか。

(3) 六、八、九、一二という数は、（一一七節の）おもりの重さ（の比）に対応する。九は六と一二の算術平均で、八は六と一二の調和平均である。

音の高さからすると、ネーテーが最高音で、ヒュパテーが最低音であるが、演奏者がリュラをもったときに、いちばん手前に位置する弦（とその音）がネーテー（近弦、最低弦）と呼ばれた。

ピタゴラス以前に四弦楽器や七弦楽器があったのだから（一三一頁註（5））、少なくとも七本の弦の名称は彼以前に一応定まっていたのではないか。

かつて三弦楽器があったとすれば、それのいちばん手前（下方）の弦がネーテー、真ん中の弦がメセー（中弦）、遠い（上方の）弦がヒュパテーと呼ばれたのであろう。そして七弦楽器では、下からも上からも四番目の真ん中の弦が、しかし八弦楽器では手前から五番目の弦がメセーと呼ばれたわけであろう。

(4) 多くの史料（たとえばアリストクセノス『ハルモニア原論』、偽アリストテレス『問題集』第十九巻、プトレマイオス『ハルモニア論』、偽プルタルコス『音楽について』など）によって伝えられている八弦（八音）の名称は、通例、以下のとおりである。この中にピタゴラスが命名したものがあるかどうかは不明。（音の高さの高い方から）①ネーテー、②パラネーテー、③トリテー、④パラメセー、⑤メセー、⑥リカノス、⑦パリュパテー、⑧ヒュパテー。

一二〇　さて彼は以上のようにして、この全音階における、最も鈍い〔低い〕音から最も鋭い〔高い〕音までの、一種の自然的必然性による進行を発見したのである。ちなみに彼はまた、後にわれわれが音楽について語るときに報告できるだろうが、[1] この全音階から半音階と細分音階を明確に解き明かしたのである。[2] それはともかく、この全音階は次のような自然的な階段と道程から成り立つように見える。すなわち半音、全音、全音である。この音程は四度で、二つの全音と一つのいわゆる半音から成るシステムである。[3] またこれにもう一つ全音が加えられると――すなわち、いわゆる挿入音であるが――これは三つの全音と一つの半音とのシステムである。[4] これにさらに半音と全音と全音が続くと、もう一つの四度、つまりもう一つの四対三の比が生じる。かくして、一方〔ピタゴラスより〕以前の七音組織の音階においては、最も鈍い〔低い〕音から始めて、それぞれの音から四番目の音はすべて四度の協和音であった。また〔その七音組織の一部分である〕四音組織において、半音は交代に第一の、第二の、あるいは第三の位置を占めた。[5] 一二一　他方ピタゴラスの八音組織の音階においては、あるいは四音組織と五音組織が〔境界音が重なり合う形で〕結合していて、[6] あるいは二組の四音組織が一つの全音によって互いに隔離されていて、[7] 最も鈍い〔低い〕音から進行する。したがって、お互いから五番目の位置にある二つの音はすべて、音程五度の協和音である。そして半音は順次に第一、

(1)「われわれが音楽について語るときに」という言葉は、ニコマコス『調和学ハンドブック』にはない。イアンブリコスの「ピタゴラス派哲学集成」の第九巻は『ピタゴラス派の音楽理論について』であったから、「われわれ」はイアンブリコスを指すと解することもできる。しかし「ローデ」146は、イアンブリコスはニコマコス『ピタゴラスの生涯』からこの箇所を引用したのであり、「われわれ」はニコマコスだと推定した（一一四頁註（1）を参照）。「ローデ」によると、『ピ

タゴラスの生涯』は『調和学ハンドブック』よりも先に書かれた。後者において「われわれが音楽について語るときに」という限定が略された理由は、いろいろ考えることができる、と「ローデ」は言う。

(2) 便宜的に「音階」と訳したが、原語は「ゲノス（部類）」である。それは元来は、四弦（音）組織（テトラコルドン）の部類、つまり、四弦の音程の分割の仕方の違いによる部類である。ゲノスは三つあった。全音階的ゲノス、短音階的ゲノス、細分音階的ゲノスである。四弦（音）のうちの両端は固定的で、その音程は四度であるが、中間の二弦（したがって三つの音程）は可変的であり、この二弦（音）をどう配置するかでゲノスの違いが生じる。全音階（の一種）は二つの全音と一つの半音から成るが、短音階（の一種）は二つの半音と短三度（二分の三全音）から成り、細分音階は二つの四分音と長三度（二全音）から成る。ただし以上は後代の理論である。ピタゴラスの時代の理論については、確かなことは分からない。

(3) 音程四度の二音の高さの比は4/3である。全音は9/8、半音は256/243とすると、二つの全音と一つの半音では、9/8×9/8×256/243＝4/3である。なお半音の数値（4/3÷9/8÷9/8＝256/243）は、たとえばプラトン『ティマイオス』三六B、プトレマイオス『ハルモニア論』一-一〇（二四-一五）などに記されている。「いわゆる半音」とは、全音の正確な半分ではないからであろう。

(4) 音程四度に全音を一つ追加すると、音程は五度（高さの比は3/2）である（4/3×9/8＝3/2）。

(5) 古代ギリシアで七弦の楽器を初めて用いたのは、伝説によると、テルパンドロス（前七世紀前半）だという。それ以前は四弦のものが用いられていたという（たとえばストラボン第十三巻第二章四（六一八））。神話ではヘルメスがはじめてリュラを作ったが、その弦の数は七本だったという（『ヘルメス賛歌』五一）。

七弦の音を便宜的に「ア、イ、ウ、エ、オ、カ、キ」で表わし、半音はアーイとエーオで、他の音程は全音だとすると、アーエ、イーオ、ウーカ、エーキは、どれも二つの全音と一つの半音から成り、音程は四度（4/3）である（前註（3））。また半音の位置をイーウとオーカへ、あるいはウーエとカーキへ移しても、同じことが言える。

(6) 四弦組織E、F、G、Aと、五弦組織A、B、C、D、eが、Aを共通の弦として「密着的に」結合されると、八弦組織（E－e）になる。

(7) 二つの四弦組織E、F、G、AとB、C、D、eが、音程A－B（全音）を介して「分離的に」結合されると、八弦組織（E－e）になる。

第二、第三、第四の位置へ移る。[1]

このようにして彼は音楽〔理論〕を発見した、と言われる。そして彼はこれを組織立てたうえで弟子たちに授けた。あらゆる最美なものの追求に役立てるべく。[2]

第二十七章

一三二　また彼に師事した人たちの市民的〔公共的〕行為の多くも称賛されている。たとえば〔第一話〕、伝承によると、かつてクロトン人の間に、葬送と埋葬を豪奢なものにしようという気運が生じたときに、ピタゴラス派のある人が公衆に向かってこう話したという。[3]「私はかつてピタゴラスが神々について次のように語るのを聴いた。すなわち、オリュンポス〔天上〕の神々は供物の多寡にではなくて、供える人の性状に注目されるが、[4]地下の神々は反対に、相続したもの〔領土〕が劣っているからであろうか、[5]〔葬儀での〕胸打ち、号泣だけでなく、墓前での不断の献酒と供え物と死者への豪勢な奉納を喜ばれる。一三三　だから、このような奉納を好まれることから、ハデス〔冥王〕はプルトン〔富の神〕とも呼ばれるのである。[6]そしてハデスは、彼を単に尊崇しているだけの人々を地上世界で長生きさせておくが、葬儀に贅を尽くす人たちの中から決まってだれかをあの世へ連れ去られる。それは〔次回の葬式で〕墓前に供えられる栄誉〔供物など〕にかの神があずかるためであると」。この忠告によってその弟子は聴衆に、「不幸の際に程々にふるまうことは自分の安全を守ることになり、過度に浪費する人たちはすべて、寿命が尽きる以前に命を失うだろう」という思想を吹き込んだわけである。

二四　また［第二話］別の弟子は、証人のいないある係争の審判者に任命されたとき、事件の当事者双方を別々に散歩に連れ出して、とある墓の前で立ち止まり、「ここに眠っている人は並外れて公正な人でした」と言った。すると当事者の一方は「故人に多くの幸あらんことを」と熱心に祈ったが、他方は「それでこの

(1) 互いに五番目に位置する二音とは、前註の記号を用いると、EとB、FとC、GとD、Aとeである。音程はどれも（全音三つと半音一つだから）五度（3/2）である（一三一頁註（4））。半音の音程は、一つは、E－Fか、F－Gか、G－Aか（密着的結合の場合）A－Bであり、それに応じて、他の一つは、B－Cか、C－Dか、D－eか、無しかである。

(2) ピタゴラス派は音楽と音楽理論を、宗教的儀式や、心身の健康と浄化のために（六四、一一〇節など）、そしてまた宇宙論にも（いわゆる天球の音楽、六五節）利用した。
「このようにして」以下は、イアンブリコス自身の文章であろう。一二四頁註（1）後半を参照。

(3) 一二二－一二六節には、ピタゴラスの弟子たちの「市民としての有徳な行為」を紹介するとして、八つの小話が語られている。その多くは、既存の民話をピタゴラス派へ転用したもの（その意味での創作）だろうという。直接の出所は不明だが、テュアナのアポロニオスではないか、と「ローデ」149は推測した。しかし第一話の大筋は、内容的に見て、ピタゴラス派の伝承だったかもしれない。

(4) 類似の言葉がテオプラストス『敬虔論』の断片にある（ポルピュリオス『肉断ち論』二－一五）。

(5) かつて全世界を支配したクロノスの三人の息子、ゼウスとポセイドンとハデスは、くじを引いて、それぞれが天、海、地下の支配権を相続した（ホメロス『イリアス』第十五歌一九〇－一九二）。地下世界は天や海に比べて狭小あるいは陰うつだとみなされたのであろうか。

(6) プルトン（富める者）は、通例、富（農産物など）を地下で所有していて、それを地上へ送り出してくれる神、というふうに解された（たとえばプラトン『クラテュロス』四〇三E）。しかしここでは「富をむさぼる神」と解されているようである。

人は何か得をしましたか」と言った。そこで審判者は後者に疑心を抱いたし、一方、美徳を讃えた人は彼によい心証をあたえた、ということである。(1)

また［第三話］別の弟子は、大きい争いごとの調停を引き受けて、依頼者双方を説得して、一方には四タラントンを支払うことを、他方には二タラントンを受け取ることを承諾させたうえで、支払いは三タラントンと裁定した。だから双方が一タラントン得した気分になった、という。(2)

また［第四話］あるとき二人の男が悪事をたくらんで、市場の小女に外套を預け、自分たち二人がそろって居合わせていないかぎりは、一方にその外套を渡してはならないと契約した。そしてその後で両人は示し合わせて、一方が程なくそこへ行って、他方の男も承知していると言って、二人で一緒に預けたものを受け取った。それから他方の男が、女は当初の契約に違反したと当局へ告訴した。ピタゴラス派の一人がこの告訴を審理して、二人の男が今ここにそろって居合わせるならば、この女も契約を履行するだろう、と判決したという。(3)

一二五　また［第五話］ある二人の男が互いに強い友情で結ばれているように見えていたが、一方の男が取り巻き連の一人の言葉にだまされて、心中ひそかに他方の男を疑うようになった。というのは、あなたの奥さんがあの男に誘惑されましたよ、と告げられたのである。ところで先の［第四話の］ピタゴラス派の人がたまたま鍛冶屋の店へ入ると、不正を被ったと信じているあの男が、研がれた刀を鍛冶屋［研師］に示しながら、まだ十分に研ぎ澄まされていないではないか、と叱責していたので、さては中傷された友人を刺そうと準備しているのだな、と悟ってこう言った。「君の刀は他のどれよりも鋭いよ。ただし中傷［の刃］を除いてはね」と。そしてこの言葉がその男の計画を中止させ、招かれてすでに彼の家にいた友人に対して早まって罪を犯すことを思いとどまらせたのである。(4)

二六 また［第六話］ある他国人が［クロトンの］アスクレピオス神殿で、金貨を入れた帯を落とした。しかし法律が［神殿内の］地面に落ちたものを拾い上げることを禁じていたので、この人は不平を鳴らした。すると［第四、五話のとは］別のピタゴラス派の人が彼に、金貨は地面に落ちて［触れて］いないから取り出して、帯を放置するように勧めた。帯だけが地面上にあるのだから、とその人は言ったという。

また次の話［第七話］は、事実をよく知らない人たちによって別の土地での事件とされているが、(5)実際には

---

(1) 第二話の賢い審判者の話は、「ローデ」147-148によると、オリエント起源の小話の焼き直しだという。

(2) 第三話も珍しい話ではないだろう。「タラントン」は元来は重量の単位だが、（金あるいは銀の重量として）高額のカネの単位でもあった。一タラントンは六〇ムナ。その価値は時代や地域によって異なった。一例として、（ソロンの時代のアテナイで）銀約二六キログラム（金だと約二六〇〇グラム？ ヘロドトス第三巻九五では、金の価値は銀の一三倍とされている）。

(3) 「女が契約を履行しなかった」と言って訴えるのであれば、履行させるから、二人そろって（外套ももって）ここへ出頭せよ、という趣旨であろう。この第四話は、「ローデ」148によると、オリエント起源の小話であり、シンドバッド物語の一つのヴァージョンの中にあるという。後一世紀前半のウァレリウス・マクシムス『重要言行録』七-三、外国の部では、この審判者はデモステネスとされている。

(4) 第五話がよその話の焼き直しだということの具体的証拠はなさそうである。

(5) 第七話に類似する話が、前六世紀のレギオン出身の詩人イビュコスを殺害したとされる者たちに関して伝えられている（プルタルコス『お喋りについて』一四（五〇九F）、『スーダ事典』の「イビュコス」の項）。

クロトンで起きたのだ、と言われる。何か劇が上演されたとき、[野外]劇場の上を数羽の鶴が飛んだ。そして航海を終えたばかりの男たちの一人が、隣に座っていた男に「ほら、証人たちがいるじゃあないか」と言ったのを、ピタゴラス派の一人が小耳にはさんで、彼らを千人衆の役所へ連行した。(1) 彼が疑ったことは、当局が[彼らの]奴隷たちを尋問して、事実そのとおりだと判明したのだが、彼らは乗船者の何人かを海へ投げ込み、その際に後者は、上空を飛んでいた鶴たちに[この犯行の]証人となるように頼んだのであった。

また[第八話]最近ピタゴラスに師事することになった二人の人が互いに不和になったように見えたが、年下の方が相手のところへ出向いて和解した。彼はこう言った。「他人に仲裁を頼むよりは、私たち自身の間で話し合って、腹立ちを忘れることにしませんか」と。それを聞いて他方はこう答えたという。「他の点はたいへんけっこうだと思います。ただ、私の方が年長なのに、先に出向いて口火を切らなかったことを恥ずかしく思います」と。(2)

二三七　……[写本に若干の欠落部分がある]……以上のことも、またピンティアスとダモン[の友情]についても、プラトンとアルキュタス[の友誼]についても、クレイニアスとプロロスについても[ディオニュシオスは]彼[アリストクセノス]に語ったという。(3) だからこれらの話は別として、次に、メッセネ人エウブロスが故国への船旅をしていて、テュレニア人[の海賊]に捕らえられ、テュレニア[エトルリア]へ連れ去られたとき、テュレニア人でありピタゴラス派に属していたナウシトオスが、エウブロスがピタゴラスの弟子の一人であることに気づいて、海賊の手から解放して、十分に安全な方策を講じてメッセネへ帰国させた。(4)

二三八　またカルタゴが五〇〇〇人以上の傭兵を無人島へ送って置き去りにしようとしていたとき、カルタゴ人ミルティアデスが傭兵たちの中にアルゴス人ポッシデスを認めて、双方ともピタゴラス派の人であったので、彼に近づいて、これから行なわれようとしていることを打ち明けはしなかったが、即刻自分の国へ帰るように勧め、通りかかった船に彼を乗せ、旅費も与えて、この危機から彼を救い出した(5)。

しかしピタゴラス派の人たちの相互の間で行なわれた交友〔連帯的行為〕をすべて語るとしたら、本書の分量も〔執筆〕時間も過大なものとなるだろう。

(1) クロトンの千人衆については、四五節(第九章初め)、二五七節などを参照。

(2) 第八話の「和解」は、ピタゴラス派の人たちに似つかわしい話ではある。三四節初めを参照。

(3) 一二七―一二八節は、(おそらく前節の第八話に誘発されて)市民的善行の話から少々脱線して、ピタゴラス派の人たちの間の友愛的行為の事例に言及している。これらの情報の(少なくともその一部分の)元の出所はアリストクセノスであろう(二三三節以下、「ポルピュリオス」五九を参照)。直接の出所はニコマコスであろうか。

ピンティアスとダモンの友情については二三四節以下に、またクレイニアスがプロロスを援助したことは二三九節に記されている。アルキュタスがプラトンの命を救ったという話は、「ラエルティオス」(三-二一、八-七九)などに述べられている。

(4) 二六七節のピタゴラス派の名簿には、テュレニア人ナウシトオスの名はあるが、メッセネ人エウブロスの名は見当たらない。メッセネ(メッシナ)はシチリア島北東端の都市。テュレニア(エトルリア)はイタリア半島の中西部の広い地域。

(5) 「ディオドロス」第五巻第十一章によると、カルタゴがシラクサと戦っていたとき(前五世紀)、傭兵六〇〇〇人をだましてテュレニア海の無人島へ置き去りにし、餓死させたという。理由は、給料の支給が遅れ、傭兵たちが暴動を起こしたからだという。カルタゴ人ミルティアデスの名は二六七節の名簿に記されているが、アルゴス人ポッシデスの名はない。

一二九　それゆえ私はむしろ、ピタゴラス派のある人たちが政治家であり統治者であったことへと話題を移したい。というのも、ある人たちは法律を護衛し、イタリアの諸国家を管理したのである。彼らは自分たちが最善の策と信じたことを提示し建議したが、公費を支給されることを避けた。彼らに対して多くの中傷が行なわれたが、にもかかわらず、ピタゴラス派の美徳と諸国家自身の意思がある期間は優勢であって、その結果、国政が彼らによって運営されることを［人々が］望んだのである。(1)そしてこの時期にイタリアとシチリアにおいて最良の政治が行なわれたと思われる。一三〇　というのも、最良の立法者の一人と思われるカタネのカロンダスはピタゴラス派の人であったし、また立法に関して有名になったロクロイ人ザレウコスとティマレスもピタゴラス派に属した。(2)またレギオンの「体育場監督官的」と呼ばれた政体と、テオクレスの名を冠して呼ばれた政体を確立した人たちも、すなわちピュティオスとテオクレスとヘリカオンとアリストクラテスも、ピタゴラス派の人であったと言われる。(3)この人たちは行為と習性において［余人に］卓越していた。そしてそれら［行為と習性］を、その時代のそれらの地域の諸国家が範としたのである。

全般にピタゴラスは政治教育［政治学］全体の発見者でもあった、と言われる。彼はこう説いた。存在する事物のうちには何一つ純粋なものはない。土は火に、火は水に、そして空気もこれら三者と、またこれらも空気と混じり合っている。さらに美は醜と、正義は不正義と、またその他の事象も同様に、相互に混入している。この前提から、［物事は］両方向へ進もうとする、という理論を立てることができる。だから身体にも魂にも二つの動きがある。一つは非理性的な、他は［理性的］選択に基づく動きである。また彼は国家［国民］の組織を表わす次のような三本の線分を考案した。すなわち、各自の両端で相互に接していて［つまり三角形を形作り」、［うち二辺が］直角を成し、一辺は［他の一辺に対して］四対三［むしろ三対四］の比をもち、一辺は五に相当する長さをもち、残る一辺は他の二辺の中間の長さ［つまり四に相当する長さ］をもつ、そのような三つの線分である。［三］　さてわれわれがこれらの線分の相互の関係［3:4:5］と、これら［のそれぞれ］を一辺とする［三つの正方形の］面積の同等関係［$3^2+4^2=5^2$］を考察するならば、［不等のものが等しくなるので］国家組織の最良の模型を得ることができよう。(4) なおプラトンはこの思想を我が物として［横領して］、『国家』［第八

（1）「にもかかわらず」以下ここまでは、二四九節に同一の文がある。

（2）カロンダスとザレウコスについては、三三、一〇四、一七二節を参照。彼らがピタゴラスの弟子であったという伝説の出所はアリストクセノスであろう（三九頁註（5））。ロクロイの「ティマレス」は、一七二節では「ティマラトス」と記されているが、二六七節では「ティマレス」である。この人の名は他の史料には見当たらない。

（3）レギオンの「体育場監督官的政体」と「テオクレスの政体」については何も分からない。この情報の出所はアリストクセノスらしいが、この人はイタリア半島南部のタラス出身で、レギオン（半島の爪先に位置する。現レッジョ）の歴史にも通じていたはずである。

（4）ここの記述は漠然としている。大意はこうであろうか。一国の国民生活（あるいは国家の政策）の全体を一つの三角形で表わすとして、最良の（つまり公正な）政策は、三辺の長さが三、四、五である直角三角形で表わされうる。この三角形の三辺は不等であるが、直角を挟む二辺の平方の和が斜辺の平方に等しい。同様に国家も、国民の間の不平等を適切な方法で平等化すべきである（一七九節を参照）。

「ピタゴラスの定理」に言及している箇所は、「本書」では、ここと一七九節だけである。なお、いわゆる「ピタゴラスの三角形」（一四〇頁註（2））を政治思想（正義論）に利用する説は、他の史料には見当たらないようである。

巻五四六C］において、こう言っている。[1] 四対三の比をもつ最小の二数が五に結合されて［さらに三回積み増しされると、つまり $(3\times4\times5)^4$］、二つの調和数［正方形数3600×3600, 長方形数4800×2700］を産出すると。[2]

またピタゴラスは［弟子たちを］訓練して、感情を適度に抑制し、［感情と行為において］中庸を得るように、[3] そして各人が何らかの重要な善を獲得して、その人生を幸福なものとするように指導した。また総じて彼は、［われわれが］われわれにとっての諸善と適切な仕事［行為］を選択する方途を発見した、と言われる。

一三二　また彼はクロトンの男たちに、妾との、また一般に妻以外の女性との［性的］交際をやめさせた、と言われる。というのは、ピタゴラス派の一人であったブロンティノスの妻デイノの所へ——この人は賢女で、卓越した魂をもっていた。「夫との共寝の後で起床した妻は、その日に神に供物を捧げるべきである」

（1）プラトンがピタゴラスの学説を「横領した」という説については、「ポルピュリオス」五三（出所はモデラトスかニコマコス）を参照。ここでは、「ピタゴラスの三角形」から二つの「調和数」を導き出す（ピタゴラス派の？）説を、プラトンが自説として主張した、と言われているのであろう。

（2）三辺の長さがそれぞれ三、四、五である直角三角形の面積は六、周囲（3＋4＋5）は一二である。この三角形は、三辺とも整数（有理数）である最初（最小）の直角三角形である。そしてこの三角形は、協和音程の比（と全音の比）を内包しているし（4/3, 6/4＝3/2, 5＋4/5＋3＝9/8, 6/3＝2/1, 12/4＝3/1, 12/3＝4/1）、三つの中項（平均）をも内蔵している（四は三と五の算術中項、六は三と一二の幾何中項、四は三と六の調和中項である）。これらは、（世界の）魂を構成すると言われる比や中項である（プラトン『ティマイオス』三五—三六）。それゆえ、この三角形は「生物産出三角形（ゾーオゴニコン・トリゴーノン）」とも呼ばれたという（プロクロス『プラトン「国家」注釈』二-四二-一五以下（Kroll））。

プルタルコスはこれを「最も美しい（直角）三角形」と呼んだ（『イシスとオシリス』五六（三七三F）、『神託の衰微』三六（四二九E））。そして「エジプト人は宇宙の本性をこの三角形になぞらえた」と記している。またプロクロスによると、「他の賢人たちもだが、とくにまたエジプト人のことを伝える賢人たちは、この三角形を宇宙的三角形（コスミコン・トリゴーノン）と呼ぶ慣わしである」という（プロクロス同書四五-二三）。なぜなら、（一と二は別として）三と四と五の三数は万物の始元だからである。一方、近代の研究者たちが時折用いる「ピタゴラスの三角形」という呼称は、古代の文献には見当たらないようである。

なお、一つの推定によれば、ピタゴラスが「ピタゴラスの定理」を発見したとすれば、その出発点はこの三角形であったろうという（T・ヒース『エウクレイデスの原本』第一巻、p. 352, 同『ギリシア数学史』第一巻、p. 147）。

『国家』第八巻五四六B以下の「出産にかかわる数」についてのプラトンの記述はきわめて不明瞭である。一つの解釈（アダムなど）によると、宇宙には繁栄期と衰退期があって、長さはどちらも一二九六万日（一年を三六〇日として、三万六〇〇〇年）であるが、一方は正方形数（3600×3600）、他方は長方形数（4800×2700）で表わされる。衰退期には劣悪な子が生まれるので、理想国の支配者層も劣悪な人になり、政体が変化するという。

この二数をプラトン（あるいはピタゴラス派）が調和（ハルモニアー、協和）と呼んだ理由は十分に明らかではないが、おそらく、胎児の身体が（二一六日間に）母胎内で完成し、各部分が互いに協調するものになるように（『国家』第八巻五四六B）、宇宙もこの期間（一二九六万日）内に各部分（諸元素、諸天球と星々、動植物など）が互いに調和したものとなるからであろう。

なおピタゴラス派は三を調和と呼んだとか（偽イアンブリコス『数論の神学』一六（一九-一八）(Falco/Klein)）、三五（=6+8+9+12）が調和と呼ばれたとか（プルタルコス『「ティマイオス」における魂の生成』一〇一七F）という伝承はあるが、三六が調和と言われたと伝える史料はなさそうである。ただし、一〇（=1+2+3+4）と同様に、三六（=6+8+9+12+1）も、協和音程の比を表わす数から成り立っているので、テトラクテュスと呼ばれたという（『ニコマコスからの抜粋』二七九（Jan））。この場合、一は全音を表わす。なおテトラクテュスとハルモニアー（調和、協和）については八二節を参照。

(3)「美徳とは（行為や感情の）両極端の中間（メソン）を目指す性向である」というのは、アリストテレスの有名な説であるが（『ニコマコス倫理学』第二巻第六章など）、ピタゴラスの思想もこれに類似していた、とここで言われているわけであろう。

という広く賛嘆された名言は、ある人たちはこれをテアノに帰しているけれども、実は彼女の言葉であった——この女性をクロトンの男たちの妻たちが訪ねて、彼女たちに対して貞節を守るように夫たちに話してもらうように、ピタゴラスを説得してください、と頼んだのである。そしてこのことが実現して、この婦人が約束し、ピタゴラスが演説し、クロトンの男たちが納得して、当時流行していた［男たちの］不品行が根絶されたという。(1)

一三三　またシュバリスからクロトンへ使節が到着し、［シュバリスからの］亡命者を引き渡すよう求めたときに、ピタゴラスは、使節たちの一人が彼の友人［弟子］たちを自分の手で殺害した者であることを看取して、その男とは全然口をきかなかった、という。そしてその男がそれでも彼に話しかけ、彼との会話に加わろうとすると、「このような人たちには神託は降りない」と彼は言った、ということである。このことからまた、ある人たちは彼をアポロンだと信じたのである。(2)

さてこれらの［一二二節以下の］記述のすべてと、少し前に、イタリアとシチリアの諸国家における僭主の打倒と国家相互間の自主独立について［三三節］、またその他の多くのことについて［三四、三七－五七節など］われわれが述べたことを併せて、市民的公共的な利益という方面でのピタゴラスの［一般の］人々への貢献の事例としておこう。(3)

(1) 本節の直接の出所は不確かだが、「ローデ」150によると、ニコマコスである。一方、(細部については本節と一致しないが)やはり夫の貞節を勧告している四八節と五〇節の記事の直接の出所はアポロニオス(元の出所はティマイオス)であるらしい。

「デイノ」は写本では「デイノノ」であるが、底本は(スカリゲルの修正案に従って)「デイノ」と読む。この女性の名は、「ポルピュリオス」にも「ラエルティオス」にも出てこない。「本書」二六七節末でも、ブロンティノスの妻の名は「テアノ」と記されている。

ここの「デイノの名言」は、五五節ではピタゴラスその人に帰せられていた。「ラエルティオス」八-四三などでは、ピタゴラスの妻テアノの言葉とされている。なお、「すべきである」は、他の箇所では「してよい」と書かれている。「妻はその日も清浄であるから、神に供物を捧げることが許される」という意味である(五五節、「ラエルティオス」八-四三)。

(2) 本節では、ピタゴラスがクロトンの対外政策に影響力を行使したことが(不明瞭に)述べられている。一七七節の記述が、もう少し詳しい(史実か否かは別として)。

前五一〇年頃にシュバリスでは民衆扇動家テリュスが権力を握り、最富裕者五〇〇人を追放し資産を没収した。後者はクロトンへ行き、アゴラに置かれた祭壇へすがって、保護を求めた。そこでテリュスは使節をクロトンへ遣わして、亡命者を引き渡すか、さもなければ戦争だ、と威嚇したという(「ディオドロス」第十二巻第九章)。この戦争でクロトンがシュバリスを壊滅させたことは、二五五節でも触れられている。

ピタゴラスは、「殺人を犯して清浄でない者には神託が降りないように、自分も殺人者には口をきかない」と言ったわけであろう。口をきけば自分も穢れる、ということであろうか。

(3) 本節の前半の直接の出所はニコマコスであり、後半(「さて」以下)はイアンブリコス自身の文章であろう(「ローデ」150, 151)。

第二十八章

一三四　さて以下では、美徳に基づく彼の行為を、これまでのように一緒くたにではなくて、それぞれの美徳ごとに区分して、賛美しようではないか。(1) そして慣例に従って神々から始めることにして、まず彼の敬虔さを示すことをわれわれは試みようではないか。そしてこの美徳による彼の驚嘆すべき行為をわれわれ自身の前に展示して、賛美しようではないか。

ではまず、この美徳にかかわる一つの事例は、すでに以前にわれわれが述べたことであるとしよう。すなわち、彼は自分の魂が何者であり、どこから肉体へ入ってきたのかを、(2) またこの魂の以前の生涯をも知っていたこと、そしてこのことの明確な証拠を提示したことである。(3)

また二つ目の事例はこれである。あるとき彼はネッソス川を多くの弟子たちと［舟あるいは徒歩で］渡っていたときに、川に呼びかけ、そして川が大声ではっきりと「こんにちは、ピタゴラスよ」と言ったのを、居合わせたすべての人が聞いた。(4)

また彼は同じ日にイタリアのメタポンティオンとシチリアのタウロメニオンにいて、両地の弟子たちに講説したことが、ほとんどすべての人［伝記の著者たち］によって証言されている。両地は陸路および海路で数十里も隔たっていて、旅行には多くの日数を要するのだが。(5)

一三五　ちなみに、ピタゴラスを極北の地のアポロンであると推測した極北人アバリスに――この人はか

(1)以下の六章(二十八—三十三)では、ピタゴラスの言行が六つの美徳(敬神、智恵、節制、正義、勇気、友愛)を基準として分類され、記述される。この形式はイアンブリコス自身の発案であろう。そのため、以下では、資料(種本つまりニコマコスやアポロニオスなど)の一連の記述が分割され、あちこちに分散する結果となったようである(「ローデ」151)。

(2)魂は別の領域から地上へ来て、身体と結合した、というようなことを。このことはこれまで明確には述べられていないが、八節や、三一節を参照。なお、ここの「肉体」はピタゴラスの身体だけでなく、身体一般を指すのであろう。「入って来た」は原文では過去完了形である。

(3)自分がかつてエウポルボスなどとして生きたこと(六三節)。このような(生前の経歴の)想起は、敬神によって(つまり、人が心身を清浄にして、神に似た者となることによって)可能になる、と信じられた(「ポルピュリオス」四五末)。

(4)川があいさつを返したという伝説は、「ポルピュリオス」二七、「ラエルティオス」八-一一などにも記されている。「本書」と「ポルピュリオス」の記事の直接の出所はニコマコスだが、元の出所はアリストテレス(「断片」一九一)らしい。「ネッソス川」の所在地は不明。写本の誤記か。「ポルピュリオス」では「カウカソス川」(正しくは、メタポンティオンの「カサス川」か)と記されている。

(5)同日二場所出現の伝説は「ポルピュリオス」二七にも記されている。どちらも、記事の直接の出所はニコマコスであろうが、元の出所はアリストテレス(「断片」一九一)であるらしい。ただし後者では、二場所はクロトンとメタポンティオンとされている(同日同時刻と明記)。しかしこれでは近すぎると思って、ニコマコスかだれかが、クロトンをタウロメニオンに書き換えたのであろうか。けれども、タウロメニオンという都市は、ピタゴラスの時代にはまだなかった。「ローデ」はこれをニコマコスの単純ミスかもしれないと推測した。

の神に仕える神官であった——彼が自分の黄金の太ももを見せて、その推測が正しくて見当違いではないことを保証した話は、広く喧伝されている(1)。

また他にも無数の、これらよりももっと神業めいた言動が、かの人について一様に異論なく書き伝えられている。すなわち地震の的確な予言、疫病の早急な防止、暴風と雹の即刻の鎮静、河と海の波浪を鎮めて弟子たちを安全に渡らせたこと、などである。

そしてアクラガスの人エンペドクレスとクレタの人エピメニデスと極北の人アバリスもこれらの術を習得して、彼ら自身もしばしば同様の業を行なった。一三六　この人たちの詩が、その明白な証拠として現存している。とくにまた、エンペドクレスの異名は「防風者」であり(2)、エピメニデスのそれは「祓い清める人」であり(3)、アバリスのそれは「上空歩行者」であったのだから。これは彼［アバリス］が極北のアポロンから授けられた矢に乗って、川や海や歩行困難な地を一種の空中歩行によって飛び越えたからである(4)。そしてまさにこれと同じことをピタゴラスも、メタポンティオンとタウロメニオンで同日に両地の弟子たちに会った［一三四節］ときに行なったのではないか、とある人たちは疑ったのである(5)。

また彼は自分が飲んだ井戸の水から地震が起きることを予言したし、順風を受けて走っている船が難破す

(1) 黄金の太ももの話は、すでに九二節でも語られた。その出所はアポロニオスであった。本節でのこの話の出所はニコマコスであろう。「ポルピュリオス」二八でも、ニコマコスから引用されている。なお、別の伝承が一四〇節に記されている。

(2) エンペドクレスが「防風者」と呼ばれたことは、ティマイ

オスも記していたという（「ラエルティオス」八-六〇）。防風の方法は、ティマイオスによると物理的であるが（ロバの皮を利用して風をせき止める）、エンペドクレス「断片」一一一に、「君は（私から教わって）風の力を鎮めるだろう」という言葉があり、これは魔術的方法によるのだとも解釈されうる（「ラエルティオス」八-五九）。

（3）エピメニデスは「本書」ではピタゴラスの（晩年の）弟子とされている（一〇四、二二二節）。彼の作と称される詩がいくつかあったが、本節で言及されているのはどれか、分からない。彼が国々（とくにアテナイ）や家々の穢れを祓い清めたという話は有名であった（プラトン『法律』第一巻六四二D、「ラエルティオス」一-一一〇、パウサニアス第一巻第十四章四など）。なお彼は、プラトンによると、ペルシア戦争に関して予言をしたという。彼がアテナイを清めたのは、一説では前五九六年頃のことで、その後間もなく亡くなったという（「ラエルティオス」一-一一〇-一一一）。この場合、彼はピタゴラスが生まれる以前に死んでいたことになる。一方、プラトンによると、その清めは前五〇〇年頃のことであり、これだと彼がピタゴラスに（クレタで？）会ったことも（「ラエルティオス」八-三）年代的には不可能でない。なお別の伝承によると、ピタゴラスがエピメニデスに師事して（予言や清めの術を）学んだのだという（アプレイウス『フロリダ』一五-二〇）。

（4）アバリスについては九〇-九三節を参照。彼がアポロンから贈られた（貸し与えられた）黄金の矢に乗って飛行したのは、ピタゴラスに師事する以前のことである。しかしピタゴラスと極北のアポロンが同一者であるとすれば、アバリスの空中飛行もピタゴラスの教示によるものだ、と言えるだろう。

（5）前節の「また他にも」以下、ここまでは、「ポルピュリオス」二八末-二九とほとんど同文である。どちらもニコマコスからの引用であろう。

るだろうことも予言した、と言われる(1)。

一三七　さて以上をもって彼の敬神［の美徳］の証拠としよう。私はしかし根本へさかのぼって、ピタゴラスと彼の追随者たちが信条とした宗教［神々崇拝］の諸原理を指摘したい(2)。なすべきこと、あるいはなすべからざることについて彼らが定めているすべてのことは、神明［神々］との一致を目標としている。これが原点であり、彼らの全生活は「神に従う」［という目標］に合わせて統制されている。そしてこの哲学の基本的思想はこうである。世間の人たちは幸せを神々以外のどこか別のところに求めるという、ばかげたことをしているが、これはまるで、国王によって統治されている地域において、全国民を支配し統治しているまさにその人をだれかが無視して、役人にすぎない一人の国民に仕えるようなものである。世間の人たちもそれと似たようなことをしているのだ、と彼ら［ピタゴラス派］は考える。なぜなら神は事実存在しているのだし、そして彼［神］はすべてのものの主人であるから、また善は主人から頂こうと努めるのが当然であるから、そしてだれでも、自分が愛する人、自分の気に入る人には善いものを与え、その逆の人には逆のものを与えるから、われわれは神のお気に召すことを行なわねばならない、ということは明白である(3)。

一三八　しかしこれら［神のお気に召すこと］を知るのは容易でない。もしわれわれが神に聴いた人から聴くか、自分が神に聴くか、それとも神的な技術を用いて［情報を］得るのでないならば、である。だからこそピタゴラス派は卜占術を研究するのである(4)。なぜなら、唯一この技術だけが神々の意向を通訳してくれるからである。そして神々が存在すると信じる人には、彼ら［ピタゴラス派］のこの研究は［神存在の信念と］同様に貴重なものと思えるだろうが、これらの一方を愚とする人は、両方を愚とみなすだろう。

また［この学派が定めた］禁制の多くは、宗教的秘儀から採り入れられたものである。[5] というのも、彼らは

(1) 本節末尾のこの一小節の直接の出所もニコマコスであるのかどうか、不明である。「ローデ」152は、この小節は既述のことの繰り返しだと言ったが、そうではないだろう。単なる「地震の予知」については一三五節で言及されているが、「井戸水から予知したこと」については、ポルピュリオス「断片」四〇八（Smith）が次のように伝えている。文中の話者は文法学者アポロニオス（後二世紀）である。「アンドロン（前四世紀頃）が（彼の著書）『トリプス（三脚釜）』において、哲学者ピタゴラスについて、彼の予言に関して語りつつ、次のように述べている。ピタゴラスはあるときメタポンティオンで、のどが渇いたので、ある井戸から水を汲み上げて飲み、三日以内に地震が起きるだろうと予言したが……」。

　船の難破を予言した話は、他の史料には記されていないが、前記アンドロンの著書に出ていたのかもしれない。「ピタゴラスが行なったその他の類似のいくつかの予言をアンドロンが挙げた」と、前記の文法学者アポロニオスが言っているからである。なお船の積荷に関する予言が一四二節に記されている。

(2) この一小節はイアンブリコス自身の文章であろう。一方、以下一四〇節までの（神の全能の信仰についての）記事の（元の）出所はアリストクセノスであろうか。ピタゴラス派の思想や言行が現在時称で報じられている（「ローデ」154）。

(3)「なすべきことと」以下、ここまでは、八六末－八七節前半と（若干の違いはあるが）ほぼ同文である。直接の出所はニコマコスであろう。

(4) 卜占術（占い）については、九三、一四九、一六三、二一六節を参照。

(5) 宗教的秘儀伝授式に参加しようとする人が（身体を清めるために）禁止された行為を指す（「ラエルティオス」八-三三末）。たとえばエレウシスの場合、魚や豆を食べることも禁じられたという（ポルピュリオス『肉断ち論』四-一六）。一般に、死体や産婦に触れることなども汚れとみなされたようである。なおデラット「注釈」231-232を参照。

このようなこと［秘儀あるいはそれにかかわる禁制］を何か有意義なものと考え、欺瞞とはみなさず、もともとはある神に由来するものと信じたのである。その点では、すべてのピタゴラス派が一様に、信じやすい人たちなのである。たとえばプロコンネソスの人アリステアスについて、[1]あるいは極北人アバリスについての神話めいた伝説や、その他の類似の［怪しげな］話に対しても、そうである。彼らはこのような話をすべて信じるし、自分でも［同じようなことを］実行しようとしばしば試みるのである。そしてこのようなこと、つまり神話的だと思えることでも、神に帰することができるようなことであるかぎりは、彼らは少しも不信感をもたないで、すべて記憶にとどめるのである。一三九　たとえば、ある人によると、エウリュトスがこう語ったそうである。ある羊飼いが、［自分は］ピロラオスの墓のあたりで放牧していたときに、［墓の中で］だれかが歌うのを聞いた、と話した。すると彼［エウリュトス］は全然疑わないで、何調の歌だったか、と尋ねたという。[2]この二人はどちらもピタゴラス派で、エウリュトスはピロラオスの弟子であった。[3]また伝えられるところでは、ある人がかつてピタゴラスその人に、以前に自分は眠っていたときに亡父と話をしたように思います、と言い、「これは何を表わしているのでしょうか」と尋ねた。すると彼は、何も表わしているのではなくて、本当に故人と話したのだ、と答えたという。「君が今、私と話していることが、何かの象徴であるのではないように、そのことも何事の象徴でもないのだ」と。[4]だから、このたぐいのすべてのことに関して、彼らは、愚かなのは自分たちではなくて、信じない人たちの方だ、と考えるのである。というのも、賢ぶる人たちが思っているように、「神には、あることは可能だが、他のことは不可能である」のではなくて、すべてのことが可能なのである。事実、ある詩の冒頭に——この詩をかの人たちはリノスの作だと称している

が、おそらくは彼ら自身の作だと思われる――同じ思想が見られるのである。(5)

あらゆることを希望せよ。希望されえぬものは無し。

(1) プロコンネソス（マルマラ海の島）の人アリステアスの超自然的能力については、いくつかの伝説がある。一つは、彼の死後に遺体がなくなって、対岸のキュジコス市付近を彼が歩いていたという話（ヘロドトス第四巻一四）。二つ目は、その二四七年後にイタリアのメタポンティオンに彼が現われたという話（ヘロドトス第四巻一五）。三つ目は、彼の魂が（彼の生存中に）身体を置き去りにして、空中で身体の一種の模像を形成し、これを利用して遠隔の地を訪れたという話（『スーダ事典』の「アリステアス」の項、後二世紀のテュロスのマクシムス一六-二）である。彼の生存年代は確かでない。前七世紀か六世紀であろう。失われた叙事詩（紀行詩）『アリマスペイア』の作者とされる。

(2) たとえばイオニア調、リュディア調、ドーリア調、プリュギア調など、多くの調（ハルモニアー）があった（プラトン『国家』第三巻三九八E以下）。「調」の違いは、近代的な意味での「音階」の違いだけではなかったらしい。

(3) この話は一四八節で、もう少し詳しく語られている。なお一〇四節では、エウリュトスはピタゴラスの弟子だった、と言われている。

(4) 一四八節によると、この父親は最近にではなく、ずっと以前に亡くなっていたのだという。転生していなかった、ということであろうか。なおポルピュリオス「断片」三八一によると、「睡眠中に亡父を見たように思えました」と言った人に対して、ピタゴラスが「思えたのではなくて、本当に見たのだ」と答えたという。この断片の直接の出所はストバイオスであるが、ポルピュリオスのどの著作から引用したのか、不明である。一つの伝承によると、ピタゴラスは夢判断の技術に優れていたという（「ポルピュリオス」一一）。

(5) リノスは、実在したかどうかも確かでない伝説上の詩人である。なお、前八あるいは七世紀の詩人アルキロコス「断片」七四（ディール）も、「希望されえぬこと、不可能とみなされるべきことは何もない」と歌った。この詩人が挙げた一例は日食（白昼に太陽の光が消えて夜になること）である。

神はたやすく成就する。なしえざること何も無し。

一四〇　そして彼らは、自分たちの思想［が正しいこと］の保証はこれである、と信じている。すなわち、これらの思想を最初に唱えた者［ピタゴラス］は並みの者ではなくて、神であった。だから彼らのアクースマ［聴聞事項］の一つはこれである。「あなたは何者ですか、ピタゴラスよ」。そして［その答として］彼らは、かのお方は極北のアポロンである、と主張する。[1] そしてこのことの証拠として、次の事実が挙げられる。すなわち、競技大会において［観覧席で］彼が立ち上がって、自分の黄金の太ももを見せたこと、[2] また彼が極北人アバリスをもてなして、後者を旅中に導いた矢を［元来自分のものであるとして］返してもらったことである。[3]

一四一　このアバリスは極北から来て、かの地の神殿のために黄金の寄付を募り、また疫病の発生を予言した、と言われる。彼は各地の神殿に滞在したが、何かを飲んだり食べたりしているのを見られたことは、かつてない。[4] また彼はスパルタでも疫病予防のための供物を神に捧げて、おかげでその後スパルタではついぞ疫病が発生しなかった、と言われる［九二節］。さてこのアバリスからかの人は、それなくしてはアバリスが行くべき道を知ることができなかった黄金の矢を取り上げて、彼を自分の弟子としたのである。[5]

一四二　またメタポンティオンで、ある人たちが、帰航しつつある船の積荷が自分たちに無事に届きますようにと祈ったときに、かの人は「それではあなたたちに一つの死体がとどくだろう」と予言した。そして事実、その船は死体を運んできた。[6] また彼はシュバリスで鱗の密生した毒蛇をつかんで遠方へ放したし、同様にまたテュレニア［エトルリア］でも［人を］噛んで殺す小蛇を［つかんで放逐した］。[7] また彼はクロトンで白いワシを撫でたが、ワシはじっとしていた、と言われる。[8] またある人が彼［の見解］を聴きたいと望んだときに、彼は、何か前兆が現われるだろうから、それまでは話さない、と言った。そして事実、その後でカウロニアに白い熊が出現した[9]。また［自分の］息子の死を彼に知らせようとして訪れた人に、彼の方が先にそのことを

(1) アクースマの一種は、「何であるか」に答える形式のものであった（八二節）。本節のアクースマもこの部類に属する（デラット「研究」279）。ピタゴラスが極北のアポロンだという説は、三〇、九一、一三五節、「ポルピュリオス」二八、「ラエルティオス」八‐一一、アリストテレス「断片」一九一＝アイリアノス二‐二六などに記されている。

(2) 「競技大会」はオリュンピアでのそれであろう。アリストテレス「断片」一九一＝アイリアノス四‐一七には、そう記されている。ピタゴラスが意図的に太ももを「見せた」のではなくて、着物のすそがめくれて、太ももが見えた、という趣旨であろう。

(3) アバリスが矢を返したことは、九一節にも記されている。

(4) ヘロドトス第四巻三六も、アバリスが飲食しなかったという伝説に触れている。

(5) アバリスについては、九〇‐九二節を参照。この人物には「本書」でこれまで何度も言及されたが、本節では、あたかも初めてであるかのように記述されている。

(6) この話は「ポルピュリオス」二八にも記されている。直接の出所はニコマコス、元の出所はアリストテレス「断片」一九一であろう。詳細は不明だが、一つの死体以外に積荷はなかった、ということだろうか。死体に触れるものは（人も荷物も）穢れると信じられていたのであろう。

(7) アリストテレス「断片」一九一＝アポロニオス『驚異物語』六によると、ピタゴラスはテュレニアで毒蛇を噛み殺したという。熊やワシや蛇などに関して二通りの伝説があるのは、アリストテレス由来の奇談集のほかに、（地名などを変更した）別の奇談集も利用されたのではないか、と「ローデ」153は推測した。また、蛇を噛み殺した話はピタゴラスには似つかわしくないように思えたので、ニコマコスかイアンブリコスが「捕らえて放逐した」と修正したのではないか、と推測する説もある（「ブルケルト」143 n. 125）。

(8) ワシについては六二節の記事（場所はオリュンピア）を参照。

(9) 白い熊は珍しいので、何かの予兆とみなされたのであろう。その他のことは不明。なおアリストテレス「断片」一九一には、「カウロニアでピタゴラスは白い熊（の出現）を予言した」と簡単に記されている。

言った。(1)

一四三　また彼はクロトンの人ミュリアスに、自分［ミュリアス］は［前世で］ゴルディオスの子ミダスであったことを想起させた。そしてミュリアスは彼［ピタゴラス］が命じたこと［儀式？］を［ミダスの］墓前で行なうために、大陸［小アジア］へ行った。(2) また伝えられるところでは、［クロトンの］彼［ピタゴラス］の旧居を買って［土地を］掘り返した男が、そこで見たものを［恐ろしくて］だれにも言えなかったが、この過ちのために、クロトンで神殿の宝物を盗んでいるときに捕らえられて、死刑になった。というのは、神像から黄金のひげが落ちたのを［拾って］盗んでいるところを見つかったのである。(3)

さて以上のこと、およびその他の類似の出来事を、かの人たちは［自分たちの信条の］保証として語るのである。つまり、以上のことは事実として広く認められているし、そして一人の人間の身の上にこれらの出来事が生じるのは不可能であるから、かのお方の教説を、人間のものではなくて、もっと優れた者の教えとして受け入れねばならないことは、すでに明白だ、と彼らは考えるのである。そしてあの不可解な言葉もこのことを意味している、と彼らは言う。一四四　というのは、彼らが口にする次のような言い草［詩句］がある。

　人は二本足、また鳥と、も一つ三番目のものも。

そしてこの「三番目のもの」はピタゴラスなのである。(4)

さて彼は敬神の美徳のゆえに、以上のような人であったし、またそのような人だと正しくも信じられていた。

また誓いについては、すべてのピタゴラス派が非常に慎重な態度を示した。彼らはピタゴラスの次の戒めを忘れなかったのである。

　不死なる神々をまず第一に、法に定められている序列に従って、崇めよ。

(1)「息子」はピタゴラスの息子だと解する説もあるが（「仏訳」註（5））、知らせに来た当人の息子であろうか。ピタゴラスの息子の一人（ムネサルコス）が早世したという伝承もあったらしいが（フォティオスが紹介した、著者不明『ピタゴラスの生涯』四三八b二八）、「本書」ではこの伝承は無視されている（二六五節）。

(2) ピタゴラスが弟子たちに前生を想起させたことは、六三節に記されている。ミュリアスがミダスであったという話は、他の史料には見当たらないようである。ミュリアスについては一八九－一九四節を参照。プリュギア王ミダスは前六九五年頃に死んだ、と伝えられる（エウセビオス『年代記』）。ミュリアスは自分（の前身）の墓を訪ねて何をしたのであろうか。ある儀式によって、自分の前生を清めることによって現在の自分を清めた、というわけであろうか。「ポルピュリオス」一二に「前世の汚れから清められる」という言葉がある。

(3) 家を解体して、その下を掘ったのか、庭の地面を掘ったのか、文意があいまいである。メタポンティオンのピタゴラスの家は、彼の死後にデメテルの神殿とされたというから（一七〇節）、ここで言われているのはクロトンの彼の旧居のことであろう。

　この男の表面上の罪は聖物窃盗であるが、神像のひげが落ちたのは神意によるのであり、この男はピタゴラスの家を冒瀆した罪で神罰を被ったのだ、という趣旨であろう。

(4)「三番目のもの」はピタゴラスだけでなく、彼を一例とする超人的存在であろう（デラット「研究」16）。理性的な生き物を「神と人間とピタゴラスのような生き物」に三分する説（三一節初め＝アリストテレス「断片」一九二）を参照。

そして誓約を尊重せよ。次に尊貴なヘーロースたちを［敬え］。(1)

だから彼らの一人が誓言することを法によって強いられたときに、誓いを守れるとは思ったが、ピタゴラスのあの教えに従うために、誓わないで三タラントンを納めた。というのも、これがこのようなこと［違法行為］に対して裁判官が定めた罰金の額であった。(2)

一四五　また彼らが、「何事も自動的に［ひとりでに］、あるいは偶然に起きるのではなくて、神のはからいによって生じる。とりわけ、善良で敬虔な人に対してはそうである」と信じていたことは、アンドロキュデスが『ピタゴラス派のシュンボロン［符丁］について』において、ピタゴラス派のタラス人テュマリダスについて語っている話が証拠になる。(3) というのは、この人がある事情で［居住地を］離れて船で旅立とうとしたとき、友人たちが彼を見送って別れを告げるために集まった。そして彼がすでに乗船したときに、だれかがこう言った。「テュマリダスよ、君の望みがすべて神々によってかなえられますように」と。すると彼は「言葉を慎んでくれたまえ。私はむしろ、何事であれ神々によって私の身の上に起きるすべてのことを望みたい」と答えた。なぜなら、神々のはからいに抵抗せず悲嘆もしないことが、より学識が高く、より知見の透徹した人の態度である、と彼は信じていたのである。

では、いったいどこから、これほどの敬虔さをこの人たちは身につけたのであろうか。それを知りたい人

(1)この詩句は、『黄金の詩』の冒頭の二行に相当する。イアンブリコスは『黄金の詩』を知っていたが（『哲学の勧め』第三章）、ここでは別の文献から引用されているらしい。もともとの出所は、イオニア方言で書かれた詩『聖語（ヒエロ

ス・ロゴス)』である(デラット「研究」15)。

誓いについてのこの一小節の直接の出所は不確かだが、「ローデ」154によるとテュアナのアポロニオスである。一方、本節と重複する記事を含む一五〇節の出所はニコマコスであろう、と「ローデ」は推測した。

本式の誓いは神の名にかけて誓われるので、誓約を守ることは敬神の行為でもある(一五〇節)。なお、「誓約を尊重せよ」という勧めは、「なるべく誓うな」という意味も含む(本節)。みだりに神の名を口にしないことが、その一つの理由である。

「ヘーロース(英霊)」は、神々と人間との中間の存在である。ダイモーンの中の上位の者(善きダイモーン)と解されることがある(三一節)。
(2) 一五〇節によると、この人の名は「クロトンのシュロス」である。三タラントンは相当の金額であった(一三五頁註(2))。
ピタゴラスは法を順守することを弟子たちに命じたはずだが(一七五―一七六節)、哲学的あるいは宗教的規範と市民法との間に若干の対立が生じる場合がある、ということだろうか。
(3) 「タラスのテュマリダス」という人は、他の史料には出てこない。ただし一〇四節のテュマリダスはタラスの人かもしれない。「パロスのテュマリダス」の名が二三九、二六七節に記されている。同一人物であろうか?
「自分の本当の利益は自分にも分からないので、神々に祈る際に具体的なものを求めるな」とピタゴラスが教えたという伝承は、「ディオドロス」第十巻第九章八や「ラエルティオス」八-九などにも記されている。「ラエルティオス」の記事の出所は、偽ピタゴラスの三部作(「教育」、「政治」、「自然」)だという。なおプラトン(?)『第二アルキビアデス』一四三Aを参照。

本節の主要部分の(元の)出所は、本文に明示されているように、アンドロキュデスであろうが、この人(あるいはこの著作)の年代が不確実である(一説によると、前四世紀後半)。一方、本節の直接の出所は多分ニコマコスであろう。彼は『数論入門』一-三-三においても、アンドロキュデスを引用している(「ローデ」154)。

がいるならば、こう答えねばならない。ピタゴラス的数理神学の歴然たる手本はオルペウスのもとにあったと[1]。一四六　今日ではもはや、ピタゴラスがオルペウスから手がかりを得て『神々についての論』を著わしたことは、疑われなくなった[2]。彼がこの書にまた『聖なる言葉〔聖語〕』と題したわけは、これがオルペウスの〔教説の〕最も秘教的な箇所から摘花されたものだからである。この書が、大多数の人が言うように本当にピタゴラスの著作であるのか、それとも、あの学園の重鎮で、信じるに値する少数の人たちが主張するように[3]、ピタゴラスの覚書に基づくテラウゲスの著作であるのかは、ともかくとしてである。というのは、ピタゴラスその人が、彼の娘でテラウゲスの姉であるダモに遺した覚書が、ダモの死後、彼女の娘のビタレと、成年に達したテラウゲスとに贈られたのである。後者はピタゴラスの息子であり、〔めいの〕ビタレの夫であった。ピタゴラスが亡くなったとき、テラウゲスはまだ幼くて、母テアノのもとに残されたのである。さてこの『聖なる言葉』――あるいは『神々についての論』、というのは〔前記のように〕二通りの表題が付されているのだが[4]――において、神々についての論説をピタゴラスへ伝授した者がだれであったかも明示されている。すなわち、「これはムネマルコスの息子ピタゴラスの〔著わした〕神々についての論である。私〔ピタゴラス〕はこれを、トラキアのリベトラでの秘儀参入において、導師アグラオパモスの告知によって学んだ。すなわち、カリオペの息子オルペウスは、パンガイオン山で母〔カリオペ〕から学んだことをこう語った[5]。数の永遠なる本質が、全天と大地とその中間のすべてのものの――最高の予見力を備えた――始元であり、またもろもろの神的な人びとと神々とダイモーンたちの〔永久の〕存続の根元である[6]」。

一四七　かくて以上〔の言葉〕から、神々の本質は数によって規定されているという思想[7]を彼はオルペウス教

（1）数理神学導入の言葉はイアンブリコス自身の文章であろう（「ローデ」154）。いきなり数理神学の話が出てきて少々意外であるが（「仏訳」）、しかし、神話的な気まぐれな神々を信じるかぎり、人は神々に絶対的な信頼を寄せることはできないだろう。一方ピタゴラスによると神々は「数」であり、絶対的に公正であるだろうから、善人は神々を信頼できるわけであろう。「何事も偶然には起きない」（本節）、「神々はすべてのものに配慮する」（一五一節）などの言葉を参照。

（2）この『神論』あるいは『聖語』がドーリア方言の散文で書かれていたことは、すぐ後の引用文から明らかである。この書に明示的に言及している現存最古の文献は「本書」（本節と一五二節）である。しかしプルタルコス『イシスとオシリス』一〇（後一〇〇年頃）や、ポルピュリオス『肉断ち論』二-二六（後三世紀後半）なども、この書の影響を受けたようである（デラット「研究」196）。以後、ストバイオス、シュリアノス、プロクロス、リュドスなどが、この書に言及あるいは引用している。近代の学者（H. Thesleff など）の推定では、この書は前一世紀か後一世紀に作られた偽書である。

（3）「著名な少数の人」がだれを指すのか不明である。候補者の一人はリュシス（七五節）である。しかしこの人は、（偽作の疑いのある手紙の中で）ピタゴラスの覚書が娘ダモに残されたとは言ったけれども（「ラエルティオス」八-四二）、テラウゲスのことは何も言わなかったようである（デラット「研究」105, 205）。

（4）ダッシュ内の言葉は底本では（ナウクに従って）削除されている。余計な繰り返しとみなしたわけである。

（5）トラキアは、現在のギリシア、ブルガリア、トルコの各一部分にまたがる地域。リベトラ（レイベトラ）はトラキア（マケドニア）にあった町。アグラオパモスは「本書」のこの箇所のみに出てくる人物である。いちばん広まっていた伝説によると、オルペウスの母はミューズの一柱カリオペで、父はトラキアの川（の神）オイアグロスであった。そして彼の生地はトラキアだという（『オルペウス教徒断片集』T二二一二六（ケルン））。パンガイオンはトラキアにあり、約二五キロメートルに延びる山系である。

（6）本節の直接の出所は、「ローデ」154 によると不明である。イアンブリコスは『神論』から直接に引用したのだろうか？

（7）具体的には、たとえばアポロンは一、アルテミスは二、アプロディテは六などと規定されたという（たとえばストバイオス一-序-一〇）。

徒から採り入れたことが明らかになった。[1] そして彼はまさにこれらの数によって驚くべき予言を行なったし、[2] また数によって神々を礼拝する仕方を工夫した。このような礼拝が［神々の本性に］最も親近的なものだからである。このことを人は次の事実から知ることができよう。というのも、陳述の信憑性のために、何らかの事実を［裏づけとして］提供すべきだから。すなわち、アバリスが相変わらず彼の十八番の神事に熱心であり、異邦人［非ギリシア人］の全種族によって採用されている、犠牲動物、とくに鳥による未来予知を絶えず行なっていたので――というのは、このような動物の内臓［の状態］から正確な予知が可能だ、と彼らは信じているので――ピタゴラスはアバリスの真実［予見］への熱意を失わせることは望まず、もっと誤りの少ない、そして流血と殺生を伴わない方法を教えようとして――とくにまた、かの人は雄鶏が太陽に仕える聖鳥だと信じていたので[3]――数の学問によって組み立てられた、いわゆる十全真実を彼［アバリス］に教えた。[4]

一四八　また神々に関しての彼の信じやすさも、敬虔［の美徳］からきたものである。というのも、彼は常々説いていたのである。神々は全能であるから、神々については、また神々にかかわる思想についても、どのような驚くべきことでも疑ってはならぬと。[5] そして神々にかかわる思想とは――それを［弟子たちは］信じなければならないのだが――ピタゴラスが授けた思想である。だから彼らは、授けられた思想をけっしてまちがっていないと思い、固く信じていたので、［たとえば］ピロラオスの弟子であったクロトン人エウリュトスは、ある羊飼いが彼に「白昼に墓からピロラオスの声が聞こえた。歌っていたようだ」と告げたときに、後者が死んでから何年もたつのに、［少しも疑わないで］「で、それはいったい、神々にかけて、何調の歌だったか」と尋ねた。またピタゴラス自身も、ある人が、とっくの昔に死んだ父親が夢の中で自分に話しかけたのだが、これは何を表わすのか、と質問したときに、「別に何も。というのは、君が今、私と話しているということが何も表わしていない［つまり事実そのものである］のと同じことだから」と答えたのである。(6)

一四九　また彼は白い清潔な衣服を着ていた。同様に、寝具も白くて清潔なのを用いた。これらはリネンであった。ウールは用いなかった。(7)そしてこの慣わしを弟子たちにも伝えた。また彼は人間を超える者に対して言葉を慎んだ。(8)そしてあらゆる機会に神々を想起し、敬意を表した。だから食事の際には神々に献酒したし、(9)人間を超える者を讃えて、毎日賛美歌を歌うように命じた。また彼は予兆的な音声や卜占や縁起や、

---

(1) ピタゴラスとオルペウス教の関係は明らかでない。彼の思想がオルペウスに、引いてはミューズ（女神）カリオペの啓示に由来するのであれば、それは神与のものである（一節）。『神論』の著者（偽作者）のねらいの一つは、その点にあったのだろうか。

(2)「数による占い」については九三節を参照。

(3)「雄鶏」については八四節末を参照。

(4)「十全真実（パナレーテス）」とは、虚偽を含まない完全な真実を意味する。具体的には、ここでは「数を用いる占いの方法」を指すのであろう。それとも、神学と自然学の要綱（九〇節末、九三節初め）をも含むのであろうか。

(5) 神は全能であるという思想は一三九節にも記されていた。なおイアンブリコス『哲学の勧め』第二十一章二五（一〇七-一七、一一〇-七―一一一-一六）(Pist.) のアクースマとその説明を参照。

(6) 本節の二つの逸話は一三九節にも記されている。両節の直接の出所は、一方のがニコマコスで、他方のがアポロニオスだろうが、どちらがどちらの著者に由来するのか分からない、と「ローデ」155は言う。

(7) 衣服と寝具については一〇〇節と一一一頁註（2）を参照。

(8)「人間を超える者」（神々、ダイモーン、ヘーロース）については一〇〇節初めを参照。

(9) 神々への献酒については九八―九九節を参照。

総じてこのようなすべての自動事象に注意をはらった。[1] 一五〇　そして彼は神々に乳香、キビ、餅［丸い菓子］、ミツバチの巣、没薬その他の香料を供えた。しかし彼自身も、［弟子たちのうちの］観照的な愛智者たちも、だれ一人として動物を供えなかった。[2] ただし他の弟子たち、つまり聴聞派あるいは公務者たちには生き物をたまさかに供えるように彼は定めた。[3] すなわち雄鶏か子羊かその他の動物の子を。しかし牛を供えることは禁じた。[4]

また次の事実も、神々に対する彼の崇敬心の証拠である。すなわち彼は、けっして神々の名にかけて誓わないことを勧めた。[5] だからクロトンのピタゴラス派の一人であったシュロスは、誓いを守る自信はあったけれども、誓わないでおくために、［高額の］罰金を納めたのである。[6] そしてまた次のような誓い［の文言］が、ピタゴラス派のものとされている。［この誓いにおいて］彼らは、神々の名を口にすることを非常に慎んだように、ピタゴラスの名を口に出すことも避け、テトラクテュスの発見者と呼んだのである。

> いいえけっして［違背しません］。われらが智恵なるテトラクテュスの発見者にかけて
> 誓います。永久なる自然の根元と源泉であるテトラクテュスの。[7]

一五一　また全般に[8]ピタゴラスはオルペウスの見解と思想の追随者であった、と言われる。そして彼はオルペウスと同様の仕方で神々を崇敬した、という。つまり、［木石の］彫刻や青銅［の像］で神々を表わす際に、われわれ［人間］の姿でなくて、神々にふさわしい姿形を神像にまとわせたのである。すなわち、神々はすべてのものを包括し、すべてのものに配慮するし、全体［宇宙］に似た本性と姿をもつのだから、そのような者にふさわしい姿形を。[9] また彼は彼ら［オルペウス教徒］の浄化法と、いわゆる秘儀をも［自分の弟子たちに］

(1) ここの「自動事象（アウトマトン）」は、人間の作為によることなく生じる予兆的現象であろう。一四五節の「自動的」とは意味が異なる。

(2)「観照的な愛智者」（一〇七節でも用いられている表現）とは、研学派（八一節）を指すのであろう。

(3)「聴聞派」については八一節を参照。「公務者（ポリーティコイ）」は、学派内の一種の事務係であるいわゆる公務者（七二、八九節）か、それともむしろ、弟子たちの中の政治家や役人などであった人たち（八八節）であろう。この人たちは聴聞派に属する。

(4) 牛については「ポルピュリオス」三六、「ラエルティオス」八-二〇末などを参照。雄鶏を供えることは、前述の記事（八四、一四七節）に矛盾するようだが、「ラエルティオス」八-二〇でも彼が雄鶏を供えたと記されている。それとも、白い雄鶏（八四節）を避けて、他の色の雄鶏を供えた、ということであろうか。

(5) 誓言を慎むべきことについては、四七節と一四四節を参照。

(6) シュロスの行為は（彼の名前を伏せて）一四四節でも言及されていた。クロトンのシュロスの名は、二六七節の名簿にも記されている。

(7) テトラクテュス（四つ数）とは、一から四までの自然数をいう。その和は十である。それはすべての数の（ひいてはまた万有の）始元とみなされた。「テトラクテュスの誓い」は多くの史料に記されているが、文言が多少異なる場合がある。たとえば一六二節、「ポルピュリオス」二〇、アエティオス一-三-八などを参照。この誓いの原文は、二行の詩、ドーリア方言、長短短六歩格である。

一四九—一五〇節の直接の出所は不確かだがニコマコスではなかろうか、と「ローデ」155は言う。この推定の根拠は、内容が九六—一〇〇、一〇六—一〇九節に部分的に一致していることである。

(8) 本節前半（オルペウスの神論のピタゴラスへの影響）は、一四六節と内容的につながっている。同一出所からの引用であろう。だから「全般に」は、「神々の本質が数であるという思想だけでなく、全般に」という含みをもつのであろう（「ローデ」154）。

(9) 球形（あるいは正十二面体）を意味するのであろう。八八節を参照。ローマ王ヌマも、人間や動物の姿をした神像を礼拝することを禁じた、と伝えられる（プルタルコス『ヌマ伝』八）。

伝授した。これらについて彼はきわめて正確な知識をもっていたのである。

さらにまた、彼は神々にかかわる愛智［哲学］と奉仕を［諸方面から学んで］総合したのだ、とも言われている。つまり、ある部分はオルペウス教徒から、ある部分はエジプトの神官たちから、ある部分はカルデア人とマゴスたちから、またある部分はエレウシス、インブロス、サモトラケ、レムノスで行なわれている秘儀、あるいはまた［ギリシア全土に］共通の秘儀から、またケルト人の、あるいはイベリアでの秘儀から学んだのであると。[1]

一五二　なおラテン人の間でもピタゴラスの『聖語』が読まれたそうである。むろん、すべての人に読み聞かされたとか、すべての人によって読まれたというのではなくて、諸善についての教育に喜んで参加し、醜悪なことを何一つ行なわない人々によって、である。[2]

また彼はこう語った、と言われる。人々は三度［神々に］献酒するし、アポロンは三脚釜から託宣するが、これは数がまず三として生じたからである。[3] また［われわれは］アプロディテに［毎月の］六日に何かを供えるべきだが、その理由は、この数［六］が数の本性を具備する最初の数だからである。[4] またこの数は、［可能な］すべての仕方で分割［整除］されると、部分［つまり商］の和と積が等しくなるからである。[5] またヘラクレスには毎月の八日に供物を供えねばならないが、これは彼が［母が身ごもって］七ヵ月後［八ヵ月の初め］に生まれ

（1）インブロス、サモトラケ、レムノスは、いずれも北東エーゲ海の島。これらの地で行なわれていた秘儀は、テュレニア人（ペラスゴイ人）に由来し、カベイロイと呼ばれる神々を崇め、非ギリシア的要素を含むものであったという。ヘロド

トス第二巻五一、アリストパネス『平和』二七七、ブルケルト『ギリシア宗教』英訳、p. 281などを参照。なおレムノスとインブロスは「ポルピュリオス」一〇でも、ピタゴラスの父の出自に関して、言及されている。

「イベリア」はイベリア半島（スペイン）か、それともカフカス山脈南東の地域（現グルジアのあたり）を指すのであろう。

（2）『聖語』は一四六節で言及され引用された、ピタゴラスの著作と称された書物。ラテン人の間で（前五世紀頃に？）この書が読まれたという情報は、この偽書が（前一世紀か後一世紀頃に）イタリアで公刊されたことを暗示するのではないか、とデラット（「研究」206）は言う。

（3）宴会などでは三度、神々に献酒するしきたりがあった。たとえば、一度はゼウスやオリュンポスの神々に、一度はヘーロースたちに、最後はゼウス・テレイオス（祈願成就のゼウス）に（ブルケルト『ギリシア宗教』英訳、pp. 70-71）。九八－九九節のピタゴラス派の夕食会でも、三度献酒が行なわれている。

デルポイの巫女はトリプース（三脚釜）の中から託宣したという。

一と二は数の始元であって数ではないとみなすならば、三が最初の数であるとも言える（偽イアンブリコス『数論の神学』八（九－二）(Falco/Klein)）。

（4）「数の本性」とは、ここでは奇数性と偶数性であろう。六は最初の偶数（二）と最初の奇数（三）の積であるので、「男女数」とも呼ばれた。そしてアプロディテ（愛と結合の神）の本質は六であると規定された（偽イアンブリコス『数論の神学』三三（四三－五）(Falco/Klein)、ストバイオス一－序－一〇、リュドス『暦月について』二－一一、デラット「研究」200）。

（5）六が（六、三、二によって）分割（整除）されると、その商（つまり六の部分、因数）は、一と二と三である。そして六は、一と二と三の和にも積にも等しい。そこで結婚の任務は親に類似する（等しい）もの（子）を産出することであり、その本質は六である、と言われた。偽イアンブリコス『数論の神学』三三（四三－八）(Falco/Klein)。

たことを、われわれが考慮するからである。(1)

一五三　彼はまたこう命じる。神域へ入るときには、白くて清潔で、これまでだれもそれをまとって眠ったことがない外衣を着なければならない。なぜなら眠りと黒と赤は怠惰のあかしであり、清潔さは思考の公平さと公正さの証左であるからと。(2)また神域で不慮の流血が生じたならば、黄金か海水によって清められねばならない、と彼は教える。つまり、万物のうちで最初に生成したもの［海水］か、［物質として］最美のものであり、［通貨として］すべてのものの価値を評価するもの［黄金］かによってである。(3)また神域で出産してはならない、と彼は命じる。なぜなら、神域において魂の神的な部分を肉体へ縛り付けることは敬虔でないからだ、という。(4)

一五四　また祭礼の日に［出かける前に］散髪したり爪を切ったりすべきでない、と彼は教える。われわれの便益の増進を神々の君臨よりも優先させてはならない、と考えたのである。またシラミ一匹といえども神域で殺してはならない、と彼は命じる。神明は無益なことと殺生にけっしてかかわりあってはならぬ、と信じたのである。また杉や月桂樹や糸杉や樫や銀梅花を用いて神々を敬え、と彼は命じる。そしてこれら［の植物］を利用して体を洗ったり、歯を清めたりすることを彼は禁じる。これらは湿性の最初の産物であり、他の一般の樹木が生じたときの栄養であった、と彼は考えたのである。(5)また煮たものを焼いてはならぬ、と彼

（1）ヘラクレスの誕生が女神ヘラの策略によって本来より（一日以上）遅れたことは、神話に語られている。ホメロス『イリアス』第十九歌一一四―一一九、オウィディウス『メタモルフォセス』第九歌二八一以下、アポロドロス『ビブリオ

テーケー』二-四-五などを参照。しかしヘラクレスが妊娠何ヵ月で生まれたかは、『イリアス』などには記されていない。ピタゴラス派によると、正常な出産の妊娠期間には二通りあって、七ヵ月（二一〇日）か、九ヵ月余（二七四日）である。八ヵ月では障害児が生まれるという（ケンソリヌス『生誕日』一一-一二、プロクロス『プラトン「国家」注釈』二-二六-一五）。とすると、ピタゴラス派は、ヘラクレスは母アルクメネの胎内に七ヵ月いるはずだったが、少し遅れて八ヵ月目に入って間もなく生まれた、と解釈したのであろう。

（2）清潔で白い衣服については一〇〇節と一四九節を参照。「ディオドロス」第十巻第九章六も、ピタゴラスが「神々に供物を捧げる人は、高価でない白くて清潔な衣服を着よ」と教えた、と記している。「白」の暗喩的解釈については一五五節を参照。

（3）タレスは水が万物の始元であると言ったが、ピタゴラスは数を始元とみなした。しかし物質の中では水が最初に生じたという説が、ピタゴラス派内にあったのだろうか。なお一つの伝承によると、オルペウスの宇宙生成論において、最初に生じたのは水である（「断片」五七（ケルン））。あるいは「水とある物質」である。後者から土が生じた。それゆえ、水と土が始元であるとも言われる（「断片」五四）。

（4）出産（妊婦、産婦、新生児）は穢れたものと世間一般でも信じられていたようだが（たとえばエウリピデス『タウロイのイピゲネイア』三八二、テオプラストス『人さまざま』一六-九）、ここでは特有の理由づけが紹介されている。人の魂は（天上から、神々のもとから）転落し、刑罰として肉体に縛り付けられたのである（八五節、ピロラオス「断片」一四、クレアルコス「断片」三八）。魂の神的な部分とは、転落してきた部分（知性的部分）をいうのであろう。「縛り付けられる」という表現については、（原語は少し異なるが）六三節を参照。

（5）この箇所（「また杉や」以下）の意味は不明瞭である。「湿性（湿ったもの）」については前節の「海水」を参照。

は教える。温和は怒りを必要としない、と言っているわけである。(1) また彼はマゴスたちに従って、死者の体を焼くこと〔火葬〕を許さなかった。可死的なもの〔むしろ、死んだもの、死体〕が神的なもの〔火〕にあずかることを彼は欲しなかったのである。(2)

一五五　また死者を〔墓地まで〕送る際に白衣を着るのが敬虔な行為だと彼は信じていたが、これは〔白色によって〕単純なものと第一のものを、つまり数と万有の始元を象徴させたのである。(3) また彼は、何よりもとりわけ誓いを大切にすべきだ、と教える。なぜなら、未来は長く、一方、神々には何事も長くないからである。(4) また「人を殺すよりも、自分が不正を被る〔たとえば殺される〕方が、はるかに敬虔である。なぜならハデス〔冥王〕の館で裁きが待ち受けているからである」と彼は言う。この場合に人は魂と、諸事物のうちで第一のものである魂の本質とにかかわる諸事情を考慮すべきである。(5) また糸杉で棺を作ってはならぬ、と彼は命じる。ゼウスの尺が糸杉で出来ているからか、それとも何か別の秘教的な理由によってかである。(6) また食前に救難者ゼウスとヘラクレスとディオスクロイに献酒せよ、と彼は勧める。そのようにして、飲食物の支配者であり、主宰者であるゼウスと、自然の力であるヘラクレスと、万象の協和であるディオスクロイを

(1) アクースマを暗喩的に解釈して、「煮られて柔らかくなったもの」は温和を、そして「焼くこと」は怒りを表わす、とみなしたわけである。一方、このアクースマを字義通りに解するならば、「煮たもの」は肉などであろう。肉食は(アクースマ派に対して)必ずしも禁じられていなかったのであろう(一五〇節、デラット『研究』298)。それとも、犠牲獣の(特定部位を除く)肉のことを言っているのであろうか(九八、一〇九節、『ポルピュリオス』三四)。

(2)「マゴス」(一九、一五一節)はここでは拝火教(ゾロアスター教)の神官たちか。ピタゴラスがゾロアスター(ザラト

ス）などに会ったという伝説は、アリストクセノス「断片」一三、「ポルピュリオス」六、一二、四一などに記されている。「ピタゴラスが火葬を禁じた」と明記している史料は他にはないらしい。そのように推測させる史料はあるかもしれないが（ヘロドトス第二巻八一、プルタルコス『ソクラテスのダイモニオン』一六、デラット「研究」300 n.）。

（3）数は万有の始元である（五九節）。そして数は他のもの（たとえば水や火など）に比して単純なものである、とみなされたのであろう。ピタゴラス派の人が死ぬと、魂は神々のもとへ帰る（『黄金の詩』七〇－七一）。神々は数である（一四六節）。一方、白色も他の色に比して単純で純粋であるとみなされたのであろう。なおアリストテレスが伝えるところでは、ピタゴラス派によると、白は善を表わし、黒は悪を示すという（「ラエルティオス」八－三五初め）。

（4）神にかけて誓ったことを守らない人は、（死後も含めて）将来いつかは罰せられる、という意味であろう。

（5）この箇所（「また人を殺すよりも」以下）の後半の原文には混乱があるようで、分かりにくい。一七九節前半にほぼ同趣旨の記述があり、そちらの方が分かりやすいので、それに従って訳出した。なお、「不正に人を殺すよりも、自分が不正に殺される方がましだ」という思想は、プラトン『ゴルギアス』四六九B、五一一Bなどに見られる。

（6）ゼウスの尺（杖よりも長い棒で、権威を表わす）が糸杉で作られている（そういうことはホメロスやヘシオドスなどは言っていないが）から、という理由付けは、「ラエルティオス」八－一〇にも記されている。その出所はヘルミッポス（前三世紀）の「ピタゴラス伝」だという。ある系統のアクースマ集に拠ったのであろう（デラット「研究」301）。とにかく、糸杉は聖なる植物の一つとみなされていたのである（一五四節）。一つの伝承によると、ピタゴラス派（の一派）は土製の（焼いた土の）棺を用いたという（プリニウス『博物誌』三五－一六〇）。遺体は銀梅花、オリーブ、黒ポプラの葉で包まれたという。

讃えよと。(1)

一五六　また［神々への］献酒の際に目を閉じてはいけない、と彼は言う。何であれ善美なことを恥じたり恐れたりするには及ばない、と考えたのである。また雷が鳴るときには、事物の生成を想起しつつ大地に手を触れよ、と彼は教えた。(2)また神域へは右側の場所から入り、左側から出よ、と彼は教える。右はいわゆる奇なる数の始元［むしろ象徴、あるいは同列のもの］であり神的であるが、左は偶数と分解されるものの象徴だ、と彼は考えたのである。(3)

さて敬虔にかかわるピタゴラスの言行のあらましは、以上のようであった、と言われる。これに関してわれわれが省略した他のことは、以上で述べられたことから推定できよう。だからこの主題については、私はこれ以上語るのを控える。(4)

第二十九章

一五七　次に彼の智恵［の美徳］については、簡単に言うならば、ピタゴラス派の人たち［ピタゴラスも含め

(1) 神が救難者（ソーテール）と呼ばれるのは、戦闘、病気、海難など、いろいろな苦境から人を救出すると信じられた場合である。ここではゼウス（天候の神？）は飲食物の供給者とみなされている。強力無双のヘラクレスを自然の力とみなすのは、独特の解釈であろう。ピタゴラス派（アクースマ派）は、しばしば独特な神話解釈を試みたらしい（デラット

「研究」159. 299)。

ディオスクロイはカストルとポリュデウケス（ラテン語ではポルクス）の双子の兄弟。母は共通だが、ポリュデウケスの父はゼウスで、カストルの父は母の夫（人間）であった。仲の良い兄弟で、カストルが死んだとき、ポリュデウケスは自分だけが不死で天上へ行くことを望まず、父神に願って、一日おきに天上と地底で過ごしたという（ホメロス『オデュッセイア』第十一歌三〇一―三〇四、ピンダロス『ネメア祝勝歌』第十歌五五―九〇、アポロドロス『ビブリオテーケー』三・一一・二）。それゆえ後には、この二人は天球の半分ずつを表わす（つまり交替に地球の上方へ来たり下方へ行ったりする）とか、明けの明星と宵の明星であるとかと解釈された。なおディオスクロイも「救難者」と呼ばれることがあった（『ディオスクロイ賛歌』）。

「万象の協和」は、とくに、整然たる星々の運行によって奏でられる音楽を意味するのであろうか（六五節）。

(2)「大地に手を触れる」と落雷を免れる、ということだろうか。それとも、地底のことに思いを致せ、という趣旨か。「事物の生成を想起する」とは、一説によると、地底において死者の魂が新しい生き物として生まれ替わろうとするときに雷が鳴るので、そのことを想起せよ、という意味だろうという（プラトン『国家』第十巻六二一B、デラット「研究」299)。アリストテレスによると、ピタゴラス派は、雷鳴はタルタロス（地底）にいる死者の魂たちを威嚇するために起きる、と言ったという（『分析論後書』九四b三三）。

(3) 八三節の「右足から先に履物をはけ」というアクースマを参照。右は奇数や善などと同列のもので、左は偶数や悪と同列であるという（アリストテレス『形而上学』A巻第五章の十対始元表を参照。（神殿において）神に近づくことは善で、遠ざかることは悪だ、という含みがあるのだろうか。

(4)「ローデ」155 によると、一四六節と一五一―一五六節は一連の文章である。しかしその出所は不明だという。一方デラット「研究」298 によると、一五三―一五六節は、八五節でいったん打ち切られたアクースマの説明の続きであり、その（元の）出所はアリストテレスだという。ただし一五六節末尾の一小節は、イアンブリコス自身の文章であろう。

て〕によって書かれたいくつかの覚書が最も重要な証言であるとしよう。(1) これら〔の覚書〕は、すべての事象について真理を記し、他のすべて〔の書物〕に比べて簡潔であり、手で触れることもできない〔熟した果実の表面の〕果粉のように微細であり、古色蒼然たる〔銅像の〕緑青のような趣〔渋み〕があり、神霊的な知識でもって考え抜かれたものである。思想は豊富で密集していて、しかも形式と素材において多彩で多様である。そして言葉が並外れて手短で、同時に不足はなく、内容は可能なかぎり明白で疑問の余地のない真実で溢れており、学術的論証といわゆる十全な〔完全無欠の〕推論が添えられている。ただし人がもし片手間にではなく、いいかげんなやり方ででもなくて、適切な道程を経て熱心に研究するならば、である。というわけで、これら〔の覚書〕は、思考によって捉えられるものについての知識と神々についての知識を、そもそもの根本から授けているのである。

一五八　そして〔より具体的には〕、これら〔の覚書〕は自然学の全分野を講説している。また倫理学と論理学を完成させている。そして多様な研学〔数学的諸学〕と最良の諸学術を授ける。総じて、これらの書き物において精確に述べられていない学術で、何事についてであれ、後に人間のもとで初めて認識されるにいたった学術は一つもない。それゆえ、もし、現存するこれらの書き物のあるものはピタゴラス自身の著述であり、他のものは彼の講義に基づいて〔弟子などによって〕書かれ、そのため執筆者たちが自分の作だとは言わないで、事実上ピタゴラスのものであるので、かの人の著書としたのだ、ということが承認されるならば、以上すべての理由によって、ピタゴラスは智恵〔学術〕の全分野に十分に精通していたことが明らかである。

そして彼は他の何にもまして幾何学を研究した、と言われる。というのも、エジプト人のもとには幾何学の問題がどっさりとあった。なぜなら、往古から、神々の［支配した］時代からすでに、(2) エジプトの技術者たちはナイル川の［増水と減水による耕地の］増加と減少のために、［国民に］割り当てられていたすべての土地を［毎年］測量しなおす必要に迫られているからである。だからこの学問は幾何（ゲオーメトリアー、測地）と名づ

(1)「覚書（ヒュポムネーマ）」は次節では「書き物（シュングランマ）」とも呼ばれている。「ピタゴラス派の覚書」という表現は一九九節にも見られる。しかしこれらの覚書がだれの、どの著作を指すのか、不明である。以下の内容紹介があまりにも大仰なので、「ローデ」156は、これらの覚書はイアンブリコスの空想の産物ではないかと疑った。しかしイアンブリコスは、いくつかの偽書（たとえば偽アルキュタスや偽オッケロスなど）を一括して（むろんこれらを真作と信じて）覚書と呼んだのかもしれない。アルキュタスとプラトンの往復書簡と称されるものにおいても、オッケロスの著作が「覚書」と呼ばれている（「ラエルティオス」八-八〇―八一）。なお博識家アレクサンドロスが紹介した「ピタゴラス派の覚書」（「ラエルティオス」八-二四以下）は、内容的に見て、本節の「覚書」とは別のものだと思われる。
　一五七―一六二節は一連の文章であり、（一部分を除いて）イアンブリコス自身の創作であろう、と「ローデ」156は推測した。

(2) 伝承によると、エジプトは当初、神々によって治められた（ヘロドトス第二巻一四四、マネトン『エジプト史』断片一（Waddell））。

けられているのである。(1) しかしまた天体の観察も、彼ら［エジプト人］によって片手間に行なわれたのではない。(2) そしてこの研究にもピタゴラスは精通していた。だから線についての研究［つまり幾何学］のすべては、かの地［エジプト］に由来するように思える。一方、計算と数に関する学問は、フェニキアの地に住む人々によって発見された、と言われる。(3) というのも、天体の研究は、ある人たちはこれをエジプト人とカルデア人の両方に共通に帰しているのである。(4)

一五九　さてピタゴラスは［異民族の］これらのすべて［の学術的成果］を採り入れ、自分でも付け加えて、諸学を進歩させ、同時にまた、そのすべてを明確な、よくまとまった形で弟子たちに教示した、と言われる。また「ピロソピアー［愛智、哲学］」という名称を最初に用いたのも彼であった。(5) そして彼はそれを、智恵の希求であり、いわば智恵への友情である、と規定した。また智恵とは、もろもろの有るものにおける真理の知識である、と言った。そして有るものとは、素材を伴わない、永遠で、常に能動的なもの、つまり非物体的なものである、と彼は認識し規定した。(6) 一方、これらにあやかっているために同語異義的に「有るもの」と呼ばれるものは、物体的素材的形相［つまり素材に形相が添加されたもの］であり、生成し消滅するものであり、真実にはけっして有ることがないものである。そして智恵とは、転義のではなく、本義の「有るもの」を対象とする知識である。というのも、物体的なものは知られうるものではなく、確実な認識を受け付けず、限りなく多数であり、知識によって一括されえず、普遍［つまり形相］から引き離されると、いわば有らぬものであり、定義によって十分に把捉されることのできないものである。(7) 一六〇　そして、「それ自身の本性上知られえないもの」を対象とする「知識」というものは、考えることもできない。したがって、あり

(1) ピタゴラスがエジプト人から幾何学を学んだという話は、「ポルピュリオス」六にも記されている。幾何学の起源をナイル川の毎年の洪水に結びつける説は、ヘロドトス第二巻一〇九、プロクロス『エウクレイデス注釈』六四-一六 Fr. などにも記されている。後者はエウデモス『幾何学史』に拠って書いたのかもしれない。ナイルの増水は、ひどいときには、ほとんどエジプト全土を覆ったという。住居などは人工の小高い場所に建てられていて、水没を免れたのだという(「ディオドロス」第一巻第三十六章七-八)。一方、アリストテレスによると、数学的諸学の起源は、エジプトの神官たちが享受した余暇にある(『形而上学』A巻第一章)。

(2) エジプト人が早くから天体を観察したという話は、たとえばヘロドトス第二巻四、アリストテレス『天体論』第二巻第十二章、「ディオドロス」第一巻第九章六に記されている。

(3) フェニキア人が最初に数と計算術を研究したという説は、「ポルピュリオス」六や、プロクロス『エウクレイデス注釈』六五-三などにも記されている。後者によると、「数についての精確な知識は、フェニキア人の間で、交易と商取引に役立てるために、始まった」。この記述は、確かではないが、エウデモスの『算数史』あるいは『幾何学史』に由来するのかもしれない(エウデモス「断片」一三三)。

(4) カルデア人(バビュロニア人)が天体を観察したという伝承は、アリストテレス『天体論』第二巻第十二章や「ポルピュリオス」六などにも記されている。「ある人たち」とはアリストテレスなどか。

(5) 「愛智」あるいは「愛智者」の名称を彼が造語したという伝承については、五八節と六三頁註(1)を参照。

(6) 「物体は受動する(他から作用を被る)が、非物体的なものは非受動的である」と、ある人たちは言った。たとえばアリストテレス『魂について』第三巻第四章四二九a一五、プロティノス『エンネアデス』三-六-一-二五-三〇など。しかし初期ピタゴラス派がそのようなことを言ったという証拠はなさそうである。

(7) 「真実に有るもの」(たとえば真に美しくあるもの、美のイデア)と「あやかることによって有るもの」の区別は、プラトン的である。初期ピタゴラス派がそのような区別をしたという確証はなさそうである。ただし「万物は数にかたどられている」、つまり「万物は数を模倣している」というピタゴラス派の主張が(アリストテレス『形而上学』A巻第六章九八七b一二)、「万物は数にあやかっている」と解釈されるならば、ピタゴラス派とプラトンはこの点でも一致する、と言えるだろうか。

もしない知識への希求も、ありそうにない。むしろ、「本義の有るものであり、常に同一のものとして同一状態に留まっていて、『有るもの』という名称を常に保持しているもの」を対象とする知識への希求こそが、当然あるはずだろう。というのも、これら［本義の有るもの］の把捉［認識］に付随して、転義の有るものの把捉も、ことさら追及されなくても、おのずから生じるのである。それは普遍的な知識に個別的な知識が伴うようなものである。(1) だからアルキュタスもこう言っている。「彼ら［数学者］は普遍的なものについて正しく認識しているので、個別のものについても、それらがどのようなものであるかを正しく認識していたはずである」と。(2)

だから［広義の］「有るもの」は、単独のものでも、一類のものでも、単純な［一義的な］ものでもなくて、多彩多型の［多義的な］ものとして見出される。すなわち、まず、思考される非物体的なものがあり、その名称は［本義の］有るものである。次に、物体的なもので感覚の対象となるものがあり、これは［本義の「有るもの」に］あやかることによって、実は［本当に有るのではなくて］生成変化しているのである。(3) 一六一 そして彼はこれら［本義の有るもの］すべてについて、それぞれに最も適した知識［学術］を［弟子たちに］伝え、研究されない分野を何一つ残さなかった。また［すべての分野に］共通する学術、たとえば論証法や定義法や区分法

(1) このあたりの議論は少し分かりにくい。「存在するものはすべて個であり、普遍は存在しないとすれば、万物の始元も個であろう。そして知の対象は普遍であるとすれば、始元は（個であるので）不可知であるだろう」（アリストテレス『形而上学』B巻第六章末、M巻第十章一〇八六b二二）。このような議論（アポリアー）を念頭においてイアンブリコスは、

「智恵は真実に有るものを（それらは、ある意味で普遍であるが）対象とする知である」と主張しているのであろう。

(2) たとえば「一般に三角形の三角の和は二直角に等しい」という知識に、「この三角形の三角の和は二直角に等しい」という認識が伴う（アリストテレス『形而上学』M巻第十章一〇八六b三五、シュリアノス『アリストテレス「形而上学」注釈』一六五・一一（Kroll））。むろん、たとえば「本義において四足のもの」（つまり四足動物）についての知識から「転義において四足のもの」（たとえば机）についての知識は得られないだろう。しかしイアンブリコスが言う「転義の有るもの」とは物体的形相であり（一五九節）、これは「本義の有るもの」である純粋形相にいわば類比的なものであるので、後者についての知識から前者についての知識が導かれうる、とイアンブリコスは言っているのであろう。

　引用文はアルキュタスの断片（第四十七章一（DK））の一部分である。彼の著作『数学について』あるいは『ハルモニコス（音楽理論）』からの引用と伝えられる。しかしこの断片を偽作（偽書からの引用）とみなす学者もいる（「ブルケルト」220 n. 14, 379 n. 46）。

　なお「本書」では（そしてイアンブリコスに従ってシュリアノスも）「普遍的なもの」と書いているが、ニコマコス『数論入門』やポルピュリオス『プトレマイオス注釈』によると、アルキュタスは「全体の本性」と書いていたという。この場合の「全体」の意味はあいまいである。「万有（宇宙）」か、「任意の一類のものの全体」か、それとも他の何か か？ そして普遍もある意味での全体であるから（アリストテレス『形而上学』Δ巻第二十六章）、イアンブリコスかだれかが、「全体の本性」を「普遍的なもの」と書き直したのであろうか。

(3) 原文が不明確なので、「実は」以下の訳文が正しいかどうかも疑問である。

　一五九節後半（「またピロソピアー」以下）から一六〇節末まで（A）は、イアンブリコス『ニコマコス「数論入門」注釈』五－六（五・二七－七・二）(Pist.)（B）とほぼ同文である。またこの文章の大部分は、ニコマコス『数論入門』一・一・一－二（C）に類似している。そこで「ローデ」156の推定によると、ニコマコス『ピタゴラスの生涯』の中にもCに類似の文章（D）があったのであろう。そしてAとBはDを引用したものであろう、という。一方「ブルケルト」100 n. 14によると、AはCをイアンブリコスがパラフレーズしたものであり、BはAの引用（つまりイアンブリコスの自己引用）である。Dの存在を想定する必要はないという。

をも人々に授けた。そのことはピタゴラス派の覚書から知ることができる。(1)

また彼は符丁風に、ごく短い言葉で、無数の複雑多岐な意味内容を弟子たちに［いわば］託宣するのを常とした。(2)それはあたかもピュティオス［アポロン］がメモ風な表現によって豊富で汲みつくせない把捉しがたい意味を、あるいは自然自身が量的に微小の種子によって豊富な産物を、暗示するかのようであった。一六二

その一例は、「まことに始めは全体の半ばなり」というピタゴラスその人の寸言である。(3)この半行［の詩句］だけでなく、他の同種のもの［寸言］の中にも、いとも神的なるピタゴラスは真理の火種を隠して、それを燃え立たせる能力のある人たちへ残した。一つの短文の中に、測り知れないほどの豊富な洞見を宝蔵させたのである。たとえば「しかして万象は数にかたどる」という言葉の中に。(4)この言葉を彼はしばしばすべての人［弟子たち］に語ったのである。あるいはまた「友情は平等」(5)、あるいは「コスモス［整然たるもの、宇宙］」

---

(1)「覚書」については一五七節とその箇所への註を参照。
　ピタゴラスあるいはピタゴラス派が（数学的あるいは論理的概念などについて）定義を試みたという情報は、次の文献に記されている。アリストテレス『形而上学』A巻第五章、M巻第四章、同『ニコマコス倫理学』第五巻第五章、偽アリストテレス『大倫理学』第一巻第一章、「ラエルティオス」八-四八（出所はパボリノス）。なお通例偽書とみなされているアルキュタス『有るものについて』（ストバイオス二-二-四）や同『全体について』（シンプリキオス『アリストテレス「カテゴリー論」注釈』二-一五）などでも、定義、区分法、論証について触れられていたかもしれない。

(2)符丁（シュンボロン）あるいは符丁による教育については、二〇、一〇三節などを参照。

(3)「始め」は、ある企てに「着手すること」、あるいは「適切な仕方で着手すること」を意味する。この寸言は、ピタゴラスの弟子たちの勉強にも当てはまると考えられたのであろう。

西洋古典叢書

月報 87

2011＊第3回配本

クラゾメナイ

【島嶼部西岸の古代岸壁跡（前五世紀）】

2011年6月
京都大学学術出版会

ピュタゴラス派と数学

斎藤　憲

ピュタゴラスといえば「ピュタゴラスの定理」そして「万物は数である」。ギリシャ思想の専門家ならずとも、この言葉を思い出す人は多いだろう。古代ギリシャの人物と結びついた言葉でこれに匹敵しそうなのはソクラテスの「無知の知」くらいだろう。これに比べれば、エウクレイデスの「幾何学に王道なし」やアルキメデスの「我に立つところを与えよ、されば地球を動かさん」は知名度の点ではるかにその後塵を拝すると言わざるをえない。数学史が専門の筆者としてはまったく残念だが仕方がない。

しかし今日、ピュタゴラスがギリシャの数学や自然学の創始者であったと考えるわけにはいかない。従来のピュタゴラス像を決定的に破壊したのは、今年八〇歳になったブルケルトの教授資格取得論文、*Weisheit und Wissenschaft: Studien zu Pythagoras, Philolaos und Platon* (1962) であった。ブルケルトの著作の表題を筆者は勝手に『叡智と学知』と訳しているが、五〇〇ページもの浩瀚な著作を強引に数行で要約すれば、ピュタゴラスはシャーマン的な教祖であり、彼が教えるのは超越的な「叡智」であり、論理的・学問的な探求によって得られる「学知」ではない。この後者はピュタゴラス教団の中に後に出現した「マテーマティコイ(研学派)」と呼ばれる分派の活動であり、それを代表するのはフィロラオスである、ということになる。ブルケルトの議論の中でも白眉と言うべきものは、マテーマティコイとアクースマティコイ(聴聞派)の関係を明らかにした部分である。本書（イアンブリコス）八一節には研究派は聴聞派からピュタゴラス派として認められていたが、研究派は聴聞派を認めていなかったという記述があるが、別の資料では両者の関係が逆転する。この資料の状況からブルケルトは、イアンブリコスの意図的な編集があったことを推論し、研究派・聴聞派の区別は、従来考えられていたような、ピュタゴラス自身の時代にあった弟子のランク付けではなく、研究派が後の分派であったと結論する。この議論はまことにスリリングである。ブルケルトのこの説明を読んでなお、研究派がピュタゴラスの時代に遡りうると考える人は、論理的な思考力に問題があるので古典研究は諦めたほうがよい。ピアノの調律が合っているかどうか分からない人が調律師になれる道理はない。

その研究派のフィロラオスが偉大な思想家であったことは否定できないが、アリストテレスなどが紹介する彼の学説を、エウクレイデスやアルキメデスに代表されるギリシャの数学文献と比較してみると、この研究派がギリシャ数学の起源となったと考えるわけにもいかないことがわかる。エウクレイデス『原論』に代表されるギリシャの論証数学は、議論の対象を限定し、前提となる公理や定義を定めて、一見当たり前のことでも証明するという態度に基づく。その議論は徹底的にテクニカルであり、いかなる対象にも象徴的な意味は一切ない。十は完全な数であるといったフィロラオス風の議論は、数の神秘主義による自然解釈の試みであり、ある意味では論証数学の対極をなすものといえる。

実際、エウクレイデス、アルキメデス、アポロニオスの著作にピュタゴラスとかピュタゴラス派という言葉は一切現われない。もともと彼らの著作は数学の証明から成るから、わずかな序文以外には人名は現われないのだが（エウクレイデスのほとんどの著作には序文がない）、少なくともアルキメデスは先駆者としてエウドクソスやデモクリトスの名をあげ、デモクリトスは円錐が円柱の三分の一であることをはじめて主張したと述べる。ここに魂の不滅を説くピュタゴラス（派）の不倶戴天の敵とも言える原子論者デモクリトスの名が現われるのは興味深い。この証言だけでも、高度な数学がピュタゴラス（派）の独占物であったというイメージが不適切であることは明らかであろう。

ピュタゴラス派の数学への貢献として残るのは、音程を整数の比で議論する、音階論（ハルモニケー）である。天文学者として有名な後二世紀のプトレマイオスは、音階論の著作で頻繁にピュタゴラス派に言及している。さらに天体やその運動をさまざまな形で音階に結びつける議論もある。

これはいかにも「ピュタゴラス的」である。しかしこの「天の音楽」が、プトレマイオスの音階論や天文理論全体から見て、いわば「おまけ」に過ぎないことも認めざるをえない。計算天文学を集大成した彼の主著『アルマゲスト』では前二世紀のヒッパルコスは頻繁に登場するが、ピュタゴラス派やフィロラオスへの言及はない。テクニカルでないフィロラオスの思弁は天文計算にはお呼びでなかったのだろう。高度にテクニカルで論理的なギリシャの数学・天文学は、数が万物の根底にあるという信念と矛盾はしなかったにせよ、そういう信念だけで数学が発展できたわけではない。

ピュタゴラスとピュタゴラス派が、エウクレイデスに始まるギリシャの論証数学といかに無関係であったかということを延々と述べてきたが、何もピュタゴラス(派)をくさしたいのではない。ピュタゴラスとその弟子たちの偉大さは、本書の表題にもある「生き方」にある。輪廻転生の信仰に基づく正しい生き方を説いたピュタゴラスに帰依した人々は、彼らの教団が本書にも記述された敵対者の攻撃で消滅し、離散を余儀なくされた後も、ギリシャ各地にその教えを伝えた。その後いったん途絶えたピュタゴラスの伝統は、数世紀を経たローマ帝政期に思想として復活し、本書のような形で結実する。

ピュタゴラス、あるいはその弟子が論証数学を創始したとか、発展させたというのは、数学を賞揚し、同時に魂の不死を主張したプラトンの態度に触発された伝説であろう。この伝説を何が何でも擁護しようとするのは贔屓の引き倒しになりかねない。きわめて限られた対象に関する議論を展開する数学が彼らのものであろうがなかろうが、ピュタゴラス(派)の偉大さや魂の不死にけちがつくというものでもなかろう。

先入観を持たずに本書のイアンブリコスの記述を読めば、ピュタゴラスが数学や音楽(音階)を論じたゆえに偉大だと言っているのではないことはすぐに分かる。本書を貫くテーマはピュタゴラスという人物そのものと、その(学問的でない)叡智の偉大さであり、師の教えに忠実な弟子たちの生き方である。そこに紹介される逸話のどこまでが真実の伝承で、どの部分が後の付加かを区別することは容易でないが、そのような詮索は脇に置いて、イアンブリコスという三世紀後半の知識人が思い描いた人間と知の理想像として本書を読むのは、たいへん楽しい。ここには太宰治の『走れメロス』の原型となった逸話(二三四―二三六節)も含まれる。ただし、シラーを経て太宰に伝わったのはヒユギヌスによる物語で、イアンブリコスの簡潔な伝承と違って、王の暗殺だの川の氾濫だのといった余分な脚色を含む。読者はどちらがお好みであろうか。

筆者のお気に入りはピュタゴラス派の一日の生活を描写した部分である（九六―一〇〇節）。朝は静かな森や神殿への一人での散歩に始まり、身体の鍛錬、パンに蜂蜜の朝食の後、公務は昼までに済ませて、午後は仲間と連れ立って散歩しつつ学課を復習し、夕方の共同食事では年長者が選んだ文章を最年少者が朗読する。その「修道院的」な生活の記述を冷静に分析すれば、そこにはピュタゴラス主義をキリスト教に対抗させようとするイアンブリコスの（あるいは当時の新ピュタゴラス主義者の）意図が垣間見える。紀元前六世紀に（あるいはどの時代であれ）実在した教団を描いているのではなさそうである。それでもイアンブリコスの描く教団の静謐な生活は魅力的だ。せめて何日かでもこの人々の仲間に入れてもらったら、雑念を追い払って勉強も進むのではないか、などと筆者は妄想してしまうが、それは到底叶わぬ夢であろう。何といっても入会希望者にはまず五年間の無言の行が課されるのだから（九〇節）。

余談だが、見事に審査をパスして入会を許された弟子たちであっても、魂を落ち着けるには、神殿のような静かな場所に一人で行く必要があるとされていることは印象的だ。この態度は「心頭を滅却すれば火も自ら涼し」といった精神論に流されがちな東洋人（それとも日本人だけか？）とは根本的に違う。欧州の歴史ある図書館の多くは、数百年を経た歴史的建造物であり、閲覧室もその一角にある。高い天井に古びた机や椅子、そこに座ると日常から隔絶され、いやでも資料に集中する。最近建ったパリのフランス国立図書館でも、鉄とコンクリートがむき出しの非人間的ともいえる建築についての評価はさまざまだが、巨大な建物に思い切り高い天井、閲覧室に向かって長いエスカレーターを降りていくと、嫌でも非日常の世界に入っていくことを意識させられる。ワンルームで浩然の気を養うとか、天井に手が届きそうな二〇平米の研究室で古代人の思想に迫ろうとかいうのは、やはり困難なのである。それでも日本の西洋古典研究は西洋古典叢書の刊行を可能にするレベルに達したのだから、西洋古典の研究室と図書閲覧室の天井高は五メートルを下回ってはならないという規則を作れば、次の世代では世界レベルに伍す研究者を多数輩出すること間違いなしと思うのだがどうだろうか。

（数学史・大阪府立大学人間社会学部教授）

連載

西洋古典名言集 (3)

神は永遠に幾何学している

古代ギリシアで数学的諸学科と言えば、数論、幾何学、天文学、そして音楽理論を指していた。これらの四つの学科の修得を強調したのは言うまでもなくプラトンである。これと文法、弁論術、問答法の三つの学科を加えたものが、後世に「自由七学科」と呼ばれるようになるが、四学科（クァドリウィウム）と、三学科（トリウィウム）のいずれを重視するかで、その学派も特徴が異なってくる。イソクラテスが創立した学校では後者の修辞学中心の教育がおこなわれたが、一方、プラトンのアカデメイアでは数学的諸学科が尊重された。「神は永遠に幾何学している（ho theos aei geōmetrei）」という表現のギリシア語原文は間接話法形で書かれているが、これはプラトン自身が遺したものではなく、プルタルコスの『食卓歓談集』（七一八B）に出ている。登場人物ディオゲニアノスが、今日はプラトンの生誕日だから、ひとつこの高名な哲学者に議論に登場していただいて、彼の言葉を話題にすることにしよう、ともちかけている。この表現はプラトンが言いそうなことじゃないかと、ディオゲニアノスは言う。プラトンの『ティマイオス』などを読むと、宇宙制作者の神は幾何学的な図形を用いて四種類の正多面体（正四面体、正六面体、正八面体、正二十面体）を構成し、これらをあらゆる物体の基本要素に設定しているから、いかにもプラトンらしいと言われれば、なるほどとうなずかれる。

幾何学を知らざるもの入るべからず

同様にプラトンの著作に出てこないが、「幾何学を知らざるもの入るべからず（agеōmetrēs oudeis eisitō）」もプラトンの言葉だとされている。ディオゲネス・ラエルティオスの『哲学者列伝』に、邪な宦官が「悪しきもの入るべからず」という言葉を自分の家の入口に掲げると、シノペのディオゲネスがこれを見て、「するとこの家の主はどうやって中に入るのかね」と尋ねた（第六巻三九）というくだりがあって、これは右の言葉をもじったものかもしれないが、よく分からない。それはともかく、アリストテレスの著作集について古代の哲学者たちがギリシア語で認めた注解集があって、古注（スコリア）と呼ばれるこれらの厖大な著作群は、プロイセン時代のドイツで逐次刊行され、アリストテレスを読むさいに、今日の研究者たちがたえず参照しているものであるが、こうした注解者のうちアレクサンドリアで活躍したオリュンピオドロス、ピロポノス、エリアス、ダビド（いずれも後六世紀頃）などが皆口をそろえて、右の表現がプラトンの哲学学校の入り口に掲げられていたと言っている。

この言葉が意味するものは何であろうか。十五世紀の神学者にミカエル・アポストリオスと呼ばれる人がいるが、この人物は一五四三年に東ローマ帝国がトルコに滅ぼされたさいに、コンスタンティノープルから逃れて、イタリアに亡命し、西方にギリシア文化を伝えたひとりである。彼の手になる『格言集（*Paroimiai*）』が現存しているが、右の文言を引用したあと、それに続いて「幾何学は平等と正義を追究するものであるからだ」と説明を加えている。正しい平等は、算術（数論）と違って幾何学が教えるというのはプラトンの思想であるが、こうした考えをどこから得たのであろうか。スパルタのリュクルゴスは前八世紀の人で、プラトンよりはるかに前の人であるが、伝説的な立法者として知られる。この人物は国から算術を追放し、幾何学を招き入れたことで知られる。算術は民主制的で大衆好みの学問であるが、幾何学は賢明な寡頭制や法を重んじる王制にふさわしいからという理由である（プルタルコス『食卓歓談集』七一九A）。プラトンの政治的著作を読むと、彼のスパルタびいきが分かるが、リュクルゴスのこのような考えと関連があるのかもしれない。

プラトンの『テアイテトス』では、哲学論議の最中にソクラテスが「秘儀を受けぬ輩が立ち聞きしていないか注意することにしよう」（一五五E）と語るところがある。秘儀を受けぬ（アミュエートス）というのは、イニシエーションで浄めの儀式を受けていない者をいう。浄めの儀式を通過せずに黄泉の国（ハデス）に至る人は、泥の中に横たわり、一方、魂を浄められて彼の地に至る人は、神々とともに暮らすであろうという信仰があったが（『パイドン』六九C）、哲学論議で秘儀を受けていないというのは、いまだ十分な基礎学習を終えていないことを言っている。このことには、注解者ピロポノスが「ピュタゴラスの徒であったので」という一句を加えているように、ピュタゴラス派との関連が考えられる。ピュタゴラスは幾何学の原理を上方より考察し、その定理を非物体的、知性的に探究したとされるが（プロクロス『エウクレイデス「原論」第一巻注解』六五-一六）、プラトンも幾何学の本来の役割を、真実在を観るための予備教育的なものと位置づけている（『国家』第七巻五二六C以下）。

（文／國方栄二）

西洋古典叢書

[2011] 全7冊

★印既刊　☆印次回配本

●ギリシア古典篇

イアンブリコス　ピタゴラス的生き方★　水地宗明 訳

ガレノス　解剖学論集　坂井建雄・池田黎太郎・澤井直 訳

ディオン・クリュソストモス　トロイア陥落せず——弁論集 2　内田次信 訳

プルタルコス　英雄伝 3★　柳沼重剛 訳

プルタルコス　モラリア 9★　伊藤照夫 訳

ポリュビオス　歴史 3　城江良和 訳

●ラテン古典篇

ウェレイユス・パテルクルス　ローマ世界の歴史☆　西田卓生 訳

●月報表紙写真——アナクサゴラス（前五〇〇頃—四二八年頃）の出身地クラゾメナイは、イオニア地方のほぼ中央部、大きな湾の奥に位置し、市域は本土側とそこから五〇〇メートルほど沖合の島嶼部とにわたっている。前六世紀末にはペルシアの侵攻に備えて島側がむしろ中心域となっていたが、前四八〇年、彼らによって壊滅させられた。アナクサゴラスはそのときのペルシア軍とともにアテナイへ赴いたとも考えられている。前三三四年に始まるアレクサンドロスの東征によって町は復興され、そのとき島と本土の間に建設された堤防道路が、拡幅されて今日もなお使用されている。島にはかなり多くの遺構が見られ、西海岸に残る港の岸壁跡は前五世紀の様子を偲ばせるものの一つである。（一九九二年三月撮影　高野義郎氏提供）

プラトンはこの寸言を、流布していたことわざの一つとして、あるいは「ことわざ集」からとして、引用している（『法律』第六巻七五三E）。「本書」での引用は、アポロニオスを介して、ティマイオスに由来するのであろうか。そして後者はこれをイオニア方言の詩『聖語（ヒエロス・ロゴス）』から引用したのであろうか（デラット「研究」17）。

(4) 直訳は「そして一方、すべてのものは数に似ている」。この詩句の出所も、アポロニオスとティマイオスを介して、『聖語（ヒエロス・ロゴス）』であろうという（デラット「研究」14）。なおアリストクセノス「断片」二三もこの思想を散文で伝えている。「ピタゴラスは数についての研究を他の何よりも尊重して、これを進歩させたように思える。その際、彼は（数についての知識が）商人に役立つことは度外視して、すべての事物を数になぞらえた（似せた）のである」。なおこの詩句は、オルペウス教徒の作と称される『数への賛歌』にも含まれるが（「断片」三一七（Kern））、ピタゴラス派の『聖語』から借用されたのであろうという（デラット「研究」15）。

(5) 原語では「ピロテース・イソテース」で、同音重畳。「ラエルティオス」八-一〇では「ピリアー（友情）はイソテース（平等）である」と書かれ、出所はティマイオスと明記されている。なお「ラエルティオス」八-三三では、「友情は調和のある平等だ」と規定されている。算術的、機械的平等ではなくて、各人の資質、地位などに比例する平等、という意味らしい。プラトン『法律』第六巻七五七Aの影響であろうか（デラット「注釈」168 n.）。なお友情のこの規定は、「友人のものは共有」（三二、九二節、「ポルピュリオス」三三、「ラエルティオス」八-一〇）と、「友はもう一人の自分」（「ポルピュリオス」三三）という規定と、内容的に一致する。

という名称[1]、あるいはまさにあの「ピロソピアー〔愛智〕[2]」、あるいは「エストー〔有り〕[3]」、あるいは……〔一語脱落〕……の中に、あるいは「テトラクテュス〔四つ数〕」という名称の中に[4]、である。これらのすべてと、他の類似のもっと多くの造語と短文を考案することによって、ピタゴラスは、自分とともに生きる人たちの利益と矯正〔向上〕を図ったのである。そしてこれら〔の言葉〕は、それを理解した人たちによって非常に崇敬され、神格化されたので、〔そのうちの一語は〕学友たちの間での誓いの文言に採り入れられた。

否、けっして。われらが一族〔ピタゴラス派〕にテトラクテュスを、永遠なる
自然の根元を養う源泉を、教え授けたお方〔ピタゴラス〕にかけて[5]。

彼の智恵のこの形態〔つまり寸言短句による教育〕は、以上〔一六一節後半以下〕のように驚嘆すべきものであった。

一六三　さてピタゴラス派は学術のうちで音楽と医術と卜占術を少なからず尊重した、と言われる[6]。なお彼らは寡黙であり、他人〔の言葉〕に耳を傾けたという。聴くことのできる人は、彼らの間で称賛された、と言われる。そして医術のうちでは彼らはとりわけ食事療法の分野を重視し、この方面できわめて精確な知識

（1）「全宇宙あるいは天を初めてコスモス（整然たるもの、美しきもの）と呼んだのはピタゴラスである」という情報を伝えているのは、「本書」のほかに、アエティオス二-一-一（後一世紀末か二世紀初め頃）、「ラエルティオス」八-四八（出所は後二世紀前半頃のパボリノス）、著者不明『ピタゴラスの生涯』（フォティオス『ビブリオテーケー』第二百四十九書一三〇（Henry））などである。「本書」でのこの情報の元の出所はティマイオス（前四－三世紀）だろうという（デ

ラット「研究」17)。三七節のピタゴラスの講話の中に「コスモス」という語が見られるが、この講話はティマイオスに由来する、と推定されている(「ローデ」133)。なおプラトン『ゴルギアス』五〇八Aに、天地とその中の一切のものを引っくるめて智者たちがコスモスと呼んだ、とあるが、この「智者たち」をピタゴラス派と解する説と、反対意見とがある(「ブルケルト」77 n. 152)。

(2)「愛智」あるいは「愛智者」の造語については、五八節と一五九節を参照。

(3)「エストー」は動詞「ある」から派生した女性名詞(イオニア方言やドーリア方言など)。意味は「有り」、「実質」、「本質」。現存文献では、ピロラオス「断片」六、偽アルキュタス『始元について』の断片(ストバイオス一-四一-二)などに、この語の用例が見られる。ピタゴラスあるいは初期ピタゴラス派がこの語を学術用語として使ったかどうかは確かでない。なお「事物のエストー」は、偽アルキュタスでは、(アリストテレスの用語で言うと)形相ではなくて、基体あるいは素材に相当する。一方ピロラオスの断片においては、それは(一説によると)「存在すること」を意味するという(「ブルケルト」256)。

(4)脱落している語は、不確かだがアルブレヒトの推定によると、「エオン(有るもの)」である。アッティカ方言の「オン」に対応するイオニア方言やドーリア方言である。

「テトラクテュス」は通例「一から四までの四数」を、そしてこの四数の和である十を、あるいはまたすべての数を、あるいはまた全宇宙の調和を(八二節)表わす。いわゆるテトラクテュスの誓い(一五〇節と本節末)によれば、「テトラクテュス」の名称も思想もピタゴラスに由来する。

(5)誓いの文言が、一五〇節で引用されたものと一部違っている。本節での引用の出所はティマイオスらしい。一方、一五〇節の引用の出所は分からない(デラット「研究」253 n. 3)。文言の異なる二つか三つの伝承があったらしい。

(6)ピタゴラスの医術研究については、「ラエルティオス」八-一二に「彼は医術にも無関心ではなかった」と記されている。また(後一世紀前半頃の)ケルソス『医術について』一-序にも、医術に通じた哲学者として、ピタゴラスとエンペドクレスとデモクリトスの名が挙げられている。

ト占術の重視については一三八節を参照。

をもっていた。彼らはまず第一に、労働と食べ物と休息の適度さを示す指標を知ろうと努力した。（1） 次に、［史上］ほとんど初めてのことだが、彼らは食材の調理について研究し、その規則を定めようと努めた。また湿布についてもピタゴラス派は先人たち以上に研究したが、薬の研究にはそれほど熱心でなかった。彼らはこれら［薬］のうちではとくに、化膿した傷の治療薬を用いた、という。また［手術法としての］切ることと焼くことをほとんど認めなかった、という。一六四　また彼らは若干の症状に対しては呪文を用いた、と言われる。（2） また彼らは、適当な仕方で利用されるならば、音楽も健康に大いに寄与する、と考えていた。また彼らは精選されたホメロスとヘシオドスの詩句を、魂を矯正するために利用した。（3）

また彼らは、教えられることと説き聞かされることのすべてを記憶力の内にとどめて保存しなければならない、と信じていた。そして学習内容と聴講内容を、［自分の］学習し想起する能力［単数］が受容できる限度いっぱいまで詰め込まねばならない、と信じた。というのも、この一つの能力こそが、それによってわれわれが認識しなければならない、またそれの内へ知識を保存しなければならない能力であるのだから。とにかく、彼らは記憶力を非常に尊重して、それを大いに訓練し、働かせた。また学習においては、最初に学ぶ基礎的なことをしっかり把握するまでは、先へ進まなかった。そして日々語られることを、以下のような仕方で想起した。一六五　ピタゴラス派の人は［各自が毎朝］前日の出来事を［すべて］想起するまでは起床しなかった。その想起は次のように行なわれた。すなわち、彼は自分が昨日は起床後に最初に何を言ったか、聞いたか、あるいは家人に何を命じたかを、そして二番目には何を、また三番目には何を、というふうに心中で思い出そうと努めた。それ以後のことも同様である。さらに、［昨日］外出して、だれに最初に、まただれに二番目に出会ったか、そしてどんな会話が最初に、二番目に、また三番目に交わされたかを。その他の出来事についても同様である。つまり、［昨日］一日中に起きたことをすべて、しかもそれぞれが起きたとおりの順序で、思い出そうと努めたのである。(4) なお目覚めたときに時間的余裕があれば、前々日の出来事も同じようにして思い出そうと努めた。一六六　また［起床時だけでなく］その他の機会にも、彼らは記憶力を鍛えることに努めた。学術と経験知と［実生活での］思慮分別にとって、「記憶できる」ということ以上に重要なものは

(1)「労働の（ポノーン）」は、二四四節と「ラエルティオス」八‐九の一部の写本には「飲み物の（ポトーン）」と書かれている。訳文は一応写本に従ったが、底本は「飲み物の」と読んでいる。

「指標（セーメイオン、徴候）」の具体的な意味は不明。「腹八分目」のたぐいか。それとも客観的な分量の指定か。

(2) 呪文については一一四節と一二三頁註（4）を参照。

(3) 音楽と歌曲の心身への効用については、六四節や一一〇―一一四節にも記されている。「ホメロスとヘシオドスの詩句」については一一一節を参照。

一六三―一六四節の医術と音楽に関する記事の大部分の出所は、一一〇―一一四節の出所と同様に、アリストクセノスであろう、と「ローデ」156は言う。一方デラットは、医術に関する記事の出所はティマイオスだろうと言う（「注釈」173）。理由は、二六四節初めの記事がティマイオスに由来するとみなし、そしてその記事と一六三節および二四四節の記事に共通点があるからである。

(4) 起床前に前日の出来事を回想することは、「ディオドロス」第十巻第五章一にも記されている。その記事はネアンテスかアリストクセノスに拠ったものだろう、と推定されている（「ローデ」157）。

ない［と信じた］からである。(1)

かくして［ピタゴラスとピタゴラス派の］以上のような活動の結果、全イタリアが愛智的な人々で満たされるにいたった。(2) そして以前には無名であったその地が、後にはピタゴラスのおかげで大ギリシア（メガレ・ヘラス）と呼ばれるようになった。(3) そして彼らの間からきわめて多数の愛智者、詩人、立法家が輩出した。というのも、弁論修辞の技術と講義調演説と書き記された法典は、彼らの所からギリシア［本土］へ移入されたのである。また自然学について何ほどか言及した人たちは、第一にエンペドクレスとエレアのパルメニデス［の説］を引用しているし、人生についての箴言を述べようとする人たちは、エピカルモスの思想を引用する。実際、ほとんどすべての愛智者が彼［エピカルモス］の言葉を暗記しているのである。(4)

さて彼の智恵について、そして彼がどのようにしてすべての人［弟子］を、各人がそれにあずかることができるかぎりにおいてだが、それ［智恵］へ奥深くまで導き入れたか、どのようにしてそれを完璧に授けたかが、以上でわれわれによって［十分に］説明されたとしよう。

第三十章

一六七　次に正義について、彼がそれをどのように研究し実践し、そして人々にも伝授したかは、われわれがそれ［正義］をその第一原理から理解し、それがどのような根本的原因から生じるのか、また不正義の根本的原因は何であるのかを洞察するならば、最も良く知ることができよう。そしてその後で、彼が一方

〔不正義〕を予防し、他方〔正義〕をうまく実現するために、どのような方策を講じたかを、われわれは見出せるだろう。

さて正義の原理は公平と平等である。すべての人がほとんど一心同体であるかのように共感することである。そして同一の事物について、これは私のでもあり、他人のでもある、と言うことである。このことをプラトンも、ピタゴラス派から学んで、証言してくれている。(5) 一六八 だからピタゴラスはこれ〔公平〕をだれよりも上手に具現した。彼は〔弟子たちの〕習性の中から私有物という観念を一切取り除いて、対立と争いの原因である基礎的所有物にいたるまで、共有物の範囲を拡大した。というのは、〔彼の学園においては〕同一のものがすべての人の共有物であり、何人も私有物を一切所有しなかったのである。(6) そしてこの共有制に満

---

(1) 記憶力の重視と鍛錬については、九四、九七、二五六節を参照。

記憶力に関するここの記述（一六四節後半―一六六節初め）は、「ローデ」157によると、二つの資料（ニコマコスとアポロニオスか）を利用しているので、前半と後半とで部分的に重複するという。一六四節末「そして日々語られることを」あたりからが第二の資料であろう。

(2)「イタリア」は「本書」ではイタリア半島の南部を指す。

(3)「大ギリシア」については三〇節と三三頁註（6）を参照。

(4)「本書」では、エンペドクレスも（一〇四、一三五、二六七節）パルメニデスも（二六七節）ピタゴラス派とみなされている。喜劇詩人エピカルモスとピタゴラス派の関係については二六六節を参照。

(5) プラトン『国家』第五巻四六二B―E。実際にはイアンブリコスはプラトンに拠ってこの箇所を書いたのであろう。一六七―一六九節は、イアンブリコス自身が（文献を利用しつつ）作成した文章であろうという（「ローデ」157）。

(6) 弟子たち（の一部）が財産を共有したことは、すでに何度も言われた（三二、七二、七四、八一、九二節など）。

足した人は、共有物をきわめて公正な仕方で使用したし、一方、満足しなかった人は、共有資産へ納めていた自分の財産だけでなく、それ以上のものを受け取って退去した。(1) このようにして彼［ピタゴラス］は、正義をその第一原理に基づいて最良の仕方で実現したのである。

次に、人間に対する身内意識［親近感］が正義をもたらし、同類のもの［人間］に対する疎外と軽侮が不正である動物と仲良くさせようとした。だから彼はこの身内意識を広く深く人々に植え付けようとして、彼らを［われわれに］近い類であり、友達である、と考えねばならない。だからこれらに対して不正を行なってもいけないし、これらを殺して食べてもいけない」と彼は教えた。(2)

一六九　このように人々に、動物に対してさえも――われわれと同じ元素から成り立ち、われわれとともに一般的な生命にあずかっているという理由で(3)――仲間意識をもたせようとした人が、ましてや同種の魂、つまり理性的な魂をともに有している者［人間］に対しては、いっそうの身内意識をもたせようとしたのは、当然であろう。そしてこれ［身内意識］から出発したので、彼が正義を最も主要な原理から導き出したことは明らかである。(4)

また金銭の欠乏が多くの人に時折、何か正義に反することを行なわざるをえなくさせるので、彼はこの点についても適切に配慮した。つまり家政術によって、自由な市民にふさわしい、正当な出費を十分にまかなったのである。というのは、別の観点［国家的見地］からしても、各家庭の正しい営みが国の安寧の基礎であるから。なぜなら国は家々から成り立っているからである。(5) 一七〇　だから、ピタゴラス自身もアルカイオスの資産を相続したが――というのも、後者はラケダイモン［スパルタ］への使節としての役目を果たした後で亡くなったので――愛智においてに劣らず、家政術［資産管理］においても驚嘆された、と言われている。(6) また彼は結婚して、生まれた娘、後にクロトンの人メノンに嫁いだ娘を立派に教育したので、彼女は娘時代には合唱隊を先導し、妻となってからは、祭壇へ進むときに［婦人たちの］先頭に立った、という。(7) またメタポンティオン人はピタゴラスの没後も彼を忘れず、彼の住居をデメテルの神殿とし、そこへ通じる小道をム

---

(1) 七三節では、納入額の二倍を返してもらった、と記されている。
(2) 肉食は（われわれの親類である）動物の権利を侵害し、正義に反する行為であるという思想、そして動物への親しみが人間への親愛を助長するという思想は、六九、九九、一〇八節、「ラエルティオス」八-一三、「ポルピュリオス」一九、ポルピュリオス『肉断ち論』三-一などにも記されている。
(3) この「理由」は、六九節と一〇八節にも記されていた。
(4) 「オイケイオーシス（身内とみなすこと）」は、ストア派の用語として知られている。「ゼノン派（ストア派）はオイケイオーシスを正義の始元（出発点）と定めている」（ポルピュリオス『肉断ち論』三-一九）。初期ピタゴラス派がこの用語を使ったかどうか不明である。しかしその概念は他の用語（たとえば「友愛」など）によっても表現されえただろう。六九節の「すべてのものの、すべてのもの（動物も含む）への友愛」を参照。
(5) ピタゴラスは弟子たちと国民一般に対して家政に関して範を示した、というわけであろう。ここでは彼は私有財産をもっていたとみなされている。次節も同じ。
(6) このアルカイオスという人についてはまったく不明。
(7) これは娘が良い教育を受けていたことの証拠だ、というわけであろう。一般的には、地位の高い婦人が先に神前へ供物を捧げるしきたりだったという（「ディオドロス」第十二巻第十一章一）。この娘の名は「ミュイア」であろうか（「ポルピュリオス」四）。この娘についての情報の出所はティマイオスである（「ポルピュリオス」四）。

ーセイオン［ミューズの社］とした[1]。

一七一　さて高慢と贅沢と法の軽視がしばしば不正義へ舞い上がるのだから、それゆえ彼は毎日「法に味方し違法と戦え」と勧めた[2]。またそれゆえに彼は次のような段階を区別した。諸悪のうちで最初に家庭と国家へ忍び込むのは、いわゆる柔弱［贅沢］である。そして二番目に高慢が、三番目に破滅が。それゆえ、あらゆる場合に贅沢を阻止し追放して、［人々を］生まれたその日から、節度ある雄々しい生活に慣れさせねばならない[3]。そしてあらゆる種類の口汚さを禁じるべきである。人を侮辱する、攻撃する、非難する言葉や、低級な冗談を、である[4]。

一七二　これら［の正義］に加えて、別種の、そして最美の正義、すなわち立法的正義をも彼は確立した。これは、なすべきことを命じ、なすべからざることを禁止する正義であり、法廷的な正義よりも優れている。なぜなら、後者は医術に似ていて、すでに［魂を］病んでいる人を［罰することによって］治療するのだが、前者はそもそも病気にならないように計らい、予防的に魂の健康に配慮するからである。そういうわけで、ピタゴラスに師事した人たち［の幾人か］は、余人に優れた最良の立法者になった。すなわち、まずカタネのカロンダス、次にロクロイ人のために法典を草したザレウコスとティマラトス、さらにレギオンの立法者であったテアイテトスとヘリカオンとアリストクラテスとピュティオス[5]。そしてこれらの立法者はすべて、自国民の間で神々に準じるほどの尊敬を受けた。一七三　というのも、彼らは［エペソスの］ヘラクレイトスとは違って――後者はエペソス人に対して、現在成年に達しているすべての国民は首をくくれと勧告し、その後でならば法典を書いてあげようと言ったのだが[6]――豊富な知見と政治学的知識をもって立法の仕事に取り組んだのである。しかしこの人たちを驚嘆する理由があろうか。彼らは［幼少時から］自由人としての生活と養育を享受したのだから。というのも、ザモルクシスにいたっては、トラキア人であり、ピタゴラスの奴隷となり、ピタゴラスの講話を聴き、解放されて自由人となってからゲタイ人の国へ行き、われわれがすでに冒頭で述べたように、(7) 彼らのために法律を定めた。そして魂は不死であることを国人たちに確信させて、勇気を

(1)「ムーセイオン」はミューズが礼拝される場所。祭壇があればよく、神殿はなくてよい。メタポンティオン人についての情報の出所はティマイオスである（「ポルピュリオス」四）。ただし「ポルピュリオス」では、「メタポンティオン人」が「クロトン人」と誤記されている。「ラエルティオス」八‐一五、ユスティヌス『ピリッポス史』第二十巻四では、「メタポンティオン人」と記されている。ティマイオスによると、ピタゴラスはクロトンに二〇年間住んだ後でメタポンティオンへ移り、その地で没したという（ユスティヌス前記箇所）。

(2)この勧めは一〇〇節と二二三節にも記されている。

(3)節度のある生活については、二〇一、二二三節を参照。

(4)本節は、アリストクセノス由来の情報を核として、イアンブリコス自身が作成した文章であろう、と「ローデ」158は推測した。

(5)この七人の立法家の名は、すでに一三〇節で挙げられている。ただしそこでは「ティマラトス」は「ティマレス」と、また「テアイテトス」は「テオクレス」と記されている。

(6)ヘラクレイトスが（彼はエペソスの王家の子孫であったという）エペソス人から法の制定（起草）を依頼されたという話は、「ラエルティオス」九‐二にも記されている。しかしそこでは、「エペソス人は（成人はみんな）首をくくれ」という罵言と、法の制定を拒絶したことは、別個のこととされている。ストラボン第十四巻第一章二五（六四二）（ヘラクレイトス「断片」一二一）も参照。なお、民主制を蔑視したヘラクレイトスに民衆の側から法の起草を依頼したはずはない、という説（たとえばツェラー）がある。それとも上流階級から頼まれた、ということだろうか。

(7)そのような記事は「本書」には、冒頭にも他のどこにも、見当たらない。イアンブリコスは種本の文章をそのまま書き写したのだろう、と推測される（「ローデ」158）。

もつように鼓舞した。現在でもすべてのガラティア人[1]やトラレイス人[2]やその他の異民族の多くが、息子たちに、魂は滅びることはできず、彼らの死後も存続すること、そして死は恐ろしいものではなく、危険に直面しても勇敢に耐えるべきだ、と教えている。[3]ザモルクシスはゲタイ人にこのような教育を施し、彼らのために法典を草したので、彼らの間では、神々のうちで最大のものと信じられている。[4]

一七四　ところで彼〔ピタゴラス〕はさらに、正義の確立のためには神々による支配〔という思想〕がきわめて有効であると考えて、それに基づけて国制と法と正義〔の美徳〕と公正な言動〔の規定〕を整備した。なお、個々の点を彼がどのように定めたかを付け加えておくのも、余計なことではないだろう。ピタゴラス派はかの人から学んで、神明〔つまり神々やダイモーン〕について、それが存在し、人類を見過ごすことなく監視している、と信じることが有益である、と考えた。なぜなら、われわれ〔人間〕は、およそ何事に関してもけっしてそれに反抗しようとは思わないような〔絶対的権威者による〕監督を必要としているからである。そして神明による監督がまさにそれに該当する。というのも、生き物は本性的に勝手気ままなものである、と彼らは言った。しかも正当に〔言った〕。そして生き物は発動〔意志決定〕においても、欲望においても、またその他の感情においても、さまざま〔無軌道〕であるので、ある程度の抑制と秩序をもたらすこのような権勢と威圧を必要とするのである。一七五　それゆえ、われわれは自分の本性の放埓さを自覚して、神明に対する敬虔と奉仕をけっして忘れてはならない。そして神明が人間の生活を監視し保護していることを常に意識していなければならない、と彼らは考えた。また神明と神霊の次には、両親と法を最も尊敬し、これらに従順であらねばならない。それも、うわべだけ取り繕ってではなくて、心底から納得して、である。そして全般的に言って無統制（アナルキアー）以上に大きい害悪はないと信じねばならない、と彼らは考えた。[5] なぜなら、人間というものは本性的に、何者も監視していないならば、安全に生存することができないからである。

（1）「ガラティア人」は、元来は、ヨーロッパの（アルプス以北と以南の）ガリア人（ケルト人）を指す（「ディオドロス」第五巻第二十四章以下）。派生的な意味では、ガラティア（は小アジア中央部の一地域で、ガラティア人（の支配者層）は、前三世紀にヨーロッパから移住したケルト人だったという。本節の「ガラティア人」は後者であろうか。

（2）トラレイスは小アジアのカリアあるいはリュディアにあった都市。マイアンドロス川の北側に位置した。ストラボンは、エペソスとマグネシアの次にトラレイスについて記述している（第十四巻第一章四二（六四八））。トラレイス人はトラキア人だという説（ヘシュキオス）と、イリュリス人だという説（ビュザンティオンのステファノスやリウィウス）があった。

（3）西欧のガラティア人（ガリア人、ゴール人）について、同様の記事が前一世紀のカエサル『ガリア戦記』六-一四と「ディオドロス」第五巻第二十八章六にある。

（4）トラキアはバルカン半島東部の地域。その範囲は時代によって一定しないが、おおざっぱに言って現在のブルガリアのあたり（一五九頁註（5）を参照）。トラキア人は非ギリシア人だが、インド・ヨーロッパ語族に属する。ゲタイ人はトラキア人の一種族。自分たちは不死であり、（いわゆる死後には）神霊ザモルクシスのもとへ行く、と信じていた、という（ヘロドトス第四巻九四）。ザモルクシスが実は人間であり、ピタゴラスの奴隷であったという説は、ヘロドトス第四巻九五によると、黒海周辺に住んでいたギリシア人たちの見解だという。「ポルピュリオス」一四—一五にも、同じ見解が記されている。ザモルクシスがゲタイ人の国へ帰って、神としてあがめられるにいたった話はヘロドトス第四巻九五にあるが、ゲタイ人のために法を定めたという話は、ヘロドトスにも他の史料にも見当たらない。

（5）無統制（アナルキアー）が最悪であること、人間には監督が必要なことについては、アリストクセノス『ピタゴラス派の訓戒』に述べられていたという（「断片」三五、出所はストバイオス）。一二〇三節を参照。

一七六　［なお］祖国の慣習と法を順守することを、かの人たちは可とした。たとえそれらが他国のものに比べて少々劣っていてもである(1)。なぜなら、現行の法を安易に廃棄して新しいものを歓迎することは、けっして有益でも安全でもないからである(2)。

さてかの人は神々への敬虔に基づく行為を他にも多く行なって、自己の生活が言説に一致していることを示したのだが、その一例のみを記すにとどめても不当ではないだろう。これが彼の他の［敬虔な］諸行為を明確に例示できるからである。一七七　だから、国外逃亡者の引渡しを求めるためにシュバリスからクロトンへ派遣された使節たちに対して、ピタゴラスが言ったことと行なったことを［一例として］私は語ろう(3)。［シュバリス人で］彼の弟子であった者たちが幾人か、この使節たちによって［不当に］殺されていた。［使節の］ある者は殺害実行者の一人であり、他の一人は、その反乱［殺害］に加わったがすでに病死した者の息子であった。ところでクロトン人たちはこの事態をどう処理すべきか決めかねていたのだが、そのとき彼は弟子たちに「クロトン人［国家］の意見が私のとひどく食い違わないことを望みたい」と告げた。彼自身は、使節たちが［クロトンのアゴラにある］祭壇へ供物［犠牲］を捧げることさえも可とせず、まして彼らが嘆願者［亡命希望者］たちを祭壇から引き離して拘引することは望まなかったのである。そこでシュバリス人［使節］たちが彼を訪ねて非難した際に、あの殺人者が告発された自分の行為の弁明をしたが、かの人は「神託は降りない」とだけ答えた。だから彼らは、彼が自分はアポロンだと称したと言って非難したが、これはまたそれ以前にも、彼がある質問に答えたときに、「なぜそうなのですか」と尋ねた人に、神託を下したアポロンにその理由を言うように求める人がいるだろうか、と彼が反問したからでもあった(4)。一七八　また別の使節は(5)、魂はハデスの館〔冥府〕へ行って、戻ってこられることを示したピタゴラスの講義を茶化すつもりで、「あなたが〔今度〕ハデスの館へ行かれる際に、私の父宛の手紙を託しますから、どうかお戻りのときに父からの返書をもらってきてください」と頼んだが、かの人は「いや、私は不敬虔な者たちの居場所へは近づかないだろう。そこでは、私ははっきりと知っているが、殺人者たちが処罰されているのだ」と答えた。(6) さて使節たちがピタゴラスをののしったので、彼は多くの人を従えて海辺へ行き、みそぎをしたが、(7) 一方クロトンの

(1)「少々劣っている」は写本に従った訳である。底本はこれを「大いに劣っている」と修正している。その根拠は、カロンダスの法として伝えられる文章である（『ディオドロス』第十二巻第十六章三）。しかし「カロンダス」は、「現行法がまったくの悪法であっても従え」とは言っているが、法を改正することを禁じてはいない。

(2) 一七四節後半（「ピタゴラス派は」以下）―一七六節前半の出所はアリストクセノスであろう。ピタゴラスの思想でなく、ピタゴラス派の思想について語られている。「かの人から学んで」（一七四節）は、イアンブリコスが推測で付加した言葉であろう（『ローデ』158）。

(3) シュバリスからの使節とピタゴラスの応対については、一三三節と一四三頁註（2）を参照。

(4) このときの質問者が使節の一人だったのか、別人が別の機会に質問したのか、はっきりしない。

(5) この使節の父は、先に言われたように（一七七節）、ピタゴラスの弟子を殺した者たちの一人であったのだろう。

(6) ピタゴラスが生きながらハデスの館（あの世）へ行って帰ってきたという話は、「ラエルティオス」八-二一にもある。その出所はロドスのヒエロニュモス（前三世紀）だという。近代では、たとえばスウェーデンボルク（十八世紀）が似たような経験をしたという。ただし後者の場合、彼の肉体が場所的に移動したのではない。精神的経験である。

(7) 殺人者や蓄殺者と接触すると汚れるという思想はあったが（たとえば「ポルピュリオス」七）、冒瀆的な言葉を浴びせられると汚れるという考え方は、ピタゴラス関係の史料には他にはなさそうである。海水で汚れを清めることは、一五三節にも記されている。

議員の一人は［会議において］外来者［つまり使節］たちのその他の言動を弾劾したうえで、こう付け加えた。「おまけに彼らは正気を失ってピタゴラスを侮辱したが、このお方は、仮にもし今、神話が伝える太古の時代のように、すべての生き物が人間と同じ言葉を話すとしても、他のどの動物もあえて悪口を言わないようなお人なのだ(1)」。

一七九　彼はまた、人間を不正義から遠ざける別の方途も発見した。すなわち、［肉体の死後における］魂の裁き［という思想］によってである。彼は一方でこの伝説が真実であることを知っていたし、他方でまたこれが不正義を行なうことをちゅうちょさせるのに有効だと知ってもいたのである。だから彼は「人を殺すよりも自分が不正義を被る方がはるかにましだ。なぜなら、ハデスの館で裁きが待ち受けているのだから」と教えたが、これは魂とそれの本質、すなわち諸有のうちの第一位の本性［したがって肉体とともに滅びるのではないもの］をよく考察したうえでのことであった(2)。

そして正義は、不等で不均衡で無限定なもの［たとえば金銭や栄誉など］における限定され等しくて均衡しているものであることを示そうとして、そしてまた正義を練習する方法を教えようとして、彼はこう言った。「正義は次のような図形に似ている。それは、幾何学で画かれるいろいろな図形のうちで、ただこれだけが、一方で、形の無数の組み立てが可能であり、それらの形は［対応する辺の長さや面積などが］互いに不等であるけれども、他方で、［各辺の］平方は等しい［つまり、一辺の平方と他の二辺の平方の和とが等しい］と証明される、そのような図形［すなわち直角三角形］である(3)」。

一八〇　また他者との交わりにおいても一種の正義が存在するので、これ［この種の正義］の次のような様態

[4]がピタゴラス派によって伝えられた、と言われる。すなわち、交際［つまり言動や感情表出など］において、ある様式は時機［状況］において適切であり、別の様式は時機において不適切である。そしてその適不適は［双方の］年齢、地位、親等、［与えられた］恩恵の違い――またその他にも相互間の関係の差異が何かあれば、それも含めて――によって決まる。というのは、あるふうの交際は、若い人の若い人に対するものとしては適

---

(1) 太古（クロノスが統治した時代）に動物が人間と同じ言葉をしゃべったという話は、プラトン『政治家』二七二Bにあるが、ピタゴラスの時代以前の文献（ホメロスやヘシオドスなど）には見当たらないようである。ピタゴラスは動物を人間の仲間とみなし、殺したり食べたりもしなかったとすれば（一六八節）、動物から悪く言われる理由がないだろう。

　一七七―一七八節の出所は、「ローデ」158の推測によると、テュアナのアポロニオスである。この人が一三三節に記されているような伝承に色づけしたのだろう、という。

(2) 同様のことが一五五節にも記されていた。記事の出所は、デラット「研究」298-299によると、（アリストテレスが伝えた）古くからのアクースマであろうという。なお魂の裁き（クリシス）については八六節でも触れられていた。プルタルコス『ソクラテスのダイモニオン』一六（五八五F）には、死んだリュシスの魂もすでに裁きを受けたと言われている。

(3) いわゆるピタゴラスの定理には、一三〇節でも触れられていた。ただし、そこでは特定の直角三角形（三辺の長さが三と四と五）にのみ言及されている。一方ここでは一般の直角三角形が正義にたとえられている。ここではピタゴラスがこの定理を知っていただけでなく、その証明も知っていた（あるいは彼自身がそれを証明した）ことが前提されているようである。

　なおアリストテレスによると、ピタゴラス派は正義を対等受容とみなし（『ニコマコス倫理学』第五巻第五章）、二の平方、あるいは三の平方と規定したという（アレクサンドロス『アリストテレス「形而上学」注釈』三八-一〇―一六）。これは図形としては（一辺が二あるいは三の）正方形に相当する。

(4)「次のような様態」（単数）とは、「時機適切な言動」を指すのであろうか。

切だが、年長者に対しては不適切だと思えるからである。たとえば怒りにしても脅しにしても不遜にしても、必ずしもすべての形態が常に不適切であるのではないが、年少者は年長者に対してはこのような態度を不適切なものとして慎むべきである。また地位［身分］の差異に関しても同様のことが言える。一八一　というのも、当人の美徳のゆえに正当にその地位［名誉］を得た人に対して無遠慮な発言や、その他の今言われたような態度をとることは、礼儀でもなく時機適切でもない。また両親との交わりについても類似のことが彼らによって言われたし、恩人との交際についても同様である。(1)

なお時機というものは複雑多様である。というのは、［たとえば］怒る人や憤激する人でも、ある人は適切な時機に、別の人は不適切な時機に、そうするからである。同様にまた、何かを希求し、欲望し、行動に移る人も、ある人は適切な時機に、他の人は不適切な時機にそうする。その他の感情や行為や気分や交際や交渉についても、同じことが言える。一八二　そして［適切な］時機というものは、ある程度までは教えられうるし、理屈がなくはないし、方法論を受け付けるけれども、一般的絶対的な意味では、そのようなことは不可能である。(2)なお「時機適切」ということに相伴い、ほとんどそれと一体化している［つまり、ほとんど同じことである］のが、いわゆる「時宜」や「ふさわしい」や「調和している」や、その他の類似のことである。

また彼ら［ピタゴラス派］は、万事において始めが最も大切なものの一つであることを示した。(3)学問において、経験において、生成において、さらにまた家庭において、国家において、軍隊において、またすべてのこのたぐいの組織において、である。しかし「始め」の本性は、これらのどの方面においても、察知しがたく洞見しがたいものである。というのは、学術の領域でも、当該研究の各分野を展望して、これらのどれが始め〔原理〕であるかを正しく判定し洞察することは、凡庸な知性の為しうることではないからである。

一八三　そして始めが正しく把握されないならば、その影響は甚大であり、〔当該領域の〕ほとんど全体に危険が及ぶ、と彼らは言う。(4) なぜなら、一般的に言って、真実の始め〔始元、原理〕が知られていないならば、それ以後のもの〔結果、帰結〕はもはや何ものも健全〔真実〕ではないだろうからである。もう一つの「始め〔つまり『支配』の意味での『始め』〕」についても、同じことが言える。家庭も国家も、自発的に委ねられた支配権を行使する真実の統治者がいないかぎり、よく治められることはできないだろう。統治者と被統治者が等しくそれ〔だれが統治するか〕を望むことによって統治が成立すべきである。同様にまた、正しく行なわれる学習は、教える者と学ぶ者との双方がそれを望むことによって、自発的に成立しなければならない、と彼らは主張した。なぜなら、どちらかが反抗するならば、その仕事〔教育と学習〕は適切に成し遂げられえないか

---

(1) 両親と恩人については一〇〇節でも触れられていた（出所はアリストクセノス）。

(2) 個々の場合に直観的に認識される、ということか。ともあれ、個々の場合にその状況に応じて判断されるべきだ、という趣旨であろう。

(3) 一六二節の「始めは全体の半分なり」という言葉を参照。「始め」は「好機」と意味上関連するので、ここで取り上げられたのであろう。「始め（アルケー）」には、「原理」とか、「主導」、「統治」、「支配」などの意味もある。

(4) 「始めにおける微小の誤りが、結末において巨大になる」（アリストテレス『天体論』第一巻第五章）。なおプラトン『クラテュロス』四三六C－Dを参照。

らである。(1)

だから統治者に服従するのと教師に従順であるのとは［どちらも］立派なことである、と彼［ピタゴラス］は考えた。そして彼はその［信条の］最大の証拠を自己の行為によって示した。以下のように。一八四　彼は旧師のシュロス人ペレキュデスを訪ねてイタリアからデロス［島］へおもむいたが、それは、後者がいわゆるシラミ病の症状とされているものを発症したので、付き添って看病するためであった。そして臨終のときまで彼［旧師］のもとに留まり、先生に対する敬愛の義務［葬儀など］を果たした。このように彼は師に対する気遣いを重んじていたのである。(2)
一八五　また約束について、とりわけ違約しないことについて、ピタゴラスは弟子たちを厳しくしつけたので、次のような語りぐさがあるほどである。あるときリュシスが［クロトンの？］ヘラ神殿で礼拝を済ませた後で帰ろうとしていて、門前のあたりで、学友の一人であるシラクサ人エウリュパモスが神殿へ入ってくるのに出会った。そしてエウリュパモスが彼に、自分が礼拝して出てくるまで待っていてくれと頼んだので、彼はその場所の石の腰掛けに座って待った。ところがエウリュパモスは礼拝した後で、心中で何か深い考え事に没頭して約束をすっかり忘れ、別の門から出て行った。一方リュシスはその日の残りとその夜と翌日の［日中の］大半を、その場所をほとんど動かずに待ち続けた。そしてもしもエウリュパモスが翌日に学園へ行き、学友たちがリュシスを探していることを聞いて［約束を］思い出さなかったならば、彼はもっと長い間そこにいたことであろう。エウリュパモスがそこへ行って、約束を守ってまだその場所で待っていたリュシスを連れて帰ったのだが、その際に前者は自分の失念の理由を説明したうえで、こう付け加えたという。「私が失念したのは、君が約束に忠実であるかどうかを試すために、どなたかある神さまが計らわれたのだ」[3]。

一八六　また彼［ピタゴラス］が有魂のもの［動物］を食べるなという掟を定めたのは、他にも多くの理由があったが、一つには、この［肉断ちの］慣行は平和をもたらすからであった。というのは、動物の殺害を不法で

（1）学習者に関して、類似のことがアリストクセノス『ピタゴラス派の訓戒』に記されていたという（「断片」三六、出所はストバイオス）。

一八〇－一八三節のこのあたりまでの（元の）出所はアリストクセノス『ピタゴラス派の訓戒』であろう（「ローデ」158-159）。「ピタゴラスの」でなくて、「彼ら（ピタゴラス派）の」言説が紹介されている。

（2）ピタゴラスがデロス島へ行って旧師（九、一一節）を看取り、埋葬したことは、「ディオドロス」第十巻第三章四、「ポルピュリオス」五五、「ラエルティオス」一－一一八などにも記されている。「ラエルティオス」の記事の出所の一つはアリストクセノス「断片」一四である。ただしペレキュデスが死んだのは、ディカイアルコス「断片」三四などによると、ピタゴラスがサモスからイタリアへ移住する以前のことであったという（「ポルピュリオス」五六）。なおペレキュデスが「シラミ病」で死んだという話は、アリストテレス『動物誌』第五巻第三十一章にも記されている。「シラミ病の症状」については、同書とその邦訳（島崎三郎訳、岩波文庫）の訳註（発疹チフスかという推定）を参照。

一八四節の直接の出所はニコマコスであろう。二五二節初めの記事から、そのことが推定される（「ローデ」159）。

なお一八三節末尾はイアンブリコス自身が付加した文章であろうか。

（3）タラスのリュシスの名は「本書」に何度も出てくるが（七五、一〇四、二四九節など）、シラクサのエウリュパモスの名はどこにも見当たらない。「メタポンティオンのエウリュペモス」の名は二六七節の名簿に記されている。

一八五節の出所は、「ローデ」159の推定によると、アポロニオスである。その理由は、ここの「待ちぼうけ」の話に二五六節で言及されているようであり、そしてその節の出所はアポロニオスであるらしいからである。

不自然なこととして嫌悪するようにしつけられた人たちは、人間を殺すことをもっとはるかに大きい不当行為だと信じて、もはや戦争をしないはずだからである。戦争は殺人の法を定め、その機会を提供する。戦争の本体は殺人によって形成されるからである。(1)

なお「秤をまたぐな」という言葉〔符丁〕は、正義の勧めである。「すべての公正な言動を実行せよ」と勧めているのである。そのことは『符丁について』において示されるだろう。(2)

さて以上のすべて〔の記述〕によって、ピタゴラスが正義についての研究と人々への伝授に——実践と理論の両面において——大いに努力したことが、明らかになった。(3)

第三十一章

一八七　さて以上の〔正義についての〕説明に続くのは、節制についての説明、つまり、かの人がそれをどのように研究し、どのように弟子たちに教えたか、である。ところで、それ〔節制〕についての一般的な訓戒はすでに述べられた。すべての不均衡〔度外れ〕なものを火と鉄によって切除せよ、と定められた箇所においてである。(4)またすべての有魂のもの〔動物〕の、また人を不節制に誘うようなある種の食品の禁止も、同種の〔つまり節制についての〕訓戒である。(5)また宴会で、美味で高価な料理を並べて、食べないでそのまま召使たちへ返すこと。というのも、これらは欲望を制御するために並べられたのである。(6)また自由人である女性は、けっして黄金の装飾品を身に着けないこと。これを身に着けてよいのは、〔男を誘惑しようとする〕売春婦だけである。(7) また思考力を目覚めさせ［研ぎ澄まし］、それを妨げるものを取り除くことも、同種の訓戒である。(8) 一八八　さらにまた、舌を制御するための訓練である寡黙と完全な沈黙、(9) きわめて難しい理論について

(1) 肉食禁止の理由を戦争と平和に関連させている（動物を殺さないことが人間を殺さないことへつながる、という主張）のは、この箇所だけであろう。ただし一六八―一六九節で、動物への不正義を禁じることが人間への不正義を止めさせることになる、と言われている。この主張の出所は不明。

(2) 秤（天秤）は公平と正義を、そして「またぐ」は「踏み越える」、「違反する」を意味する、と解するわけである。この符丁（アクースマ、シュンボロン）は、「ラエルティオス」八-一八、「ポルピュリオス」四二、イアンブリコス『哲学の勧め』第二十一章一三などにも記されている。出所としては、アリストテレス（「ポルピュリオス」四一）、あるいは前四世紀前半の歴史家アナクシマンドロス（「断片」第五十八章C六（DK））などが考えられる。

『符丁について』は、イアンブリコスの予定されていた著作であろう。イアンブリコス『哲学の勧め』第二十一章（一一二-二）(Pist.) においても言及されている。ただしこの著作は現存しないし、書かれたかどうかも確かでない。

(3) 本節は、出所不詳の二つの記事と末尾の一小節（イアンブリコス自身の文章）から成る。

(4) 三四節のほか六八節も参照。

(5) 一三、六八節。

(6) この宴会は欲望制御の練習のために設けられたのだという。彼らはご馳走をしばらく眺めて食欲を刺激した後で、食べないで下げさせた（召使たちに食べさせた）という（「ディオドロス」第十巻第五章二、プルタルコス『ソクラテスのダイモニオン』一五（五八五A））。

(7) 質素の勧めについては、クロトンの婦人たちに対するピタゴラスの講話（五五―五六節）を参照。ユスティヌス『ピリッポス史』二〇-四にも記されている。

(8) 六七節（思考力の覚醒）、「事項索引」の「鋭敏」を参照。

(9) 寡黙と沈黙については、三二、七二、一六三節などでも触れられている。また六八、二二五節では、本節と同一の文言が用いられている（出所はアポロニオス）。

の緊張した間断ない反復と吟味、(1) また同じ目的［つまり勉強］のための禁酒と小食と少眠。(2) また名声や富やその他の類似のものに対する純真な拒否。(3) また先輩に対する演技的［うわべだけ］でない礼節、同輩に対する偽善的でない親しみと友情、後輩に対する惜しみない支援と激励、(4) その他このたぐいのすべて［の訓戒］が、同じ美徳［つまり節制］にかかわるものであるだろう。(5)

一八九　またヒッポボトスとネアンテスがピタゴラス派のミュリアスとティミュカについて記している記事から、かの人たち［ピタゴラス派］の節制と、ピタゴラスがそれをどのように教えたかを知ることができる。(6) 彼ら［ネアンテスとヒッポボトス］によると、僭主ディオニュシオスは万策を講じたけれども、かの人たちのうちのだれ一人の友情をも得ることに成功しなかった。(7) 彼らは彼の専制的で違法的な性状を警戒し、避けたのである。そこで後者は［だれかを生け捕りにしようと思って］ディオンの兄弟であったシラクサ人エウリュメネスが率いる三〇人の伏兵を差し向けて、かの人たちが移動するのを待ち伏せさせた。(8) かの人たちは、タラスからメタポンティオンへ定期的に移動する慣わしであった。季節の変わり目に合わせて、適当な居住地へ移ったのである。一九〇　さてエウリュメネスは手勢をパナイでひそかに待ち伏せさせた。ここはタラス郊外の峡谷地帯で、移動する人たちが必ずそこを通らねばならなかった。(9) そしてかの人たちが真昼ごろにまった

(1) 六八節末でも同じことが記されている。
(2) 禁酒、小食、少眠については一一三節（出所はアポロニオス）を参照。
(3) 六九節でも同じことが記されていた。出所はアポロニオスか。
(4) 六九節でも同じことが言われた。

（5）一八七―一八八節は、内容的には主として既述のこと（その出所はニコマコスやテュアナのアポロニオス）の寄せ集めであり、文章はイアンブリコス自身のものであろうという（「ローデ」159）。ご馳走を眺めるだけの話は初出だが、これもニコマコスかアポロニオスの著作に記されていたのであろうか。

（6）ミュリアスとティミュカについての以下の伝説（一九四節まで）は、元来は、ピタゴラス派の人たちが派外の者と親交を結ぼうとしなかったことの事例として、ニコマコスの著書に記されていたものである（一九四節末、「ポルピュリオス」五九、六一を参照）。イアンブリコスはこれを節制（自制、掟を破らないこと、秘密を洩らさないこと）の事例として、ここへ引用しているのである。なおティミュカの行為（一九四節）は勇気の事例でもある、と言われている（二一四節）。

　ヒッポボトスは推定で前二〇〇年頃の著作家。出身地は不明。引用された著作の表題は『（哲学の）諸学派について』（「ラエルティオス」一-一九、二-八八）であろうか。

　「キュジコスの人ネアンテス」という著作家は二人いた（前三〇〇年頃の人と、前二〇〇年頃の人）。ピタゴラス派について書いたのはどちらなのか、確かでないが、後者とみなす学者が多い（「ブルケルト」102 n. 23）。言及された著作の表題は『伝説』（「ポルピュリオス」一）か、それとも『有名人士考』であろうか。以下の物語（伝説）は、ネアンテスをヒッポボトスが引用し、それをさらにニコマコスが引用したものであろうか。

　一八九―一九四節の直接の出所は、「ローデ」159によると、ニコマコスである（「ポルピュリオス」五九初め、六一末を参照）。

（7）「ディオニュシオス」は、シラクサの僭主ディオニュシオス一世（前四三〇年頃生、前三六七年頃死）、あるいは同二世（前三九七年頃生、在位およそ前三六七―三四四年）。二三三節以下で言及される「ディオニュシオス」は明らかに二世であるが、そことこことは別の物語である。

（8）シラクサのディオンはディオニュシオス一世の義理の兄弟であり、娘婿でもあった。そして同二世の叔父であり、義兄でもあった。またディオンはプラトンの弟子であった。一九九節、プラトン『書簡集』第七と八、プルタルコス『ディオン伝』を参照。

　ディオンの兄弟とされるエウリュメネスについては、他の文献にはまったく記載がない。

（9）「パナイ」という地名はどこを指すのか、特定されていない。

く何も予期しないでその場所へ差しかかったところを、軍勢が山賊のように、ときの声をあげて襲いかかった。こちらは、突然のことでもあったし、また相手が多勢でもあったので——かの人たちの方は全部で一〇人ほどであった——しかも自分たちは武装していないが、相手方はいろんな武器をもっていたので、慌てたけれども慎重に考えて、「留まって抵抗すれば捕らえられるだろうが、走って逃げれば助かるだろう」と判断した。逃げることも美徳に反しない、と思ったのである。なぜなら、勇気とは、健全な理性が示すように、逃げるべきことと踏みとどまって耐えるべきことについての知識であるから。(1) 一九一 そしてまた実際、彼らは逃げおおせたことであろう——なぜなら、エウリュメネスの手勢は武具の重みで速く走れなかったからである——もしも彼らが逃げる途中で、豆が植えられて、いっぱいに生い茂っている平地に行き当たらなかったならば、である。彼らは「豆に触れるな」と命じる教説に違反することを欲せず、立ち止まって、やむをえず石や木やその他の手当たり次第のもので追っ手を防ぎ、若干の者を殺し、多数の者に傷を負わせたが、結局全員が槍をもつ敵に殺され、一人も捕虜にはならなかった。彼らは学派の掟に従って、捕らえられるよりもむしろ死を歓迎したのである。(2)

一九二 さてエウリュメネスと彼の部下たちは、かの人たちを一人も生きたままではディオニュシオスのもとへ連行できないので、非常に困惑した。まさにその目的のためにのみ僭主は彼らを差し向けたのであるから。ともあれ彼らはその場所で死者たちを土で覆って合祀の塚を築き、帰途に着いた。ところがその彼らに、［ピタゴラス派の］クロトン人ミュリアスと彼の妻であるラケダイモン［スパルタ］人ティミュカが行き合ったのである。この二人は、ティミュカが一〇ヵ月めの身重であったので、ゆっくり歩いて集団から遅れていたのである。そこで彼ら〔エウリュメネスたち〕はこの二人を捕虜として大喜びで、〔二人が死ぬことのないように〕細心の注意をはらって大切に僭主のもとへ連行した。(3) 一九三　さて後者は一部始終を聴取して、たいそう落胆したようすであった。「しかしとにかく君たちの方は、だれにも勝る〔そして生き残った君たちに〕ふさわしい栄誉を私から受けるだろう。もしも君たちが私と共同で統治することを望むならばだ」と彼は〔二人に〕言った。しかしミュリアスとティミュカは彼のいろいろな提案をことごとく拒絶したので、「しかし一つだけ私に教えてくれたら、君たちは護衛付きで無事に解放されるだろう」と彼〔僭主〕は言った。そしてミュリアスが、いったい何をお知りになりたいのかと尋ねると、「あれだ」とディオニュシオスは言った。「君の仲間たちが豆を踏むよりも、むしろ死ぬことを選んだ理由は何なのか」。するとミュリアスは言下に答

(1) この勇気の定義は、プラトンにも類似のものが見られるが(たとえば『ラケス』一九六D)、「健全な(直立した、倒錯していない)理性」とか、「踏みとどまって耐える」という用語は、ストア派の影響だろうと思われる(『初期ストア派断片集』Ⅲ二六三、二八五など)。逃げたことの弁明は、ニコマコスかイアンブリコスが付け足したものであろう。

(2) 豆畑を踏むのを忌避したために逃げ遅れたという話は、ピタゴラスの死に関しても語られている(『ラエルティオス』八-四〇、ヘルミッポスの説という)。どちらか一方の伝承が他方を真似たのであろうか。

「捕虜になるな」という掟があったという情報は、他の史料にはなさそうである。捕虜になることが恥ずかしいことだというのではなく、学派の秘密を洩らしたり、他の不適当な行為を強制されたりしないために、捕虜になることをできるだけ避けよ、ということであろうか。現にミュリアスとティミュカは捕虜になったと語られている(次節)。

(3) クロトンの人ミュリアスは、一四三節ではピタゴラスの直弟子(前六-五世紀前半頃の人)とされているが、一方ここの物語では彼は(ディオニュシオスの時代だから)前四世紀の人だということになる。

えた。「あの人たちは豆を踏まないためには死ぬことにも耐えましたが、私はあなたにその理由を打ち明けるよりも、むしろ豆を踏むことを選びます」。一九四　［この返答に］驚かされたディオニュシオスは、強制的にミュリアスをその場から去らせて、ティミュカを拷問するように命じた。女であり、身重であり、夫から引き離されれば、拷問を恐れて、わけなく秘密を洩らすだろう、と彼は信じたのである。しかしこの女傑は、上下の歯で舌を噛み、それをちぎり取って僭主の前へ吐き出した。つまり、拷問によって自分の女としての弱さが打ち負かされて、秘密を何ほどかでもやむなく洩らそうとしても、そのための器官が自分自身によってすでに取り除かれたことを、彼女は示したのである。[1]このようにかの人たちは、外部の人との交友に慎重であった。たとえ相手が国王級の人であろうとも。

一九五　また沈黙についての訓戒も、これら［一八七節以下の訓戒］と同様のものであった。[2]つまり節制の［美徳の］修養に役立った。というのも、舌を抑制することは、あらゆる抑制のうちでも最も困難なことだからである。また彼［ピタゴラス］がクロトンの男たちを説得して、妾との不倫な性交を止めさせたのも、同じ美徳にかかわる事柄である。[3]さらにまた、音楽による矯正も同様である。この療法によって彼は、恋に狂った若者を正気［自制］に引き戻した。[4]また放縦を戒める教えも、この同じ美徳に資するものである。[5]

一九六　また次のこと［指針］をピタゴラスはピタゴラス派に授けた。というのも、かの人自身がこれら［ピタゴラス派の生活指針］の発案者だったからである。[6]すなわち、かの人たちは、自分の身体が常に同じ状態にあるように、つまり、あるときにはやせていて別のときには肥満しているというふうでないように、心がけた。なぜなら、これは不規則な生活の証拠である、と彼らは考えたからである。同様にまた心情に関しても、彼らは時には浮かれていて時にはしょげているというふうではなくて、起伏なく、いつも穏やかに快活であった。[7] そして彼らは怒り、気落ち、乱れを［自分の心に］寄せ付けなかった。彼らの［これについての］指針はこうであった。「知性をもつ人にとっては、人間界の出来事は何一つ予想外のことではない。自分の意のままにならないことについては、すべてを［つまり最悪の場合をも］予期せよ」[8]。また万一彼らが怒りや悲しみやその他の類似の情念に襲われた場合には、彼らはそれを上手に処理した。各人が一人になって、その情念を鎮静させ、癒そうと努めたのである。

---

(1) 舌の抑制が最も困難な自制であるとすれば（次節）、自分の舌を噛みちぎった彼女の行為は「究極の自制」であると言えようか。この話が史実であったかどうか、確かめるすべがない。この夫妻がその後どうなったのかも伝えられていない。

(2) 沈黙については一八八節と二〇一頁註（9）を参照。

(3) 四八、五〇、一三二節を参照。

(4) 一一二節を参照。

(5) 放縦（高慢、ヒュブリス）については一七一節を参照。一九五節は、内容的には既述の事項を「節制」へ結びつけたものであり、文章はイアンブリコス自身のものであろう、と「ローデ」160は推定した。

(6) 原資料（アリストクセノス）ではピタゴラス派の指針として記述されていたのだが、イアンブリコスがそれをピタゴラスに由来するものと解したのであろうという（「ローデ」160）。一九六―一九八節の出所はアリストクセノスであろう。

(7) ピタゴラスの心身が恒常的に安定していたという話が「ポルピュリオス」三五にある。その出所はアントニオス・ディオゲネスと推定される。

(8) 類似の思想（すべてを予期せよ、何事にも驚くな）がストア派にもある。たとえばマルクス・アウレリウス第四巻二九―一、第九巻四二―八、第十二巻一―五、同巻一三など。しかし本節の出所がアリストクセノスだとすれば、ストア派の影響を受けてはいないはずである。

一九七　また次のこともピタゴラス派について語られている。彼らはだれ一人として、怒っているさなかに奴隷を懲らしめたことも、自由人を叱ったこともなかった。各自が自分の心情の鎮静を待ったのである。なお彼らは叱ることを「改める」と呼んでいた。[1] というのは、沈黙し静かにして［自分の心が落ち着くのを］待ったのである。だからスピンタロスは、タラスの人アルキュタスについて、しばしば次のように語ったのである。[2] 自国［タラス］がメッサピア人[3]に対して行なった戦いから最近帰還したばかりの彼［アルキュタス］は、久しぶりに自分の農場へ行き、管理人も他の奴隷たちも農事に励まず、はなはだしく怠慢であったことを発見したので、この人としては最大限まで立腹し憤慨した後で——多分奴隷たちに向かって[4]——こう言った。彼［私］が彼ら［お前たち］に腹を立てたのは、彼らにとって幸運なことであった。さもなければ、これほどの過ちを犯したのだから、彼らは処罰されずにはすまなかっただろうから、と[5]。

一九八　またクレイニアスについても似たようなことが伝えられている、と彼［スピンタロス］は言った。この人も、叱責と懲罰はすべて心が平静に復するまで延期したそうである[6]。

またかの人たちは、悲嘆や涙やこのたぐいのすべてを抑制した、という[7]。また利得も欲望も怒りも名誉欲もその他このたぐいのいかなるものも、不和の原因にならなかった。ピタゴラス派のすべての人たちは相互に、あたかも高潔な父親が子どもたちに対するかのような関係にあったという。

またかの人たちがすべて「の新発見」をピタゴラスの業績に帰して、実際に発見した人たちが自分の名声を少しも求めなかったことも、立派である。というのも、自身の書き物のあったことが知られている人は、ごく僅かだからである[8]。

（1）「改める」（動詞「ペダルターン」、名詞「ペダルタシス」）という用語は、一〇一、一三一節、「ラエルティオス」八-二〇にも見られる。名詞は一〇一節では「調律」と訳された。一一一頁註（4）を参照。その意味は明確でない。本節によると、「改める」とは自分の感情を鎮めることのようでもある（デラット「注釈」191）。それとも、自分と相手の両方の心を改める（調整する）という意味か。あるいは、単に相手の心情を改めさせることであろうか。

（2）スピンタロスはタラス出身の音楽家（前五―四世紀）。アリストクセノスの父であったとも、師であったとも伝えられる（「ラエルティオス」二-二〇、セクストス・エンペイリコス『音楽家たちへの論駁』一、『スーダ事典』の「アリストクセノス」の項＝「断片」一）。

アルキュタスは、前四世紀前半頃のピタゴラス派の哲学者、数学者、政治家、将軍。プラトンの友人。七度タラスの将軍に選ばれ、一度も戦いに敗れなかったという（「ラエルティオス」八-七九、八二）。この情報の出所は、アリストクセノス『アルキュタスの生涯』（「断片」四七、四八）であろう。

（3）メッサピア人は、イタリア半島東南端（長靴のかかとのあたり）に住んでいた非ギリシア人である（二四一節）。

（4）引用元（アリストクセノスか）の記述が少しあいまいで、以下の言葉が（管理人を含む）奴隷たちに対して直接に言われたのか、第三者に対して語られたのか、分かりにくかったので、イアンブリコスかだれかがコメントしたのであろう。

（5）「冷静であったならば処罰したのだが、ひどく腹を立てていたので、怒りを静めるために時間をおき、結果的に処罰しないで戒告するにとどめた」というような意味であろう。アルキュタスのこの言葉は、古代のいくつかの文献に記されている。たとえばキケロ『トゥスクルム討議』四-七八、「ディオドロス」第十巻第七章四など。出所はやはりアリストクセノスであろう。

（6）タラスの人クレイニアスは、アルキュタスやプラトンとほぼ同時代のピタゴラス派の哲学者。「本書」で五回名前が出てくるほか、他のいくつかの文献でも言及されている（「断片」第五十四章（DK））。プラトンがデモクリトスの著書を焼こうとしたときに、無駄なことだと言って止めた二人のピタゴラス派の一人とされる（「ラエルティオス」九-四〇）。彼が弦楽器（リュラ）を弾いて自分の怒りを静めたという話が、アテナイオス第十四巻六二四aにある。

（7）同様の文言が二二六、二三四節、「ポルピュリオス」五九にある。出所は（ニコマコスを介して）アリストクセノスであろう。

（8）一五八節を参照。

一九九　また［彼らの書き物の］保管の厳格さも驚嘆されている。(1)というのも、［ピタゴラスから］ピロラオスの時代にいたるまでの何世代ものあれほどの長年月にわたって、(2)明らかに［学派外の］だれ一人として何一つピタゴラス派の書き物に出会わなかったのであり、この人［ピロラオス］が初めてあの喧伝された三書――シラクサのディオンがプラトンに頼まれて一〇〇ムナで買ったと言われる――を外部へ出したのである。ピロラオスは非常に貧しくなり、ひどく困窮したのである。この人自身もピタゴラスの一門に属していて、それゆえにこれら三書を［書き写して］もっていたのである。(3)

二〇〇　また意見［世論、世評］については彼らはこう説いた、と人々は言う。(4)一方で、あらゆる人のあらゆる意見に傾聴するのは愚かである。なぜなら、正しく判断し正しい意見をもつことは、少数の人にしかできないからである。というのも、このことはむろん、知識のある人にだけ可能であり、そして知識のある人は少数だからである。したがって、このような能力が大衆の手に入らないことは明らかである。しかし他方で、あらゆる判断と意見を軽視することも愚かである。そのような心がけの人は、無知で矯正されえない人間になるだろう。(5)ところで、［何かについて］知識のない人は、自分が無知であり知識を欠いているその事柄を学ばねばならない。そして学ぶ人は、知識をもち教える力のある人の判断と意見を傾聴しなければならない。

二〇一　そして一般的に言うと、救われたいと願う若者は、年長者で立派に生きてきた人たちの判断と意見

(1) 書き物の門外不出の掟を守ったことも、節制（自制）の美徳に基づく、というわけである。

(2) 「長年月」とは、おおざっぱに言って一五〇年間くらいか（前五三〇―三八〇年）。

(3)ピロラオスから（代金一〇〇ムナで）ピタゴラスの（あるいはピタゴラス派の）著作三巻を買うように、プラトンが手紙でディオンに頼んだという話は、真偽不明だが、いくつかの文献に記されている。たとえば「ラエルティオス」三-九、八-一五、八四。ゲリウス『アッティカ夜話』第三巻第十七章一、キケロ『国家』一-一六など。この話の出所の一つはサテュロス（前二〇〇年頃）だという（「ラエルティオス」三-九）。もともとの出所はアリストクセノスだと推測する説（「断片」第十四章一七（DK）、バーネット『初期ギリシア哲学』p. 280 n. 1）と、それに賛成しない説（「ローデ」161,「ブルケルト」226 n. 40など）とがある。アリストクセノスは、ピタゴラスに著書はなかったと信じていたらしい。「ポルピュリオス」五七後半がニコマコスを介してアリストクセノスに由来するのであれば、である。

なおこの三巻の著作とは、「ラエルティオス」八-六が伝える、ピタゴラス著とされた三部作（『教育』、『政治』、『自然』）であろう、と推測する学者が多い。

一〇〇ムナ（つまり一万ドラクメ）は相当の金額だと言えるだろう。ソクラテスの晩年にアテナイで、アナクサゴラスの著書（パンフレット程度か）が一ドラクメで買えたという（プラトン『ソクラテスの弁明』二六D）。アテナイ市民が民会へ出席したときの通常の日当は一ドラクメであった（アリストテレス『アテナイの国制』六二）。前五〇〇年前後、ギリシア諸国家間での捕虜一人の身代金は二ムナであったという（ヘロドトス第五巻七七、第六巻七九）。ソクラテスが裁判で（プラトンその他の援助を受けて）申し出た罰金の額は三〇ムナであった（プラトン『ソクラテスの弁明』三八B）。

(4)「人々」とは、アリストクセノスが交際したピタゴラス派の人たちを指すのであろう（「ローデ」163）。

(5)『黄金の詩』一二-一三にこう記されている。「世の人々はいろいろな言説を口にする。つまらないのも立派なのもだ。君はそれらの言説に動転してはならないし、（耳をふさいで）遠ざけてもいけない」。なお「街道（大通り）を行くな」という言葉（符丁）は、一つの解釈では、「大衆の意見に付和雷同せず、少数の学識者の見解に従え」という意味だという（「ポルピュリオス」四二）。

二〇〇-二一三節の出所は（ニコマコスを介して）アリストクセノス『ピタゴラス派の訓戒』であろう。ストバイオスが引用するアリストクセノスの文章（「断片」三五、三七、三九など）に一致する箇所が多い（「ローデ」161）。イアンブリコスは直接アリストクセノスを読んだのだろう、と「ブルケルト」101 n. 17は推測する。

に耳を傾けねばならない(1)。

さて人間の全生涯にはいくつかの「区分けされた」時期があり——これはかの人たち自身の用語だという——これらの時期を相互にしっくりとつなぎ合わせるのは、だれにでもできることではない(2)。というのも、だれかがその人を誕生時からよろしく正しく導かないかぎり、それらの時期は互いに排斥し合うからである。だから、少年の教導がよろしくて、節制と勇気へ導くならば、その［教導の］大部分が青年期へ継承されねばならない。同様に、青年期の監視と教導がよろしくて勇気と節制へ導くならば、その大部分が壮年期へも継承されねばならない。ところが大多数の人に関しては、実情は奇妙でこっけいなことになっている。二〇二というのも、世人の見解によると、人は少年のときには規律正しくし、節度を保ち、卑俗だとか恥ずかしいと思えることをすべて控えねばならないが、青年になると、やりたいことは何をしても、少なくとも大衆の間では許されるのである。そこでこの時期［青年期］へはいわば二方面の過ちが合流する。つまり、青年は少年期の過ちの多くと、壮年期の過ちとの両方を犯す。というのも、単純に言うと、まじめなことと規則正しいことを嫌がり、遊びと不節制と子どもっぽい無茶なことを追い求めるのは、とりわけ少年期にありがちなことである。それで、このような性向がこの時期から次の時期［青年期］へ持ち越されるのである。一方、強い肉体的欲望や名誉欲やその他の扱いにくく煩わしいたぐいの欲求と性向が、壮年期から青年期へ［ともすると］繰り上がる。それゆえ、［人の生涯の］すべての時期のうちで、この時期［青年期］が最も多くの監視を必要とする［とかの人たちは言う］。

二〇三　全般的に言って、どんなときでも人間をしたい放題のことをするように放置すべきではなくて、常に何らかの――国民のだれもが服従するような――合法的で威厳のある監督と支配が必要である。[3] なぜなら、［人間を含めて］動物は、放置され無視されていると、急速に劣化して悪徳と劣悪な状態に陥るからである［と彼らは考えた］。そしてかの人たちは、自分たちの間でしばしば次の問題を提起し検討した、ということである。「いったい何のためにわれわれは自分の子どもたちを、飲食物を規則正しく適度に摂るようにしつけるのか。そして規則正しいことと適度であることは立派であり、その反対つまり不規則と過度はみっともないことであり、だから大酒飲みと大食漢はひどく非難されるのだ、と教えるのか。というのは、仮にこれら［飲食の規則正しさと適度さ］が、われわれが壮年期に達してからは全然不要であるとすれば、少年のときにしつけて、このたぐいの規則正しさに慣れさせるのは、無駄なことであろうから。またその他のしつけに

（1）「救われる（安全である）」という言葉は、「ザレウコスの法の前文」とされる文書（偽作とみなす人が多い）にも使われている。そこでは「死後の刑罰を免れる」という意味らしい（ストバイオス四-二-一九）。本節でも同じ意味であろうか。それとも単に「矯正（善導）される」という意味か。一七五節末の「救われる（安全に生存する）」を参照。

（2）一つの伝承によると、ピタゴラスは人の生涯を四期（少、青、壮、老年）に区分し、各期の長さをそれぞれ二〇年とみなしたという（「ラエルティオス」八-一〇）。この四期は春夏秋冬に対応するという。この情報の出所は、ピタゴラス著とされた三部作の一つ『教育論』ではないかという（デラット「注釈」166）。この説によると、少年期は二〇歳まで、青年期は二一-四〇歳である。本節でも同じ区分なのか、確かでない。なお四期に分けたことは、「ディオドロス」第十巻第九章五、オウィディウス『メタモルフォセス』第十五歌一九九以下などにも記されている。

（3）一七四節では、神々が監視していると言われている。本節では、法や両親や教師などによる監督が考えられているのであろう。

ついても同じことが言えよう。二〇四　ところが他の動物の場合、少なくとも人間によって訓練される動物の場合には、このような状況は見られない。子犬も子馬も最初から、成長後にしなければならないことを訓練され、学習するのである」。

また一般にピタゴラス派の人たちは、親しく交際するにいたった人〔つまり弟子〕たちに対して、「用心すべきことはいろいろあるとしても、何よりもまず快楽を警戒せよ」と勧めたと言われる。なぜなら、この情念〔快感、快楽〕ほどわれわれを過たせ、まちがった行為をさせるものは他にないからである。そして一般にかの人たちが快楽を目指して何かを行なうことはけっしてなかったようである。なぜなら、この目標はたいていの場合、みっともないし、有害でもあるから。むしろ彼らは何よりもまず美しい〔立派な〕こと、みごとなことを、また第二に有益で有用なことを目指して、〔その折々に〕行なわれるべきことを行なったのである。そしてこのような行為には非凡な判断力を必要とする[1]。

二〇五　またいわゆる肉体的欲望については、かの人たちは次のように説いた、と人々は言う[2]。この欲望それ自体は、魂の一種のうごめきであり、衝動である。それは時には何かの充足を、また時には何かを感覚する作用の、あるいは感覚している状態の、現存〔実現〕への欲求である。ただし、これらと反対のことへの欲望、つまり何かの排出や不在や、何かを感覚しないことへの欲望も生じる。一方〔具体的には〕この情念〔肉体的欲望〕はさまざまであり、人間が経験する〔魂の〕諸情態のうちで多分最も多種多様なものであろう。そして人間がもつ欲望の多くは、人間自身によって獲得され形成された〔後天的な〕ものである。だからこそ、この情念に対しては細心の注意と警戒と並々でない肉体訓練が必要である。というのは、肉体が空腹になると食物を欲するのは自然であるし、逆に満腹すると適度な空腹を欲するのも、これも自然なことであるが、一方、不必要な食物や不必要で贅沢な衣服やベッドや不必要に大きくて凝った住居を欲するのは、［後天的に］獲得された欲望である。家具やカップや召使や食用に飼育される動物についても同じことが言える。

二〇六　総じて人間に生じる諸情念のうちで、おそらくこれ［欲望］こそが他のどれにもまして、どこにも立ち止まらないで限りなく先へ先へと進む性質のものであろう。それゆえ成長しつつある人たちをすでに幼少時から見守って、必要なものはこれを欲望し、無益で不必要な欲望は抑制するように、そしてこのような［不必要な］欲求から自由になって心安らかであるように、そして欲望のとりこになっていて軽蔑に値する人たちを軽蔑するように、導かねばならない。そしてとりわけ、無益で有害で余計で不遜な欲望が権力を手にした者たちの心に生じるありさまを［人は］観察すべきである。というのも、そのような［権力を持つ］子どもや男や女の魂が執心しないほどに下らないものは何一つないからである。[3]

二〇七　一般に人類は、欲望の［種類の］多さという点できわめて多彩な動物である。このことの明白な証拠

（1）「ポルピュリオス」三九によると、ピタゴラス派が主張した行為の目標は、第一に立派さ、第二に生活に有益であること、そして（「本書」では省略されているが）第三に清純な快楽であったという。その情報の直接の出所はアントニオス・ディオゲネスらしい。

（2）二一一頁註（4）に同じ。

（3）「巨大な権力をもつ者（たとえばペルシア王）は最も多くの肉体的快楽を享受できるので、最も幸福な人間である」という主張と、それへの反論は、プラトン『ゴルギアス』などのほかに、アリストクセノス『アルキュタスの生涯』にも記されていた（「断片」五〇、アテナイオス第十二巻五四五a以下、キケロ『老年論』三九―四一）。

は、飲食に供されるものの多様さである。というのも、人類が食用とする果実は無数であり、根菜も無数である。そのうえ、あらゆる種類の肉を食べる。陸上にいる、空を飛ぶ、あるいは水に棲む動物のうちのどれを人間が食べないか、探すのは一苦労である。しかもこれらの食材について、さまざまな調理と、味のさまざまな組み合わせが工夫されている。だから当然の結果として、人類は魂の動きにおいて狂乱的で多姿的［百面相］である。二〇八　というのは、飲食に供されるもののそれぞれが、特有の気分の原因になるからである。ただし人々は、ただちに大きい変化を引き起こすもの［の力］をよく感知するが――たとえばワインである。これは多量に飲まれる場合、ある程度までは人を快活にするが、それ以上だと、狂わせ醜態を演じさせる――一方それほどの力を顕示しない飲食物［の影響力］には気づかない。しかし実は、飲食に供されるすべてのものが、何らかの特有の気分の原因となる。まさにそれゆえに、どのようなものをどれだけ栄養のために摂取すべきかを洞察し看取することは、偉大な智恵に属する。この知識は、最初はアポロンとパイオンのものであったが、後にはアスクレピオス一門のものとなった。(1)

二〇九　また生殖については、かの人たちは次のように説いた、と人々は言った。(2)一般に、いわゆる早熟［若年生殖］は避けるべきだ、と彼らは考えた。なぜなら、植物でも動物でも早熟のものは良い果実［子ども］を産しないからである。だから産出するまでにある期間をおいて、強壮で完成した身体から種［子種］と果実［子ども］が生じるように計らうべきである。だから少年たちと少女たちを育てる際には、労苦と運動と適当な鍛錬を課さねばならないし、飲食物も、労苦を好み節制的で忍耐強い生活に適するものをあてがわねばならない。なお、人間生活に属する事柄のうちには、遅く経験する方がよいものも多い。その一つが性交である。二二〇　だから少年［若者］は、二〇歳に達する以前にはこの種の交わりを求めないように指導されねばならない。またこの年齢に達してからも、性交の回数を少なくすべきである。そしてこのことは、健康は貴重で善美なものだと［若者たちによって］信じられるならば、実行されるだろう。というのも、不節制と健康が同一人のもとで共存することはけっしてないからである。またギリシア人の諸国家における既存の習俗のうちで、次のことはかの人たちによって称賛された、と人々は言った(3)。すなわち、母とも娘とも姉妹とも共寝しないこと、また神域においても人目に触れやすい場所においても性交しないこと。というのも、この

（1）ピタゴラス派は、体だけでなく心への影響も考慮した栄養学的理論をもっていたらしい。「ポルピュリオス」三四―三五を参照。虚実はともかく、一般にピタゴラス派の人たちは長命であったという伝承が、二六五―二六六節に記されている。なお適切な飲食物についての知識を神（あるいは太古の智者）に帰することについては、「ポルピュリオス」三五を参照。

アポロンはホメロスやヘシオドスにおいてはまだ（疫病を引き起こす神ではあるが）医神とはみなされていなかったようである。ただしホメロス『イリアス』の一箇所（第十六歌五二七）で、勇将サルペドンの傷を癒した。ピタゴラスの時代には、すでに医神とされていたのであろうか。前五世紀中頃のアイスキュロス『エウメニデス』六二でも、アポロンは「医師占い師（イーアートロマンティス）」と呼ばれている。「本書」三〇に「医者（パイアン）アポロン」という呼称が見られる。パイオン（パイアン）は、ホメロスでは、神々の外傷を塗り薬で治す医神である（『イリアス』第五歌四〇一、八九九）。

アスクレピオスは神話上の人物。名医の典型。アポロンとある女人との息子。神ではなく人（英雄）だが、彼を祭る神殿がエピダウロス（ペロポネソス半島北東部の都市）その他の地にあった。「アスクレピオス一門」とは、ギルド的な医師集団を指すのであろう。

（2）二一一頁註（4）に同じ。

（3）前註に同じ。

行為〔性交〕のために障壁がなるべく多いことは、善美でも有益でもあるからである。そしてかの人たちは、自然に反する生殖行為や過度の生殖行為を排斥して、自然に従った節度のある生殖行為のうちで、節度のある合法的な子作りを目的とするものだけを承認したように思われる。

二二　そして彼らはこう考えた。子を作ろうとする人たちは、生まれてくるであろう子どものためにしっかり配慮しなければならない。第一の、そして最大の配慮は、本人がこれまで節制的に健康的に生活してきたし、現在もそのように生きていること、そして今、折悪しく満腹していないこと、体調を悪くさせるようなものを何も摂取していないこと、何よりもとりわけけっして酒に酔っていないこと、そして〔心身の〕このような〔健全な〕状態で子作りの行為を行なうことである。なぜなら、〔体内の諸要素の〕劣悪で不調和で乱れた混合からは粗悪な子種が生じる、と彼らは考えたのである。

二三　一般に、生き物を作り出そうと、つまり、ある生き物を生成と存在へもたらそうとする人が、このもののためにまったく真剣に配慮して、このものの存在と生命への到達が可能なかぎりすばらしいものとなるように取り計らわないとすれば、これはまったく軽率で無思慮な人間のふるまいである、と彼らは考えた。愛犬家は子犬作りには万全の注意を怠らず、しかるべき親犬から、しかるべき時に、〔親犬の〕しかるべき状態のときに、優良な子犬が生まれるように配慮する。愛鳥家も同様である。二二三　むろんまた、その他の血統の良い動物を飼育する人たちも、劣等な子が生まれることのないように周到に努力する。しかるに〔世間一般の〕人間は、自分が生む子については全然考慮せず、でたらめに、行き当たりばったりに、勝手なやり方で生殖するばかりか、その後もまったく軽率な仕方で養育し教育する。というのも、このことこそが、多数の人間の場合に、悪徳と劣悪さの最大の、そして最も明白な原因だからである。なぜなら、大衆においては、子作りは［一般の］家畜並みに場当たりに行なわれているからである。

さて以上が節制についての、かの人たちによって言説と行動でもって示された理論と実践である。かの人たちはこれらの教えを源泉から、つまりピタゴラスその人から、いわばピュティオス［デルポイのアポロン］が託宣された神託であるかのように、受け取ったのである。(1)

第三十二章

二一四　次に勇気についてだが、以上で述べられたことの多くが、すでにまたそれ［勇気］の事例でもある。たとえばティミュカの驚嘆すべき行為［一九四節］や、豆に関してピタゴラスによって定められた掟のどれかに違反するよりも死を選んだ人たちのふるまい［一九一節］や、他のこのたぐいの行動のいくつかや、それにまたピタゴラス自身が成し遂げた偉業の数々である。彼は無数の労苦と危険に身をさらしながら、どこへ行

(1) ピタゴラスの教えをアポロンの神託に擬することについては三〇、一〇五、一六一、一七七節を参照。なお前記のように、二〇〇―二一三節の大部分の出所はアリストクセノスであろうが、本節末の一小節（「さて以上は」以下）は、イアンブリコスが付け加えた文章であろう。アリストクセノスはこれらの教説をピタゴラスその人に帰属させはしなかった、と「ローデ」163は推測する。

くにも独りで旅したし、祖国を去ることを決意し、異郷の地で生活した。(1) そして［国々の］僭主政治を覆し、混乱した国制に秩序をもたらし、隷属していた諸国家に自由を授け、(2) 違法を取り締まり、横暴で僭主的な人間を懲らしめ、正義を守る温順な人たちに対しては温厚な指導者であり、粗暴で尊大な人間とは絶交し、彼らには神託は降りないと宣告した。(3) そして進んで一方の人たちの側に立って戦い、他方の人たちに全力を尽くして対抗した。

二一五　さて人は彼［ピタゴラス］によってしばしば成し遂げられたこれら［勇気ある言動］の多数の実例を語ることができようが、その最大のものは、パラリスに対する彼の毅然とした遠慮のない言動である。すなわち、僭主のうちでも最も野蛮であったパラリスによって彼が拘留されていたとき、極北の人で名はアバリスという賢者が彼と対談した。この人は彼に会うというまさにこの目的のために、その地へ到来したのである。そして非常に神聖な問題について、つまり神像について、［神々への］最も敬虔な仕え方について、神々の計らい［摂理］について、天上に在るもの［星々］と大地のまわりを行きつ戻りつするもの［惑星あるいはダイモーンなど］について、またその他多くのこのたぐいのものについて、彼に質問した。(4) 二一六　そこでピタゴラスは、いつもの彼と同じふうに、神から霊感を受けた人のように語り、しかもまったく誠実に［隠すところなく］説得的に答えたので、聴いていた人たちは得心した。しかしパラリスは、ピタゴラスを称賛するアバリスに対して怒りの炎を燃やし、ピタゴラスその人に対しても立腹し、神々に対してさえも、あえて恐ろしい——いかにもあの男が言いそうな——瀆神の言葉を吐いた。一方アバリスはこれら［ピタゴラスの返答］に対して彼に感謝した。そしてその後で、［地上の］すべての事象が天に依存し、天によって管理されていることを[5]、そしてこのことは他の多くの証拠からもだが、とくに祭事の効果から明らかであることを、彼から教えられた。そしてこれらのことを説くピタゴラスを山師だとは思わず、それどころか神であるかのように極度

(1) 一三—一九や二八節を参照。

(2) 三三節を参照。

(3) 一三三、一七七節を参照。

(4) パラリスはシチリアのアクラガスの僭主。在位年代はおよそ前五七〇—五五四年頃と推定されている。ピタゴラスがサモスからイタリアへ移住したのがおよそ前五四〇—五三〇年頃だとすれば、彼がパラリスに会うことは年代的に不可能であろう。両者が会見したという話（二一五—二二二節）はテュアナのアポロニオスの創作だ、と「ローデ」164-166は推定した（「ブルケルト」100 n. 13もこれに賛成した）。またポントスのヘラクレイデスの、あるいはイアンブリコスの創作だという説もある。

アバリスが（クロトンにいた）ピタゴラスを訪ねたという話は、すでに九〇—九三、一三五、一四〇—一四一節などに記されている。しかし本節では、彼の名は初出であるかのように記述されている。また、このときピタゴラスは（アクラガスかその近辺で？）拘留されていたと言われている。

パラリスが残酷な男とみなされた理由の一つは、悪名高い「パラリスの牡牛」のゆえである。青銅製の牡牛の腹中に人間を入れ、外から熱してあぶり殺した（そして悲鳴が牛の鳴き声のように聞こえた）という。この話はすでに前四七〇年頃のピンダロス『ピュティア祝勝歌』第一歌九五に記されている。しかしアリストテレスは、パラリスの「獣性」に言及したときに、「牡牛」には触れず、子どもの肉を食べたことなどを暗示している（『ニコマコス倫理学』第七巻第五章）。

(5)「天」はここでは星々（太陽と月を含む）を意味するのであろうか。天の音楽の思想（六五節）とは無関係であるように思われる。占星術的思想とも無関係であろう。テュアナのアポロニオスは占星術を信じていたらしいが（ピロストラトス『アポロニオス伝』第三巻第四十一章）。一方、五九、一四六節によると、天と地を管理しているのは「数」である。しかし一つの伝承によると、太陽は（数の始元である）単一（モナス）に擬せられたという（ヨハンネス・リュドス『暦月について』二-六、デラット「研究」197）。なお星々は熱をもち、この熱が生命の源泉である、とも言われた（「ラエルティオス」八-二七）。

に嘆賞した。これに対してパラリスは占いを否定し、祭事で行なわれることの功徳をもきっぱりと否定した。

二一七　そこでアバリスは議論をこれらから、万人の目に明白な事象へ移した。すなわち、手の施しようのない出来事、たとえば耐えがたい［悲惨な］戦争や、不治の病や、農作物の不作や、疫病の流行や、その他このたぐいの［人間には］対処できない、どうしようもない出来事に際して、神々やダイモーン［神霊］の恩恵が与えられるということから、人間のあらゆる希望と能力を超える神の計らいが存在することを［僭主に］得心させようと努めた。しかしパラリスはこの議論に対しても、恥知らずの大胆不敵な態度を示した。

そこで今度はピタゴラスが――彼はパラリスが自分を殺そうとたくらんでいるのではないかと疑ったが、自分がパラリス［の意志］によって死ぬべき定めでないことを知っていたので(1)――権威をもつ者のように［堂々と］説明を試みた。彼はアバリスを見詰めながら語った。そして天から空気中のものへ、そしてさらに地上のものへと、自然的な移行があることを教えた(2)。二一八　そしてすべての事象が天に従っていることを、居合わせたすべての人によく分かるように話した。また魂の内の自由な［自己決定できる］力［の存在］について疑問の余地なく証明し、さらに進んで理性と知性の完全な活動についても十分に論じた。そしてさらに、少しも遠慮しないで、僭主の地位と、偶然の賜物にすぎないあらゆる形態の不当な権益と不公正と、あらゆる人間的貪欲について、これらはまったく無価値なものであることを明確に教えた。そしてその後で、神的［絶妙］な論法で最良の生き方を勧め、これを彼［パラリス］の最悪の生き方と対比した。また魂とそれの諸能力と諸情念について、それらがどのようなものであるかをきわめて明瞭に解き明かした。そして、これが［この講演の］最美の点であるが、神々はもろもろの悪に責任がないこと(3)、病気その他のすべての肉体的な苦しみは［当人や父祖などの］不節制の所産であることを教えた。また神話の中で［神々が］悪く言われている箇所について、物語作者である詩人たちを反駁した。(4) そして彼はパラリスを批判し戒めて、天の権力がどのよ(5)

(1)「死ぬべき定め（モルシモス）でない」は、ホメロス『イリアス』第二十二歌一三からの引用であろう。そこではアポロンがアキレウスに対して、「そなたは私を殺せまい。私は死ぬべき定めの者でないから」と言っている。テュアナのアポロニオスも、ローマ皇帝ドミティアヌスによって裁かれたときに、この詩句を誦したという（ピロストラトス『アポロニオス伝』第八巻第五章、第十二章末）。このことも、パラリスによるピタゴラスの審問の話がアポロニオスの創作であることの一つの証拠になる、と「ローデ」165は言った。

(2)「移行（ディアバシス）」は因果関係があること、影響が及ぶことを意味するのであろうか。一つの伝承によると、太陽の熱が空気中を通って地上と海底にまで達し、空中、地上、海中の諸生物を産出するという（「ラエルティオス」八-二七）。それとも存在するものの階層があること（天上の神々、空気中のダイモーン、地上の人間など）を言っているのであろうか。

(3) 神に「責めなし（アナイティオス）」という言葉は、前後関係は異なるがプラトン『国家』第十巻六一七Eと『ティマイオス』四二Dにある。なお『黄金の詩』五四の「人々は我と我が身に災いを招き寄せているのだ」という言葉を参照。クリュシッポス（前三世紀）はこの詩句をピタゴラス派の言葉として（多分『聖語（ヒエロス・ロゴス）』から）引用した。

(4)「詩人たち」とは、とくにホメロスとヘシオドスを指すのであろう。「ラエルティオス」八-二一によると、ピタゴラスはハデスの館（冥府）へ降りて行ったときに（「本書」一七八節を参照）、この二人の詩人が処罰されているのを見たという。その情報の出所はロドスのヒエロニュモス（前三世紀）であるというが、彼の創作ではなくて、古い伝承に拠ったものかもしれない。一方でピタゴラス派はホメロスとヘシオドスからの「抜粋集」を作り、これを吟唱したという（六三、一一一、一六四節、「ポルピュリオス」二六、三二）。また彼らはホメロスを比喩的に解釈しようとしたらしい（デラット「研究」109-136）。

(5)「天の権力」は、写本の読みである。底本はこれを「僭主の権力」と修正した。この場合、「どれほどの」は「いかにちっぽけな」という意味になるだろう。しかし僭主の地位が無価値なものであることは、すでに本節で述べられた。

うなものであり、どれほどのものであるかを実例によって示し、おそらく行なわれるであろう法に基づく［僭主の］懲罰についても多くの証拠を挙げた。そして人間の他の動物との違いを明瞭に示し、内なるロゴス［理性、判断］と外へ出たロゴス［言葉］についても学術的に説明した。(1)そして知性とこれ［知性］から下りてくる知識について完全に明示した。二一九　さらに、これら［以上の諸事項］との関連において、他の多くの、人生で役立つ倫理的思想をきわめて有益な仕方で教えた。そしてこれら［倫理的思想］に相応する行為の勧告をきわめて適切に行ない、またなすべきでないことについての具体的禁令を与えた。そしてこれが最も重要な点だが、宿命と運命に従って行なわれることと、知性に従って行なわれることを区別し、(2)さらにダイモーン［神霊］について、また魂の不死性についても多くの知見を述べた。さてしかし、これらのことは［勇気とは］別の主題の話になるだろう。一方、次のことは勇気にかかわる行為にまさしく該当する。

二二〇　すなわち、彼が危険のまっただ中にいながら、平静な心を失わずに哲学的な議論を続け、落ち着いて忍耐強くその不運に立ち向かったとすれば、そして自分に危険をもたらして脅かす当の人物に対して、はばかることなく権威をもって堂々と弁論したとすれば、恐ろしいと一般に信じられていることを彼がまったく取るに足りないこととして軽視していたことが明らかである。そして人間的見地からすると死が予期されるときに、彼がこれをまったく軽視し、当面のその予測に無関心であったとすれば、彼が本当に死を恐れていなかったことが明瞭であろう。

しかし、これらよりももっと偉大な仕事を彼は達成した。その僭主体制を崩壊させ、国人に取り返しのつかないほどの災厄をもたらそうとしていた僭主を打倒し、シチリアを暴虐極まる僭主政治から解放したのである。[3]　二二二　なお、この偉業を成し遂げたのが彼自身であったことは、アポロンの神託によって証拠立てられる。この神託が、「パラリスの支配は、被支配者たちがもっと有力になり、もっと心を合わせ、互いに団結するときに、崩壊するだろう」とはっきり予言していたのである。[4]　そしてピタゴラスがその地にいたときに、彼の指導と教育によって、被支配者たちがそのように団結したのである。このことのさらに明白な証拠は、時間的一致である。というのは、パラリスがピタゴラスとアバリスに死の危険をちらつかせたその当日に、当人が謀反した人たちによって刺殺されたのである。

　なおエピメニデスについて語られている話も、このことの証拠［例証］となりうるだろう。二二三　というのは、ピタゴラスの弟子エピメニデスがある者たちによって殺されようとしていたときに、彼［エピメニデ

（1）「内なるロゴス」と「外へ出たロゴス」の区別は（少なくともその用語は）、ストア派（クリュシッポスなど）による区別である。とすると、この箇所の出所はポントスのヘラクレイデスの『アバリス』ではなくて、前三世紀以降の著作であろう。「ブルケルト」100 n. 13を参照。

（2）宿命（ペプローメネー）と運命（ヘイマルメネー）は同義である。因果系列に従って必然的に起きる事象が、運命によって起きると言われた（ストア派などによって）。知性が運命をある意味で超越できることについては、一九六節と二二四節後半（「知性をもつ人」以下）を、また二二八節の知性についての記述も参照。

（3）パラリスがシチリア全土を支配していたわけではないが、全土を支配する恐れがあったということか。それともイアンブリコス（あるいはアポロニオスなど）は、彼が全土を支配していたと信じたのだろうか。

（4）この神託については不明。「ディオドロス」第九巻第三十章によると、一羽のタカが逃げるハトの群れを追いかけているのを見たパラリスが、「ハトたちが勇気を出して団結すればタカに勝てる」と言ったのを聞いた人たちが、団結してパラリスを倒したという。

ス］がエリニュエス［報復の女神たち］と復讐の神々に呼びかけると、襲いかかろうとしていた者たちが全員、お互い同士を一人残らず刺殺したのである[1]。おそらく同様の仕方でピタゴラスも、ヘラクレス並の正義と勇気をもって人々を助け、横暴に不当にふるまっていた男［パラリス］を人々の利益のために懲らしめ、まさにアポロンのあの神託［前節］に従って死の手に引き渡したのであろう[2]。彼はもともと誕生のときから、この神の託宣にゆかりがあったのである[3]。以上、勇気による彼のこの驚嘆すべき偉業［二一五節以下］を、この程度までは記しておくべきだ、とわれわれは考えた次第である。

二三三　われわれはさらに、それ［かの人たちの勇気］の別の証拠として、正当な信条の堅持を挙げたい[4]。この堅持によって、かの人自身も自分に正しいと思えること、そして正しい［倒錯していない］理性が命じることだけを行ない[5]、快楽によっても苦痛によっても正しい行為をあきらめるように動かされはしなかったし、また彼の弟子たちも彼によって定められた掟のどれかに違反するよりは、むしろ死を選んだ[6]。そして彼らは、変転するさまざまな偶発事の波にもまれながらも同一不変の人柄を保持し、無数の災厄に見舞われてもけっしてそのために豹変しなかった。また彼らの間では、「常に法に味方して違法と戦え」という勧告が不断に行なわれていた[7]。さらにまた「贅沢を防いで寄せつけず、生まれたときから節制的で勇気ある生活に慣れ親しめ」という勧めも[8]。

二三四　また彼らは魂の情念を癒すために作られた歌曲をもっていた。たとえば落胆と苦悩を癒すためのものや──これらはきわめて効果的であるように工夫されていた──怒りや憤慨に対処するものである[9]。これらの歌曲によって彼らは、感情を強めたり弱めたりして適度に調節し、勇気にふさうものとしたのである。

また次のことは、気高くふるまうための最良の支えであった。すなわち、「知性をもつ人にとっては、人間の身の上に起きることは何一つとして予期されえなかったことではない。自分の意のままにならないことはすべて〔最悪の事態といえども〕予期しておくべきである」という信念〔心構え〕である。(10)

二三五　しかし万一彼らが怒りや悲しみやその他の類似の情念に襲われた場合には、彼らはそれを上手にやり過ごした。各人が自分ひとりになって、その情念を鎮静させ癒そうと勇ましく努めたのである。(11)

（1）エピメニデスについてのこの伝説は、他の史料には記されていない。

（2）ヘラクレスの正義とは何を指すのであろうか。たとえば、アフリカ（モロッコ）で外国人を格闘に誘って、負けた相手を殺していたアンタイオスを彼が殺したとか、人間に火を与えたことの罰として岩壁に縛りつけられてワシに肝臓をついばまれていたプロメテウスを救って、代わりに彼が縛りつけられたとかの行為を指すのであろうか。

（3）アポロンがピタゴラスの誕生を預言したことは五節に記されていた。その記事の出所はアポロニオスであるから、本節の出所もアポロニオスだと分かる、と「ローデ」164-165は言う。

（4）勇気をある種の信条の堅持と規定することについては、プラトン『国家』第四巻四二九C、四三三Cなどを参照。

（5）「正しい理性（オルトス・ロゴス）」という表現は、アリストテレス（『ニコマコス倫理学』第六巻第一章）や、ストア派（たとえば「ラエルティオス」七-五四）などが用いたものである。一九〇節の「健全な理性」と同じ。

（6）死を選んだことについては、一九一、二一四節を参照。

（7）同じことが一〇〇、一七一節にも記されていた。元の出所はアリストクセノスらしい。

（8）同じ勧告が一七一節にも記されていた。

（9）同じようなことが一一一節にも記されていた。

（10）同じ勧告が一九六節にも記されていた。

（11）一九六節末（節制、自制の章）で言われたことの繰り返しであるが、ここは勇気の章だから、「勇ましく」という一語が付加されている。

また学問［数学］とその勉強に打ち込むこと、万人に生来付きまとっている自制力の弱さと貪欲さを検査すること、火と鉄によって容赦なく、どのような労苦も忍耐も惜しまずに行なわれた［欲望などの］さまざまな抑制と切除も、彼らの立派な［勇気ある］ふるまいであった。(1) その一例は、いかなる有魂のもの［動物］の肉も、さらに他のある種の食品も、気高く断念されたことである。(2) また思考力を目覚めさせておくように、そしてそれを妨げるものを排除するように彼らが努めたことも、その一例である。(3) また自分の舌を支配するための寡黙と、多年に及ぶ完全な沈黙も、彼らの勇気を鍛えた。またきわめて難しい理論についての緊張した間断ない吟味と反復、二二六　そしてこの同じ目的［思考と研究］のための禁酒と小食と少眠、名声や富やその他の類似のものに対する純真な拒否、(4) 以上のすべてが彼らの勇気の養成に役立ったのである。

また、かの人たちは悲嘆や涙やこのたぐいのすべてを抑制した、と人々は言う。(5) そして彼らは、懇願や嘆願やこのたぐいのすべての卑屈なこびへつらいを、男らしくない卑しいこととして控えた。(6) また彼らが、自分たちの思想の主要で本質的な部分を秘密として、全員が常に、自分たちの間で守秘していたことも、(7) 同種の性向［すなわち勇気］に帰せられるべきである。彼らは学外者に対しては［思想を］完全に黙秘し、人目に触れてはいけないので書き記すこともなく、記憶にとどめるだけであった。そして、それをあたかも神々の秘教であるかのようなふうに後継者へ伝授した。(8) 二二七　だから多年にわたって、［教説のうちの］言うに足るほどのものは何一つ外部へ洩れなかった。それらは［教場の］塀の内側でだけ教えられ、学ばれ、知られたのである。そしてたまたま外部の人たちが、いわば世俗の［聖なる秘儀にあずかっていない］人たちが、居合わせた場合には、かの人たちはお互いの間で符丁を用いて、謎めかして話し合った。(9) それら［符丁］の痕跡が、今でも喧伝されて世間に知れわたっている言い草である。たとえば「火をナイフでかきたてるな」とか[10]、このたぐいのいくつかの符丁である。これらは、言葉だけ聞くと［もうろくした］老婆の小言のようだが、釈義されてそれを理解した人には、驚嘆すべき高尚な利益を供する[11]。

二二八　しかし勇気に関して最も重要な教えは、次のことを最高の目標として掲げよ、という指令である。すなわち、各人が新生児のとき以来かくも多くの障害と束縛によって閉じ込められている［各人の］知性を救出し解放する、という目標である。この知性を欠くならば、人は健全で真実であることをまったく何一つ学びえないだろうし、またどの感覚のはたらきによっても［真実を］知覚できないだろう。なぜなら彼ら［ピタ

(1) 六八節に（魂の浄化に関して）類似の文章がある。その出所はアポロニオスらしい。
(2) 六八節を参照。
(3) 一八七節（節制の章）に類似の文章がある。
(4) 前節末の「寡黙」以下、本節の「純真な拒否」まで、それに類似する文章が一八八節にある。なお六八節も参照。
(5) 同じことが一九八節と二三四節でも記されている。その出所はアリストクセノスだと明記されている（二三四節）。なお「ポルピュリオス」五九を参照。
(6)「ポルピュリオス」五九末に類似の記事がある。その出所は、ニコマコスを介してアリストクセノスである。
(7) ピタゴラス派の（教説に関しての）秘密主義については、七五、一四六、一九九節、「ラエルティオス」八-一五、四二、四六を参照。
(8) 秘教になぞらえることについては七五節を参照。
(9) 符丁（シュンボロン）については二〇、一〇三-一〇五、一六一節を参照。
(10)「火」は怒りを、「ナイフ」は鋭い言葉を表わすらしい。いきり立っている人を鋭い言葉で刺激するな、というほどの意味か。「ポルピュリオス」四二、イアンブリコス『哲学の勧め』第二十一章八、「ラエルティオス」八-一八を参照。
(11) 符丁の価値については、一〇五節に同趣旨の文がある。

ゴラス派〕によると、「知性こそがすべてを見、すべてを聴くのだ。その他のもの〔視覚や聴覚など〕は〔単独では〕耳しいであり、目しいである」から(1)。そして二番目に重要な教えはこれである。すなわち、知性がすっかり清められ、学問的〔数学的〕秘儀によって多様な訓練を受けた後で、何か真に有益で神的なものを(2)〔知性に、あるいはその知性をもつ人に〕与えるべく全力を傾注すること、そしてその結果、〔知性が〕身体から引き離されても臆しないようになり、非物体的なものへ連れて行かれても、その輝きのまぶしさのために目を背けることもなく、また魂を肉体に釘づけにし金縛りにする情念に惑わされないようになること(3)、総じてまた、生成するものに執着し下方へ引き寄せるすべての情念に対して不撓不屈であること。というのも、〔本節で述べられた〕以上のすべてによる修練と向上こそが、最も完全な勇気を養うための実践であったのだから。

さて以上〔二二四節以下〕が、ピタゴラスとピタゴラス派の人々の勇気についての、われわれに示された証拠だとしよう(4)。

第三十三章

二二九　次に友愛〔友情〕であるが、ピタゴラスはすべての者のすべての者に対する友愛を〔理想として〕きわめて明瞭に説いた。すなわち、神々の人間に対する友愛。これは〔人間の側からの〕敬神と、知識に基づく神々への奉仕によって得られる。また思想信条の相互の友愛〔整合〕。また全般的に魂の身体に対する友愛。そして〔魂の〕理性的な部分の非理性的な部分に対する友愛。これは愛智と愛智的観照の賜物である。また人間同士の友愛。これは同国人同士の場合には健全な順法の所産であり、外国人同士の場合には〔人間の〕自然〔本性〕についての正しい知見の所産である。また夫の妻に対する、子どもに対する、兄弟に対する、家人に対する友愛。これは、ねじれのない共同生活によるものである。そして総括的に言って、万人の万人に対する友愛。さらにまた非理性的動物のあるもの〔家畜などか〕に対する友愛。これは正義と自然的連帯と共同生活のゆえである。またそれ自体としては可死的である身体の内に潜在する互いに対立する諸力〔熱冷乾湿など〕の融和と均衡。これは健康と健康的な生活と節制の所産であり、宇宙の諸元素〔火、空気、水、土〕の協調を模倣したものである。二三〇　さて以上のすべて〔の事象〕が一括して友愛という単一の名称で呼ばれうることの発見者であり立法者〔規定者、命名者〕であったのは、異議なく認められているように、ピタゴラス

(1) この言葉は、前五世紀前半頃のエピカルモス(一六六節と一八五頁註(4)を参照)から引用されたものらしい(「断片」第二十三章一二(DK))。この言葉の原意は、「心ここに在らざれば、視れども見えず、聴けども聞こえず」というような意味だという(ポルピュリオス『肉断ち論』三-二一-八-九)。

(2)「有益で神的なもの」とは、「ポルピュリオス」四六によると、「常に同一不変である非物体的なもの」、たとえば数学の対象とか数学的真理、正義の理念などか。

(3)「魂を肉体に釘づけにする」という表現は、プラトン『パイドン』八三Dにある。

(4) 本節の主要部分は「ポルピュリオス」四六に内容的にある程度一致する。出所は不明だが、ニコマコスかもしれないという(「ローデ」164)。しかしこれを勇気と結びつけたのは、イアンブリコスであろう。

二二三―二二八節の大部分は、既述のことを(勇気の事例として)イアンブリコスが寄せ集めたものであろう(「ローデ」163-164)。

であった。[1] そして彼が弟子たちに伝授した［実行させた］友情はまことに驚嘆すべきもので、現在でもなお世間の人たちは、互いに非常に親密な人たちのことを「彼らはピタゴラス派だ」と言うほどである。だからこれら［友愛に関すること］についても、ピタゴラスの教育と彼が弟子たちに与えた訓戒を記しておかねばならない。この人たち［彼の弟子たち］はこう勧めた。真実の友愛からは、競争と対抗を排除すべきである。できればすべての友愛から、さもなければ少なくとも父親に対する、また一般に年長者に対する、同様にまた恩人に対する友愛からは、である。なぜなら、このような人たちと競争し、あるいは張り合うことは、怒りや他の類似の情念が生じるので、既存の友情の維持を困難にするからである。二三二 かの人々はまたこう言った。友愛［交友］において生じる引っかき傷［亀裂］とかさぶた［しこり、遺恨］は、最小限にとどめねばならない。そしてこれがうまくいくのは、双方ともが、とりわけ年下の方が、あるいは前記のどれかの位置にある者［子や恩恵を受けた人］が、怒りを抑制して譲歩するすべを知っている場合である。また矯正と忠告は――これを彼らは「改め」と呼んでいたが[2]――年長者の側から年少者に対して、言葉を選んで慎重に行なわれるべきである。そして忠告する側の態度に［相手に対する］好意と親近感がはっきり現われていなければならない。そういうふうにすれば、忠告が体裁よく行なわれ、成果をあげるのである。二三三 また、ふざけているときでも、まじめなときでも、けっして友愛から誠実さを取り外してはいけない。なぜなら、友人だと称している人の性格の内へ一度でも「うそつき」が忍び込んだならば、既存の友情を無傷のままで維持することは、もはや容易でないからである。また災難その他の、人生で起きがちな何らかの苦境［に友が陥ったこと］のゆえに、友人と絶交してはならない。友と友情からの唯一の正当な断絶は、相手の大きくて矯正し

がたい悪徳のゆえでのそれである。(3)

また完全な悪人でない人に対しては、けっしてこちらから進んで敵対してはならない。しかしいったん敵対したならば、戦いが終わるまで勇ましく踏みとどまるべきである。相手の性格が変わり、［こちらへの］好意も生じた場合は別であるが。またその戦いは言葉によるのではなくて、行動によるべきである。そして戦う人が人間として人間に対して戦うのであれば、その人は順法的であり敬神的である。また可能なかぎりけっして自分が不和の原因になってはならない。そして不和の始まりを防ぐように極力用心すべきである。

二三三　友情が正真のものであるためには、できるだけ多くの規則と作法が定められていなければならない、とかの人たちは言った。これらの規則はいいかげんにではなくて、慎重な判断に基づいて定められたものので、しかもその一つ一つが各人の習性と化していなければならない。そうすれば交際［会話］も投げやりに口から出任せにではなくて、慎み深く思慮深く正しい順序で行なわれるだろうし、どのような情念も、たとえば欲望や怒りも、突然に下品に不当に噴出することはないだろう。その他の情念と気分についても同様

(1) 万物の友愛について述べた二二九節の主要部分と二三〇節では、一〇一—一〇二節の大部分と重複する。出所はアリストクセノス『ピタゴラス派の訓戒』であろう。

(2)「改め（ペダルタシス）」の冒頭部分は、六九（冒頭部分を除く）—七〇節初めにほぼ一致する。出所はアポロニオスらしい。

(2)「改め（ペダルタシス）」については二〇九頁註（1）を参照。

(3) 二三〇節「この人たちはこう勧めた」から二三二節前半ま

である［と彼らは言った］(1)。

しかしまた彼らが学派外の人との友愛をおざなりに避けたのではなくて、実に真剣にそれを警戒し回避したことは、そしてまた一方では、彼ら同士の間の友愛を幾世代にもわたって緩めることなく堅持したことは、アリストクセノスが『ピタゴラス的生き方』において、シチリアの僭主であったディオニュシオスから――後者が専制君主の地位を失ってコリントスで読み書きを教えていたときに――直接に聞いたと言って伝えている話から、信じることができよう(2)。

二三四　すなわち、アリストクセノスはこう伝えている。「かの人たちは、悲嘆や涙やすべてこのたぐいのものを可能なかぎり抑制した。また、こびへつらいや懇願や哀願やこのたぐいのすべてについても同様であった(3)。そこで［そのことに関連して］ディオニュシオスが、僭主の地位を失ってコリントスへ来てから、ピタゴラス派のピンティアスとダモンにまつわる話をわれわれにたびたび語ったものである。それは死刑囚の［一時釈放の］保証人についての話であった。彼［ディオニュシオス］が言うには、彼の周りにいた人たちの中に、ピタゴラス派にしばしば言及し、彼らを悪く言い、嘲笑し、はったり屋と呼び、彼らのあのしかつめらしさと見せかけの誠実さと非情念［不動心］は、本当に恐ろしい目に遭ったら剝げ落ちるだろう、と言う者たちがいた。二三五　しかしそれに反論する人たちもいて、言い争いになったので、ピンティアスたちに対して次のような狂言が仕組まれたのである。ディオニュシオスが言うには、彼はピンティアスを召喚し、告訴人の一人が［ピンティアスの］面前で、ピンティアスが他の人たちとともに彼［僭主］に対して陰謀を企てたことが明白になったと主張し、そこにいた先のあの連中がそのことを事実そうだと証言し、彼［僭主］の怒りはいかにも真に迫っていた。ピンティアスはこの告発に驚いたという。しかし彼［僭主］が、この件は厳正に調査され、彼［ピンティアス］は死刑に処せられる、とはっきり宣告したので、ピンティアスはこう言った。「彼［僭主］がそのように決定したのであれば、今日一日の残りを［夕暮れまで］猶予してほしい。自分の身辺とダモンの用事を整理しておきたいので」と。というのも、この二人は同居していて、何もかも共有であったが、ピンティアスの方が年長であって、家事の多くを彼が管理していたのである。それで彼は「この用事のために自分を［一時］釈放してほしい。代わりにダモンを保証人として立てよう」と申し出た。二三六 ディオニュシオスが言うには、自分は驚いて、「いったいこの男［ダモン］は、自分の命を賭けた保証人になることを承知するような人物なのか」と尋ねたと。そしてピンティアスが肯定したので、ダモンが呼び出され、

(1) 二三二後半―二三三節のここまでの出所も、「ローデ」166の推定によると、アリストクセノスである。「かの人たちは言った」（本節初め）という表現が、この推定の根拠の一つである。

(2) 本節後半（「しかしまた」以下）の出所はニコマコスであろう。そして以下の二三四―二三六節（ピンティアスとダモンの友情の物語）の直接の出所もニコマコスであろう。つまりアリストクセノスは孫引きされているらしい。そのことは「ポルピュリオス」五九から推定できる。なお「ポルピュリオス」五九―六一はこの物語をやや簡略に紹介している。「本書」の方が少し詳しい。

ディオニュシオス二世がコリントスへ「亡命」したのは前三四四年頃のことであった（プルタルコス『ティモレオン伝』一三―一五）。当時アリストクセノスは三二歳くらいであったろうか（「断片」一）。ディオニュシオスの没年は不明。コリントスでかなり長く生きていたらしい。

(3) 一九八節と二二六節でも同じことが記されている。

事の次第を聞いて、「保証人になり、ピンティアスが戻ってくるまで、自分がここに留まろう」と約束した。彼［ディオニュシオス］が言うには、自分はこれを聞いてただちに感銘を受けたが、この実験を最初から計画した連中はダモンをあざ笑って、「置いてけぼりを食うぞ」と言い、「君は身代わりの鹿だ」とはやし立てた(1)。さてしかし太陽がすでに西に傾いたときに、ピンティアスが死ぬ覚悟で戻ってきたので、この成り行きには一同が感銘を受け、屈服した。彼［ディオニュシオス］が言うには、「自分は二人を愛情をこめて抱擁して、この友情の三人目へ自分を加えてほしいと頼んだが、両人はけっして、彼がどんなに懇請しても、そのような取り決めには同意しなかった」と。二三七 以上は、アリストクセノスがディオニュシオス本人から聞いた話として述べていることである(2)。

またピタゴラス派の人たちは、相識の間柄でなくても、同じ思想［教説］を共有することの証拠を得たならば、一度も会ったことのない人のために、友人としての務めを果たすべく努力した、と言われる。だから、彼らのこのような行為から考えて、「優れた［有徳の］人たちは、遠く離れた地に住んでいて、知り合って言葉を交わす以前にでも、すでに友人同士である」というあの説も(3)、信じられなくもない。ともあれ、伝えられるところでは、ピタゴラス派のある人が独りで長途の旅をしていて、ある宿屋へ泊まったときに、疲労その他のいろいろな原因で重い長患いの身となり、そのため路用も尽き果てた。二三八 しかし宿屋の亭主は、

(1) アガメムノンの娘イピゲネイアがアウリスで生け贄とされようとしたときに、女神アルテミスが彼女の身代わりに一頭の鹿を置いた、という伝説がある。エウリピデス『アウリスのイピゲネイア』一五八七、アポロドロス『ビブリオテー

ケー』摘要三‐二一。

(2) すでに註記したように、以上の記事の直接の出所はニコマコスであるらしいが、元の出所は(本文に明記されているように)、アリストクセノス(「断片」三一)である。

ピンティアスとダモンの友情についての物語は、「ディオドロス」第十巻第四章三‐六にも略記されている。そこでは、ピンティアスは僭主に対して実際に謀反を企てたとされている。なお彼は約束の時間ギリギリに、すでにダモンが刑場へ連れて行かれようとしていたときに、疾走して戻ってきた、と記されている。またキケロ『トゥスクルム討議』五‐六三では、僭主ディオニュシオスは二世でなく、一世とされている。「ディオドロス」では、この点はあいまいである。

アリストクセノスはディオニュシオスが話したことを忠実に伝えたのかどうか、アリストクセノス以外に別の史料があって、「ディオドロス」はそれを利用したのか、それとも「ディオドロス」はアリストクセノスを歪曲したのか、確かでない。一説によると、「ディオドロス」の記事の方がより単純で、より古いという(たとえば、ヴェーアリやリートヴェーク)。しかし僭主が自分を三人目の仲間に加えてくれと頼んだとすれば(このことは「ディオドロス」にもキケロにも記されている)、ピンティアスが僭主を殺そうと企てたとは考えにくい。だから別の説によると、アリストクセノスの報告が最も古く、「ディオドロス」はそれを歪曲して伝えたのだろうという(「ブルケルト」104 n. 36)。

なお、太宰治『走れメロス』(一九四〇年)はシラーの物語詩『人質』に拠ったものだというが、シラーは後二世紀頃にラテン語で書かれたヒュギヌス『ファブラエ(神話伝説集)』第二百五十七章を利用したようである。「メロス」はヒュギヌスとシラーでは Moerus である。ピンティアスとダモンが、ヒュギヌスでは、モエルスとセリヌンティウスとされたのである。彼らがピタゴラス派だったとは記されていない(リートヴェーク p. 58)。

(3) エウリピデスの作品中の説であろうか。「本書」の写本のスコリア(欄外註)に、次の二行の詩句(エウリピデス「断片」九〇二(ナウク、第二版))が引かれている。「善き人を私は友とみなす。たとえその人が遠隔の地に住んでいても、私が彼をこの目で見たことがなくても」。

この人物への哀れみからか、それとも好感をもったからか、手間も出費も惜しまず、必要な世話はすべて行なった。そして病気が重篤になり死を覚悟した病人は、書字板にある印を書いて、[1] 自分にもしものことがあれば、道路に面した所にこの板を掲げて、通行人のだれかがこの印を見知ることがないか、気をつけるようにと命じた。「というのは、その人が君に、私のために支出した費用を支払い、私に代わって謝礼も進呈するだろうから」と彼は言った。さて亭主は男の死後、遺体の世話をして埋葬を済ませたが、しかしあの書字板［の印］を認知する人たちの中のだれかから出費を弁償してもらうことを、ましてや謝礼までもらうことを、期待してはいなかった。しかしそれでも故人の指示を奇異に感じたので、試しにその板を人目につきやすい場所へいつも掲げておいた。そして時久しくしてピタゴラス派のだれかがその場所を通り、目をとめて、その印を書いた人を［同門の人だと］認知して、事情を尋ね、亭主に出費の額よりもはるかに多くの金を支払った、ということである。[2]

二三九　またタラスの人クレイニアスは、ピタゴラスの教説の信奉者であったキュレネのプロロスが全財産［不動産などか］を失いそうだと聞いて、［自分の］金をかき集めて［アフリカの］キュレネへ渡航し、［それまで会ったこともなかった］プロロスの苦境［負債などか］を処理してやった、ということである。彼は自分の資産の減少をかえりみなかっただけでなく、船旅の危険も辞さなかったわけである。[3]

同様にポセイドニアの人テストルも、パロスの人テュマリデスがピタゴラス派に属していることを伝聞によってのみ知っていたのだが、後者が富裕な家産を失って困窮に陥ったときに、多額の金を集めてパロス［島］へ渡航し、彼［テュマリデス］に以前の資産を取り戻してやった、ということである。[4]

二四〇　さてこれら［以上の諸行為］はたしかに彼らの友愛のみごとで適切な証拠である。しかしこれらよりも、もっとはるかに驚嘆に値するのは、神的な諸善の［われわれによる］共有についての、［われわれの］知性の同一思考についての、そして［われわれが共有する］神的な魂についての、彼らの教説であった(5)。というの

(1) いわゆるペンタグラムであろうか。ピタゴラス派の人たちの相互認知のための標識（いわば合言葉）として、ペンタグラム（五線星形）が用いられたという。これは、正五角形の各辺を交点まで延長して出来る星形である。ルキアノス『あいさつの言いまちがいの弁護』五、アリストパネス『雲』六〇九への古註、トマス・ヒース『ギリシア数学史』第一巻、p. 161などを参照。

(2) この記事（二三七―二三八節、親切な宿の亭主への弁償の話）の直接の出所は、「ローデ」167によると、ニコマコスである。元の出所は不確かだがアリストクセノスではないか、という。なお現存の他の史料には、この話は記されていない。

(3) クレイニアス（一二七、一九八節）がプロロスを援助した話は、「ディオドロス」第十巻第四章一にも略記されている。それによると、プロロスの資産喪失は「政治的事情」のゆえだというが、詳細は不明である。この二人の名は二六七節の名簿に記されている。この話の元の出所はアリストクセノスであろうか（「ローデ」167 n.）。アリストクセノスによると、クレイニアスはプラトンの友人だったという（二〇九頁註(6)、「ラエルティオス」九-四〇）。とすると彼の生存年代は、前五世紀後半から前四世紀前半の間であろう。

(4) 「ポセイドニアのテストル」については、他の史料には何も記されていない。「本書」二六七の名簿にも名前がない。「ポセイドニア」はイタリアのレウカニア（ルカニア）地方にあったギリシア人植民都市。後の「パエストゥム」。

一〇四節に「テュマリダス」はピタゴラスの直弟子であったと記されているが、本節の「パロスのテュマリデス」と同一人物かどうか確かでない。一四五節に「タラスのテュマリダス」について一つの逸話が記されている。「パロスのテュマリダス」の名は二六七節の名簿に記載されている。

(5) 「神的な諸善」とは知性と魂であろう。われわれは一つの知性と一つの（高級な）魂を共有しているのだ、という思想である。

も、彼らはお互いの間でしばしば「われらが内の神を引き裂くな」と戒め合ったのである。だから彼らにおける行為と言説による友愛の追求は、これすべて、神との一種の溶け合いを、神との合一を、知性の共有と神的な魂の共有を目指していたのである。(1) そしてこれ［この目標］以上にもっと善いものを――それが説かれた言説であるにせよ、実行された行為であるにせよ――見出すことは不可能だろう。私見によれば、友愛がもたらす善のすべてが、この中に包含されている。だからわれわれも、ピタゴラス的友愛のすべての利点をこの一つのいわば「要約」の中に包括して、それ［友愛］についてこれ以上語ることをやめよう。(2)

第三十四章

二四一　さてわれわれはピタゴラスとピタゴラス派について、これまでは［記事を美徳ごとに］類別して順序立てて叙述してきたが、(3) 以下では、［彼らについて］別個に語られるのが常であり、前記の配列には属さない「雑項」を、［彼らの思想言動の］証跡として記しておこう。

さてピタゴラス派は、彼らの団体に参加したギリシア人には、各自の父祖［祖国］の方言を用いるように指示した、と言われる。彼らは他国の方言を話すことを是認しなかったのである。なお異邦人［非ギリシア人］もピタゴラス派に参加した。メッサピア人もレウカニア人もペウケティア人もローマ人もである。(4)

なおテュルソスの兄メトロドロスは、父エピカルモスとかの人［ピタゴラス］との教説の大半を医術へ応用した人であったが、(5) 父の学説を弟へ説明した際に、こう語っている。「エピカルモスは、また彼以前にピタゴラスも、ドーリア方言を［ギリシア語の諸方言のうちで］最良のものだ――音楽においてドーリア調が最良であるように――とみなした。なぜなら、イオニア方言とアイオリス方言は［ある程度］半音階的であり、アッティカ方言はもっと完全に半音階的であるが、二四二　一方ドーリア方言は、母音から成り立っていて、細

（1）「神との溶け合い（テオクラーシアー）」は珍しい語である。ここでは合一（ヘノーシス、われわれの魂が神と一つになること）と同義であろう。ダマスキオス『イシドロス伝』五でも、その意味で用いられている。ただし別の箇所（同書一〇六）では、二柱の神（アドニスとオシリス）が一つの神像に一緒に宿るような場合に、この「神の溶け合い」という語が用いられている。

（2）本節は、ピタゴラス的友愛の根拠を、われわれの魂と神とのつながりを断絶させないことに見出した、特異の説を述べている。「ローデ」167の推測によると、これはイアンブリコス自身の作文である。「ローデ」はこれを「ばか話」と決めつけた。

（3）一三四節初めを参照。

（4）イタリア半島のあちこちから来た非ギリシア人の弟子についての記事は、（ニコマコスを介して）アリストクセノスからの引用である（「ポルピュリオス」二二、「ラエルティオス」八-一四を参照）。外人たちは自国語でなくギリシア語（のどれかの方言）を使った、ということだろうか？　ただし、弟子たちの使用言語についての記事と、外人の弟子たちについての記事は、元来はつながりのない別の情報であったかもしれない。だから前者の出所もアリストクセノスだとは断定できない、と「ローデ」167は言う。

（5）訳文は底本に従っている。写本によると、「エピカルモスの父であるテュルソスの息子メトロドロス」である。つまりメトロドロスはエピカルモスの兄弟である。一方、底本によると、メトロドロスとテュルソスが兄弟（つまりエピカルモスの息子たち）である。ともあれ、この両名については何も分からない。メトロドロス著とされる偽書があって、イアンブリコス（あるいは彼の引用元であるニコマコスかだれか）はこの偽書から引用しているのであろう。

分音階的である。[1] またドーリア方言の古さについては、神話も証言している。すなわち、ネレウスがオケアノスの娘ドリスと結婚して、神話によると五〇人の娘が生まれた。アキレウスの母［テティス］もその一人であった。ただしある人たちが言うには、プロメテウスの息子デウカリオンと、エピメテウスの娘ピュラからドロスが生まれ、後者から息子ヘレンが、そしてこの息子からアイオロスが生まれたそうである。一方バビュロニアの諸神殿で語られている説では、ヘレンはゼウスから生まれ、そして前者からドロスとクストスとアイオロスが生まれた。そしてヘシオドスその人もこの伝承に従ったのだという。[2] どちらの伝承が正しいのか。太古のことについて近代の者が正確な事実を受け継ぐこと、あるいは認定することは、容易でない。

二四三　しかしどちらの説によっても同じ結論が得られる。すなわち、諸方言のうちで最古のものは［ドリスあるいはドロスの名にちなんだ］ドーリア方言であり、次に古いのはアイオロスにちなんだ名称をもつアイオリス方言で、三番目がクラナオスの娘アッティスにちなんだアッティカ方言、そして四番目がイオニア方言である。これは、クストスと、エレクテウスの娘クレウサとの息子であったイオンにちなんだ名称である。この方言は、前記の［三つの方言］よりも三世代後の、トラキアの風［ボレアス］がオレイテュイアを引きさらった時代に生じたものである、と大半の歴史家たちが述べている、という。なお最古の詩人オルペウスもドーリア方言を用いた[3]」。

二四四　また医術の［諸分野の］うちでは、彼ら［ピタゴラス派］はとりわけ食事療法を重視し、この分野できわめて精確な知識をもっていた、と言われる。彼らはまず第一に、飲み物と食べ物と休息の適度さを示す徴候を知ろうと努力した。次に、［史上］ほとんど初めてのことだが、食材の［医術的に適切な］調理について研

(1) 音楽の「ドーリア調」(前節)は落ち着いた調べであって、プラトンも(『国家』第三巻三九九C)アリストテレスも(『政治学』第八巻第七章)これを(感情の調節あるいは良い性格の形成という目的から)勧めている。

ドーリア方言が他の方言と比較して母音が多いとは言えないだろうが、長母音Aが多いとは言えるかもしれない。

ドーリア方言が細分音階的であるということの意味は明らかでない。古代ギリシア語のアクセントは、(強弱、ストレスでなくて)高低(ピッチ)であった。音楽での半音階は(短三度のほかに)主として半音を、また細分音階は(長三度のほかに)主として四分音を用いる。だから本文の意味は、ドーリア方言では、通常の話し方の場合、高音と低音の差が四分音に近く、アッティカ方言ではそれが半音に近い、ということであろうか。なお一般的には(演説の場合とか、老若男女のいろいろな声を含めて)「ギリシア語の高音と低音の音程はおよそ五度以内だ」という説が伝わっている(ハリカルナッソスのディオニュシオス『語の配置(構文)について』一一)。

(2) ヘシオドス作とされた『名婦列伝』の中の説であろう。そこに「戦いを好む王ヘレンから生まれたのは、ドロスとクストスと戦車に乗るアイオロス」とある(「断片」九の最初の二行(メルケルバッハ/ウェスト編))。ヘレンは全ヘラス人(ギリシア人)の祖先であり、ドロスはドーリア人の、クストスはイオニア人の、アイオロスはアイオリス人の先祖である、とされた。なお「バビュロニアの神殿」うんぬんについては不明である。偽作者(「メトロドロス」)の虚構であろうか(「ローデ」168)。

(3) 通常の神話では、オレイテュイアはエレクテウスの娘であり、クレウサの姉妹である(ヘロドトス第七巻一八九、アポロドロス『ビブリオテーケー』三-一五-一)。とすると、三世代後であるはずがない(「ローデ」168)。

古代では一般に、オルペウスはホメロスやヘシオドスよりも古い詩人だと信じられていたらしい。アルゴ船航海記の話はすでにホメロス『オデュッセイア』第十二歌七〇で言及されているし、オルペウスがアルゴ船に乗り組んだことも、すでにピンダロス『ピュティア祝勝歌』第四歌一七七などに記されている。ただしヘロドトス第二巻五三は、オルペウスがホメロス以前の詩人であったことを否定したようである。なおオルペウスがドーリア方言を用いたという説は、他の史料には見当たらないようである。

(4)「飲み物」は一六三節では「労働」と書かれていた。一八三頁註(1)を参照。

究し、その規則を定めようと努めた。また湿布についてもピタゴラス派は先人たち以上に研究したが、薬の研究にはさほど熱心ではなかった。彼らはこれら〔薬〕のうちではとくに、化膿した傷の治療に適したものを用いた。また〔手術法としての〕切ることと焼くことを、ほとんど認めなかった。また若干の症状に対しては呪文を用いた、という。(1)

二四五　また学問を切り売りして、自分の魂を——宿屋の門のように——来訪するすべての人間に対して開く者たちを、かの人たちは軽蔑した、と言われる。(2)この者たちは、それでも買い手が見つからないと、自分から諸国へ出かけて——大まかに言うと——体育場と〔そこへ集まる〕若者たちを食い物にして、無価値なものを売りつけて代金を稼ぐのである。一方かの人〔ピタゴラス〕は、自分の教説の多くを〔不可解な言葉で〕覆い隠して、(3)純粋に教育された者だけがそれを明確に理解するが、他の者たちは、ホメロスが〔冥界で、水に浸っているが水を飲めない〕タンタロスについて言うように、(4)彼の教説に浸っていても全然それを享受できない、というふうに工夫した。なお彼ら〔ピタゴラス派〕は、教えを請う者から料金をもらって教えてはならない、と言っているように私には思える。これら〔授業料を取る教師〕は、神像彫刻師や細工人よりも劣っている、と彼らが指摘しているからである。というのも、一方〔彫刻師など〕は、だれかが〔たとえば〕ヘルメス像を注文すると、まずこの神像を刻むのに適した材木を探すのだが、他方〔これらの教師たち〕は、手当たり次第にどんな本性〔の人間〕からでも美徳を養成しようとするからである。(5)

二四六　また両親と農業によりも、愛智の方により多く心遣いしなければならない、と彼らは言う。なぜなら、両親と農夫はわれわれが生きることの原因者であるが、愛智者と教育者は、正しい生活の仕方を発見しているので、われわれがよく生き、よく思慮することの原因者であるから。

しかし彼［ピタゴラス］は、だれにでも意味が明白であるようなふうに話したり書いたりすべきでない、と考えた。(6) また彼に師事した人たちに彼が最初に教えたのは、まさに次のことであった、と言われる。すなわち、自制力の欠如をすっかり洗い落として［克服して］、聴講した教説を口外しないで心にしまっておくべきこと、である。だから、［線分の長さなど、幾何学的な量の］通約性と不可通約性を、(7) この理論を学ぶのに不適当な人たちに最初に洩らした人物は、［学派内で］非常に嫌悪されて、［学園での］共同の勉強と生活から追放されたばかりか、彼の墓が作られさえもした。かつての学友であった人はこの世から去った、と考えられた

(1) 本節の（医術研究についての）記事は、一六三―一六四節初めの記事とほとんど同文である。出所は（ニコマコスを介して？）アリストクセノスであろうか。
(2) 公開教育（あるいは予備訓練抜きの安直教育）の批判については、七五―七八節（リュシスのヒッパルコスへの手紙）を参照。
(3)「符丁による教え」を意味するのであろうか。一〇三、一〇五、二二七節を参照。
(4) タンタロスが冥界で受けた刑罰については、ホメロス『オデュッセイア』第十一歌五八二以下に述べられている。
(5)「ピタゴラスが言ったように、任意の木材からヘルメス像を彫り出すべきでない」（アプレイウス『弁明』四三）。しかしアプレイウスの典拠は不明である。ニコマコスか？
(6) 前註（3）を参照。
(7) 複数の幾何学的な量（たとえば二本の線分の長さ）が共通の単位で測れない場合に、これらは互いに不可通約であるという（プラトン『テアイテトス』一四七D、エウクレイデス『原論』第十巻定義一）。不可通約性を最初に発見したのはピタゴラス派だと言われる（たとえばエウクレイデス第十巻へのスコリア）。ピタゴラス自身がそれを（少なくとも二の平方根について）発見したのかどうかは確かでない（たとえばヒース『ギリシア数学史』第一巻、p. 154）。

のである。(1) 二四七　なお、ある人たちが言うには、ピタゴラスの教説を外部へ洩らした者を神明も罰せられたという。すなわち、二〇の角〔頂点〕をもつ立体〔正十二面体〕の作図法を漏洩した人物が、不敬虔な人間にふさわしく、海で溺死したのである。これは、いわゆる五立体の一つである正十二面体を球へ内接させる方法であった。(2) ただし、ある人たちの説では、〔幾何学的な量の〕不条理性つまり不可通約性を外部へ洩らした人物が、こういう目〔つまり溺死〕に遭ったのだという。(3)

実際ピタゴラス的教導法は、その全体がすっかり独特で符丁的であった。それは、言葉を聞くだけでは、まるで謎か隠語のようであった。これは、そのタイプが古風だったからである。(4) それはあたかも、真に神的であるデルポイの〔アポロン〕の神託が、おざなりに託宣を求める人たちには、意味不通で不可解であるのと同様である。(5)

さてピタゴラスとピタゴラス派についての——別々に語られている雑項に属する——証跡の事例としては、人は以上のものを挙げることができよう。(6)

第三十五章

二四八　しかしこの人たちに対して敵意を燃やし、反乱を起こした者たちがいた。その謀反が行なわれたのは、ピタゴラスが不在のときだったということは、すべての人〔著作者〕が同意しているのだが、(7) そのときの彼の行く先については彼らの意見が分かれている。ある人たちはピタゴラスが〔当時デロス島にいた〕シュロスの人ペレキュデスのもとへ旅したと言い、また他の人たちは彼がメタポンティオンへ行ったと述べている。[8] また謀反の原因も、いくつかが挙げられている。一つは、キュロン党と呼ばれる人たちによって生じた次のような事情である。クロトンの人キュロンは、生まれのよさと名声と資産の点で同国人の首位に立つ者であったが、一方、その性格は気難しく粗暴で落ち着きがなく専横的であった。この男が、ピタゴラス的生

---

(1) この人物の名前は伝えられていない。実在したかどうかも不明。後註(3)を参照。「退学処分」を受けた弟子たちの墓については七四節を参照。

(2) 一〇一頁註(1)を参照。この人物の名前はヒッパソスだという。なお「五立体」とは、正四面体、立方体、正八面体、正十二面体、正二十面体である。

(3) ここではこの二人の人物は別人だとみなされている。近代では、この二人を同一人(ヒッパソス)だと推測する説もある。

(4) 古風であることについては二〇節を参照。

(5) ピタゴラスの符丁と寸言による教えをアポロンの神託になぞらえることについては、一六一節を参照。

(6) 二四五―二四七節の大部分は、既述のことをあちこちから拾い集めたものであり、その意味でイアンブリコス自身の作文であるという(「ローデ」168)。

(7) 実際には、この点で一致していたのはニコマコスとテュアナのアポロニオスやヘラクレイデス・レンボス(「ラエルティオス」八-四〇)などである。一方ディカイアルコスは、ピタゴラスはそのときクロトンにいたと主張した(「ポルピュリオス」五六)。またアリストクセノスは、クロトンで焼き討ち事件が起きたのはピタゴラスの死後のことだったと考えたらしい(二四九節)。「ローデ」113-114によると、イアンブリコスは主としてニコマコスとアポロニオスによって「本書」を書いたので、「すべての人が同意している」と言ったのだろう、という。

(8) ピタゴラスがデロス島へ行ったことについては一八四節を、またちょうどそのときにそこへ行っていたという説については、二五二節(ニコマコス)、「ポルピュリオス」五五、「ラエルティオス」八-四〇を参照。また、焼き討ち事件のときかどうかは別として、ピタゴラスがクロトンからメタポンティオンへ移住したという説(アリストクセノス)については二四九節を参照。

活に参加することに非常な熱意を示して、すでに高齢であったピタゴラス本人を訪ねたが、前記の［性格上の］諸理由で拒否されたのである。二四九　このことがあってから、キュロン自身と彼の仲間たちは、ピタゴラス本人と彼の弟子たちに激しい戦いを挑んだ。そしてキュロン自身とその一党の敵愾心は激烈で徹底的であって、［クロトンでの］最後のピタゴラス派の人たちにまで及んだ。かくして、まさにこの理由でピタゴラスは［クロトンを去って］メタポンティオンへ移った。そしてその地で生を終えたと言われる。一方、いわゆるキュロン党はピタゴラス派に敵対し続け、あらゆる形で敵意を示した。しかしそれでも、しばらくの間はピタゴラス派の人たちの美徳と［クロトンおよび近隣の］諸国家自身の――国政はかの人たち［ピタゴラス派］によって運営されることを望むという――意向が優勢であった。しかしついに、キュロン党が悪辣な計略をめぐらして、かの人たちがクロトンのミロンの家で会合し、国事について審議していたときに、ひそかにその家に放火して、かの人たちを焼き殺した。(1)アルキッポスとリュシスの二人を除いて。この両名はいちばん若くて、いちばん強壮であったので、どうにか屋外へ脱出したのである。(2)

二五〇　さてこの事件が起きて、しかも諸国家がこの災厄を全然問題にしなかったので、ピタゴラス派は［各国での］政治への関与をやめた。これは二つの理由によるものであった。一つには諸国家の無関心――というのは、このように非道な、そしてこれほどに大規模な弾圧が行なわれたのに、諸国家は全然注意をはらわなかったのである――また一つには［学派の］最も指導的であった人たちを失ったことである。生き延びた二人はどちらもタラスの人であったが、アルキッポスはタラスへ帰り、一方リュシスは［故国やその他のイタリアの諸国の］無関心さを憎んでギリシアへ行き、ペロポネソスのアカイアで暮らし、後にテバイへ移住した。

［その地で彼に対する］何ほどかの思慕が生じたからである。そしてその地でエパメイノンダスが彼の聴講者となり、彼を［敬慕して］父と呼んだ。そして彼はその地で生涯を閉じたのである。(3) 一方ピタゴラス派の残余

（1）クロトンの人ミロンは大力無双で、古代ギリシア世界で最も有名なレスラーだったという（ストラボン第六巻第一章一二（二六三））。ピタゴラス派に属したと伝えられる（ストラボン同箇所、「本書」二六七）。生没年は不明だが、前五一〇年にクロトンがシュバリスと戦って大勝利を博したときの将軍であったという（「ディオドロス」第十二巻第九章）。「ミロンの家」は（彼の死後も）ピタゴラス派の集会所であったのだろうか。この焼き討ち事件の年代は不確かだが、一説によると、前四四八年だという（ロスターニの説、ツェラー／モンドルフォ『ギリシア人の哲学』第一部第二巻、p. 428 n.）。

（2）「ポルピュリオス」五五でも、この二人だけが脱出できたと記されている。その情報の出所はネアンテスだという。ネアンテスはアリストクセノスを利用したのだろうか。「ラエルティオス」八-三九の写本では「アルキッポス」が「アルキュタス」と書かれている。

（3）リュシスがテバイへ行き、エパメイノンダスを教育したという話は、古代の多くの文献に記されている。たとえば「ディオドロス」第十巻第十一章二、「ラエルティオス」八-七、「ポルピュリオス」五五など。この情報の元の出所はアリストクセノスであろう（「本書」二五二）。弁論家アルキダマス（前四世紀）が「テバイでは指導者たちが哲学者になると同時に国が栄えた」と言ったというから（アリストテレス『弁論術』第二巻第二十三章）、この話はアリストクセノスの創作ではないだろう（「ブルケルト」116 n. 43）。リュシスがテバイで亡くなり、その地に葬られたという話は、プルタルコス『ソクラテスのダイモニオン』六、一三、一六にも記されている。またリュシスがエパメイノンダスの「養父」として敬愛され、（老後に）介護されたという話は、「ディオドロス」第十巻第十一章二やプルタルコス同書一三（五八三C）に記されている。一方、リュシスについての伝承はほとんどすべてが後代（ローマ帝政期）のピタゴラス派の創作であり、「ピタゴラスの弟子リュシス」という名前だけが歴史的事実を伝えている、という説もある（たとえば *Der kleine Pauly* の Lysis の項）。

の人たちは、タラスのアルキュタスを別にして、イタリアを去った。二五一　そして彼らはレギオンへ集まって、かの地で一緒に生活した。しかし時とともに政情はますます悪化して行き……［欠文あり］……。[1] そして彼らのうちで傑出していたのは、［四人の］プレイウス人パントンとエケクラテスとポリュムナストスとディオクレス、そしてトラキアのカルキディケの人クセノピロスであった。[2] 学派は衰退していったけれども、彼らは当初からのしきたりと学問を守った。ついに彼らが気高く消え去ったときまで。

　さて以上はアリストクセノスによる叙述である。[3] 一方ニコマコスは、他の点ではこれら［の叙述］に同意しているが、しかしこの反乱はピタゴラスの旅行中に起きた、と述べている。[4] 二五二　というのは、かつてピタゴラスの師であったシュロスの人ペレキュデスが［デロス島で］シラミ病の症状とされているものを発症したので、彼を看取り［死後には］葬儀を行なうために、デロスへ旅立ったのである。[5] そしてそのときに［この機会に乗じて］、かつて彼らによって墓標に名を刻まれた者たちが、[6] 彼らを攻撃し、あらゆるところで彼らを焼き殺した。しかしこの者たち自身も、この行為のゆえにイタリアの人たちの手で投石によって殺され、埋葬されないまま放置された。[7] とにかく、そのときに［ピタゴラス派の］学識がこれらの学識者たちとともに滅び去ったのである。というのも、この学識は、その当時までは書き記されることなく、彼らの胸中に保管されていたからである。外部の人たちによって記憶されていたのは、不可解な、説明のつかない言葉だけであった。ただし、ほんの僅かのことだけは別である。これらは、事件当時たまたま他国にいた若干の［ピタゴラス派の］人たちが［心中に］保存していた種火のようなものであり、［それ自体としては］まったく漠然としていて捕らえがたいものであった。二五三　そしてこの人たちは孤立し、この事件のために一方ならず落胆し、

(1) レギオン(現レッジョ・ディ・カラブリア)はイタリア南端の都市だから、「イタリアを去ってレギオンへ集まった」という記事は(厳密に言うと)おかしい。「ローデ」114 n. 1はテクストが壊れていると見て、次のような修正案を提示した。「ピタゴラス派の残余の人たちはレギオンへ集まって、かの地で一緒に生活した。しかし時とともに政情はますます悪化して行ったので、彼らはイタリアを去った。(以下、写本に欠損あり。そこでは、彼らがギリシアへ移住したことが述べられていたはずである)」。

(2) この五人の名は、「ラエルティオス」八-四六にも「ピタゴラス派の最後の人たち」として記されている。彼らはピロラオスとエウリュトスの弟子であったという。アリストクセノスは彼らを直接に知っていたという。彼らの生存年代は、だいたい前四世紀であろう。なお音楽家クセノピロスはアテナイで暮らし、一〇五歳まで(しかも元気に)生きたという(アリストクセノス「断片」一九、二〇a―b)。

(3) 二四八―二五一節の主要部分は、「ポルピュリオス」五四―五五にほぼ一致する。出所は、本文に明記されているように、アリストクセノス(「断片」一八)であろう。ただしイアンブリコスは直接にアリストクセノスから引用したのか、孫引きしたのか、確かでない。「ローデ」116は、ニコマコスがアリストクセノスを引用し、イアンブリコスはそれを孫引きしたと考えた。「ブルケルト」99 n. 6もこの解釈に同意したようである。

(4) ニコマコスはアリストクセノスの説を紹介した後で、それに賛成せず、別の説を唱えたのであろう(「ローデ」116)。この別説は、「ローデ」などによるとネアンテスのものであるが(「ポルピュリオス」五五を参照)、サテュロスの説だと言う人もいる(「ブルケルト」99 n. 6)。

「他の点」とは具体的には何を指すのか、不明である。キュロンがピタゴラスに敵対するにいたったいきさつなどか。アリストクセノスによると、反乱はピタゴラスの生存時には起きなかったのだから、アリストクセノスとニコマコスの見解が一致する点は少なかった(あるいは皆無であった)はずだ(「ローデ」116)とも考えられる。

(5) デロス旅行については一八四、二四八節を参照。

(6) 「墓標」うんぬんについては七三、七四、二四六節を参照。

(7) この一文は(イアンブリコスによる)資料の誤読あるいは曲解によるものか。「ポルピュリオス」五五によると、キュロン派がピタゴラス派に「投石して全員を殺した」のだ、という。前者が報復されたことは、資料(アリストクセノスかニコマコス)には記されていなかった、と思われる。

各人がそれぞれ別の土地へ散らばって、もはや人間と言葉を交わすことに全然耐えられず、どこであれ人里離れた地で、たいていは独りになって閉じこもり、他人と交わらないで自己自身との交際を何よりも楽しんだ。しかし彼らは「愛智〔哲学〕の名称が人間の間から消え失せるのではないか。そしてそのために、神々からのこれほどに貴重な贈り物をすっかり台無しにした罪で、自分たち自身が神々に憎まれるのではないか」と心配して、若干の要約的で符丁的な覚書を書き記し、先輩たちの書き物と自分が記憶していたことを集成して、各人が生を終えた場所にそれを残し、その際に息子あるいは娘あるいは妻に、家族以外のだれにもこれを与えてはならないと命じた。そして家族の者は代々この同じ命令を子孫へ伝えて、長久に遺言を守ったのである。(1)(2)

二五四　なおアポロニオスも同じ出来事について異説を唱える場合があり、また前記の人たち〔つまりアリストクセノスやニコマコスなどの著作〕においては言われていないことをたくさん付け加えてもいるので、ピタゴラス派に対する反乱についてのこの人の記述も紹介しておこう。(3)彼が言うには、そもそもかの人たち〔クロトンのピタゴラス派の人たち〕には、すでに少年時代〔つまり弟子入りした当初〕から他人の妬みが付きまとっていたのである。(4)というのも、〔クロトンで〕ピタゴラスが彼に接するすべての人と無差別に対話していた間は、人々は機嫌がよかったのだが、彼が弟子たちとだけ会うようになってから、彼の人気は落ちた。また人々は、自分たちが他国から来た人よりも軽視されるのはがまんしたが、土地の者が自分たちよりも重んじられているように思えることに対しては、心が穏やかでなかった。そしてこの結社〔ピタゴラス派〕は自分たちに刃向かうためのものではないかと疑ったのである。さらにまた、〔かの人に師事した〕若者たちは家柄と資産の点で上流階級の出であって、長じると私人として一家を治めただけでなく、公人として国政の運営に当たった。彼らの数は三〇〇人を超え、[5]大きい団体を結成していたが、しかし国家［国民］の一小部分にすぎず、国家

(1) 愛智が、とくにピタゴラスの哲学が、元来は神々から与えられたものであることは、一節に述べられている。その定義や貴重さについては、五九、一五九、二四六節を参照。

(2) 二五一末―二五三節の出所は（本文に明記されているように）ニコマコスである。二五二節中ほど（「とにかく、そのときに」）―二五三節末は、「ポルピュリオス」五七中ほど―五八にほぼ一致する。

(3) 二五四―二六四節の主要部分の出所は、本文に明記されているように、アポロニオスである。このアポロニオスは、異論もあるけれども、多数の学者の推定によると、一世紀のテュアナ出身の哲学者あるいは「聖者」である。通例、新ピタゴラス派の一人に数えられる。テュアナは（現トルコの）カッパドキア（あるいはキリキア）地方にあったギリシア人の植民都市である。この人にはいくつかの著書があり（いずれも現存しないが）、その一つが『ピタゴラスの生涯』であった、と伝えられる（『スーダ事典』）。「本書」でこの人の名が明記されているのはここだけだが、三―八、一一、三七―五七節なども、この人の著作からの引用であろう、と推定されている。なお「ポルピュリオス」二にも彼の名が記されているが、一方「ラエルティオス」には彼の名は出てこない。「ローデ」111-112 はアポロニオスが伝承を歪曲したり、誇張したり、恣意的に補足拡充したりしたと非難した。一方デラット「注釈」169 によると、アポロニオスはしばしばティマイオスに拠って書いているので、史料として重要であるという。

(4) 写本によると「かの人たちに」だが、底本はこれを「かの人に」と修正した。訳文は前者に従っている。人々の妬みは、ピタゴラスに対してよりも、むしろ彼の弟子たちに対するものであったろう。

(5) 「（クロトンの若者）三〇〇人」という数字は、ユスティヌス二〇-四、「ラエルティオス」八-三、ルキアノス『生き方の競売』六などにも記されている。この情報の元の出所はティマイオスらしい（デラット「注釈」153-154）。なお二六〇節の「三〇万人の一〇〇〇分の一」を参照。

はかの人たちの生活習慣と行動指針とは［必ずしも］一致しないふうに治められていた。二五五　とはいえ、彼ら［クロトン国民］が既存の領土だけを所有していて、そしてピタゴラスが［クロトンに］在住していた間は、国家建設以来の古くからの体制が守られていたのだが、(1) 国民は不満で、変革の機会をうかがっていた。そしてクロトンがシュバリスを征服し、(2) かの人も［クロトンを］去って、戦争によって獲られた領土が、大衆の欲求に従って、くじによって［全国民に］分配されるのではないことに［ピタゴラス派の主導によって］決まったので、それまでの暗黙の憎悪が爆発し、大衆がかの人たちから離反した。しかも、この対抗の指導者たちは、ピタゴラス派の人たちに、親類縁者として、いちばん近しい人たちであった。その理由は、かの人たちの行為の多くが習俗に反する独特のものであったので、一般の人々にと同様に、彼ら［親類縁者］にも気に入らなかったからであり、とりわけまた重大なのは、自分たちこそが軽視されている、と彼らが信じたからである。［一般の人にも親族たちにも気に入らなかったのは］たとえばピタゴラス派の人はだれもピタゴラスの名前を口にしなかったことである。彼らは彼の生存中に彼を名指す必要があったときには「神人」と呼び、彼の死後には「あのお方」と呼んだ。(3) それはまさしくホメロス描くところの［豚飼い］エウマイオスが［主人］オデュッセウスを偲びつつ語っている言葉のとおりであった。

　あのお方を俺は、のう客人よ、ここにおいでてなくとも無遠慮に名指すようなことはしたくない。たいそう俺を可愛がり、気にかけてくだすったでな。（たとえ遠方におられようとも、俺はあのお方を「頼むお人」と呼ぶのだ）(4)。

二五六　同様にまた彼らは、日の出より後に起床することはなかったし、また神像を刻んだ指輪をはめて出歩くこともなかった。(5) というのは、昇っている太陽に祈りを捧げるために彼らは日の出を待ち受けたのだし、また葬列や何らかの不浄な場所に出くわして〔神像を〕汚してはいけないので、そのような指輪をはめなかったのである。また彼らは、あらかじめ考慮しなかった行為も、後で反省しない行為もけっして行なわず、早朝に何をなすべきかを計画し、夜には〔今日一日〕何を追及したかを検討し、併せて記憶力を訓練するように努めた。(6) また彼らは同門のだれかとどこかで会おうと約束したならば、その人が来るまで昼も夜もその場所で待ち続ける。(7) この場合にもやはりピタゴラス派の人たちは、言われたことを忘れずに記憶する訓練、また何一ついいかげんなことを言わない訓練を積んだわけである。二五七 そもそも〔かの人たちには〕臨終のと

(1) 少数者による保守的な統治というほどの意味であろうか。適否は別として、「ラエルティオス」八-三では「ほとんどアリストクラティアー」と表現されている。二五七節の「父祖伝来の政体」や、「千人衆」という名称(四五、一二六、二五七節)を参照。

(2) 前五一〇年頃。一四三頁註(2)、二四九頁註(1)、二六一頁註(1)を参照。

(3)「神人(テイオス、神のごとき人)」という呼称については五三節末を、また「かのお方(エケイノス・ホ・アネール)」については八八節末を参照。

(4) 引用はホメロス『オデュッセイア』第十四歌一四五—一四六から。なお一四七行を訳者が( )内に付け加えた。「頼むお人」は呉茂一の訳。

(5) 八四節を参照。

(6) 一六四—一六六節。

(7) 一八五節。

きにさえも命じられていたことがあった。というのも、彼［ピタゴラス］は「最期のときに不吉な［あるいは瀆神の］言葉を口にしてはならない。あたかも人々が［危険な］アドリア海を渡ろうとする際に、言葉を慎んで鳥占いをする［吉兆を待つ］のと同じようにせよ」と教えたのである。(1)

さてかの人たちの以上のような行為が、私が先に言ったように、おしなべてすべての人々を傷つけたのだが、それは、［もともとはこの国で］自分たちと一緒に教育された者たちが、独自の［異様な］ふるまいをしているのを見て取ったからである。一方、ピタゴラス派の人たちがお互いに対してだけ右手を差し出して［相手の右手に］重ね、他の人には身内であっても、両親を除いて、そうはしなかったこと、(2)また自分の資産を学派の共有のものとして提供し、身内の者を疎外したことに対しては、親族たちは、もっとがまんできず、もっと腹立たしく感じたのである。そしてまず親族たちが反抗を始め、他の人たちもその敵対行為に進んで合流した。そして千人衆自身の中からヒッパソスとディオドロスとテアゲスが(3)［議会において］「全国民が公職に就き、議会に［議員として］出る資格を与えられること、そして公職者たちは［任期終了後に］、全国民からくじで選ばれた人たちの前で報告を行なうこと」を提案し、ピタゴラス派のアルキマコスとデイナルコスとメトンとデモケデスが反対して、(4)父祖伝来の政体の崩壊を食い止めようとしたが、大衆の側に立つ者たちが勝ちを制した。二五八　そしてその後で大衆が会合して、弁士としてキュロンとニノンが演説を分担し、かの人たち［ピタゴラス派］を弾劾した。両人の一方は富裕階級に属し、他方は民衆派に属した。(5)そしてそのような［弾劾的な］演説が行なわれ、キュロンの話の方が長かったのだが、他方［ニノン］がその後を受けて、(6)ピタゴラス派の秘密の教えを探り出したと称して、実は、かの人たちを最大限に誹謗できるように、自分が

（1）不吉な言葉を口にしたり、神々や他人を悪く言ったりしないように、言葉を慎んで、死後の自分の魂の幸運を祈れ、という勧告であろうか。なおアドリア海の航海は（風波あるいは海賊などのため？）危険なこととみなされていたという（*Der kleine Pauly*, Adria の項）。

（2）一般に、右手を差し出すことは親愛の情を表わした。ピタゴラス派は友人の範囲を限定し、他の人には右手を差し出さなかった、ということであろう。現代風に言うと、握手を拒んだということか。

（3）この三人もピタゴラス派だったと推測する説があるが（たとえば「仏訳」215 n. 257-5）、どうであろうか。「ヒッパソス」は前記（八一、八八、一〇四節）のヒッパソスとは別人かもしれない。なおピタゴラス派のテアゲス著とされる『美徳について』は偽書であったらしい。断片が残っている。ピタゴラス派のテアゲスという人が実在していたとしても、本節のテアゲスとは別人であろう。

（4）この四人のピタゴラス派についても、ほとんど何も分からない。クロトンの人のはずだが、二六七節の名簿にはパロスの人として初めの三人の名が列記されている。別人であろうか。デイナルコスについては二六三節を参照。なおデモケデスは有名な医師（ヘロドトス第三巻一二五、一二九―一三七）と同一人物だとみなす人が多いが、確かではない。この人については二六一節を参照。名医デモケデスはサモスのポリュクラテスやペルシアのダレイオス一世の宮廷にいたこともあるから、ピタゴラスとほぼ同時代の人であった。

（5）キュロンが資産家であったことは二四八節にも記されていた（出所はアリストクセノス）。ニノンは一般大衆のリーダーだったのであろうか。

（6）この政変の立役者の一人とされるニノンについては、「本書」に記されていること以外には何も分からない。「ローデ」122 はこの箇所のアポロニオスの記述の全体を虚構とみなしたようだから、ニノンの歴史的実在性も信じなかったのかもしれない。一方デラット「注釈」165 は、アポロニオスはティマイオスに拠ってこの政変劇を記述したと解した。ではティマイオスは何らかの史料（たとえば二六二節で言及される「クロトン人たちの記録」）を見たのであろうか。

創作して書いた文書を、書記に渡して読み上げるように命じた。二五九　この文書の表題は『聖なる言葉（ロゴス・ヒエロス）』であって(1)、書かれていたことの見本は次のようなものであった。

「友人たちを神々同様に敬え。そして他の者たちを畜生同然に扱え。──なおこの同じ見解を弟子たちも、ピタゴラスを讃える詩の中で述べている。

かのお方は仲間たちを至福の神々に等しき者とみなし、
余人を人の数には入れざりき。

二六〇　──そしてホメロスを、［領主のことを］『民衆の牧者』と呼んでいる箇所において、とりわけ称賛せよ。なぜなら彼［ホメロス］は寡頭専制主義者であって、［この呼称によって］他の者たち［民衆や兵士］は家畜であることを示しているのだから(2)。豆に対して戦え。これら［豆］は［くじ引きに用いられるので］、くじ引き制度の元凶であり、［民主政治において］くじに当たった者を公職に就かせるからである(3)。僭主政治を欲するように［人々に］勧めるのだ。一日でも雄牛である方が、生涯雌牛であるよりもましだ、と信じるのだ。他の人たちの慣習を称賛せよ。しかしわれわれ［ピタゴラス派］が定めた慣習に従うように［人々に］勧めるのだ」。要するに、「彼らの愛智［哲学］なるものは民衆に対する謀略だ」とニノンは述べ立てたのである。そして彼はこう勧告した。「［ピタゴラス派の］議員たちの発言をこの場で許すべきでない。なぜなら、そもそも彼らが千人衆を説得して、彼らの意見を通していたならば、諸君はこの［全国民の］集会に集まることもできなかったのだということを、肝に銘じるべきである。彼らが権力を振るっていたときに、［集会を開いて］他人から意見を聴くことを妨げられていたわれわれが、今彼らに発言を許さないのは当然である。彼らから拒まれていたわれわれの右手を(4)、彼らに敵対するために使おうではないか。採決のために挙手するときに、あるいは[賛否の]票を投じるときにだ。テトラエイス川のほとりで三〇万人[のシュバリス軍]を打ち破ったわれわれ

(1)ピタゴラスの著書とされる『聖なる言葉』については、一四六節と「ラエルティオス」八-七を参照。なおピタゴラス著とされた『神秘な言葉』は、彼を誹謗するためにヒッパソスが書いたものだと(アレクサンドリアの学者たちによって)みなされたという(「ラエルティオス」八-七)。このヒッパソスは、二五七節のヒッパソスを指すのであろう。この情報の出所は前二世紀のヘラクレイデス・レンボスだという。この『神秘な言葉』と本節のニノン贋作『聖なる言葉』とは同一の文書(の異なるヴァージョン)とも考えられる(デラット「注釈」165)。

(2)ホメロス『イリアス』第二歌二四三などと『オデュッセイア』第三巻一五六などで、アガメムノンが「民衆の牧者」と呼ばれている。「牧者(ポイメーン)」は元来は牛飼いや羊飼いなどをいう。「民衆(ラーオス)」は「領民」あるいは「軍勢」を指す。比喩的に用いられる場合、「牧者」は「守る人」、「保護者」を意味することが多い(クセノポン『ソクラテスの思い出』第三巻第二章、アリストテレス『ニコマコス倫理学』第八巻第十一章)。しかしトラシュマコスは「羊飼い」を「搾取者」と解した(プラトン『国家』第一巻三四三A–B)。

(3)ピタゴラスが豆を食べることや豆に触れることを禁じたのは(一〇九、一九一節など)、民主政体では公職者をくじで決めるから(たとえばプラトン『国家』第八巻五五七A、アリストテレス『政治学』第六巻第二章、同『アテナイの国制』八-二)、そしてくじ引きでは豆が利用されることが多かったから、(民主政治を嫌っていたことの結果として)豆を嫌ったのだ、という理由づけは、(こじつけであろうが)アリストテレス(「ラエルティオス」八-三四)や、ルキアノス『生き方の競売』六なども伝えている。白い豆と黒い豆がくじ引きに使われたという。

(4)「拒まれていた右手」については二五七節を参照。

が[1]、今まさにこの国内において、その一〇〇〇分の一〔つまり三〇〇人〕の人数によって制圧されているという事実を恥ずかしく思うべきである」。

二六一　要するに彼〔ニノン〕がこういうふうな中傷演説で扇動したので、聴衆は激高し、その結果、数日後にピュティオン〔つまりアポロンを祭る神殿〕の近くの家で彼ら〔ピタゴラス派〕がミューズ祭を営んでいたときに〔反乱者たちが〕大挙して押し寄せ、彼らを攻撃しようとした。しかし彼らは事前に気づいて、ある人たちは宿屋へ避難したが、デモケデスは壮丁たちを率いてプラテアイへ退いた[2]。一方、彼ら〔反乱者たち〕は現行法を廃止して、投票を行ない、デモケデスを「青年たちを組織して僭主制を樹立しようとした」として断罪し、彼を殺した者には〔賞金〕三タラントンを与える、と布告した。そして戦闘が行なわれ、テアゲスがデモケデスの脅威を取り除いたので、彼らは国庫から三タラントンを彼に支給した[3]。

二六二　さて〔この時期にクロトンの〕市内でも田舎でも多くの迫害が行なわれ、告訴された人たちが裁判にかけられて、タラスとメタポンティオンとカウロニアの三国が判決を委嘱されたが、クロトン人たちの記録に記されているところによると[4]、判決のために派遣された者たちが〔反乱者たちから〕賄賂を受け取って、被告たちを国外へ追放すべしと決定した。そして勝訴した側はそのうえに、新体制に不満な者たちをもすべて国外へ追い出し、併せて、子どもを親から引き離すのは不敬虔であるという口実のもとに、家族をも追放した。そして彼らは〔全国民の〕負債を帳消しにし、土地を再配分した。

二六三　しかし多くの歳月を経て、〔ピタゴラス派の〕デイナルコスの一党が別の戦いで倒れ[5]、一方、反乱者たちのいちばんの先導者であったリタテスも死んだ後で[6]、一種の哀れみと後悔の情が〔クロトン国民の心に〕

生じて、〔追放された人たちのうちの〕生存者を呼び戻そうと望むにいたった。彼らはアカイアから使節を呼んで、(7)この人たちを介して、追放された者たちと和解し、誓約の言葉をデルポイの神殿へ奉納した。二六四

(1) テトラエイス川はクロトンとシュバリスの間を流れる川。両国の戦争は前五一〇年に行なわれたという。その原因については一七七節を参照。真偽はともかく、シュバリス軍三〇万人という数字は、「ディオドロス」第十巻第二十三章一、第十二巻第九章五やストラボン第六巻第一章一三（二六三）にも記されている。これに対してクロトン軍は一〇万人だったという。ピタゴラス派三〇〇人という数字については二五四節を参照。

(2) プラテアイはクロトンの一地域だという説（DK）と、ボイオティアのプラタイアイだという説（「仏訳」）がある。デモケデスについては二五七節を参照。

(3) デモケデスが殺されたのかどうか、あいまいな記述であるが、戦死したという含みではないか（賞金が与えられたというのだから）。テアゲスについては二五七節を、また三タラントンという金額については、一二四、一四四節を参照。

(4) そのような（公的あるいは私的な）記録があったのかどうか、信じる人、アポロニオスによる虚構とみなす人、ある程度肯定する人など、いろいろである（「ローデ」122,「ブルケルト」117 n. 50）。アポロニオスはティマイオスに拠っているとすれば、後者が「自分はその記録を見た」と記していたのであろうか。

(5) デイナルコスはピタゴラス派の一員で、千人衆の一人（二五七節）。

(6) リタテスという人物については、この箇所に記されていること以外は不明である。キュロンあるいはニノンのいわば「後継者」であろうか。

(7) ペロポネソス半島の小国アカイア（クロトンに植民した人たちの母国）が、イタリアの諸国とピタゴラス派の和解を仲介したという話が、前二世紀のポリュビオス『歴史』第二巻第三十九章に記されている。

かくして帰国したピタゴラス派の人たちの数は、高齢者を除いて、およそ六〇人であった。彼らの幾人かは医術を修めていて、病弱者たちを食事療法[1]によって看護しながら、この帰国の旅の先導者となった。そして無事帰国した人たちは、大衆の間で非常に評判がよかった。この時代に、法に違反する者に向かって「もはやニノンの代にあらず」と言われ、これがことわざにもなったということだが[2]、ちょうどこの時期にトゥリオン人が〔クロトンの〕領土へ侵入したので[3]、帰国者たちも〔クロトン人に〕加勢して戦い、危険を共にし、戦死した〔人もあった〕ので、〔彼らに対する〕国民感情が逆転した。その結果、人々はかの人たちを称賛しただけでなく、昔かの人たちの提案によって建立したムーセイオン〔ミューズ神殿〕において公的に〔国事として〕供物を捧げるならば、その祭礼が女神たちにとっていっそうお気に召すものになるだろう、と考えるにいたった[4]。

ピタゴラス派に対して起きた攻撃については、以上のこと〔二四八節以下〕を述べておこう。

第三十六章

二六五　さてピタゴラスの継承者はアリスタイオスであったことは、すべての人〔著作者〕によって同意されている[5]。この人はクロトンの人で、ダモポンの息子で、ピタゴラスその人の〔年少の〕同時代人であり、プラトンからほぼ七世代前の人であった[6]。彼は他に抜きん出て教説に精通していたので、学園の継承だけでなく、〔ピタゴラスの〕子どもたちの養育、〔ピタゴラスの妻であった〕テアノとの結婚にも適している、とみなされた。

（1）食事療法については二四四節を参照。

（2）他の史料には、このような「ことわざ」は記されていない。類似の表現（「もはやカリクセネの時代にあらず」）が、前三九三年頃のアリストパネス『女の議会』九四三にある。このような決まり文句があって、そこへ場合に応じて「カリクセネ」とか「ニノン」とかの固有名詞を当てはめたのであろうか。

（3）この戦いの年代は不明。史実かどうかも確かでない。トゥリオンは、シュバリスの跡地付近に旧シュバリス人やアテナイその他ギリシア本土の各地からの植民者によって、前四四三年頃に建設された国家である。クロトンとは友好な関係にあったとも言われる（「ディオドロス」第十二巻第十一章）。

（4）クロトンのミューズ神殿の建立については、四五と五〇節を参照。

（5）クロトンのアリスタイオスについては、「本書」の二箇所（一〇四節と本節）に記されていること以外には、ほとんど何も分からない。実在人物であったかどうかも確かでない。二六七節の名簿の「メタポンティオンのアリステアス」をこの人物と同一視する説があるというが（「仏訳」）、疑わしい説である。なお「すべての人によって同意されている」というが、別の伝承もあって、ピタゴラスの後継者は息子のテラウゲスであったとも伝えられる（「ラエルティオス」一-一五、八-四三、フォティオス『ビブリオテーケー』第二百四十九書一-二六（Henry））。またストバイオス一-二〇-六が引用し、イアンブリコス『ニコマコス「数論入門」注釈』一六八（一一八-二六）（Pist.）も言及しているアリスタイオス『調和について』は、偽書であるらしい。

（6）「世代（ゲネアー）」はここでは、三〇年とか三三年とかではなくて、学派の指導者の「代」を意味するらしい。その系列は（ここには途中までしか記されていないが）、たとえば「ピタゴラス、アリスタイオス、ムネマルコス、ブラゴラス、ガルテュダス、アレサス、ディオドロス？（ピロラオス、エウリュトス、アルキュタス）、プラトン」のようなものが考えられたのであろう。なお著者不明『ピタゴラスの生涯』には、プラトンはピタゴラスから数えて第九代の継承者である、と記されていたという（フォティオス『ビブリオテーケー』第二百四十九書初め）。また「ラエルティオス」八-四五によると、ピタゴラスから最後のピタゴラス派（クセノピロスなど）まで、九代か十代であったという。一代は平均して二〇年前後か（デラット「注釈」251）。

というのも、ピタゴラスその人は三九年間、学園を指導し、一〇〇歳近くまで生きて[1]、すでに非常に高齢であったアリスタイオスに学園を委ねたのである。そして後者の次にピタゴラスの息子ムネマルコスが指導者になり[2]、ブラゴラスに引き継いだ。そしてこの人の時代に、クロトン人の国が［敗戦の結果］略奪されるという出来事が起きたのである。彼の次に、戦前に出かけていた国外旅行から帰ったクロトン人ガルテュダスが継承者になった。しかしこの人は、祖国の被った災厄のゆえに生を終えた[3]。［継承者たちのうちで］心痛のために早世したのは、この人だけであった。二六六　その他の人たちは、通例、非常な高齢に達してから、肉体といういわば拘束［牢獄］から釈放された、ということである。その後しばらくして、レウカニア人アレサスが――この人は［戦時中］他国の人たちによってかくまわれていたのだが――学園を主導した[4]。この人に弟子入りしたのが［小アジアの］アスペンドスの人ディオドロスであって、当時学派の人数が減っていたので受け入れられたのだという。この人物が、後にギリシアへ帰って、ピタゴラス派の言説を伝えた［つまり外部へ洩らした］[5]。

なお［比較的後代に］かの人たちの熱心な追随者であったのは、ヘラクレイアのクレイニアスとピロラオス、

（1）アポロニオスの年代計算によると、ピタゴラスが諸外国旅行からサモスへ帰ったのが五六歳のときであった（一九節）。だから、彼がイタリアへ移住したのは六〇歳前後であり、そして本節によると三九年間、学派を教導して、一〇〇歳近くで亡くなった、ということになるだろう。かくして二六五―二六六節の出所もアポロニオスだと推定できよう、と「ローデ」169は言う。

（2）ピタゴラスの息子ムネマルコス（ムネサルコス）の名は、「本書」ではここだけに出てくる（出所はティマイオスか。デラット「注釈」246-247）。なおプルタルコスは、ピタゴラ

スの息子の名を「マメルコス」と伝えている（『ヌマ伝』八）。また著者不明『ピタゴラスの生涯』によると、ピタゴラスの息子の一人ムネサルコスは早世したので、別の息子テラウゲスが（ピタゴラスの）後継者になったという（フォティオス『ビブリオテーケー』第二百四十九書一二六（Henry））。

（3）ブラゴラスとガルテュダスについては、「本書」で記されていること以外には何も分からない。クロトンが主導したイタリア諸都市の連合軍がシラクサのディオニュシオス一世の軍隊とエレポロス（クロトンとカウロニアの間を流れる川）付近で戦って敗北したのが、前三八八年頃であった。そして前三七九年頃にディオニュシオス一世はクロトンを占領し、一二年間支配したという（ポリュビオス『歴史』第一巻第六章二、「ディオドロス」第十四巻第百三─百四章、リウィウス第二十四巻第三章四、ハリカルナッソスのディオニュシオス第二十巻第七章）。ブラゴラスとガルテュダスはこの戦乱の時代に学派の長であった、ということであろう。

（4）アレサスについては、ここに記されていること以外には何も分からない。二六七節の名簿に「レウカニアの人アレサンドロス」の名があり、本節の「アレサス」と同一人とみなす説がある。またプルタルコス『ソクラテスのダイモニオン』一三の「アルケソス」を「アレサス」とみなす説がある（「ローデ」169）。

（5）アスペンドスのディオドロス（前四世紀）は、乞食のような風体と生活（そして菜食主義）によって有名であった。ストラトニコス（アテナイの弦楽器奏者でユーモリスト）と交際があったらしい（アテナイオス第四巻一六三e）。後者は一説によると前三五〇年頃に亡くなったという。とすると、このディオドロスは、犬派の祖とされるシノペのディオゲネスよりも年長であったかもしれない。ディオゲネスのシニシズムは、ある意味ではピタゴラス派（アクースマ派）の思想と生活を受け継いだものとも言えるだろう、と「ブルケルト」203は示唆する。なお本文の「ピタゴラス派の言説」とは、アクースマを意味するのであろうという。またアスペンドスのディオドロスは「本書」では、真正のピタゴラス派に属さないかのように扱われているが、これはティマイオスやアリストクセノスの見解であろう。最も古い二人の証人ストラトニコスとアルケストラトスは、ディオドロスを掛け値なしのピタゴラス派とみなしたらしい（「ブルケルト」204-205）。

メタポンティオンのテオリデスとエウリュトス、タラスのアルキュタスである、と［人々は］記している。(1) また［喜劇詩人］エピカルモスも外来聴講者の一人であったが、学派には属さなかった。彼はシラクサへ行き、その地での［僭主］ヒエロンの専制政治のゆえに、公然と哲学することを控えたが、かの人たちの思想を詩で表現し、ピタゴラスの教説をおもしろおかしい話にくるんで、こっそりと世に広めた。(2)

二六七　さてピタゴラス派全員のうちには、世に知られず無名であった人も多数いたはずであるが、知られている人たちの名前は以下のとおりである。(3)

(1)「ヘラクレイアのクレイニアス」の名はここだけに記されている。「タラスのクレイニアス」については、一九八、二三九、二六七節を参照。多分、同一人物であろう。ヘラクレイアはタラント湾沿岸（メタポンティオンの西方）の都市。前四三三年頃にタラス人が建設したという（たとえば「ディオドロス」第十二巻第三十六章四）。

「ヘラクレイアのピロラオス」の名もここだけに見られる。二六七節の名簿には、タラス人と記されている。なお「ラエルティオス」八-八四によると、クロトンの人である。ただし同書八-四六によると、タラスの人である。この人については一四八、一九九節などを参照。ソクラテスとほぼ同時代の人であった（プラトン『パイドン』六一Dなど）。

メタポンティオンのテオリデスの名は、「本書」ではここだけに出てくる。彼の名（テアリデスと修正する説がある）をかたって書かれた『自然について』という著作の断片とされるものが残っている。

ピロラオスの弟子エウリュトスについては一三九、一四八節を参照。一四八節ではクロトンの人とされていた。二六七節の名簿には、メタポンティオンとタラスの項の両方に「エウリュトス」の名がある。アリストテレスとテオプラストスはエウリュトスの教説に言及しているが（「断片」第四十五章二と三（DK））、彼の出身地を記していない。

プラトンと親しかったタラスのアルキュタス（一一七節）については、一六〇、一九七、二五一節などを参照。

（2）前五世紀の喜劇作家エピカルモスについては、一六六節と（彼の名はないが）二二八節の引用句を参照。真偽はともかく、この人は「ピタゴラスを聴講した」と伝えられている（「ラエルティオス」八-七八）。なおヒエロンは前四八五年頃からシチリアのゲラを統治し、前四七八年頃からシラクサの僭主であった。前四六六年頃死没。

（3）以下の名簿には、男女合わせて二三五人の名が記されている。その中の一四五は、現存する他の史料には記されていない名前であるという（「ブルケルト」105 n. 40）。ただし記載されている人がすべて本当にピタゴラス派に属したか（そもそも実在したか）どうかは別の問題である。記載されている人々は、年代的には、ピタゴラスの直弟子とされた人（たとえばカタネのカロンダス、一〇四節）から「最後のピタゴラス派」と言われた人たち（プレイウスのエケクラテスなど、「ラエルティオス」八-四六）にわたっている。男性の場合、出身地ごとに区分されているが、各区分の内部では順不同である。年代順でもアルファベット順でもない。女性の場合もほとんど順不同である。出身地や夫もしくは父（ときには兄弟）の名が付記されている。

この名簿の出所は確かでない。イアンブリコス自身が作成したものではないらしい。なぜなら、「本書」の他の箇所に記されている人物（一八名）の名がここには欠けているからである（「ブルケルト」105 n. 40）。たとえばテラウゲス（一四六節）やアリスタイオス（一〇四、二六五節）やポセイドニアのテストル（二三九節）の名前が見当たらない。なおまた、イアンブリコスはこの種の（細部にわたる煩雑な）仕事を手がけるほどに勤勉な人ではなかった、という穿った（？）説もある（「ローデ」171）。ある人たち（たとえば「ローデ」、「ブルケルト」、P. Kingsley など）の意見では、この名簿を作成したのはアリストクセノスか、少なくとも彼の説に依拠しただれかであるという。この推定の理由はいくつかあるが、たとえば、アリストクセノスが交際したプレイウスの四人のピタゴラス派（ディオクレスやエケクラテスなど、「ラエルティオス」八-四六、アリストクセノス「断片」一九）の名がこの名簿に含まれていることである。また立法家ロクロイのザレウコスや、カタネのカロンダスをピタゴラス派に数えるのは、アリストクセノスの説であった（「ラエルティオス」八-一六、「本書」一三〇、一七二）。

クロトンの人たち　ヒッポストラトス、デュマス、アイゴン、ハイモン、シュロス、クレオステネス、アゲラス、エピシュロス、ピュキアダス、エクパントス[1]、ティマイオス[2]、ブトス、エラトス、イタナイオス、ロディッポス、ブリュアス、エウアンドロス、ミュリアス[3]、アンティメドン、アゲアス、レオプロン、アギュロス、オナタス[4]、ヒッポステネス、クレオプロン、アルクマイオン[5]、ダモクレス、ミロン[6]、メノン[7]。［計二九名］

メタポンティオンの人たち　ブロンティノス[8]、パルミスコス[9]、オレスタダス[10]、レオン、ダマルメノス、

（1）比較的有名な「シラクサのエクパントス」（「断片」第五十一章（DK））とは別人なのだろうか？

（2）プラトン『ティマイオス』の主たる語り手であり、また偽書『宇宙の魂と自然について』の著者とされた「ロクリス（ロクロイ）のティマイオス」（実在人物かどうかも不明）とは別人であろう。ロクロイのティマイオスの名はこの名簿には見当たらない。

（3）一八九節以下で称揚されたティミュカの夫ミュリアスを指すのであろう。妻の名もこの名簿に記されている。一四三節に出てくるピタゴラスの直弟子とされたクロトンのミュリアスは、実在したとすれば、年代的に見て、別人であろう。

（4）アリストテレスによると、ピタゴラスに対抗した人物として「キュロンとオナタス」が有名であったというが（「ラエルティオス」二-四六の写本の読み）、この情報が正しいとしても、本節のオナタスは別人であろう。なお校訂者の中には、「ラエルティオス」の「キュロンとオナタス」を「クロトンの人キュロン」と修正する人もいる（メナージュ、ロングなど）。なおオナタス著とされる『神と神的なもの』と題される書（断片のみ残る、ストバイオス一-一-三九）、は偽書であろう。この「神的なもの」は宇宙を指す。

（5）ソクラテス以前の哲学者の一人として哲学史的にかなり有名なアルクマイオンであろう（アリストテレス『形而上学』A巻第五章、「断片」第二十四章（DK））。この人がピタゴラス派に属したかどうか、疑う人も多い。アリストテレス『形

而上学』の一部の写本には「アルクマイオンはピタゴラスの老年期に生存（活動）した」と記されている。「本書」一〇四でも、アルクマイオンは若いときに老年のピタゴラスに師事した、と書かれている。なお後註（8）を参照。

(6) レスラーとして有名だったミロンであろう。一〇四節、二四九頁註（1）を参照。

(7) 一七〇節に、ピタゴラスの娘の夫「クロトンのメノン」の名が記されている。ただし本節の女性の名簿には、ピタゴラスの娘ミュイアの夫の名は「ミロン」と書かれている。

(8)「ブロティノス」とも表記されることがある。ピタゴラスの直弟子の一人とみなされた。「テアノあるいはデイノの夫」として名が挙げられることがある（一三二節、本節末の女性の名簿、「ラエルティオス」八-四二）。ただし一説では、彼はクロトンの人で、「ピタゴラスの妻テアノ」の父であったともいう（「ラエルティオス」八-四二）。アルクマイオンの著書は、ブロンティノスを含む三人のピタゴラス派の人たちに「献呈」されたものであった（「ラエルティオス」八-八三、アルクマイオン「断片」一、バーネット『初期ギリシア哲学』p. 194）。ブロンティノスの著書とされる『知性と理性について』がイアンブリコス『一般数学』やシュリアノス『アリストテレス「形而上学」注釈』において引用されているが、この著作は偽書であったらしい。なおオルペウス著とされた『ペプロス（ローブ）』や『ディクテュオン（網）』や『自然学』（いずれも現存しない）は、実はブロンティノスの著作だ、という説があった（『オルペウス教徒断片集』T一七三、二二二、二二三d（ケルン））。なお「断片」第十七章(DK) を参照。

(9)「ラエルティオス」九-二〇によると、クセノパネスがだれかによって奴隷として売られたときに、ピタゴラス派のパルメニスコスとオレスタダスによって解放されたという。この真偽不明の情報の出所はパボリノスであるが、この「パルメニスコス」は本節の「パルミスコス」と同一人物かもしれない。この話が事実であれば、クセノパネスの（不確実な）没年から考えて、遅くとも前四八〇年以前の出来事であろう。なおアテナイオス第十四巻六一四aに「メタポンティオンの人パルメニスコス」についての記述があるが、「ピタゴラス派」とは付記されていない（情報の出所は前三世紀後半頃のセモス『デロス誌』）。

(10) 前註の「パルメニスコスとオレスタダス」についての記事を参照。

アイネアス、ケイラス[1]、メレシアス、アリステアス[2]、ラパオン、エウアンドロス、アゲシダモス、クセノカデス、エウリュペモス[3]、アリストメネス、アゲサルコス、アルキアス、クセノパンテス、トラセアス[4]、エウリュトス[5]、エピプロン、エイリスコス、メギスティアス、レオキュデス、トラシュメデス、エウペモス、プロクレス、アンティメネス、ラクリトス、ダモタゲス、ピュロン、レクシビオス、アロペコス、アステュロス、ラキュダス[6]、ハニオコス、ラクラテス、グリュキノス。[計三八名]

アクラガスの人　エンペドクレス[7]。

エレアの人　パルメニデス[8]。

タラスの人たち　ピロラオス[9]、エウリュトス[10]、アルキュタス[11]、テオドロス、アリスティッポス、リュコ

---

(1) 写本によるとキラス（キラース、Chilas）である。

(2) この人物を一〇四と二六五節の「アリスタイオス」と同一視する説があるが、確かでない。後者の名が本節に記されていないのはおかしいようだが、二六五節はアポロニオス由来の記事であり、本節はアリストクセノス由来の記事であろう。なおプロコンネソスのアリステアス（一三八節）は別人であろう。この人物もあるときメタポンティオンに現われたという伝説があるが（ヘロドトス第四巻一五）。

(3) 「シラクサのエウリュパモス」（一八五節）と同一人かとも思えるが、出身地が異なるので、別人かもしれない。なお「パ」と「ペ」の違いは方言による違いであろう。

(4) 写本によると「トラセオス（Thraseos）」だが、（語尾が普通でないので）底本はこれをシュヴィーツァーの提案に従って「トラセアス」と修正した。なおローデは「トラシオス」を提案した。

(5) 二六六節にも「メタポンティオンのエウリュトス」の名が記されている。「タラスのエウリュトス」（本節、後記）とは別人とみなされているのであろう（少なくともこの名簿においては）。

(6) 写本には「ダキダス」と書かれているが、底本はカイルの

修正案に従って、「ラキュダス（Lakydas）」と表記している。

(7) エンペドクレスをピタゴラス派とみなす見解については六七、一〇四、一一三、一三五、一六六節、「ラエルティオス」八‐五〇、五五などを参照。

(8) パルメニデスをピタゴラス派の系統に属するとみなす見解は、一六六節、「ラエルティオス」一‐一五などにも記されている。

(9) ピロラオスは「ラエルティオス」八‐八四ではクロトンの人とされているが、同書八‐四六によるとタラスの人であった。一時期テバイに住んだ（プラトン『パイドン』六一D‐E）。ピタゴラスの直弟子だったという説（一〇四節）は誤りで、ソクラテスとほぼ同時代の人（前五世紀後半に活動）であろう（『パイドン』同箇所）。一つあるいは複数の著書があったらしい。その断片とされるものがかなりたくさん伝えられているが、真偽の鑑定が厄介である。「断片」第四十四章（DK）を参照。なお一九九節で紹介されている（彼が貧窮のゆえに三部のピタゴラス派の書物を売ったという）話はだれかの創作であろうという（「ブルケルト」228 n. 48）。

(10) エウリュトス（「断片」第四十五章（DK））は一〇四節ではピタゴラスの直弟子とされているが、誤りであろう。一三九と一四八節ではピロラオスの弟子と言われている。とすると、大ざっぱに言って前四〇〇年頃に活動した人であろう。彼は一四八節ではクロトンの人とされているが、タラスの人と言われることが多い（「ラエルティオス」八‐四六、アプレイウス『プラトンの思想』一‐三）。プラトンはイタリアへ行ったときに、タラスのエウリュトスを訪ねたという伝承がある（「ラエルティオス」とアプレイウス前記箇所）。なおエウリュトスは、万物が数によって形成されていることを説明しようとして、小石を並べて（たとえば）人間の姿のアウトラインを描き、実際の人間もこれらの小石と同数の（たとえば二五〇の）単子（モナス）によって形成（限定）されている、と言ったと伝えられる（アリストテレス『形而上学』N巻第五章、テオプラストス『形而上学』一一、アレクサンドロス『アリストテレス「形而上学」注釈』八二七）。この情報の出所はアルキュタスだという（テオプラストス）。

(11) タラスのアルキュタス（「ラエルティオス」八-七九、「断片」第四十七章（DK））は前四世紀前半頃の人。プラトンの友人。一二七、一六〇、一九七節などを参照。一〇四節の「先代のアルキュタス」は本節の名簿には記されていない。

ン(1)、ヘスティアイオス、ポレマルコス、アステアス、カイニアス、クレオン、エウリュメドン、アルケアス、クレイナゴラス、アルキッポス(2)、ゾピュロス、エウテュノス、ディカイアルコス、ピロニデス、プロンティダス、リュシス(3)、リュシビオス、デイノクラテス、エケクラテス(4)、パクティオン、アクシラダス、イッコス(5)、ペイシクラテス、クレアラトス、レオンテウス、プリュニコス、シミキアス(6)、アリストクレイダス、クレイニアス(7)、ハブロテレス、ペイシロドス、ブリュアス(8)、ヘランドロス、アルケマコス、ミムノマコス、アクモニダス、ディカス、カロパンティダス。[計四三名]

シュバリスの人たち　メトポス(9)、ヒッパソス(10)、プロクセノス、エウアノル、レアナクス、メネストル、ディオクレス、エンペドス、ティマシオス、ポレマイオス、エンディオス、テュルセノス。[計一二名]

カルタゴの人たち　ミルティアデス(11)、アンテス、ホディオス、レオクリトス。[計四名]

パロスの人たち　アイエティオス、パイネクレス、デクシテオス、アルキマコス、デイナルコス、メトン(12)、ティマイオス(13)、ティメシアナクス、エウモイロス、テュマリダス(14)。[計一〇名]

---

(1) いくつかの文献に「ピタゴラス派のリュコン」の名が記されているが(「断片」第五十七章(DK))、「タラスのリュコン」と明記されている史料は他にない。『ピタゴラスの生涯』(あるいは『ピタゴラス的生き方』)を書いたとされるリュコンは、小アジアのカリアの都市イアソスの人だというから(アテナイオス第十巻四一八e)、本節のリュコンとは別人であろう。

(2) タラスのアルキッポス(「断片」第四十六章(DK))については、二四九—二五〇節、「ポルピュリオス」五五、五七を参照。

(3) タラスのリュシス(「断片」第四十六章(DK))については、七五、一八五、二五〇節と二四九頁註(3)などを参照。

（4）「タラスのエケクラテス」は、後記の「プレイウスのエケクラテス」とは別人とみなされているのであろう。
（5）タラスのイッコスという人はかなり有名で、いくつかの文献（プラトン、パウサニアス、ビュザンティオンのステファノス、エウスタティオスなど）で言及されていて、オリュンピアで五種競技で優勝したとか、後には当代随一のトレーナーになったとか、前五世紀前半の優れた医者であったとか、質素な生活をして、「イッコスの（粗末な）正餐」ということわざができたとか、と伝えられる（「断片」第二十五章（DK））。しかしこれらの文献には、イッコスがピタゴラス派の人であったとは記されていない。別人か？
（6）写本によると「スミキアス」だが、底本はこれを（シュヴィーツァーの提案に従って）「シミキアス」と修正した。
（7）タラスのクレイニアス（「断片」第五十四章（DK））については、一九八、二三九節と二三九頁註（3）を参照。アリストクセノス「断片」一三一によると、デモクリトスの著書を焼こうとしたプラトンをピタゴラス派のアミュクラスとクレイニアスが制止したというが、前者の名は本節の名簿に見当たらない（二六七頁註（3）（名簿の出所）と対比されたい）。
（8）「プリュアス」の名はクロトン人の項にもある。同名別人か、それともどちらか一方の誤記か。
（9）メトポス著『美徳について』の断片が残っている（ストバイオス三-一-一一五）。しかしその著作は偽書であったらしい。
（10）しばしば異端者と目されたヒッパソス（「断片」第十八章（DK））は、八一節では「クロトンあるいはメタポンティオンの人」と言われているし、他の史料（「ラエルティオス」八-八四、アエティオス一-三-一一、スミュルナのテオン五九（Hiller））でも「メタポンティオンの人」とされている。
「シュバリスのヒッパソス」は別人か。それとも誤記か。
（11）カルタゴの人ミルティアデスの友愛的行為が一二八節で伝えられている。
（12）「アルキマコス、デイナルコス、メトン」の三人の名は二五七節に出ているが、そこではクロトンの人（千人衆）とされている。同名別人か、誤記か、それともクロトンへの移住者か。「パロス」はエーゲ海のキュクラデス諸島の一つ。
（13）「パロスのティマイオス」は、前記の「クロトンのティマイオス」とは別人であろうか。
（14）「パロスのテュマリデス」の名が二三九節に記されている。「テュマリダス」（ドーリア方言）と「テュマリデス」の違いは方言の違いであろう。なお一四五節に「タラスのテュマリダス」、一〇四節に「テュマリダス」の名がある。同一人かどうか。

ロクロイの人たち　ギュティオス、クセノン、ピロダモス、エウエテス、エウディコス、ステノニダス[1]、ソシストラトス、エウテュヌス、ザレウコス、ティマレス。[2]［計一〇名］
ポセイドニアの人たち　アタマス[3]、シモス[4]、プロクセノス、クラナオス[5]、ミュエス、バテュラオス[6]、パイドン。［計七名］
レウカニアの人たち　オッケロス[7]とオッキロスの兄弟、アレサンドロス[8]、ケランボス。［計四名］
ダルダニアの人　マリオン。[9]
アルゴスの人たち　ヒッポメドン[10]、ティモステネス、エウエルトン、トラシュダモス、クリトン[11]、ポリュクトル。［計六名］
ラコニアの人たち　アウトカリダス[12]、クレアノル、エウリュクラテス。［計三名］
極北の人　アバリス。[13]
レギオンの人たち　アリスティデス、デモステネス、アリストクラテス、ピュティオス、ヘリカオン[14]、

---

(1) ロクロイのステニダス著『王政について』の断片が残っている（ストバイオス四-七-六三）。この著作は偽書だろうが、著者とされた「ステニダス」と、本節の「ステノニダス」は同一人物を指すのかもしれない。
(2) ロクロイの二人の立法家ザレウコスとティマレス（ティマラトス）については、一三〇、一七二節を（なお前者については三三、一〇四節も）参照。
(3) アタマスの著作と称されるものの断片が残っているが（アレクサンドリアのクレメンス『ストロマテイス』六）、偽書だったらしい。
(4) 「ポルピュリオス」二二に「音楽理論家シモス」の名があるが、ここの「ポセイドニアのシモス」と同一人物かどうか、

不明である。

(5)「クラナオス」は写本によると「クラノオズ（Kranoos）」だが、底本はカイルの修正案に従っている。

(6)「バテュラオス」は、アルクマイオンが著書を献じた三人のピタゴラス派の一人「バテュロス」（「ラエルティオス」八-八三）と同一人であろうか？ 二六九頁註（8）を参照。

(7)オッケロス（Okkelos, Okellos, Ekellos,「断片」第四十八章（DK））の著作とされる短い論文『宇宙の本性について』は、内容から判断して、前三あるいは前二世紀の偽作であるらしい。宇宙は不滅であり、人類は永久に存在してきた、などと主張している。また彼の著作とされる『法について』の断片も残っているが（ストバイオス一-一三-二）、偽作であるらしい。弟のオッキロスについては、他に情報がない。また妹か姉二人の名がこの名簿の女性の部に記されている。なお「レウカニア」は地方名であり、都市名ではない。前項のポセイドニアもレウカニアにある。

(8)このアレサンドロス（Aresandros）を二六六節のアレサス（Aresas）と同一人だと推定する説がある。ただし写本によると「オレサンドロス」だが、底本がこれを「アレサンドロス」と修正したのである。

(9)ダルダニア人はイリュリス人の一支族。居住地は、後のローマ属州モエシアの一部。マケドニアやトラキアに近い。

「マリオン」については不明。

(10)アシネのヒッポメドン（八七節）と同一人物であるのかどうか、不明。

(11)ピタゴラス派のクリトンの著作とされる『思慮について』と題される書物の断片が残っている（ストバイオス二-八-二四）。本節の「アルゴスのクリトン」と同一人物であろうか。

(12)「ラコニア」はラケダイモン（スパルタ）の別称。「アウトカリダス」の名は、女性の名簿の末尾にも、ある女性の兄弟として記されている。

(13)アバリスをピタゴラスの弟子とみなす伝説については、九〇、一三五、一四〇、一四七、二一五節、「ポルピュリオス」二八、二九を参照。「ラエルティオス」やアエティオスにはアバリスの名は出てこない。

(14)一三〇と一七二節で「レギオンの立法家ヘリカオン」に言及されている。

ムネシブロス、ヒッパルキデス、エウトシオン、エウテュクレス、オプシモス(1)、カライス、セリヌンティオス。[計一一名]
シラクサの人たち　レプティネス、ピンティアス、ダモン(2)。[計三名]
サモスの人たち　メリッソス(3)、ラコン、アルキッポス(4)、ヘロリッポス、ヘロリス、ヒッポン(5)。[計六名]
カウロニアの人たち　カリンブロトス、ディコン、ナスタス、ドリュモン、クセネアス。[計五名]
プレイウスの人たち　ディオクレス、エケクラテス、ポリュムナストス、パントン(6)。[計四名]
シキュオンの人たち(7)　ポリアデス、デモン、ストラティオス、ソステネス。[計四名]
キュレネの人たち　プロロス(8)、メラニッポス、アリスタンゲロス、テオドロス(9)。[計四名]
キュジコスの人たち(10)　ピュトドロス、ヒッポステネス、ブテロス(11)、クセノピロス(12)。[計四名]
カタネの人たち　カロンダス(13)、リュシアデス。[計二名]
コリントスの人　クリュシッポス。
エトルリアの人　ナウシトオス(14)。
アテナイの人　ネオクリトス。
ポントスの人(15)　リュラムノス。

(1) 後二世紀後半のアテナゴラスによると、ピタゴラス派のオプシモスは神を「最大の数(つまり十)の、それの最近の数(九)に対する超過高(つまり一)」と定義したという(「断片」第四十六章四(DK))。本節の「レギオンのオプシモス」と同一人であろうか。

(2) ピンティアスとダモン(「断片」第五十五章(DK))の友愛と信義について、二三四—二三六節に記述がある。

(3) メリッソスは、通例「エレア派」に属するとされる(前五世紀頃の)哲学者で、サモスの政治家、海軍司令官(「断片」第三十章(DK))。

(4) 前記の「タラスのアルキッポス」とは別人とみなされているのであろう。

(5) ヒッポン(「断片」第三十八章(DK))はレギオンの人だとか、メタポンティオンの人だとかと言われたが、アリストクセノスは彼をサモスの人と言ったらしい(ケンソリヌス『生誕日』五、アリストクセノス「断片」二一)。アリストテレスによると、ヒッポン(前五世紀頃)は、万物の始元は水であり、魂も水だと主張したらしい。ただしアリストテレスは、このヒッポンをピタゴラス派だとは言っていない。

(6) 以上の四名(「断片」第五十三章(DK))はアリストクセノスが交際した人たちであり、カルキディケのクセノピロス(二五一節、「断片」第五十二章(DK))を加えて「最後のピタゴラス派」とも言われた(二五一頁註(2))。なおクセノピロスについては、後註(12)を参照。エケクラテスはプラトン『パイドン』に登場するので、その意味でわれわれに親しい人である。

(7) シキュオンはギリシア本土のコリントスの西側に隣接した都市。

(8) キュレネのプロロスについては二三九節を参照。

(9) ソクラテスと同時代の有名な幾何学者テオドロス(プラトン『テアイテトス』、「断片」第四十三章(DK))であろう。ただしこの幾何学者がピタゴラス派に属したとは、他の史料には記されていない。

(10) キュジコスは、小アジアのマルマラ海沿岸の半島(元来は島か)に建設された、ミレトス人の植民都市。

(11) ブテロス『諸数について』という著作(偽書か)の断片が残っている(ストバイオス一-序-五)。ただし「キュジコスの人」とは記されていない。

(12) カルキディケのクセノピロス(前註(6))が誤ってここに記載されたのであろうか。それとも別人か。

(13) 立法家カロンダスについては、三三、一〇四、一三〇、一七二節を参照。

(14) ナウシトオスについては一二七節を参照。一方、彼に救われたというメッセネの人エウブロスの名は、この名簿には洩れている。

(15) ポントスは、黒海沿岸のかなり広い地域を指す。

合計二一八名

またピタゴラス派の最も著名な女性たちは〔以下のとおり〕。

クロトンの人ミュリアスの妻ティミュカ(1)。

クロトンの人テオプリスの娘で、ビュンダコスの姉〔妹〕でもあったピルテュス(2)。

レウカニアの人たちオッケロスとオッキロスの姉〔妹〕オッケロとエッケロ(3)。

ラケダイモン〔スパルタ〕の人ケイロン(4)の娘ケイロニス。

ラケダイモンの人クレアノルの妻でラコニア〔スパルタ〕女クラテシクレイア。

メタポンティオンの人ブロティノスの妻テアノ(5)。

クロトンの人ミロンの妻ミュイア(6)。

アルカディアの女性ラステネイア。

タラスの人ハブロテレスの娘ハブロテレイア。

プレイウスの女性エケクラテイア(7)。

シュバリスの女性テュルセニス。

タラスの女性ペイシロデ。

ラコニアの女性テアドゥサ。

アルゴスの女性ボイオ。

アルゴスの女性バベリュカ。

ラコニアの人アウトカリダスの姉[妹]クレアイクマ。(8)
女性合計一七名

(1) ティミュカ(一九二―一九四節)とミュリアスについては、二六八頁註(3)を参照。
(2)「ピルテュス(Philtys)」は「ピンテュス」の誤記かもしれないが、確かではない。ピンテュス著『婦人の節度について』(偽書)の断片が残っている(ストバイオス四―二三―六一)。
(3) エッケロ著『正義について』(偽作)の断片が残っている。
(4) この「ケイロン」は七賢人の一人「ラケダイモンのキロン」ではないか、と推測する説がある。キロンは前五五六年頃にラケダイモン(スパルタ)の監督官であったという。
(5) ブロ(ン)ティノスの妻は、一三二節では「デイノ」と記されている。一方「テアノ」はピタゴラスの妻の名とされることが多い(一四六、二六五節)。
(6) ミュイアはピタゴラスの娘であろう(「ポルピュリオス」四、フォティオス『ビブリオテーケー』第二百四十九書一二六(Henry))。しかし一七〇節では、(ミュイアの?)夫の名は「メノン」と書かれている。なお子育て(乳母の選択)についてのミュイアの手紙と称されるものが残っている。
(7) 前記「プレイウスの人エケクラテス」の妹か姉であろうか。
(8) アウトカリダスについては前出の「ラコニアの人たち」の項を参照。クレアイクマについては不詳。

ピタゴラスの生涯（要約）

著者不明

126 H
438b16 B

〇［著者不明の］『ピタゴラスの生涯』が［われわれの読書会で］読まれた。

一　著者いわく、プラトンはピタゴラスから九代目の継承者であった。[1] 彼は年長の方のアルキュタスの弟子であった。[2] そして第十代はアリストテレスであった。[3]

ピタゴラスの弟子たちのうちで、ある人たちは観照に携わり、敬虔派（セバスティコイ）と呼ばれた。またある人たちは人間的な事柄［政治や倫理］について学び、国政派（ポリーティコイ）と呼ばれた。そしてある人たちは学問に、つまり幾何学や星学［天文学］に携わり、研学派（マテーマティコイ）と呼ばれた。[4] またピタゴラス本人に直接学んだ人たちは「ピュータゴリコイ」と、そしてこの人たちの弟子たちは「ピュータゴレイオイ」と呼ばれた。また外部にいて、別の仕方で［ピタゴラスを］尊崇する人たちは「ピュータゴリスタイ［準ピタゴラス派］」と呼ばれた。[5] そして彼らは［みんな？］有魂のもの［動物］を食べるのを［通常は］避け、神々に供えられたもの［動物］だけを、折に触れて、食した。[6]

b27

二　いわく、ピタゴラスは一〇四歳まで生きた、と言われている。[7] そして彼の息子の一人ムネサルコスは

（1）プラトンがピタゴラス派のおよそ九代目の継承者（学派指導者）であったという説は、「イアンブリコス」一二六五でも示唆されている。

（2）プラトンの友人であった有名なアルキュタスのほかに、

「もっと年長の（先代の）アルキュタス」がいたという説が、「イアンブリコス」一〇四にも記されている。ただしそこでは、そのアルキュタスはピタゴラスの直弟子とされている。そうであれば、年代的に彼はプラトンの師ではありえないだろう。一一三頁註（3）を参照。

（3）アリストテレスがピタゴラス派に属するというのは珍しい説である。しかしモデラトスは、アリストテレスもピタゴラス派の説を盗用した、と主張した（「ポルピュリオス」五三）。またアリストテレスの『カテゴリー論』は、アルキュタスの著書（実は偽作書だったらしい）を利用して書かれたという説（イアンブリコスの説）もあった（シンプリキオス『アリストテレス「カテゴリー論」注釈』二）。

（4）「ポルピュリオス」三七や「イアンブリコス」八一では、弟子たちは二群（聴聞派と研学派）に分けられているが、ここでは三派に区分されている。「敬虔派」という名称は、詩人テオクリトスへのスコリア（欄外註）一四-五に見られるが、その他の史料には見当たらないようである。「観照」はここでは星々（神々）の観照（観察や考察）を意味するのだろうか。なお「国政派」という名称は、意味は違うようだが、「イアンブリコス」八九、一七八などに見られる。

（5）「準ピタゴラス派」という名称は、「イアンブリコス」八〇にもある。「ピュータゴリコイ」と「ピュータゴレイオイ」は、他の史料では同義であり、区別されていないようである。

（6）「イアンブリコス」一〇七-一〇九によると、最も厳格に肉食を避けたのは研学派であって、聴聞派はある程度の肉食を許されたという。なお「神に供えられた動物は食べてよい」という掟は（「イアンブリコス」八五、九八）聴聞派に対してだけ定められたものか、研学派にも適用されたのか、あいまいである。「ポルピュリオス」三四によると、ピタゴラス自身もそれを食べたという。

（7）ピタゴラスの享年については諸説があった。たとえば「イアンブリコス」二六五によると九九歳である（ティマイオスの説か）。「ラエルティオス」八-四四は、八〇歳説と九〇歳説を伝えている。一〇四歳説を伝えているのは、現存史料のうちではこの不明の著者だけであろう。

若くして［ピタゴラスよりも先に］亡くなったが、(1) 別の息子テラウゲスと二人の娘アイサラとミュイアは［父の］後に残った。(2) またテアノは彼の女弟子であっただけでなく、彼の娘の一人でもあった、と言われている。(3)

127 H b33 三　いわく、単（モナス）と一（ヘン）は違う、とピタゴラス派は言った。なぜなら、単は思考される領域にあり、一は諸数の内にある、と彼らは信じたからである。(4) 同様に、二（デュオ）は数えられうるものの内にある。一方、双（デュアス）は不定のものだと彼らは言ったが、それは、単が等［常に不変で等しいもの］であり、
439a 測る単位であると解されたのに対して、双は「過剰と不足」として理解されたからである。つまり、中（メソテース）と測る単位（メトロン）は、より多くなることも、より少なくなることもできないが、一方、「過剰と不足」は［多あるいは少の方向へ］限りなく移動するので、この理由で彼らはそれ［過剰と不足］を「不定の

---

(1) ピタゴラスの息子については三つか四つの異なる伝承がある。(a) 息子は一人だけで、名前はムネサルコス（ムネマルコス）だという説（たとえば「イアンブリコス」二六五）。(b) 息子は一人で、名はテラウゲスだという説（たとえば「イアンブリコス」一四六、「ラエルティオス」八-四三）。(c) 息子は二人で、名はムネサルコスとテラウゲスだという説。これは前二説を足し合わせた説であろう。たとえばエウセビオス『福音の備え』一〇-一四-一四によると、ピタゴラスの死後、妻テアノと息子テラウゲスとムネサルコスの三人が学派を受け継いだ、という。不明の著者はこの (c) 説に拠っているのであろう。ただしムネサルコスが夭折したという話は、他の史料には見当たらないようである。「イアンブリコス」二六五―二六六によると、ムネサルコスは三代目の継承者で、高齢に達するまで生きたという。なお (d)「ポルピュリオス」三によると、アリムネストスという名の息子がいたという。

(2) ピタゴラスの娘についても異説がある。(a) 娘は一人だけで、名はミュイア（「ポルピュリオス」四、出所はティマイオスか）。なおこの名前については「イアンブリコス」の二箇所（一七〇と二六七の女性の部）を合わせて参照。(b) ダモという名の娘がいた（「イアンブリコス」一四六、「ラエルテ

ィオス」八‐四二)。(c)娘はアリグノテとミュイアの二人(「ポルピュリオス」四、『スーダ事典』の「テアノ」の項と「アリグノテ」の項)。一方、不明の著者はここで「アリグノテ」の代わりに「アイサラ」という名を記している。ただし「アイサラ」はベントリによる修正であって、写本には「サラ」と記されている。とにかく、ここでは娘の数は二人(テアノも含めると三人)とされているわけである。

(3)テアノは通例はピタゴラスの妻とされている(「ポルピュリオス」四、「イアンブリコス」一四六など)。娘としているのは現存史料の中ではこの不明の著者だけであろう。なおテアノを単に「ピタゴラスの弟子」あるいは「ピタゴラス派の人」と記している史料もある(「ラエルティオス」八‐四二、「イアンブリコス」二六七、女性の部、『スーダ事典』の「テアノ」の項)。

(4)数は数えられるもの(たとえば人間や馬や樹木など)の内にある。つまり、感覚される領域にある。したがって一もその領域にある、と考えられたのであろう。一方、「単」は思考によってのみ把握される、というわけであろう。

ピタゴラス派の始元論は、二元論として紹介される場合と、一元論として解釈される場合がある。ここでは一元論が提示されている。究極の始元は唯一つ、モナスである、という。

ピタゴラス派(あるいは新ピタゴラス派)は単(モナス)と一(ヘン)を区別した、という(シュリアノス『アリストテレス「形而上学」注釈』一五一‐一七)。その場合、究極の始元を単と名づけ、数の始元を一と呼ぶ説と、逆に前者を一、後者を単と呼ぶ説とがあったらしい。たとえば博識家アレクサンドロス(前一世紀)が引用した説では、万物の始元は単と呼ばれているが(「ラエルティオス」八‐二五)、アレクサンドリアのエウドロス(前一世紀)は、究極の始元を一(ト・ヘン)と呼び、この一から「単とも呼ばれる派生した一」と「双」が生じた、と言ったという(シンプリキオス『アリストテレス「自然学」注釈』一八一‐七―三〇)。

双」と呼んだのである。(1)

そして彼らはすべてのものを諸数へ還元し、また諸数を単と双から導出し、そしてすべての有るものを諸数［のどれか］の名で呼び［たとえば結婚は五であるとか］、また数は十までで完了すると言い、そして十はわれわれが［一、二、三……と］順次に数えるときの最初の四数の和であるので、このゆえに彼らは数の全体をテトラクテュス［四性、四数］と呼んだという。(2)

a8 **四** さて人間は三通りの仕方で自分よりも善い者になる、と彼ら［ピタゴラス派］は言った。第一に、神々との交わりによって。なぜなら、人が神々に近づこうとするならば、その折には、あらゆる悪徳から離れて、できるだけ自分を神に似たものにしなければならないからである。(3) 第二に、親切な行ないによって。なぜなら、これは元来は神の特徴であり、神をまねることであるから。(4) 第三に、死ぬことによって。というのは、当該動物［人間］が生きているときでも、魂が何ほどか肉体から引き離されると、より善いものになるのだから——つまり、眠っていて［ある種の］夢を見るときと、病気で［肉体を若干］離脱したときに、占い［未来予知］ができるようになるから——ましてや［死によって］魂が肉体から完全に引き離されたときには、魂ははるかに善いものになるだろうからである。(5)

a19 **五** いわく、単（モナス）がすべてのものの始元だ、とピタゴラス派は主張した。理由はこうである。彼らが言うには、点が線の始元であり、そして線は面の、また面は三次元に広がるものの、すなわち物体の、始元である。そして点よりも先に単が思考される。したがって単が物体の始元である。したがって、すべての
128 H 物体は単から生じたのである。(6)

（1）「等」と「中」はここでは同義であろう。

「不定の双（アオリストス・デュアス）」は、数や事物が無制限に、より大きく（多く）、あるいは、より小さく（少なく）なれることの究極の原因である。「不定の双」という用語は、クセノクラテスが初めて用いたという説と（トレンデレンブルクやハインツェ）、すでにプラトンが用いたはずだと推測する説（たとえばRoss『アリストテレスの形而上学』二、p. 434）がある。いずれにせよ、プラトン以前のピタゴラス派がこの表現を用いた形跡はなさそうである。ただしピタゴラス派が始元の一つとした「無限定（アペイロン）」は（アリストテレス『形而上学』A巻第五章）、ほぼこの「不定の双」に相当するのであろう。

（2）テトラクテュスについては、「ポルピュリオス」二〇、「イアンブリコス」一五〇、一六二を参照。

（3）ここでは、「神に似ること」は最終目的でなく、「神と交わること」の手段である、かのように記されている。

「神々と交わる」とは、具体的にはどういうことか。理性的に思考することか。「イアンブリコス」七〇によると、それは夢や一種の幻（透視）による交わりであるらしい。あるいは、占いによって神意を知ることか（同書一三八）。

「神に似る」とは、プラトン『テアイテトス』一七六Bによると、「知見に基づいて敬虔で公正であること」である。アレイオス・ディデュモス（前一世紀後半頃）によると、ピタゴラスは人生の目的を「神に似ること」と規定した。そしてソクラテスとプラトンもこの点でピタゴラスと同意見であったという（ストバイオス二-七-三f）。なおこのアレイオスの記述は、アレクサンドリアのエウドロス（前一世紀）に拠ったもの、と推定されている。

（4）たとえば、神は人間に愛智（哲学）を授けた（「イアンブリコス」一、三〇、二五三）。

（5）魂が身体をある程度離脱したとき（眠りやトランス状態など）に未来予知が可能だという思想については、キケロ『ト占論』一-一一三、一-一二九、二-一〇〇（ポセイドニオスなどの説）を参照。

（6）モナスが第一の始元であることは三節に記されていたが、そこでは、モナスと不定の双から数が、そして数からすべてのものが生じるとされ、点、線、面には言及されなかった。一方、本節では数には触れられず、モナスから順次、点、線、面、（立体と）物体が生じる、と言われている。そして（たとえば）線は二から生じるのか、それとも点が流動して線になるのか、というような問題には触れられていない。

a24 六　ピタゴラス派は有魂のもの［つまり動物］を食べることを避けたが、それは彼らが魂の転生を――あさはかにも――信じたからである。(1) またこのような食品は栄養分が多くて消化に手間取り、知性を鈍重にするからでもあった。(2) 同じ理由で彼らはまた豆を食べることも避けた。つまり、豆は発酵しやすいし、きわめて滋養に富むからである。なお、自分たちが豆を避けるようになったその他のいくつかの理由をも、彼らは説明している。(3)

a31 七　いわく、ピタゴラスはたくさんのことを予言し、そのすべてが実際に起きた。(4)

a33 八　いわく、彼ら［ピタゴラス派］が言うには、プラトンは観照学と自然学をイタリアのピタゴラス派から習得し、倫理学をとりわけソクラテスから学んだ。また論理学の種子を彼［の心］に蒔いたのは、エレアの人たち、ゼノンとパルメニデス、である。そしてこの人たちもピタゴラス派に属した。(5)

a38 九　いわく、視覚は、ピタゴラスとプラトンとアリストテレスによると、一二の色を識別［認知］できる。
439b すなわち、白と黒とその中間の色、つまり黄、褐、青、赤、紺、紫、明、暗である。(6)
また聴覚は、鋭い［高い］音と鈍い［低い］音を識別できる。(7)
また嗅覚は、芳香と悪臭とその中間のにおいを識別できる。これらのにおいは、腐敗したもの、湿ったも

---

(1)「あさはかにも」は不明の著者の言葉ではなく、フォティオスがさしはさんだ評言であろう。
肉食を忌避する主たる理由が魂の輪廻転生の思想であることは、「イアンブリコス」八五でも示唆されている。なお同書一〇八末も参照。

(2) 肉食などが思考力を鈍らせるという理由付けについては、「イアンブリコス」一三、六八を参照。

(3) 豆を食べることを禁じた理由は、「イアンブリコス」一〇

九、「ポルピュリオス」四四、「ラエルティオス」八‐二四、三四などに記されている。
(4)地震の予言、船の積荷が死体であることの予言、網にかかった魚の数の予言など(「ポルピュリオス」二五、二八、二九、「イアンブリコス」一三六、一三五‐一三六、一四二)。
(5)「観照学」と「自然学」は同義か。それとも、観照学は神論あるいは天文学などを意味し、自然学の一部分であろうか。哲学を論理学(ロギケー、言論学)と倫理学と自然学の三部門に分けるのは、初期ストア派以来(前三世紀以降)かなり一般的な慣行であった。たとえば「ラエルティオス」七‐三九を参照。
パルメニデスをピタゴラス派とみなす説は、いくつかの史料に記されている。たとえば「イアンブリコス」二六七のピタゴラス派の名簿にも、「エレアの人パルメニデス」とある。同書一六六にも、彼がピタゴラス派に属したことが示唆されている(出所はティマイオスか。「ブルケルト」216 n. 32)。「ラエルティオス」九‐二一によると、パルメニデスの師の一人アメイニアスはピタゴラス派の人であったという。

パルメニデスの弟子ゼノンは、アリストテレスによると、問答法(ディアレクティケー)の創始者であったという(「ラエルティオス」八‐五七)。しかし年代的にみて、プラトンはパルメニデスにもゼノンにも会っていないはずだから、彼らの著書によって学んだという意味であろう。

「この人たち」はゼノンとパルメニデスを指し、ソクラテスは含まれないのであろうか。ただし二八七頁註(3)の「ソクラテス」を参照。
(6)ここの色についての記述は、プラトンとアリストテレスの説を混ぜ合わせたものであろうか。白と黒が原色で、他の色はこの二色の(いろいろな比率での)混合であるというのは、アリストテレスの説である(『感覚と感覚対象』第三章四三九b二六以下)。しかしアリストテレスは、色はおよそ七種と考えたらしい(同書第四章四四二a二〇)。一方、プラトン『ティマイオス』六七C以下では、原色は四つほどとされ(明、白、黒、赤)、そのほかに混合色の名称が九つくらい挙げられているが、それが総数というわけではない。さて不明の著者はここで、色は全部で一二種と言って、一〇種だけの名を挙げているが(それともフォティオスが二つ書き漏らしたのであろうか)、これらの名称は『ティマイオス』で挙げられているもの(一三のうちの一〇)に一致する。なおこれらの色の名称の訳語の中には、不確かなものもある。
(7)聴覚の対象としての音を高音と低音に大別することについては、プラトン『ティマイオス』六七B、アリストテレス『魂について』第二巻第八章四二〇a二八を参照。

の、溶けたもの、あるいは焼かれているものから発生する。(1)

129 H また味覚は、甘い味と苦い味と、これらの中間の五つの味を識別できる。というのも、味は全部で七つであるから。すなわち、甘い、苦い、酸っぱい、辛い［ぴりり］、薄い［水っぽい?］、塩辛い、渋い、である。(2)

また触覚は数組のもの［対象］を識別できる。たとえば、重いと軽いとその中間のもの、熱いと冷たいとその中間のもの、ザラザラとスベスベとその中間のもの、乾いたと湿ったとその中間のものを、である。(3)

そして［触覚以外の］四つの感覚［能力］は、頭の中と、それぞれの固有の器官［目、耳など］の中に閉じ込められているが、触覚［能力］は頭にも全身にも広がっていて、全感覚［器官］に共通のものでもある［たとえば舌は味覚の器官であるだけでなく、触覚の器官でもある］。ただし触覚が対象を［他のどこにおいてよりも］より明瞭に識別するのは、両手においてである。(4)

b17 一〇　著者いわく、天［つまり全宇宙］には一二の区域（タクシス、配置）がある。第一の、いちばん外側の区域は、不惑天球［すべての不惑星つまり恒星が付着する天球］である。この天球の内に、アリストテレスの意見では第一の神と可思的な［非物体的な］神々が、またプラトンによるともろもろのイデアが、存在する。(5) そして不惑天球の次にクロノスの星［土星］が、またその後に順次六つの惑星が配置されている。すなわちゼウスの星［木星］、アレスの星［火星］、アプロディテの星［金星］、ヘルメスの星［水星］、太陽の星、月の星である。それから火の圏、続いて空気の圏、その後に水の圏、最後に土［大地］である。(6)

さてこのように一二の区域があって、［すべてのものの］第一の原因者は不惑天球の内に存在する。そしてこの［第一の］区域に接近しているものは堅固に最良に配置されているが、遠隔のものはそれほどでない。だから［上方から］月までの配置は安全に保たれているが、月下のものはもはやそれほど安泰でない、と彼ら［ピタゴラス派］は言う。そして必然的に悪も大地周辺の場所に見出される。(7) なぜなら、大地は全宇宙に対し

（1）においについての記述は、主としてプラトン『ティマイオス』六六D－六七Aに拠っているように思われる。

（2）アリストテレスによると、味は「甘い」と「苦い」と、この二つの味の混合であり、全部で七種ほどある（『感覚と感覚対象』第四章）。ただし彼の味のリストには、ここの「薄い（ソンポス）」の代わりに「苦辛い（アウステーロス）」が入っている。その他の六種の名称はほぼ同じである。

（3）いわゆる「触覚」の対象が一組（たとえば熱いと冷たい）だけではなく数組であることは、アリストテレスも指摘した（『魂について』第二巻第十一章四二二b二六）。

（4）全身の肉が触覚の器官であり、そして触覚能力は器官内に存在する、と考えられているのであろう。しかしアリストテレスの意見では、肉は器官ではなくて、むしろ媒体である（『魂について』第二巻第十一章四二三a一一）。なお手が最も敏感な部位であるとは、プラトンもアリストテレスも言っていないようである。

（5）イデアは（非物体的なものであり）宇宙の彼方にある、とプラトンは言ったから（『パイドロス』二四七C）、恒星天球の内にあるとは言えないだろう。アリストテレスによると第一の神は恒星天球内に（あるいは天球上に）存在する、という解釈は誤りであろうが、たとえばアエティオス一－七－三二などにも記されている。

（6）宇宙が球形であることは、ここで前提されている（恒星天球が宇宙の外端であるから）。ここの宇宙像は主としてプラトン『ティマイオス』に拠っているのだろうか。アリストテレスによると、月から上の場所は（火でも空気でもなくて）アイテールで出来ている（たとえば『メテオロロギカ』第一巻第三章三四〇b七）。一方プラトンによると、星々は主として火で出来ている（『ティマイオス』四〇A）。なお、一部のピタゴラス派が仮定したという「中心火」や「対地星」には、ここでは触れられていない。

（7）悪は必然的にこの世界（地球周辺）に存在するという見解は、プラトン『テアイテトス』一七六Aに記されている。理由付けは少し異なるようであるが。

て下底の位置を占め、沈殿物のかっこうのたまり場であるから。だから［宇宙の］他のすべての部分は、神の計らいと堅固な配置と――神から発して神に従う――運命によって管理されている、と彼らは言うのだが、他方、月下のもの［四区域］は四つの原因によって、すなわち、神と［神に従わない］運命とわれわれの選択と偶然によって、支配されるのである。たとえば、ある船に乗るか乗らないかはわれわれ次第のことであり、
130 H 440a 晴天に突然暴風と荒波が起きるのは偶然によるのだが、船は沈んだけれども［われわれは］望外に救われるのは神の計らいによるのである。(1)

なお運命（ヘイマルメネー）には多くの異なる様式があるが、とにかくそれと偶然との違いは、前者は［多数の出来事の］連鎖（ヘイルモス）と順序と一貫性を含意するのに対して、偶然は［ある出来事が］自動的に、行き当たりばったりに起きることである。たとえば［人が］少年から青年へ、さらにその先の年代へと通常の仕方で移行するのは、運命の一つの様式である。(2)

a8 一一　いわく、獣帯［黄道帯］が［天の赤道に対して］傾斜して動くのは――アリストテレスが研究し発見したと思えるのだが――大地周辺の場所［地中、地上、水中、空気中など］で［動植物の］産出が行なわれて、宇宙が［欠けたものなく］充足されるという目的のためである。というのは、もしも太陽が［天の赤道に］平行して動くならば、一年の季節は常に一つ――夏か冬か他のどれか――だけであったろう。実際には、太陽とその他の諸惑星が十二宮を次々に移って行くので、季節の四つの変化が生じるし、また四季の相互への変化によって果実も産出されるし、動物の出産も行なわれるのである。(3)

a17 一二　いわく、太陽［の大きさ］は、この人［不明の著者］が自分の意見として提示するところでは、しかも

彼はこの説を真実だと主張するのだが、地球の一〇〇倍である。一方、多くの人は、それは地球の三〇倍より小さくはないと言う(4)。

a21 一三　いわく、クロノスの星［土星］の周期こそが大年である、と彼ら［ピタゴラス派］は言う。なぜなら、他の六つの惑星の周期はもっと短期間だが、この惑星［土星］は三〇年かけて固有のコースを完了するからである。というのは、ゼウスの星［木星］は一二年で固有の円周［軌道］を完走し、アレス［火星］は二年で、

---

(1) 始元から遠く離れているもの（月下の世界のもの）は永久不変であることはできないという思想は、アリストテレス『生成と消滅』第二巻第十章三三六b三〇にも見られる。

偶然や運命についてのピタゴラス派の思想は確かでない。神話や詩では、運命は神から独立したもので、神にもこれを変えることはできない、とされることが多いが、時には、神がこれを定めるとも言われる。たとえばホメロス『オデュッセイア』第四歌二三六、ヘシオドス『仕事と日』六六九（海難に関して）。またプラトン『法律』第十巻九〇三D－E、九〇四Cでも神が（ある種の）運命を定めるとされている。なお一つの伝承によると、ピタゴラス派は「神は全能である」と信じていたという（「イアンブリコス」一三九、一四八）。

(2) 運命（ヘイマルメネー）を原因の連鎖（ヘイルモス）と規定したのはストア派（特にクリュシッポス）だという（アエティオス一-二八-四など）。

(3) 太陽の年周運動（地球の北半球あるいは南半球への接近と遠ざかり）が四季の循環と動植物の生成消滅の起動因であるという説は、アリストテレス『生成と消滅』第二巻第十－十一章に述べられている。

(4) 太陽と地球の直径を比較しているのか、体積の比較か、あいまいである。「多くの人」がだれを指すのかも不明。直径の比較では、アリスタルコス（前三世紀前半頃）によると約七倍、ヒッパルコスによると約一二倍、ポセイドニオスの説では約三九倍、プトレマイオス（後二世紀）によると五倍半だという（トマス・ヒース『サモスのアリスタルコス』p. 350）。現代天文学によると約一〇九倍。エウドクソスやアリストテレスの見解は不明（前者は、アルキメデスによると、太陽の直径を月の直径の九倍と算定したという）。

太陽は一年で完走する。またヘルメス［水星］とアプロディテ［金星］は太陽とほぼ等速である。一方、月は
131 H a27 地球に最も近いので、最も小さい円周を一ヵ月で一周する。(1)

一四　いわく、ピタゴラスが初めて天［宇宙］をコスモス［整ったもの、美しく飾られたもの］と名づけた。理由は、天が完全［無欠］であり、あらゆる動物と美しいもので飾られているからである。(2)

a29 一五　著者いわく、［ピタゴラスと同じく］プラトンもアリストテレスも等しく「魂は不死である」と説いている。ただし、ある人たちはアリストテレスの真意に到達できないで、魂は可死だと彼は説いた、と信じているのだが。(3)

a33 一六　いわく、人間は小宇宙（ミークロス・コスモス）であると［ピタゴラス派によって］言われるが、(4) その理由
は、人間が四元素で出来ているからではなくて——なぜなら、このことは、最も下等な動物も含めて、もろ
もろの動物のすべてに当てはまるから——宇宙のもつ諸能力のすべてを人間がもっているからである。とい
うのは、宇宙の内には神々が存在し、四元素が存在し、理性を欠く動物も存在し、植物も存在する。そして
これらのすべての［もつ］能力を人間は兼ね備えているのである。なぜなら、人間は神的な能力である理性
440b をもち、諸元素の本性［熱、冷、乾、湿など］をもち、また栄養、成長、自己と同種のものの生殖といった［植
物的］諸能力をもつからである。ただし、これらの能力のそれぞれにおいては人間は劣っている。あたかも
五種競技選手が、五つの競技能力をすべて備えているけれども、(5) それぞれの技能においては、一種目だけが
専門の選手に劣っているように、人間もすべての能力をもつが、それぞれの能力においては劣るのである。
つまり、人間は理性的能力を神々よりも少なくもち、諸元素の性質を諸元素自身よりは少なくもち、また人

間の憤激能力と欲望能力は理性を欠く動物のもつそれらよりも弱い。かくして、われわれは多様な能力から構成されていて、生きることが容易でない。なぜなら、他のもののそれぞれはただ一つの自然［本性］によ

(1)「大年」は多義語である（たとえば『ティマイオス』三九Dとウェルギリウス『アエネイス』第三歌二八四では互いに異なる意味に用いられている）。ここでは諸惑星の軌道一周時間のうちの最長のものを意味する。

水星と金星が太陽とほぼ等速であるという見解は、プラトン『ティマイオス』三八D、『国家』第十巻六一七A－Bにも記されている。土星（三〇年）、木星（一二年）などの周期は、エウドクソス（前四世紀）が（バビュロニア天文学から学んで？）記していたらしい（シンプリキオス『アリストテレス「天体論」注釈』四九五－二五－二九）。

(2)「コスモス」の命名者はピタゴラスであるという伝承は、アエティオス二-一-一、「ラエルティオス」八-四八、「イアンブリコス」一六二などにも記されている。この伝承に対する異論は「ブルケルト」77-79などに見られる。プラトン『ゴルギアス』五〇八Aでは、「智者たち」（ピタゴラス派？）が宇宙をコスモスと呼んでいる、と書かれている。なお、この命名の理由付けとして、「あらゆる動物（生き物）」の存在が挙げられているのは珍しい。星々（あるいは神々）も生き物とみなされているのであろうか。一六節を参照。

(3) アリストテレスの魂不死説については、『魂について』第三巻第五章などの記述があいまいであるので、古代でも近代でも解釈が分かれる。彼によると、魂の植物的能力と感覚的能力は肉体とともに滅ぶが、知性は不死である。しかし知性には能動的な（思考させる）部分と思考する部分があり、（没個性的な）前者だけが不死だという解釈と、後者も含めた知性全体が不死だという解釈がある。

(4) ピタゴラスあるいは初期ピタゴラス派が人間を小宇宙とみなしたという説は、他の史料には見当たらないようである。理由の説明も独特である。なお一つの伝承によると、人間を小宇宙と呼んだのはデモクリトスである（デモクリトス「断片」三四、出所は後六世紀のダヴィド）。またアリストテレスによると、（デモクリトスの説では？）人間だけでなく、一般に動物が小宇宙だという（『自然学』第八巻第二章）。

(5) 五種競技では、同一人が五種目（跳躍、円盤投げ、徒競走、槍投げ、レスリング）に出場し、総合得点で争う。

って導かれるが、われわれは異なる諸能力によって互いに反対の方向へ引っ張られるからである。たとえば、われわれはあるときには神的なもの〔理性〕によってより善いものへ導かれるが、あるときには獣的なもの〔欲望など〕が優勢になって、より悪いものの方へ引かれる。その他の能力〔憤激など〕に関しても同様である。だから、もしだれかが、われわれの内の神的なもの〔理性〕にかしずいて、それをあたかも〔馬を御する〕技術
132 H に巧みで注意深くもある御者のごとき地位に置くならば、その人は〔馬や馬車にたとえられる〕その他の諸能力のそれぞれを――すなわち諸元素の融合〔つまり肉体〕と憤激と欲望と希求を――適切に使いこなすだろう[1]。

b20 一七　だから「汝自身を知れ」ということ〔命令〕は至極容易であるように思えるけれども、何にもまして最も困難なのである。この格言はピュティオス〔つまりデルポイの〕・アポロンの言葉だと人々は言う。ただし七賢人の一人キロンにこれを帰する人たちもいるが。とにかく、この格言はわれわれに、自己の能力を知ることを勧めているのである。ところで、〔小宇宙である〕自己を知ることは、まさに全宇宙の自然〔本性〕を知ることにほかならない。そしてこのことは愛智〔哲学〕することなしには不可能である。まさにこのこと〔愛智〕をかの神〔アポロン〕はわれわれに勧めているのである[2]。

b27 一八　いわく、認識（グノーシス）には八つの道具がある、と彼ら〔ピタゴラス派〕は言う。すなわち、感覚、想像、技術、思い込み〔意見〕、思慮、〔学的〕知識、智恵、知性である。これらのうちで、われわれが神々と共有しているのは、技術と思慮と知識と知性である。また理性を欠く動物と共有しているのは、感覚と想像である。われわれ〔人間〕に固有なのは思い込みだけである[3]。

さて感覚は、身体を介しての偽りの認識である。また想像は、魂の内部での動きである。また技術〔技能〕

は、論拠を伴う制作性向である。「論拠を伴う」という規定が付加されるわけは、［たとえば］クモにしても［巣を］制作するが、論拠をもたないからである。[4] また思慮は、行為［実践］の領域で妥当なこと［適切な言動］を選択する性向である。また知識は、常に同一で不変であるものを認識する性向である。また智恵は、［万

（1）魂の三つの部分（理性と憤激能力と欲望能力）を二頭立ての馬車の御者と馬にたとえる（そして車体を肉体にたとえる）説は、プラトン『パイドロス』二四六Aや『黄金の詩』六九に記されている。

（2）本節には、「汝自身を知れ」という格言の（ピタゴラス派による？）独自の解釈が述べられている。この格言がデルポイのアポロン神殿（の奉納物のどれか）に刻まれていたことは、プラトン（『第一アルキビアデス』一二四A、一二九A、『パイドロス』二二九E、『ピレボス』四八Cなど）から知られる。この格言の作者（伝達者）は、いろいろに伝えられている。たとえばデルポイの初代の巫女ペモノエであるとか、タレスであるとか、ビアスであるとか。キロンに関しては、彼が「人間の学ぶべき最良のことは何か」と神託を伺ったときに、アポロンがこの格言を託宣したとか（ペリパトス派のクレアルコスの説、ポルピュリオス「断片」二七三）、彼はこの格言をペモノエから盗作したのだ（アンティステネスの説、「ラエルティオス」一-四〇）と伝えられる。

自己を知るためには宇宙を知らねばならないとは、どういう意味か。われわれの魂の出自は天界であるので（プラトン『ティマイオス』四一B、『黄金の詩』六三、「ラエルティオス」八-二八）、自己を知るためには天界と神々のことを知らねばならない、ということだろうか。

（3）「感覚」以下の八つの用語は、主としてプラトンとアリストテレスから定着した哲学用語であろう。

（4）クモが巣を作るのは技術によるのではなく、自然（本性）による（アリストテレス『自然学』第二巻第八章一九九a二三）。技術は論拠（ロゴス、推論）に基づいて制作する（アリストテレス『ニコマコス倫理学』第六巻第四章）。論拠とは、たとえば、「これこれの目的のためには、これこれのものを作るべきだ」というような推理であろう（アリストテレス『動物運動論』第七章）。

b39・441a 有の］第一の原因についての知識である。そして知性は、すべての善美なものの始元であり源泉である[1]。

一九　いわく、優れた学習能力には三つの部分［要素］がある。明察と記憶と鋭敏である。記憶は学んだことの保持である。鋭敏は思考［理解］の速さである。そして明察は、学んだことから学んでいないことを狩り出す力である[2]。

133 H a3 二〇　いわく、「天（ウーラノス）」には三通りの意味がある。一つは不惑の天球［恒星天球］それ自体である。第二は不惑の天球から月までの区域である。第三は全宇宙、つまり［第二の意味の］天と［広義の］地を合わせたものである[3]。

a6 二一　いわく、最も完全なもの［複数］と最も劣ったもの［複数］は、どちらも常に活動する本性をもつ。というのも、神［単数形］は知性と理性において常に活動しているし、神に近いもの［複数］も同様である。しかしまた植物も常に活動している。なぜなら、植物は夜も昼も自分を養っているからである。一方、人間は、また理性を欠くもろもろの動物も、常には活動しないで、［毎日の］ほとんど半分の時間は眠ったり休息したりしている[4]。

a13 二二　ギリシア人は気候温和な地域に居住しているので、資質において常に外国人よりも優れている。対してスキタイ人とエチオピア人は、一方は寒冷に悩まされ、他方は暑熱によって体表が焼き固められ、体内には多量の熱と水分が取り込まれて、両者とも、［体内の熱冷乾湿などの］融和が適切でない。その結果、あれらの地域に居住する人間は、［知性において劣るが］向こうみずで大胆である[5]。同様に、中間地域の近傍と両極地域の近傍に居住する人々［の資質］も、各自の居住地域の気候の影響を受けるのである。だから、プラトンも言うように、(6)ギリシア人が外国人からある学術を移入した場合でも、それをもっと良いものに仕上げるのである。とりわけ、他のギリシア人以上に、アテナイ人がそうである。だから彼ら［アテナイ人］は古来、用兵の技術に長じ、絵画の技術、その他あらゆる技術を――職人的なものも、軍事的なものも――発見したし、さらに言葉の技術と学問をも発見したのである。それゆえアテナイでは、教養［文化、パイデイアー］は言ってみれば移入されたものではなくて、自然に生育しているのである。というのも、かの地の空気がきわめて軽やかできわめて清らかであるので、土地をやせさせる――まさにこの理由でアッティカの土地はやせ

（1）ここの「知性」の意味は不確かだが、「直知能力」つまり推論の根本原理（矛盾律、排中律、数学の公理など）を直観する能力であろうか（アリストテレス『分析論後書』第二巻第十九章一〇〇b一五、『ニコマコス倫理学』第六巻第六章）。この意味の知性がないと、知識も智恵も技術もありえないだろう。なお「智恵」は万有の第一の始元についての知見であろう（アリストテレス『形而上学』A巻第二章九八二b九）。

（2）記憶力の重視については「イアンブリコス」九四、一六四―一六六、二五六を参照。明察（アンキノイア）と「鋭敏（オクシュテース）」については、同書一三（鋭敏、エウアーゲイア）、三二（明敏、アンキノイア）、七四、一〇七を参照。

（3）本節での「天」の三義の区別は、アリストテレスの説（『天体論』第一巻第九章二七八b九―二一）に一致する。

（4）アリストテレスによると、植物は感覚能力を欠いているので、眠らないが目覚めてもいない。目覚めの特徴は感覚することである（『眠りと目覚め』第一章末）。ただし本節でも、植物は「常に活動している」と言われているだけで、「眠らない」とか「目覚めている」とは言われていない。

（5）気候の住民の資質への影響については、アリストテレス『政治学』第七巻第七章一三二七b二三―三三でも触れられている（寒冷地域に住む民族や「アジア」の暑い地域に住む民族とギリシア人とが対比されている）。

（6）プラトン（？）『エピノミス』九八七D―E。

134 H
ているのである――だけでなく、人間の魂を軽快［機敏］にする。というのも、軽やかな空気は土壌には有害であるが、魂には有益であるから。

a34 二三　いわく、［ギリシアで］エテーシアイ［北方からの季節風］が盛夏の候に吹くのは、次のような原因によ
る。[1] 太陽は［この時期に天の］南方の場所からより北方へ移り、より高く位置して、［地球上の］北方にある水
分［雪や氷］を解かす。そして解けた水分は空気になり、気化したものは風になる。そしてこの風がエテーシ
アイになる。つまり、エテーシアイは、北方の水分の融解の産物である風から生じる。[2] だからエテーシアイ
441b は反対方向の地域へ、つまり南方へ吹くのである。そしてそこ［南方の地］へ移動してから、エチオピアの最
高の山並みへぶつかって、大量の風が結集して一団となり、雨と化する。そしてこの降雨のゆえにナイル河
が夏に氾濫する。この河は南方の乾燥した地域から流れてくるのであるが。[3] このことを研究したのはアリス
トテレスである。彼自身が実際に自然を観察したのである。彼はマケドニア人アレクサンドロス［大王］に、
「ナイル河の増水の原因を私が自分の目で見届けるために、かの地［エチオピア］へ私を派遣してほしい」と
頼んだ。だから彼［アリストテレス］はこう言っているのである。「これ［ナイル河の氾濫］はもはや［未解決の］
問題ではない。この河が［毎年］降雨によって増水することは、はっきりと観察されたのだから」と。[4] かく
して、意外なことではあるが、エチオピアの最も乾燥した地域で――そこでは冬も水もないのだが――夏に
きわめて多量の雨が降るという次第である。[5]

(1) エテーシアイは(ギリシア本土やエーゲ海あたりで)夏至の後で北方から吹く季節風である(アリストテレス『メテオロロギカ』第二巻第五章三六一b三五)。
(2) アリストテレスによると、エテーシアイは北極地方の雪が夏至後の太陽の熱によって解けて気化し、風になったものである、という(同書三六二a一七)。
(3) ナイル川の氾濫の原因はエチオピアの雪解けだという説があったが(アナクサゴラスの説とされる。アエティオス、「ディオドロス」、セネカなどが言及している。「断片」第五十九章A九一(DK))、これに対して、エチオピアでは雪は降らないという反論があった(ヘロドトス第二巻二二、「ディオドロス」第一巻第三十八章五)。本節で紹介されたアリストテレスの説は、雪はエチオピアのではなく、北方のそれだと言って、この反論に答えている。
(4) 「ナイル川の増水(アナバシス)について」と題されるアリストテレスの著作があったというが(プトレマイオスのアリストテレス著作目録)、現存しない。本節のアリストテレスの説についての記述は、この著作に拠っているのであろうか。この著作は偽作だと考える学者もいるが、真作とみなす人たちもいる(J. Partsch, 1910, イェーガー『アリストテレス』、Ross『アリストテレス』など)。
(5) ナイル川の増水(夏至の頃から一〇〇日間、水嵩が次第に増し、以後は徐々に減水したという。ヘロドトス第二巻一九)の原因についての、本節でアリストテレスの説とされているものは、別の文献でデモクリトスの説と言われているもの(「ディオドロス」第一巻三九-一一-一三、アエティオス四-一-四)に酷似している。なおヘロドトス第二巻二〇-二五と「ディオドロス」第一巻-三八-三九に、他のいくつかの説が紹介されている。

イタリアとシチリアの諸都市（前六世紀後半頃）

〔付記〕タウロメニオン（現タオルミナ）は前四世紀になってから、
またトゥリオンは前五世紀半ばにできた都市である。

解説

イアンブリコス『ピタゴラス的生き方』

まえがき

この本を読む人の目的と関心はいろいろであろう。というのも、「本書」は①ピタゴラスと初期ピタゴラス派についての一つの史料——史実、伝説、虚構など、玉石混交の情報を提供するけれども、現存史料の中では最も詳しいもの——である。また②イアンブリコスその人の思想を研究するための一つの史料でもある。また③「本書」で利用されているアリストクセノスや新ピタゴラス派（ニコマコスやアポロニオス）のピタゴラス観を調べるための一つの史料でもあるだろう。なおこの他にも「本書」の用途がいくつかあるかもしれない。しかしここでは主として①を念頭において、ただし②も多少考慮しながら、「本書」について若干の解説を試みよう。

なおイアンブリコスは「本書」の著者というよりも、むしろ編者に近いように思われる。なぜなら、彼は先人のいくつかの著作から選び出した文章をつなぎ合わせて、ただしところどころに自分の文章をさしはさんで、「本書」を書き上げたらしいからである。そしてこの点に「本書」のピタゴラス研究上の史料的価値が存するわけでもある。しかしむろんその際に彼は一定の目的と方針をもって「本書」を組み立てたはずであろう。

一　写本

「本書」の現存する手写本はかなりたくさんあるらしいが、そのすべてが（むろんFを除いて）写本Fから転写されたものだ、と推定されている。Fはフィレンツェ写本（Codex Laurentianus 86, 3）の略称である。十四世紀に書かれたものだという。それ以前の写本については何も分からないらしい。だから底本の本文はF写本に基づいて――ただしそれの誤っていると思われる箇所は諸家の意見を参照しつつ修正され――校訂されたものである。写本のことに関しては、底本の校訂者の序文や、（同じ写本に書かれている）イアンブリコス『哲学の勧め（プロトレプティコス）』の校訂者（ピステッリ）の序文などを参照した。

二　表題

「本書」の表題「ピュータゴレイオス・ビオス」（ただし「要項」によると「ピュータゴリコス・ビオス」）は、字義的には「ピタゴラスの生涯」とも、「ピタゴラス的生活［生き方］」とも訳せるが、この訳書で後者を採った理由はこうである。後述のように、イアンブリコスは「ピタゴラス派思想集成」の第一巻として「本書」を書いたのだが、その理由は、ピタゴラスの哲学（それは単なる思想と理論に留まらず、一定の生き方の実践でもあった）を学ぼうとする人は、まずピタゴラスその人がいかに生きたかを知り、これを手本とすべきだからである、という（二節）。なお「集成」の第二巻である『哲学の勧め』の冒頭に第一巻（つまり「本書」）の内容が概括されているのだが、それによると、「本書」はピタゴラスについて、とりわけ彼における生き方について、またピタゴラス派の人たち（の生き方）について述べたものだという。

なお「ピタゴラス的生活」という表現は、かなり以前から定着していたものである。というのも、前四世紀前半に書かれたプラトン『国家』第十巻六〇〇Bにおいて、作中のソクラテスが、「今でもなお［ソクラテスの時代、前五世紀後半か、それともプラトンの時代］ある人たちは、彼らがピタゴラス流の生き方と呼ぶ流儀に従って生活している」と語っている。またアリストクセノス（前四世紀後半頃に活動）には、『ピタゴラスの生涯』（「断片」一一b）のほかに、『ピタゴラス的生活』と題される著作もあったという（「断片」三一、「本書」二三三）。なお「本書」二四八（出所はアリストクセノスか）に、クロトンのキュロンという人物がピタゴラス的生活に参加したいと望んだ、と記されている。

だから「本書」はピタゴラスの伝記ではなくて、むろん彼の伝記をある程度は含んでいるけれども、主眼は、彼が提唱し彼自身も実践した生き方を記述しようとした書物であろう。なお類似の見解を「ブルケルト」97やディロン（アルブレヒト p. 295）なども提示した。佐藤訳二八四頁も参照。

三　「思想集成」

イアンブリコスの多数の著書の中に、「ピタゴラス派思想集成」とでも呼ばれるべき一連の著作（全一〇巻）があった。全巻をまとめた表題がイアンブリコス自身によって付されていたのかどうか確かでない。後代の文献では、その表題はいろいろに書かれている。すなわち①『ピタゴラス派について』（五世紀前半のシュリアノス『ヘルモゲネス注釈』や、前記の写本Fにおいて）とか、②『ピタゴラス派思想集成』（シュリアノス『アリストテレス「形而上学」注釈』の二箇所で）とか、③『ピタゴラス的論集』（写本F）とかである（オメアラ p. 32）。ともあれ、この「集成（シュナゴーゲー）」の第一―四巻だけは写本Fによって保存されていて、それぞれの表題は以下のとおりである。

一　『ピタゴラス的生き方について』
二　『哲学の勧め（プロトレプティコス・エピ・ピロソピアーン）』
三　『一般数学』
四　『ニコマコス「数論入門」注釈』

また現存しない第五―九巻の表題は、写本Fの冒頭に記されている第一―九巻のリストによると、こうである。

五　『自然学的事象における数論について』
六　『倫理学的事象における数論について』
七　『神学的事象における数論について』
八　『ピタゴラス派の幾何学について』
九　『ピタゴラス派の音楽理論について』

なお第十巻の表題は写本Fに記されていないが、こうであったろう。

十　『ピタゴラス派の天文学〔天球学、スパイリケー〕について』

というのも、第四巻の末尾でイアンブリコスが第五―十巻の主題を予告しているのである。ただし第十巻が書かれたのかどうか、確かではない。

ところで後二世紀前半頃（つまりイアンブリコスより一世紀以上前）に、ゲラサの人ニコマコスがやはり「ピタゴラス派思想集成」と呼ばれてよいような一連の書物を著わしていたという（シュリアノス『アリストテレス「形而上学」注釈』一〇三―六）。というのも、ニコマコスは現存しないけれども『ピタゴラスの生涯』を書いたらしいし（「ポルピュリオス」二〇、五九、「本書」二五一）、『数論入門』（現存）や『調和学ハンドブック』（現存）のほかに、『数論の神学』や『幾何学入門』（どちらも現存しない）を書いたことが分かっている。だからイアンブリコスの「集成」はニコマコスの「集成」にならったものかもしれない。ただしシュリアノス前記箇所によると、ニコマコスはすべてを「歴史的に、事実に即して記述した」が、一方イアンブリコスは論証や洞察によって（つまり思弁的に、独自の見地から？）掘り下げて記述した、という。

なおイアンブリコスの全一〇巻の「集成」が、内容的にみて（彼自身の見地からの）ピタゴラス哲学の全領域を包括していたかどうか、疑う人もいる。なぜなら、そこには宇宙を超越する神々（たとえばサルスティオス『神々と宇宙』六-一）、つまり永久に不変である非物体的な存在（イアンブリコス『哲学の勧め』第二十一章二〇、二三など）、あるいは高次の数について、説明が欠けているように思えるからである（オメアラ p. 92）。ただし「集成」の第七巻において、高次の数（最高の神々）についても多少は触れられていたのであろう。第七巻についてのプセロス（十一世紀）の報告（オメアラ p. 226）を参照。ところでイアンブリコスには、現存しないけれども『神について』あるいは『神々について』と題される著書があったらしい（イアンブリコス『哲学の勧め』第二十一章二三（一二〇-一七）（Pist.）、同『エジプトの密教』八-八、プロクロス『プラトン神学』第一巻一一）。あるいはこの著作が、「集成」の足りないところを補完するものであったかもしれない、という（オメアラ p. 92）。

四 「本書」の資料

イアンブリコスが「本書」を書く際に利用した文献について最初に本格的に研究したのはエルヴィン・ローデであろう（「凡例」に記された文献「ローデ」を参照）。彼は自分に先行した唯一の研究としてマイネルス『ギリシアとローマにおける諸学の起源、進歩、没落の歴史』（一七八一－八二年）を挙げたが、誤りが多いと評価した（「ローデ」113）。そしてローデによると、「本書」で直接に利用された資料は主として二つだけ、ゲラサのニコマコス（後一－二世紀）の『ピタゴラスの生涯』（現存しない）と、テュアナのアポロニオス（後一世紀頃）の『ピタゴラスの生涯』（現存しない）であるという。

なおイアンブリコスは「本書」において「ポルピュリオス」（これはポルピュリオス『哲学史』の一章であったらしい）を利用しなかったようである。むろん、「本書」と「ポルピュリオス」には一致する箇所が少なくない。それに、イアンブリコスはポルピュリオスの弟子であったと伝えられている。またイアンブリコスの他の著作には、ポルピュリオスの他の著書がいくつも引用あるいは言及されている。だからイアンブリコスは「本書」において「ポルピュリオス」を利用しているはずだ、と推定する学者が（ツェラーその他）幾人もいるのだが（「ブルケルト」98 n. 5）、ローデやブルケルトなどがそれを否定した理由はこうである。①「本書」が「ポルピュリオス」と一致する箇所は、（二二八節を除いて）すべてニコマコスからの引用である。もしイアンブリコスが「ポルピュリオス」を利用したのであれば、なぜ「ポルピュリオス」の他の箇所（ニコマコスからの引用以外の箇所）をも引用しなかったのであろうか。②「本書」二三三—二三六のピンティアスとダモンの友愛と信義についての物語は「ポルピュリオス」五九—六一に大筋で一致するが、「本書」の方が詳しい。③「本書」二五三は「ポルピュリオス」五八にほぼ一致するが、「与える〔見せる、譲渡する〕」という動詞（不定詞）が「本書」ではドーリア方言で「ドメナイ」と記されているのに、「ポルピュリオス」では（地の文と同じく）アッティカ方言で「ドゥーナイ」と書かれている。ここではこの語はピタゴラス派の言葉の一部分であるから、おそらく引用元（ニコマコス）ではドーリア方言が用いられていたのであろう。④「本書」一七〇の「メタポンティオン」が「ポルピュリオス」四では誤って「クロトン」と書かれている。この誤りが（後代の写本によるのでなくて）原著に由来するのであれば、「本書」が「ポルピュリオス」に依拠していないことは明白であろう。⑤「本書」二四八には、クロトン人のピタゴラス派に対する反乱がピタゴラスの不在中に起きたことは「すべての人が同意している」と記されているが、もしイアンブリコスが「ポルピュリオス」五六—五七を読んでいたら、そうは言えなかったはずである。そこにはディカイアルコスその他の人たちが反対意見であったことが明記されているからである（「ローデ」125 以下、「ブルケルト」98 n. 5）。なおイアンブリコスがニコマコス『ピタゴラスの生涯』を（「ポルピュリオス」を介せず）直接に読んでいたことは、二五一節末からも推定できよう。

一方ローデの二資料説は、単純すぎるとしてこれに反対する学者が少なくない。「ブルケルト」100 によると、この説はレヴィ『ピタゴラス伝説の資料についての研究』（パリ、一九二六年）によって決定的に反駁されたという。たとえば「本書」一一五—一二一の、ピタゴラスが協和音程の整数比をいかにして発見したかの物語は、現存するニコマコス『調和学ハンドブック』に記されているのだが、ローデは二資料説を固執して、同じような話がニコマコス『ピタゴラスの生涯』にも記されていたと仮定し、イアンブリコスはこちらから引用したのだと推定したが、むしろ『調和学ハンドブック』から引用したと考える方が簡単であろう。また、「ポルピュリオス」や「ラエルティオス」第八巻の資料の一つと推定されているような、ピタゴラス派についての諸説を集めた一種の「資料集」あるいは「ハンドブック」のようなものをも、イアンブリコスは利用したかもしれない（なお「ローデ」131も、三五節の年代についての記事の出所として、「年表風のハンドブック」の利用を推定した）。また「本書」で何度も利用されているアリストクセノス『ピタゴラス派の訓戒』は、後五世紀のストバイオスも読んだのだから（アリストクセノス「断片」三四、その他）、イアンブリコスもそれを直接に利用したのではないか、という（「ブルケルト」100以下）。

ともあれ、直接間接に「本書」の資料であったと思われる文献と著作者について、（ほぼ年代順に）簡単に説明しておこう。

一　アリストテレス

断片しか残っていないけれども、アリストテレスに「ピタゴラス派について」少なくとも二巻の著作があったらしい。その表題はいろいろに伝えられている。たとえば『ピタゴラス派について』（アレクサンドロス）とか、『ピタゴラス派の見解の集成』（シンプリキオス）とか、『ピタゴラス派の哲学について』（「本書」三二）である。なお「ラエルティオス」五‐二五によると、それは『ピタゴラス派について』一巻と、

『ピタゴラス派に対して』一巻とであった。とにかく、「本書」の数箇所に、アリストテレスのこの著作に由来する情報が記されているようである（たとえば八二―八五、一三四―一三六、一四〇―一四三節など）。ただしこれらの記事は直接にはニコマコスから引用されたものであるらしい（「ローデ」139など）。イアンブリコスがアリストテレスのこの著作を直接に読んだかどうかは不明である。ともあれ、前四世紀のアリストテレスの（あるいは一説では彼の弟子たちによる）この著作は、ピタゴラスの「神秘的」あるいは「非合理的」言動についての伝説が、必ずしも前一世紀以降の「新ピタゴラス派」による創作でないことを示している、と言えるだろう。ただし一部の学者によると、現存断片の出所としてのこの著作は後人の（とはいえ前二世紀頃のアポロニオス『驚異物語』以前のだれかによる）偽書であるともいう（「ローデ」139,「ブルケルト」29 n. 5）。

二　アリストクセノス

音楽理論家として有名なペリパトス派のアリストクセノスは（生年は不確かだが『スーダ事典』によると前三七六年頃、没年は不明）、ピタゴラス派にゆかりのある思想家であった。そもそも彼はイタリアのタラス（現タラント）の出身であった。そしてピタゴラス派に属したらしい音楽家スピンタロスが、彼の父であったとも師であったとも伝えられる（「断片」一）。また彼はピタゴラス派のクセノピロスの弟子になり、後にアリストテレスに師事したのだという（「断片」一）。しかも彼は「ピタゴラス派の最後の世代の人たち」（つまりクセノピロスのほかに、パントン、エケクラテス、ディオクレス、ポリュムナストス）と相識の間柄であったとも伝えられる（「ラエルティオス」八-四六）。この情報の出所はアリストクセノス本人であろうか。そして四五三あったと言われる彼の著作（「断片」一）の中で、主としてピタゴラス派を扱ったのは次の六つくらいであろう。①『ピタゴラスの生涯』（「断片」一一b）、②『ピタゴラスと彼の友人［弟子］たちについて』（「断片」一四、「ラエルティオス」一一一八）、③『ピタゴラス的生活』（「断片」三一）、④『ピタゴラス派の訓戒』（「断片」三四—三七、四〇、四一）、⑤『アルキュタスの生涯』（「断片」五〇）、⑥『教育に関する法律』（「断片」四三）。

アリストクセノスのピタゴラス解釈は、おそらく彼が交際した当時のピタゴラス派の人たちの影響を受けて、「近代的」あるいは「合理主義的」な傾向を帯びていたように思われる。たとえば彼はピタゴラスが豆を食べなかったという伝承を否定して、むしろピタゴラスは便通に良いという理由で好んで豆を食べた、と言ったらしい（「断片」二五）。なおアリストクセノス自身は（ピタゴラスの魂観に賛成しないで）、魂とは肉体の諸部分の働きの調和である、と主張したと伝えられる（「断片」一一八—一二〇）。

「本書」の記事で（直接あるいは間接に）アリストクセノスに由来するかもしれないのは、大ざっぱに言って、二六—二七、三三—三四、九六—一〇二、一一〇—一一四、一三七—一四〇、一六三—一六四、一八〇—一八三、二〇〇—二一三、二六七節などである。

三　ティマイオス

シチリアのタウロメニオン（現タオルミナ）出身の歴史家ティマイオスの生存年代は、およそ前三五〇—二五〇年頃とされる。後半生（およそ五〇年間）はアテナイに居住した。彼の主著（三八巻以上。表題は不確かだが、一説では『シチリア史（シケリアカイ・ヒストリアイ）』。現存せず、断片のみ残る）には、ピタゴラスやエンペドクレスについても記述されていた。たとえば「本書」三七―五七のピタゴラスのクロトンの人たちに対する講話は、(アポロニオスを介して)ティマイオスに由来するらしい。またピタゴラスの娘についての、そして彼のメタポンティオンの住居についての記事(一七〇節)も、この歴史家に由来する(「ポルピュリオス」四にティマイオスの名が明記されている)。またいわゆる大ギリシア(メガレ・ヘラス)の繁栄をピタゴラス派の活動の成果とみなす説(三〇、一六六節、「ポルピュリオス」二〇)も、ティマイオスの所説だったかもしれない(「ブルケルト」104 n. 34)。また入門志願者をピタゴラスが選考し、「一次合格者」に予備訓練を施したなどの情報(七一―七二節)も、この歴史家に由来するのかもしれない(デラット「注釈」169)。またピタゴラス派に対するクロトン人の反乱についてのアポロニオスの記述(二五四節以下)も、ティマイオスに拠っているのかもしれない(デラット「注釈」154)。なお、この反乱についてクロトン市の「記録」があったという情報(二六二節)も、やはりティマイオスに由来するのであろうか。

四　ヒッポボトスとネアンテス

「本書」一八九―一九四のミュリアスとティミュカについての有名な物語の(もともとの)出所は「ヒッポボトスとネアンテス」だと明記されている。この他にもネアンテスに由来する記事が「本書」にあるかもしれない。たとえば、クロトンでの反乱はピタゴラスがデロス島へ行っている間に起きたという説(二五一節以下、「ポルピュリオス」五五)の出所は、一つの推定によると、ネアンテスである(「ローデ」115)。

ヒッポボトスは不確かだが前三世紀末頃の著作家であった。出身地は不明。彼の著作は、「ラエルティオス」一-一九と四二、二-八八によると、『〔哲学の〕諸学派について』と『哲学者名鑑』であった。ただしこの二つの表題は、あるいは同一の書を指すのかもしれない。

ネアンテスもおそらく前二〇〇年頃の歴史家で、小アジアのキュジコス（マルマラ海南岸の都市）の人であった。いくつかの著書があり、「ポルピュリオス」一では彼の『キュジコスの神話〔伝説〕』第五巻から引用されている。また「ラエルティオス」八-七二で言及されているように思える『ピタゴラス派について』は必ずしも単独の著作ではなくて、彼の『有名人士考』の一部分であったかもしれない。なお、時折「ヒッポボトスとネアンテス」として言及されることがあるが、この場合、一方が他方を（おそらく前者が後者を）引用していたのであろう、という（「ブルケルト」102）。年代的にみて、この二人は前代からのピタゴラス伝承を後代に伝える「中間伝達者」の位置にいて、その情報は後代の多くの著作家によって利用されたようである（「ブルケルト」102）。しかし彼らが伝承された情報をいっしょくたにして混乱させたこともあるかもしれないという（デラット「注釈」242）。

五　アンドロキュデスとヒッポメドン

「本書」一四五に（ニコマコスを介して）アンドロキュデス『ピタゴラス派のシュンボロン〔符丁〕について』から引用された記事がある。このアンドロキュデスという人は、他の文献（たとえば偽イアンブリコス『数論の神学』四〇（五二-八）（Falco/Klein））には「ピタゴラス派の人」と記されているが、生存年代も出身地もはっきりしない。この著作を利用している（知られているかぎりで）最古の人は、弁論家トリュポン（前二あるいは前一世紀頃）だという（「ブルケルト」167 n. 7）。なお「本書」には、アンドロキュデスがピタゴラス派の人だとは記されていない。二六七節のピタゴラス派の名簿にも彼の名はない。

ちなみに、「本書」では言及されていないが、ピタゴラス派の「シュンボロン」についての伝承の（文献上の）源泉としては、ミレトスの歴史家アナクシマンドロス（前四世紀前半頃、ペルシアのアルタクセルクセス二世の時代の人という）の『ピタゴラス派のシュンボロンの解釈』（『スーダ事典』の「アナクシマンドロス」の項）が考えられる。アンドロキュデスはこの本を参考にして彼の著書を書いたのかもしれない。たとえば「秤をまたぐな」という文句は「正義に反してむさぼるな」という意味だという解釈は、アナクシマンドロスからアンドロキュデスを介して後代（「ラエルティオス」八－一八、「ポルピュリオス」四二、イアンブリコス『哲学の勧め』第二十一章一三など）へ伝わったのかもしれない。

なお、「シュンボロン［符丁、暗喩］」と「アクースマ［聴いた教え］」は同じものを（たとえば「秤をまたぐな」という短文を）指すが、「シュンボロン」という名称は、これらの短文が隠された意味をもつことを前提している。一方「アクースマ」という名称だと、これらの短文は字義どおりに解されてもよいわけであろう。確実ではないが、アリストテレスはこれらをアクースマと呼んだらしい（八二、一四〇節）。シュンボロンとは呼ばなかったようである（「ブルケルト」175）。

「本書」八七にアシネの人ヒッポメドンの（アクースマについての）所説が紹介されている。しかしこの人については、「本書」に記されていること以外には何も（およその生存年代も）分からない。

六　『ヒエロス・ロゴス』

「本書」の資料の一つは、ドーリア方言の散文で書かれた『聖なる言葉（ヒエロス・ロゴス、聖語）』、別題『神々について』である。この文書はピタゴラス自身が書いたものとも、彼の息子のテラウゲスが父の遺した覚書に基づいて書いたものとも言われたという（一四六節）。しかし近代の学者たちの推定によると、この文書は前一世紀か後一世紀に作られた偽書だろうという。この文書の由来を述べた「本書」一四六の記事は、それの序文に拠ったものであろうか。なお、後年プロクロス（後五世紀）もこの序文に基づいて、次のような「史観」を述べた。「ギリシア人の全神学がオルペウス的秘教の産物である。まず最初にピタゴラスがアグラオパモスから神々についての密教を学び、次にプラトンがピタゴラス派とオルペウス派の書き物から、これら［密教］についての完全な知識を受け継いだのである」（『プラトン神学』第一巻五）。

一方、この文書の本文は、ギリシアの伝統的な神々（たとえばゼウスやレアやアプロディテなど）と、一から十までの自然数との関連について述べたものであったらしい（シュリアノス『アリストテレス「形而上学」注釈』一九二-一〇-一三）。「本書」一五二の記事も、この文書に拠って書かれたのかもしれない（デラット「研究」191-192）。おそらくイアンブリコスはこの文書を直接読んだのであろう。それとも、もし孫引きであれば、ニコマコスから引用したのであろうか。

近代の学者たちが「数論（算数）」と区別して「数談義（Arithmology）」と呼ぶ「疑似科学」は（デラット「研究」139）、もともとは各自然数のある種の特性を研究したものであったらしい。たとえば二は自乗しても「自加」しても等しいが（2×2＝2＋2）、他の数はそうでない、というような特性である。しかしこの『ヒエロス・ロゴス』は従前の数談義の領域を拡張して、神々を数に結びつけた。たとえば性愛の女神アプロディテの本質は六である。なぜなら、六は最初の奇数三と最初の偶数二との積であり、男女の結合、結婚を表わすからであるという（ストバイオス『抜粋集』一-序-一〇、偽イアンブリコス『数論の神学』三三）。そしてニコマコス『数論の神学』と偽イアンブリコス『数論の神学』は、この『ヒエロス・ロゴス』を継承して、この新分野を扱ったものである。なおこの『ヒエロス・ロゴス』は、イアンブリコス以前に、後一－二世紀のニコマコス、モデラトス、プルタルコス『イシスとオシリス』、後三世紀のポルピュリオス『肉断ち論』二-三六などによって、また彼以後ではシュリアノス、プロクロス、後六世紀のヨハンネス・リュドス『暦月について』などによって利用されたようである（デラット「研究」191-208）。

七　アポロニオス

この人の名は「本書」では一箇所に出てくるだけだが（二五四節）、「ポルピュリオス」との比較対照や記述の内容などから考えて、多くの箇所で彼の著書から引用されている、と推定される。「ローデ」によると、三－二五、三七－五七、二一六－二二一、二五四－二六四節などがアポロニオスの所説である。ただし「ブルケルト」100 n. 11によると、三－二五節の代わりに三－八節と一一節であるという。なお「本書」の「アポロニオス」が果たして有名な「聖者」テュアナのアポロニオスであるのかどうか問題であるが、ローデやブルケルトなど、かなり多くの学者がそうだと信じている。この人物の著作の一つは『ピタゴラスの生涯』であった、と伝えられている（『スーダ事典』の「テュアナのアポロニオス」の項）。テュアナは小アジアのカッパドキアにあったギリシア人の植民都市である。この人の生存年代はほぼ後一世紀であろう。ローマ皇帝ネルウァ（在位後九六–九八年）の治世に高齢で亡くなった、と伝えられる（ピロストラトス『アポロニオス伝』第八巻第二十七–二十九章、『スーダ事典』の前記箇所）。

ところでローデの意見ではアポロニオスは恣意的で全然信用できない証人であるが（「ローデ」111-112, 117, 149など）、一方、この人はしばしばティマイオスに依拠して書いているので、彼の記述はそのかぎりで貴重である、とも言われる（デラット「研究」86,「注釈」169,「ブルケルト」104 n. 37）。なおアポロニオスがティマイオスを利用していることは、ローデもある程度は認めた（「ローデ」132-134）。

八　ニコマコス

この人の名も「本書」では一箇所（二五一節）に記されているだけだが、「ポルピュリオス」のニコマコス引用箇所やニコマコス『調和学ハンドブック』と共通の記事が「本書」に多いことから、多くの箇所がニコマコスからの引用であると分かる。大ざっぱに言って、二五–二七、五八–六七、七四–七八、八一–八九、九四–一〇二、一〇六–一二二、一二九–一三六、一四一–一四五、一八九–一九四、二三三–二三七、二五一–二五二節などがそれであろうか（「ローデ」の意見）。「ブルケルト」98 n. 6の見解は多少異なる。

ゲラサ（現ヨルダンのJerash）の人ニコマコスが『ピタゴラスの生涯』を書いたということの確証はないのだが、「ポルピュリオス」や「本書」において「ニコマコス」から引用されているので、そのような表題の彼の著作があったのだろう、と推定されるわけである。なおニコマコスはこの著作において、主としてアリストクセノスとネアンテスに依拠して記述したらしいという（「ローデ」125）。彼の正確な生存年代は分からない。『調和学ハンドブック』において彼はトラシュロスに言及している。後者はローマ皇帝ティベリウス（在位後一四—三七年）に仕えた占星術者で、プラトン全集の編集者としても有名である。また後一二五年頃に生まれたらしいアプレイウスがニコマコスの『数論入門』をラテン語に訳した、と伝えられている（カッシオドルス『教程』二-四-七）。だから、大ざっぱに言って、彼の生存年代は後一世紀後半頃から二世紀前半頃であろうか。ちなみにイアンブリコスは「集成」第四巻三—四においてニコマコスを、ピタゴラス派の数論を純正に伝えた人として称揚している。またプロクロスは、ある夢を見て、自分はニコマコスの生まれ変わりだと信じた、という（マリノス『プロクロス』二八）。

五　「本書」のピタゴラス像に関して

「本書」に描かれているピタゴラスの生涯と思想について、その全体に触れることはできないが、主要な点や注意すべき点などを指摘しておこう。

(1) ピタゴラスの生没年は「本書」に明記されてはいない。彼は四〇歳のとき（前五三二年頃）にサモスからイタリアへ移住したというかなり有力な説（「ポルピュリオス」九、出所はアリストクセノス）も、「本書」には記されていない。一方、彼がバビュロンからサモスへ帰ったのは五六歳のときだった、と記されている（一九節、出所はアポロニオス）。したがって彼のイタリア移住はその数年後（六〇歳前後）ということになろう。そして彼がイタリアへ到着したのは第六十二オリュンピア期（前五三二—五二八年）と記されている（三五節）。この点だけは前記アリストクセノス説とほぼ一致するが、ピタゴラスの年齢の点で両説は食い違っている。そしてピタゴラスはイタリアで三九年間（クロトン、次いでメタポンティオンに住んで？）学園を指導し、ほとんど一〇〇歳で亡くなったという（二六五節、出所はアポロニオス）。したがって、「本書」によるとピタゴラスの生没年はおよそ前五九〇—四九〇年頃ということになるだろう。一方、アリストクセノス説によると、彼の生年は前五七二年頃であり、没年は不明である。

(2) ピタゴラスの出自については、彼はギリシア人ではなかったという説もあったが（「ポルピュリオス」一、「ラエルティオス」八-一など）、「本書」ではそのような外人説には触れられず、彼の両親はサモスの人であり、先祖はケパレニア島出身で、サモスにおけるギリシア人植民の指導者であったアンカイオスである（したがってピタゴラスは生粋のギリシア人だ）と言われている（三—四節）。

しかしこれは肉体面での出自である。というのは、初期ピタゴラス派やプラトニストの信条によると、魂は不生不滅のものであり、ピタゴラスの魂は彼の生前にも存在していたはずである。そしてその魂はかつてはエウポルボスという（トロイア戦争における、トロイア方の）若武者であったという（六三節）。なおエウポルボス以外のピタゴラスの「前身」（アイタリデスなど三名、「ラエルティオス」八-四—五、「ポルピュリオス」四五）については、「本書」では触れられていない。ところでプラトン『パイドロス』二四八Cによると、優れた人の魂は、オリュンポス十二神のどれかに随従して、天の彼方の真理あるいは真実在を観照するという。ピタゴラスの魂もそのような魂の一つであり、アポロンに随従し、この神と親密な関係にあった、とイアンブリコス（あるいはアポロニオス）は信じたらしい（八節）。ところでピタゴラスがアポロンと結びつけられた（つまり彼はアポロンの顕現であるとか、息子であるとか、かの神の庇護を受ける者であるとかと信じられた、五、七、三〇、九一節など）理由は確かでなく、いろいろと推測される。たとえば①ギリシア人（アカイア人）がクロトンへ入植したのは、デルポイのアポロンの神託によって命じられたからだと伝えられる（五二―五三節を参照）。それゆえクロトン人はアポロンをとりわけ崇敬したらしい。②アポロンは癒しの神でもあるが、この癒しは精神の浄化を含むとすれば、ピタゴラスの教育活動はアポロンがつかさどる領域に属する（三〇節の「パイアン」を参照）。③「ピタゴラス」という名前はピュティオス・アポロン（つまりデルポイのアポロン）を連想させる（七節を参照）。④ピタゴラスが（故意にせよ偶然にせよ）自分の黄金の太ももを見せたという話は（一三五、一四〇節）、すでにアリストテレスも伝えている古い伝説だが、仮にこの話が真実であれば、アポロンは「光輝く者（ポイボス）」とも呼ばれた神であるので、ピタゴラス自身が自分はアポロンであると主張したことになるだろう。⑤仮に彼自身が「自分はかつてエウポルボスであった」と言ったのであれば、その理由の一つは、この若武者が少なくとも一時期はアポロンの庇護を受けた（あるいはアポロンの分身であった）からだと推測できよう（ホメロス『イリアス』第十六歌八四九―八五〇）。

(3) ピタゴラスの師として「本書」で名を挙げられているのは、ギリシア人ではクレオピュロス、ペレキュデス、タレス、アナクシマンドロス、そしてギリシア人かどうか分からないが、オルペウス教徒アグラオパモスである（現出箇所については固有名詞索引を参照）。なおデルポイのテミストクレイアあるいはアリストクレイア（「ラエルティオス」八‐八、「ポルピュリオス」四一）の名は「本書」には見当たらない。

イタリアへ移住する以前にピタゴラスが滞在し研修した外地としては、フェニキア（あるいはシリア）のシドン、ビュブロス、テュロス、カルメル山など（一四節）、エジプトの各地（の神殿など、一八節）、バビュロン（一九節）、トラキアのリベトラ（一四六節）が記されている。一方、ペルシアのゾロアスター（ザラトス、「ポルピュリオス」一二、ヒッポリュトス『異端反駁』第一巻第二章一二）の名は「本書」には出てこない。またピタゴラスがアラビアへ行ったとか（「ポルピュリオス」一二）、インドの智者たちから教えを受けたという伝説（アレクサンドリアのクレメンス『ストロマテイス』一-三〇四、アプレイウス『フロリダ』一五-一六）も「本書」には記されていない。

なお彼の神観と神祭に関する思想は、ギリシア内外の多くの地に伝わっていた古来の知見を総合したものだ、と記されている（一五一節）。「ラエルティオス」八-二末にも「彼は祖国〔サモス〕から旅に出て、ギリシアと異国のすべての密儀にあずかった」と記されている。

(4) ピタゴラスが祖国サモスを見限ってクロトンへ移住した理由は、「本書」二八によると、公務多忙とサモス人一般の教育軽視の風潮であったという（記事の出所はアポロニオス）。一方「ポルピュリオス」九と一六によると、その理由はポリュクラテスの専制政治であった（この説の出所はアリストクセノス）。「本書」ではポリュクラテスの専制は、ピタゴラスが一八歳のときにサモスを離れてデロス島やミレトスなどへ（そしてその後でエジプトへ）渡航留学したときの理由として使われている（一一節、出所はやはりアポロニオス）。なお近代の学者の一つの推測によると、ペルシア軍のサモス侵攻を予想して祖国を去ったのかもしれないという（ツェラー『ギリシア人の哲学』第五版、p. 310）。

ではなぜ移住先としてクロトンを選んだのか。当初からその地を目指したのか、それともイタリアのどこかの都市にと考えていて、クロトンで歓迎されたから、結果的にそこへ住み着いたのか（二八―二九節を参照）、分からない。一つの伝説によると、ピタゴラスは捕虜としてバビュロンにいたとき（一九節を参照）、クロトン国民の筆頭者であったギロスという人によってあがなわれ、解放されたという（アプレイウス『フロリダ』一五―一四）。この話は虚構かもしれないが、なぜピタゴラスがクロトンへ行ったのかを説明しようとしたのであろうか。とにかくピタゴラスは、サモスでは思いどおりに生きることができず、他人に自分の思想を伝えることも難しいと考え、一方当時のクロトンの社会情勢が自分のような精神的指導者を求めているのを知って、かの地へ落ち着いたのであろう。なおサモスはイオニア系ギリシア人の植民都市であったが、クロトンはドーリア系ギリシア人が建設した都市で、その言語もドーリア方言であった。

(5) ピタゴラスがいつ、どこで、どのようにして亡くなったのかについては、情報（そのほとんどが前四世紀後半以降のもの）が錯綜している。ツェラーはそれらを内容的に八つに分類した（『ギリシア人の哲学』第一巻、第五版、p. 332 n.）。しかし「本書」には、アリストクセノス、ニコマコス、アポロニオスの三人の説だけが記されている。

アリストクセノスによると（二四八―二五一節）、キュロン党のピタゴラスに対する強い反発のせいで、後者は（国内での対立と闘争を避けるべきだという彼の信条に従って？　二三四、一八六節）クロトンを去ってメタポンティオンに住み、その地で亡くなったという。メタポンティオンで何年を過ごしたのか、死因は何であったのか記されていないが、自然死であったような印象を受ける。またキュロン党がクロトンでピタゴラス派が集会していた家屋を焼き討ちした事件は、ピタゴラスが亡くなってからかなり後のことだったように記されている（二四九節）。

ニコマコスの説（二五一－二五二節）は大筋ではアリストクセノスに従っていたというが、クロトンでの焼き討ち事件のとき、ピタゴラスは（まだ生存していて）デロス島へ行っていたという。このデロス旅行説は「ポルピュリオス」五五にも紹介されていて、元の出所は「ローデ」115によるとネアンテスだろうという。しかしこの説はディカイアルコス（前四世紀後半）によって反駁されたらしいから（「ポルピュリオス」五六）、もしそうだとすれば、ディカイアルコス以前（したがってネアンテス以前）のだれかの説であったろう（デラット「注釈」150）。ニコマコス説では、ピタゴラスはデロスから戻ってどうしたのか明記されていないが、やはり（アリストクセノスに従って）メタポンティオンへ行き、その地で平和裏に亡くなったということであろう。なおデロス旅行説はヘラクレイデス・レンボス（前二世紀）の説でもあったという（「ラエルティオス」八-四〇）。ただしこの人によると、ピタゴラスはクロトンへ帰って、キュロン党が祝勝しているのを見てメタポンティオンへ行き、絶食して死んだ（つまり自殺した）という。

アポロニオスの説によると（二五四－二六四節）、ピタゴラス派に対するクロトンの多数の人たちの反乱の原因は、単に一個人（キュロン）の私怨だけでなく、いくつかの要因が絡み合った、複雑で根の深いものであったという。クロトンの政体は寡頭制あるいは貴族制に近いものであったらしいが（事項索引で「千人衆」という言葉を参照）、これに不満な人たちは、国政に携わる官職者は全市民の中からくじで選ばれるべきだ、と主張したという（二五七節）。またクロトンがシュバリスを制圧したときに、その領土をクロトン国民にくじで分配すべきだという要望が強かったが、ピタゴラス派が反対したので、反感を買ったという（二五五節）。またクロトン国民の中でピタゴラス派の中核となった人たち（約三〇〇人）は固く団結し、一般の人たちとは異なる行動様式を固守したので、彼らの親戚たちでさえも反感を抱いたという（二五五節）。そしてこれらの悪感情が、ピタゴラス派に受け入れられなかった人たちや破門された人たちの怨恨と結びついて、多数の人が反乱に加わったのだ、とアポロニオスは説明した。なおピタゴラスの死亡事情については、アポロニオスは特別なことは言わなかったらしい。クロトンとシュバリスの戦争の後でピタゴラスはクロトンを去った、と彼は述べたらしいから（二五五節）、やはり（アリストクセノス説と同様に）ピタゴラスはメタポンティオンへ行って、その地で平和裏に亡くなった、と信じたのであろう。そして反乱はピタゴラスがクロトンを立ち退いてから間もなく起きた、と考えたらしい。なお「ローデ」117によると、対シュバリス戦争とピタゴラス派への反乱を結びつけたのはアポロニオスだけであり、彼の憶測にすぎないという。しかしアポロニオスはティマイオスに従って記述したのかもしれない。というのも、クロトン国民の中でおよそ三〇〇人がピタゴラス派であったという情報は（二五四、二六〇節）、「ラエルティオス」八-三とユスティヌス二〇-四にも記されていて、その共通の出所はティマイオスだと推測されるからである（デラット「注釈」153-154）。

ピタゴラスの死亡事情についての、「本書」に記されていないが、かなり有力な説は、ディカイアルコスのそれである。この説によると、反乱はピタゴラスがクロトンにいたときに起きた。彼は他の都市（カウロニア、ロクロイ、タラス）へ亡命しようとしたが、どこにも受け入れられず、メタポンティオンのミューズの神殿に逃れ、包囲され、餓死した（自殺ではない）という（「ポルピュリオス」五六－五七、「ラエルティオス」八-四

○、ディカイアルコス「断片」三四―三五ａｂ)。ポルピュリオスはディカイアルコス説を信じたようである(「ポルピュリオス」五六初め)。しかしメタポンティオン国民はピタゴラスの死後にも彼を敬愛したという伝承があり、この伝承を信じるかぎり、彼がメタポンティオンで餓死したという説を信じることは困難であろう。①メタポンティオン人はピタゴラスの死後に彼の住居をデメテルの神殿とし、そこへ通じる道をミューズの祠としたという(一七〇節、「ポルピュリオス」四、ユスティヌス二〇-四)。この情報の出所はティマイオスであろう。②ピタゴラスの葬儀には全メタポンティオン人が参列し、哀悼の意を表したという(後一世紀のウァレリウス・マクシムス『重要言行録』八-七-ext. 2)。この情報の出所は不明である。なお③前一世紀にキケロがメタポンティオンへ行ったとき、彼がまず訪ねたのは、ピタゴラスがそこで息を引き取った住居であったという(キケロ『善と悪の極限』五-四)。その住居が観光客用に再発見あるいは再築されたものであったとしても(「ブルケルト」112 n. 18)、とにかくピタゴラスがメタポンティオンの自分の屋敷内で亡くなったという伝承があったことが分かる。

(6) 愛智(哲学)。「本書」ではピタゴラスは愛智者として描かれている。愛智とは智恵の追求である。そして智恵(狭義の、つまり最高の意味での智恵)とは、万物を普遍的一般的に考察し、そして万物の究極の原因であるものを看取する知識である(五九、一五九節、イアンブリコス『哲学の勧め』第四章)。智恵のこのような規定に際してイアンブリコスは、アリストテレス『形而上学』Ａ巻第二章などのほかに、アルキュタス『智恵について』(現存せず。偽書だったらしい)などを利用している(『哲学の勧め』第四章)。

また「愛智(ピロソピアー)」あるいは「愛智者」という名称を最初に造語し、定義したのはピタゴラスであったという（五八、一六二節）。これは周知のように前四世紀のポントスのヘラクレイデス『息絶えた女』に由来する説である（ヘラクレイデス「断片」八七—八八、断片の出所はキケロ『トゥスクルム討議』五-八と「ラエルティオス」序-一二）。これがヘラクレイデスの創作にすぎないのか、何ほどか史実に基づいているのか、学者の意見は対立している。しかし「愛智」はプラトンの著作においては既成語として用いられている（たとえば『ゴルギアス』四八一D、『パイドン』六一A）。またプラトンとほぼ同時代の弁論家アルキダマスが「テバイでは指導者たち［エパメイノンダスなど］が愛智者になると同時に国が栄えた」と言ったという（アリストテレス『弁論術』第二巻第二十三章）。なお（イタリアの）エレアのゼノン（前五世紀）の主著の表題は『愛智者たちに対して』であったと伝えられる（『スーダ事典』）。この題名はゼノン自身が付したものではないとしても、後代（アレクサンドリア時代？）の学者が内容に即して付けたものであろう。とすると、この著作の中でゼノンがピタゴラス派を愛智者たちと呼んでいたのかもしれない（デーリング『ギリシア哲学史』第一巻、p. 57. バーネット『初期ギリシア哲学』p. 312 n. 2）。だから「愛智」という名称がプラトンやソクラテス以前に、ピタゴラスあるいはピタゴラス派のだれかによって造語された蓋然性はあるだろう。

「本書」によると愛智は神与のもの、神々から人類へ贈り物として与えられたものである。それは必ずしも神々からピタゴラスへ直接啓示されたという意味ではなく、多くは先人を介して彼へ伝えられたものである（一九、一五一節）。なお狭義の智恵は究極の原因についての知識であるが、そのために必要な知識（数学、天文学、音楽など）も（広義の）智恵と呼ばれている（たとえば一五七—一六四節など）。

(7) 魂。われわれの魂は肉体の一部分ではなく、肉体のある性質や状態などでもなく、肉体とともに滅びるものではなくて、不死不滅である、とピタゴラスは信じたという（一七三、二一九節、「ポルピュリオス」一九）。そして「輪廻転生」（「パリンゲネシア」その他）という用語は「本書」では用いられていないが、ある人たちは自分の前生を想起できるという理由で、一般にだれかの魂が別の人の魂として再生することをピタゴラスは主張したという（六三、一四三節）。なお人間の魂が他動物の魂として転生することは（「ポルピュリオス」一九）、「本書」ではほとんど触れられていないが、ある箇所で「人間の魂はどの動物の魂にもなれる。ただし、神々に供えられてよいと［国家社会によって、あるいはピタゴラスによって］定められている動物は別だ」と言われている（八五節）。だからこれらの動物を食べることは許される、という（八五、九八節）。要するに、後代の用語で言うと、魂は非物体的主体（アソーマトス・ウーシアー）であろう。ただし、この場合の魂とは、魂の一部分である知性を意味するのであろうか（イアンブリコス『哲学の勧め』第八章（四八-一〇）（Pist.））。アリストテレスからの引用文らしい）。

われわれの魂は元来は清浄であり、幸福な状態にあったが、転落してここ地上で肉体と結合した、というような思想は（たとえばエンペドクレス「断片」一一五、プラトン『パイドロス』二四八C－E）、「本書」には明記されてはいない。しかし「われわれは罰せられるために［ここ地上へ］来た」という言葉は（八五節）、何かそのような思想を暗示している。そして「浄化」とは、魂が肉体との結合による汚れを洗い落とすことを意味する場合が多い（六八、二二八節など）。精神が自己の尊厳を知らないなどの無知も一種の汚れである（七〇節）。一方、高次の美徳（次項）は一種の浄化である（プラトン『パイドン』六九B－C、イアンブリコス『哲学の勧め』第十三章（六七-五）（Pist.））。また数学的諸学の学習と研究も浄化の重要な手段である。なぜなら、数や図形はある程度非物体的なものであるから、われわれが純粋に非物体的なものを知るための踏み台になりうるからである（イアンブリコス『一般数学』一（一〇-一九）、二四（七四-九）（Festa/Klein）、「ポルピュリオス」四七）。

十分に浄化された魂は、もはや肉体にも肉体的なものにも惹きつけられないから、肉体の死滅後には、しかるべき清浄な場所へ行くだろう（プラトン『テアイテトス』一七七A、イアンブリコス『哲学の勧め』第十四章（七七-一二）（Pist.））。その場所（いわゆる福者の島々）としては、「本書」では、ピタゴラス派の一つの伝承として、太陽と月が挙げられているだけである（八二節）。

なお、われわれの魂は永久の過去から存在しているのか、かつていつか作り出されたのか、「本書」ではこの問題には触れられていない。

(8) 美徳。「本書」でピタゴラスは（魂の）もろもろの美徳を兼備した人として描かれている。それらの美徳の主要なものは六つ、すなわち敬神、智恵、正義、節制、勇気、友愛である（第二十八-三十三章）。

ところでプロティノスはプラトンの示唆（『パイドン』八二A-B、『テアイテトス』一七六B-Cなど）に従って、通常の意味の美徳（市民的社会的な美徳）と、より高次の美徳（つまり魂が身体を軽視し、知性に傾倒しているときの美徳）を区別した。たとえば勇気にしても、普通の意味でのそれのほかに、高次のものがあるという（『エンネアデス』一-二-三と六）。そしてこれを受けてポルピュリオスは美徳を四段階に区分し（『直知界への階梯』三二）、イアンブリコスはさらに多くの段階に区分したと伝えられる（マリノス『プロクロス』二六、ダマスキオス『プラトン「パイドン」注釈』一四四）。しかし「本書」では美徳の段階については触れられていない。けれども美徳が通常よりも広い（あるいは高次の）意味に解されている箇所がある。たとえば、最高の勇気は自分の知性を肉体の束縛から解き放つことである、と言われている（二二八節）。また友愛については、万人が万人に対して融和すべきであるとか、万物が万物と（たとえば魂と肉体が、また魂の理性的部分と非理性的部分が、ただし前者が後者を導くという形で）仲良くすべきである、と言われている（二二九節）。

なお、魂の美徳（アレテー）とは魂の良さである。良い目をもつ人は良く見ることができるように、良い魂をもつ人は良く生きて幸福であることができる、という（イアンブリコス『哲学の勧め』第二章（八-一七）（Pist.））。

(9) 数。二十世紀後半にある心理学者がこう言った。「ピタゴラスは量が、正確には数が、全実在へのかぎ（キー）であると教えた。それゆえにわれわれは彼を尊敬するのである」（ガードナー・マーフィ『ピタゴラスからフロイトまでの心理学的思想』一九六八年、p. 5）。

「本書」にはしかし、数についての詳しい説明はない。ここでは「万象は数に似たり」というピタゴラス派の古い伝承が記されている（一六二節）。また数は万物の始元（アルケー）であるとも言われている（五九、一四六、一五五節）。そしてこの始元は、すべてを予見するものだとか（一四六節）、最も賢明なものだとか（八二節）とも言われている。

イアンブリコスは、存在するものに階層があるように、数にも段階がある、と考えたようである。「本書」には明記されていないが、数学の対象である数のほかに、神的な数、直知される数、直知する数、自動的（魂的）な数、自然的な数などを彼は区別したようである（『一般数学』一九（六二-二三-六四-一九）（Festa/Klein）、プセロスの『イアンブリコス摘要』五三-五八、オメアラ p. 226）。だから、あらゆるものの始元である数とは、厳密に言うと、最高次の数（あるいはむしろ、最高次の数の始元である一と多性）であろう。最高次の一は、有でも善でも美でもなくて、これらを超越するものだという（『一般数学』四（一五-一六、一六-一〇）（Festa/Klein））。しかしこれがピタゴラスの思想であったかどうかは疑わしい。彼が数をどのような意味で万物の根元と考えたのかは、よく分からないと言うほかはない。

⑽幸福。幸福についての詳しい説明は「本書」にはない。ここでは幸福を生前のそれと死後のそれとに分けて考えてみよう。生前の幸福に関しては、神に似ること（神まねび）という有名な人生目標（プラトン『テアイテトス』一七六B）が「本書」にも記されている（一三七節）。そして本当の善は神から授けられるという思想がそこに述べられている。具体的にはそれは観照（つまり宇宙の構造や動きやそれについての諸真理を、また知性や数などの非物体的な諸存在を認識し、ついには最高の神を遠望するなど）を意味するのであろうか（五九節、イアンブリコス『哲学の勧め』第四章（一二三-一二四）（Pist.））。なお一つの伝承によるとピタゴラスは、自然と神が人間に課した目的は「天を眺めること」だと言い、自分を「自然の観照者」と呼び、このために自分はこの世に生まれてきたのだと言ったという（イアンブリコス『哲学の勧め』第九章（五一-七-一〇）（Pist.）これはアリストテレス『プロトレプティコス』からの引用文であるらしい。イェーガー『アリストテレス』一九五五年、p. 76）。

一つの解釈によると、ある時期の（一部の）ピタゴラス派は、肉体死後の魂の存続も輪廻転生も信じないで、数を原理として万象を説明し認識する学問的活動に最高の喜びと満足を見出したのだろう（アリストクセノスなどの発言がそのことを示唆する）、という（デーリング『ギリシア哲学史』第一巻、p. 171）。ともあれ「本書」では、肉体の死後の魂の存続（あの世での裁きなど、八六、一五五、一七八節）と再生（六三、一四三節）と転生（八五節）を一般的事実としてピタゴラスが主張した、と記されている。そして死後の幸福については「本書」では語られていないが、続巻によると、それは魂がもはや輪廻せず、再生も転生もしないで、どこか清浄な場所へ行き、神々とともに住み、観照によりいっそう専念することであるという（イアンブリコス『哲学の勧め』第十三章（七一－一二）（Pist.）、『一般数学』六（二二－一－五）（Festa/Klein）、プラトン（？）『エピノミス』九八六C－D）。

なお一つの伝承によると、愛智者の魂といえども一定の期間（たとえば常人は一万年だが愛智者は三〇〇〇年、プラトン『パイドロス』二四八E－二四九A）は再生を繰り返すのだという。たとえばピタゴラス派のリュシスの魂はテバイで死んであの世で裁きを受け、別人の魂として再生したという（プルタルコス『ソクラテスのダイモニオン』一六（五八五F））。しかしこのような伝承は「本書」や『哲学の勧め』では無視されている。後者（第三章）では『黄金の詩』の末尾の三行が引用されているが、最後の二行の大意はこうである。「君がいつか肉体を後に残して自由な蒼天へ行き着いたならば、君は不死なる神であるだろう」。

⑾ アクースマ派とマテーマ派。ピタゴラス派が聴聞派（アクースマティコイ）と研学派（マテーマティコイ）の二つに分かれていたという情報は、主として次の三箇所で提供されている。「本書」八一、八七（直接の出所はニコマコス）、イアンブリコス『一般数学』二五初め、「ポルピュリオス」三七（直接の出所はアントニオス・ディオゲネス）。そしてこの情報（両派のどちらにも味方せず、客観的に記述されている）の元の出所はアリストテレスかもしれない。ところで、この両派の区別がいつごろから生じたのかが問題である。学者の中には、ピタゴラス派が弾圧されて地理的に四散した前五世紀半ば以降だとか（ガスリー『ギリシア哲学史』第一巻、p. 193）、アルキュタス一派が科学的研究に励んだことから研学派が生じたとか（イェーガー『アリストテレス』英訳、p. 455）と推測する人がいる。しかし「本書」と「ポルピュリオス」では、両派の違いは当初からあった、

つまりピタゴラスの二通りの教育方法から生じた、と説明されている。

六　イアンブリコスについて

一　出自や生没年など

イアンブリコス（Iamblichos）の生涯については史料がきわめて乏しい。現存する主要な史料は、後四世紀末頃に書かれたエウナピオス『ソフィスト〔智者〕伝』の数節である。エウナピオスはリュディアのサルデイスの人で、一六歳の頃から数年間アテナイに留学して弁論術を学んだ後で故国へ戻ったという（『ソフィスト伝』四八五、四九三（Boissonade））。また彼は幼少時から通算して二〇年間リュディアで哲学者クリュサンティオスの教えを受けたという（同書四六一）。後者は（ペルガモンで）イアンブリコスの直弟子アイデシオスに師事したというから（同書四八一、五〇〇）、エウナピオスはイアンブリコスの生涯についてある程度の情報を得ることができたはずであろう。しかしイアンブリコスについての彼の記述は、重要な点に関して貧弱であり、また必ずしも正確ではなさそうである。なおイアンブリコスの哲学については、クリュサンティオスは詳しいことをエウナピオスに教えなかったという（同書四六一末）。

イアンブリコスの出身地は、コイレ・シュリア（低地シリア）のカルキスであったという（たとえば皇帝ユリアノス『演説集』四-一四六a、エウナピオス四五七）。「コイレ・シュリア」はこの時代には北部シリアを指し、「カルキス」はベルス河畔の都市カルキス（現アレッポに近いQuinnesrinという町）だと推定されている。なお

「イアンブリコス」というギリシア語名は、シリア語あるいはアラマイ語のyamliku に相当するという。語義は「彼［神］が王である」、あるいは「彼が支配したまえ」だという（J・ディロンによる）。だからイアンブリコスは民族的にはシリア人（セム人種）だったのであろう。

エウナピオス四五七によると、イアンブリコスは名家の出であり、裕福で繁栄している階級に属したという。またダマスキオス（後五―六世紀）によると、イアンブリコスの先祖はシリアのエメサ（現ヒムシュ、ホムス）の支配者であったサンプシゲラモス（前一世紀、ポンペイウスやキケロの時代の人）であったという（『イシドロス伝』二（Zinzen））。

イアンブリコスの生没年については、およそのことしか分からない。没年は後三二六年以前だと一応言えるだろう。理由はこうである。エウナピオス四六二によると、イアンブリコスの死後に弟子のソパトロスはコンスタンティヌス帝の宮廷へ行ったという。そして別の史料によると、三二六年にソパトロスは新都コンスタンティノポリスの西側市壁の定礎に際して「御祓い」をしたという（六世紀のヨハンネス・リュドス『暦月について』四―二、ブルクハルト『コンスタンティン大帝の時代』第十章）。以上の二つの情報をわれわれが信じるならば、イアンブリコスは三二六年以前に亡くなったはずである。享年は不明。

彼の生年を確定することはもっと困難である。十九世紀以前には、生年は後二八〇年頃だとか、二六五年頃だとかと言われたが、これは彼の師とされるポルピュリオス（二三四年頃生）との年齢差などを根拠とした推定であったろう。二十世紀になってからは、二四〇年、二四二年、二四五―二五〇年などの説が提示された。その主たる理由はこうである。三〇一年頃に書かれたらしいポルピュリオス『プロティノス伝』九によると、プロティノスに傾倒した女性たちの中にアンピクレイアという人がいて、後に「イアンブリコスの息子アリストンの妻になった」という。そこでこの「イアンブリコス」をわれわれの哲学者イアンブリコスだと仮定すると、彼の生年は二四〇―二五〇年くらいだと推定されよう。なぜなら、この結婚が（たとえば）二九五年に行なわれたとして、そして新郎は（たとえば）二〇歳くらい、彼の父イアンブリコスは（たとえば）四五歳くらいと仮定するならば、後者の生年は二五〇年頃になるだろうから。ただしこの推理の出発点である、「アリストンの父イアンブリコス」はわれわれの哲学者であるという仮定は確実ではない。この哲学者に妻と息子がいたという情報は他の史料には見当たらない。なお、この仮定によると、新郎の年齢は二〇代であり、新婦のそれは四〇代であろう。なぜならアンピクレイアは生前のプロティノス（二七〇年没）に傾倒していたというのだから。

二　経歴

イアンブリコスの学問的経歴についても、確かなこと、詳しいことは分からない。エウナピオス四五七―四五八によると、彼は最初にアナトリオスという人について哲学を学び、その後でポルピュリオスに師事したという。このアナトリオスは「当時ポルピュリオスに次いで二番目に［哲学において］優れていた人であった」（別訳では「ポルピュリオスの［学派の］後継者であった」）と付記されているが、それ以上の説明はなく、「身元」がはっきりしない。いくつかの推測が可能である。①四世紀の最初の四半世紀に書かれたエウセビオス『教会史』七―三二―六によると、三世紀中葉にアレクサンドリアにアナトリオスという人がいて、ギリシア哲学に関して当代の第一人者と言われ、アリストテレス哲学を教えていたという。そしてこの人はキリスト教徒であって、後に（二六八年頃か。ハルナックやプレヒターの説。別説では二八〇年頃）シリアのラオディケイアの主教になったという。この人には若干の著書があり、その一つは『数論入門』（一〇巻）であったという（エウセビオス同書七―三二―二〇）。なお（エウセビオスは触れていないが）この（？）アナトリオスには『十と十に含まれる数［つまり一から九］について』と題される短い著作があった（現存）。そしてイアンブリコス著と伝えられる（しかし実はそうでない、と言う学者が多い）『数論の神学』（現存）の数箇所において、アナトリオスのこの短著から引用されている。その内容は「新ピタゴラス派的」である。たとえば二が「敢行（トルマ）」と呼ばれている。この短著とエウセビオスが言及した『数論入門』との関係は不明である。また十一世紀のプセロスによると、アナトリオスは『エジプト人の計算法について』という自著を数学者ディオパントスに献じたという（ヒース『ギリシア数学史』第二巻、p. 546）。

さてイアンブリコスが（二〇歳前後で？）このアナトリオスに師事したとすれば、それは二六八年以前にアレクサンドリアにおいてであったろう。むろん、彼の生年を二六五年以後とみなす学者からすると、それは年代的に不可能であるが、生年を二四〇―二四五年頃と仮定するならば可能であろう。

②前記のエウナピオスの言葉から、イアンブリコスの師アナトリオスはポルピュリオスの弟子であったとも推測できよう。なおポルピュリオス『ホメロス研究』の第一巻はアナトリオスという人に献じられていたので、このことからもポルピュリオスにアナトリオスという弟子がいたことが分かる、という説がある（ツェラーなどの意見）。ただしこの著作はポルピュリオスがアテナイでロンギノスの弟子であった時代（二二〇

歳以前）のものであり、したがってこの「アナトリオス」はポルピュリオスの当時の（弟子ではなくて）学友であろう、という説もある（シュラーダー、ビデ、ボイトラーなどの見解）。しかし後説が正しいとしても、エウナピオスの言葉に拠って、別の（第三の）アナトリオスという人がポルピュリオスの弟子であったという仮説を立てることもできよう。その場合、イアンブリコスは多分ローマでこの第三のアナトリオスの教えを受け、その後で、やはりローマでポルピュリオスに師事した、ということであろうか。

③エウナピオスが言う「アナトリオス」と、エウセビオスが記した「アレクサンドリアのアナトリオス」を同一人物とみなし、しかもこの人物が以前に（ローマで？）ポルピュリオスの弟子であったと仮定すれば、話は簡単であろう。ただしその場合、この人物が（ローマで）ポルピュリオスの後継者になった（そしてラオディケイアの主教になった）とは考えられない。

イアンブリコスが（一時期）ポルピュリオスの弟子であったというのは通説だが、確かな証拠と言えるほどのものはない。そのことを明記している現存最古の文献は前記のエウナピオス『ソフィスト伝』であろう。それ以後の文献（たとえばダヴィド『ポルピュリオス「エイサゴーゲー」注釈』や『スーダ事典』など）はエウナピオスに拠ったのかもしれない。だからかつてある学者（P・マーラン）はこう言った。「イアンブリコスがポルピュリオスに師事したのか、それとも後者の著作を研究しただけなのかは、未解決の問題である」（アームストロング編『ケンブリッジ・後期ギリシア・初期中世哲学史』p. 295）。すでにW・クロルも言っていた。「イアンブリコスがポルピュリオスの直弟子であったかどうか、非常に疑わしい」と（パウリ『古代学百科事典』第九巻、「イアンブリコス」の項、645）。ただしポルピュリオスの著作『汝自身を知れ［という金言］について』（現存しない)は、イアンブリコスという人に宛てて書かれたものである(「断片」二七三)。この「イアンブリコス」がわれわれの哲学者イアンブリコスであったかもしれない。なお、イアンブリコス『魂について』の一節にこう書かれている。「私があるプラトニストたちから、たとえばポルピュリオスや他の多くの人たちから聞いたところでは、……」。しかしこの「聞いた」は、「話すのを直接に聞いた」のか、「著作を読んだ」という意味なのか、不確かである。後者の用例は、たとえばマリノス『プロクロス』三八-二九(ビュデ版)にある。

なおプロティノスの最古参の弟子(ポルピュリオスの兄弟子)アメリオスは、イタリアのエトルリア出身の人であったが、(ローマを去って)二七〇年頃からシリアのアパメイアに居住していたらしい(ポルピュリオス『プロティノス伝』二と三末。なお『スーダ事典』ではアメリオスはアパメイアの人と記されている)。イアンブリコスの生年を二四五年頃と仮定すれば、彼がアパメイアへ行ってアメリオスに会ったとか、教えを受けたということも年代的には不可能でないが、そのことを記した史料はない。

エウナピオス四五八によると、イアンブリコスのもとへ各地から多数の弟子が集まったというから、彼が(いつごろからか)学校(私塾)を開いたはずだと思えるが、それがシリアの(四六一)どこであったのかをエウナピオスは記していない。だから、ある学者は、「イアンブリコスがシリアで学校を開設したかどうか、非常に疑わしい」と言ったが(クロル前記箇所)、他の学者によると、学校は彼の生地カルキスにあったかもしれないし(ツェラーなどの説)、アパメイアにあったのかもしれない(四世紀の弁論家リバニオス『演説集』五二-二一を参照)。またアンティオケイアの人マララス(六世紀)の『年代記』によると、イアンブリコスは三〇五-三一二年の頃にダフネ(アンティオケイア郊外の一種の公園)で教えていたという。

エウナピオス四六一－四六二によると、イアンブリコスが亡くなった後で弟子たちはローマ帝国内のあちこちへ散らばり、それぞれが有名になったという（しかしソパトロスとマクシモスは最後には非業の死を遂げたという）。なおカッパドキア出身のアイデシオスが（小アジアのミュシアのペルガモンで）イアンブリコスの学派を受け継いだ、とも言われている（エウナピオス四六一）。

三 著書

イアンブリコスには多数の著作があったが、大部分は失われた。現存しているのは、前記「ピタゴラス派思想集成」（一〇巻）のうちの（「本書」を含む）四巻と、『エジプトの密教』（ポルピュリオスへの反論書）である。現存しない著作のうちで、知られているのは以下のものである。①『魂について』（一種の学説史。かなり多くの断片が残っている）。②プラトンの著作のいくつかへの注釈書。『第一アルキビアデス』、『パイドン』、『ソピステス』、『パイドロス』、『ピレボス』、『ティマイオス』、『パルメニデス』などへの注釈書が知られている。③アリストテレスの著作のいくつかへの注釈書。『カテゴリー論』、『命題論』、『分析論前書』などへの注釈を書いた。④『カルデア神託』（大部の書。少なくとも二八巻）。⑤『神像について』。⑥題名は不確実だが『輪廻転生について』。⑦既述の『神々について』。

四　思想

イアンブリコスの思想とその影響について、ここで詳しく述べることはできない。二、三の点にだけ触れておこう。

(a) 哲学史的には、彼は通例「新プラトン学派」に属するとされ、その中の「シリア派」の祖とみなされている（たとえばツェラー、プレヒター、レアーレなどの史家によって）。なお彼がアンモニオス・サッカスあるいはプロティノスに始まる新しいプラトン解釈者の系列に属することは、すでに五世紀のプロクロス『プラトン神学』第一巻一や、ヒエロクレス『神のはからい〔摂理〕について』（フォティオス『ビブリオテーケー』第二百十四書に要約がある）において言われていた。

(b) 彼によると、万物の唯一最高の始元は「全然不可言のもの（ト・パンテー・アレートン）」であった（ダマスキオス『始元論』一-四三、イアンブリコス『カルデア神託』に拠っている）。この点では彼はプロティノスに従っていると言えるだろう。この始元は、プラトン『パルメニデス』の「第一仮定」で論じられた「一」に相当する。プロティノスはこのものを通例「一」とか「善」とかと呼んだが、厳密にはこのものは何とも名づけられえないものだと付記している（『エンネアデス』五-三-一三-一、六-九-五-三一など）。

(c) プロティノスによると、感覚される領域の彼方に、「一」とヌース（これは直知する知性であり、同時に直知される万有でもある）と純粋な魂が存在する。この三者より多くのものを彼方の領域に設定してはいけない（『エンネアデス』二-九-一-一五）。イアンブリコスはしかし、このプロティノスの意見を無視して、まず「一」の下にいわばもう一つの「一」である「単独（ト・モノエイデスあるいはモナス）」を置いた（ダマスキオス前記箇所、イアンブリコス『エジプトの密教』八−二）。彼によると、Cが超越するAを分有するためには、両者を媒介するものBが必要である（プロクロス『プラトン「ティマイオス」注釈』二−三二三−一九）。だからヌースが「一」を分有するためには、両者を媒介する「第二の一」が必要なのであろう。ヌースは直接的には「一」をではなく、「第二の一」を分有するのである。

(d)同様の論法で彼は、プロティノスの「ヌース」をも三段階に区分したらしい。すなわち、直知されるものと、直知するものと、両者の中間のもの（直知され、かつ直知するもの）とに。しかも、この三者のそれぞれをさらに三つに（プロクロス同書一−三〇八−一九、フェステュジエールのテクスト修正に従うならば）。要するに、われわれの思考上で区別されえるものはすべて、理念の世界においては実在的に区別されている、と彼は考えたのであろうか。そして彼がこのようにしてかの世界の員数をやたらに増やした「動機」は多神教の理論づけであろう、とみなす人が少なくない（たとえばツェラーやレアーレなど）。

(e)イアンブリコスと彼以後の新プラトン派のかなり多くの人たちは、哲学よりも「テウールギアー」を重視したらしい。六世紀後半にオリュンピオドロスはこう記している。「ある人たちは［テウールギアーよりも］哲学を尊重した。たとえばポルピュリオス、プロティノス、その他多くの哲学者たちである。一方、別の人たちはむしろ神官術（ヒエラーティケー、ここではテウールギアーとほぼ同義）をもっと尊重した。たとえばイアンブリコス、プロクロス、その他すべての神官派である」（『プラトン「パイドン」注釈』一二三（Norvin））。事実イアンブリコスは『エジプトの密教』においてはテウールギアーを重視している（たとえば二−一一、八−四など）。またプロクロスも、テウールギアーは「人間のあらゆる知見と学術に勝る」と言った（『プラトン神学』第一巻二五末)。

テウールギアー(字義的には「神の仕業」というほどの意味か)について詳細は不明である。手法に関しては、それは魔術に似ている。しかし目的において、それは通常の魔術とは異なる。それは神々がわれわれにはたらきかけるようにしむける方術である。その手段としては、名称や言葉や文字のほかに、それぞれの神に適合する物品(動物、植物、鉱物、香料など)が用いられたらしい。たとえばこれらの物品を神像の内部へ入れて、神を呼び寄せ、託宣を受けたり、われわれの魂を運命の束縛から解放し、神と合一させるのである(ドッズ『ギリシア人と非合理性』一九六八年、pp. 291-295)。

しかし「本書」ではテウールギアーには触れられていない。「ピタゴラス派思想集成」を書いたときには、イアンブリコスはまだテウールギアーに関心を寄せていなかったのであろうか。「本書」では、智恵も幸福も愛智(ピタゴラス哲学)によって得られる、と言われているようである。ただし一三八節で占いについて言われていることは、テウールギアーへの接近を暗示している、と言えるかもしれない。

(f)「本書」の読者は、いったいイアンブリコスはプラトニストであったのか、それともピタゴラス派に属するとみなすべきか、疑問をもたれるかもしれない。しかしイアンブリコスからすると、ピタゴラス哲学とプラトン哲学は主要な点で一致しているのである。古代には、プラトンをピタゴラス派の一員とみなす見解があった(たとえばフォティオスが紹介した著者不明『ピタゴラスの生涯』)。「本書」にもそれに近い見方が記されている(一二七、二六五節など)。なおイアンブリコスは哲学を、主として非物体的なものを研究するイタリア哲学と、主として物体的なものを考察するイオニア哲学に分けた(『哲学の勧め』第二十一章三六(一二五–六)

(Pist.)）。そしてイタリア哲学はピタゴラスから始まる（「ラエルティオス」一-一三）。そしてイアンブリコスによると、プラトンはこの区分ではイタリア派に属するだろう。

またイアンブリコスは、いわゆる「エジプト神学」や「カルデア〔バビュロニア〕神学」なども、ピタゴラスやプラトンの神学的思想と主要な点で一致すると信じたらしい（『エジプトの密教』一-一）。これはいわば「普遍的神学」であろう。だから、イアンブリコスをプラトニスト（新プラトン主義者）とみなすのは、便宜的な扱いだ、と言えるかもしれない。

参考文献（凡例に記したものを除く）

A. Döring〔デーリング〕, *Geschichte der griechischen Philosophie*, 2 Bde., Leipzig, 1903.

W. Kroll〔クロル〕,『パウリ古典古代学百科事典』の〈Iamblichos 3〉の項（第九巻、645-651）。

J. Burnet〔バーネット〕, *Early Greek Philosophy*, 4th ed., Cleavland and New York, 1930.

E. Zeller/R. Mondolfo〔ツェラー／モンドルフォ〕, *La filosofia del Greci nel suo sviluppo storico*, I, 2, Firenze, 1950, III, 6, 1961.

W. K. C. Guthrie〔ガスリー〕, *A History of Greek Philosophy*, vol. I, Cambridge, 1962.

G. Reale〔レアーレ〕, *Storia delle filosofia antica*, vol. 1 (9th ed.), Milano, 1992, vol. 4 (9th ed.) 1992.

D. J. O'Meara〔オメアラ〕, *Pythagoras Revived*, Oxford, 1989.

M. von Albrecht 他［アルブレヒト］、*Jamblich, Pythagoras: Legende-Lehre-Lebensgestaltung*, Darmstadt, 2002.

C. Riedweg［リートヴェーク］, *Pythagoras*, München, 2002.

Giamblico［モントネリ］, *Vita pitagorica* a cura di Luciano Montoneri, Roma, 1973.

佐藤義尚訳［佐藤］、イアンブリコス『ピュタゴラス伝』国文社、二〇〇〇年。

著者不明『ピタゴラスの生涯』（要約）（フォティオス『ビブリオテーケー』第二百四十九書）

フォティオス（フォーティオス、Photios）は後九世紀の有名な学者で、コンスタンティノポリスの総主教（パトリアルコス）に任ぜられたこともある（前後二回、約一九年間、八五七―六七年、八七七―八六年）。この人の著書の一つである『ビブリオテーケー』（「文庫」あるいは「図書館」の意味。ただしこの表題は著者自身が付したものではないという）は、彼が指導した読書サークルによって読まれた二七九の書物の内容を、サークルに参加しなかった彼の兄弟タラシオスに紹介する、という体裁の著作である。そしてその二百四十九番目に、この『ピタゴラスの生涯』が取り上げられているわけである。だからこれは原書そのものでなく（原書は今は残っていない）、簡単な内容要約にすぎないので、史料としては不十分なものだが、ともあれピタゴラス派研究の史料の一つに数えられている。

原書の著者がだれであったのか、研究者の関心事の一つだが、確かなことは分からない。フォティオス自身も知らなかったのか、知っていて伏せたのか、不明だが、隠す理由もなさそうだから、知らなかったのではないか。一説によると、原著者は前二世紀の歴史家アガタルキデスだろうという（O. Immisch, 1919）。フォティオスは第二百五十書としてアガタルキデス『紅海論』（第一巻と第五巻）を紹介しているのだが、『ピタゴラスの生涯』は『紅海論』の序章であったろう、という推定である（底本の註による）。しかしこの説に賛成する人は少ないようである。別の説によると、原著者は前一世紀後半頃のプラトニスト、アレクサンドリアのエウドロスであるという（W. Theiler, 1965）。ブルケルトはこの見解に賛同したようである（「ブルケルト」53）。
この著者不明『ピタゴラスの生涯』の特徴の一つは、プラトンとアリストテレスをピタゴラス派に属するとみなして、しばしばこの二人の所説をピタゴラス派の説であるかのように記述していることである。一方、前一世紀以降の新ピタゴラス派の影響（たとえば「数論の神学」や、プラトンとアリストテレスを剽窃者とみなすなど）は、この書には見られないようである。

この翻訳の底本は左記のものである。
Photius, *Bibliothèque, Tome VII*, Texte Établi et Traduit par René Henry, Paris, 1974.
訳文には底本の頁番号（126-134）を欄外上部（上段）に付したほかに、（参考文献でしばしば用いられる）ベッカー校訂版（ベルリン、一八二四－一八二五年）の頁・行番号（438b15-441b14）を各節の頭書（下段）に付記した。なお訳文に付した節番号（〇－一三）は訳者が付記したものである。底本にはない。
訳註で用いられた（書名の）略称は
「イアンブリコス」＝イアンブリコス『ピタゴラス的生き方』
その他の略称については「イアンブリコス」翻訳の凡例を参照されたい。

固有名詞索引

イアンブリコス『ピタゴラス的生き方』の固有名詞索引を収載する。原語はギリシア語綴りをローマ字化して示した。数字は節番号を、( )内の数字は補訳や訳註で言及のある節番号を表わす。

ア 行

アイエティオス　Aietios　*267* (パロスの)
アイオリス方言　Aiolis　*241, 243*
アイオロス　Aiolos　*242—243*
アイゴン　Aigon　*267* (クロトンの)
アイネアス　Aineas　*267* (メタポンティオンの)
アウトカリダス　Autocharidas　*267* (ラコニアの)
アカイア (地名)　Achaia　*250, 263*
アギュロス　Agylos　*267* (クロトンの)
アキレウス　Achilleus　*242*
アクシラダス　Akousiladas　*267* (タラスの)
アクモニダス　Akmonidas　*267* (タラスの)
アグラオパモス　Aglaophamos　*146*
アクラガス (地名)　Akragas　*33*
　—の人　Akragantinos　*135, 267*
アゲアス　Ageas　*267* (クロトンの)
アゲサルコス　Agesarchos　*267* (メタポンティオンの)
アゲシダモス　Agesidamos　*267* (メタポンティオンの)
アゲラス　Agelas　*267* (クロトンの)
アシネの人　Asineus　*87*
アスクレピオス (医神)　Asklepios　*208*
　—神殿　Asklepieion　*126*
アステアス　Asteas　*267* (タラスの)
アステュロス　Astylos　*267* (メタポンティオンの)
アスペンドスの人　Aspendios　*266*
アタマス　Athamas　*267* (ポセイドニアの)
アッティカ (地名)　Attike
　—人　Attikos, 準—人　Attikistes　*80*
　—方言　Atthis　*243*
アッティス　Atthis　*241, 243*
アテナ　Athena　*39, 42*
アテナイ人　Athenaios　*3, 267*
アドリア海　Adrias　*257*
アトレウスの (息子)　Atreides　*63*
アナクシマンドロス　Anaximandros　*11*
アバリス　Abaris　*90—93, 135—136, 138, 140—141, 147, 215—217, 221, 267* (極北の)
アプロディテ　Aphrodite　*152*
アポロニオス　Apollonios　*254*
アポロン　Apollon　*5—8, 52, 133, 152, 177, 208, 221—222; 30, 91, 135—136, 140* (極北の); *25, 35* (ゲネトル); *9, 30, 52, 161* (ピュティオス)
アリスタイオス　Aristaios　*104, 245*
アリスタンゲロス　Aristangelos　*267* (キュレネの)
アリステアス　Aristeas　*138* (プロコンネソスの); *267* (メタポンティオンの)
アリスティッポス　Aristippos　*267* (タラスの)
アリステイデス　Aristeides　*267* (レギオンの)
アリストクセノス　Aristoxenos　*233—234, 237, 251*
アリストクラテス　Aristokrates　*130, 172, 267* (レギオンの)
アリストクレイダス　Arsitokreidas　*267* (タラスの)
アリストテレス　Aristoteles　*31*
アリストメネス　Aristomenes　*267* (メタポンティオンの)
アルカイオス　Alkaios　*170*

アルカディア（地名） Arkadia *3*
—の女 Arkadissa *267*（女性の部）
アルキアス Alkias *267*（メタポンティオンの）
アルキッポス Archippos *249—250, 267*（タラスの）; *267*（サモスの）
アルキマコス Alkimachos *257, 267*（パロスの）
アルキュタス Archytas *104*（先代の）; *127, 160, 197, 251, 266, 267*（タラスの）
アルクマイオン Alkmaion *104, 267*（クロトンの）
アルケアス Arkeas *267*（タラスの）
アルケマコス Archemachos *267*（タラスの）
アルケモロス Archemoros *52*
アルゴスの Argeios *63*（女神ヘラ）; *128; 267*（男性の部）; *267*（女性の部、2名）
アレサス Aresas *266*
アレサンドロス Aresandros *267*（レウカニアの）
アロペコス Alopekos *267*（メタポンティオンの）
アンカイオス Ankaios *3—4*
アンキトス Anchitos *113*
アンティメドン Antimedon *267*（クロトンの）
アンティメネス Antimenes *267*（メタポンティオンの）
アンテス Anthes *267*（カルケドンすなわちカルタゴの）
アンドロキュデス Androkydes *145*
イオニア（地名） Ionia *88*
—方言 Ias *241, 243*
イオン Ion *243*
イストモス（地名） Isthmos *52*
イタナイオス Itanaios *267*（クロトンの）
イタリア（地名） Italia *28, 30, 33—34, 50, 52, 57, 88, 129, 133—134, 166, 184, 250*
—の Italikos *129*（諸国家）
—の人たち Italiotai *252*
イッコス Ikkos *267*（タラスの）
イベリア（地名） Iberia *151*
イリオンの（アテナ） Ilias *42*
インブロス（地名） Imbros *151*
エイリスコス Eiriskos *267*（メタポンティオンの）
エウアノル Euanor *267*（シュバリスの）
エウアンドロス Euandros *267*（クロトンの）; *267*（メタポンティオンの）
エウエテス Euetes *267*（ロクロイの）
エウエルトン Euelthon *267*（アルゴスの）
エウディコス Eudikos *267*（ロクロイの）
エウテュクレス Euthykles *267*（レギオンの）
エウテュヌス Euthynous *267*（ロクロイの）
エウテュノス Euthynos *267*（タラスの）
エウドクソス Eudoxos *7*
エウトシオン Euthosion *267*（レギオンの）
エウブロス Euboulos *127*
エウペモス Euphemos *267*（メタポンティオンの）
エウポルボス Euphorbos *63*
エウマイオス Eumaios *255*
エウモイロス Eumoiros *267*（パロスの）
エウリュクラテス Eurykrates *267*（ラコニアの）
エウリュトス Eurytos *104, 139, 148*（クロトンの）; *266—267*（メタポンティオンの）; *267*（タラスの）
エウリュパモス Euryphamos *185*
エウリュペモス Euryphemos *267*（メタポンティオンの）
エウリュメドン Eurymedon *267*（タラスの）
エウリュメネス Eurymenes *189—192*
エクパントス Ekphantos *267*（クロトンの）
エケクラテイア Echekrateia *267*（女性の部）
エケクラテス Echekrates *251, 267*

(プレイウスの); 267 (タラスの)
エジプト (地名) Aigyptos 12—16, 19—20
—人、—の Aigyptios 14, 16, 103, 151, 158
エッケロ Ekkelo 267 (女性の部)
エパメイノンダス Epameinondas 250
エピカルモス Epicharmos 166, (228), 241, 266
エピシュロス Episylos 267 (クロトンの)
エピダウロス人 Epidaurios 3
エピプロン Epiphron 267 (メタポンティオンの)
エピメテウス Epimetheus 242
エピメニデス Epimenides 7, 104, 135—136, 221—222
エペソス人 Ephesios 173
エラトクレス Eratokles 25
エラトス Eratos 267 (クロトンの)
エリュクシアス Eryxias 35
エレアの人 Eleates 166, 267
エレウシス (地名) Eleusis 75, 151
エレクテウス Erechtheus 243
エロス (神名) Eros 52
エンディオス Endios 267 (シュバリスの)
エンペドクレス Empedokles 67, 104, 113—114, 135—136, 166, 267 (アクラガスの)
エンペドス Empedos 267 (シュバリスの)
オケアノス Okeanos 242
オッキロス Okkilos 267 (レウカニアの); 267 (女性の部)
オッケロ Okkelo 267 (女性の部)
オッケロス Okkelos 267 (レウカニアの); 267 (女性の部)
オデュッセウス Odysseus 57, 255
オナタス Onatas 267 (クロトンの)
オプシモス Opsimos 267 (レギオンの)
オリュンピア (地名) Olympia 44, 62
—の (競技) Olympios 40
オリュンポスの (神々) Olympios 30, 122
オルペウス Orpheus 62, 145—147, 151, 243
—教徒 Orphikoi 147, 151
オレイテュイア Oreithyia 243
オレスタダス Orestadas 267 (メタポンティオンの)

カ 行

カイニアス Kainias 267 (タラスの)
カウロニア (地名) Kaulonia 142
—の人 Kauloniates 262, 267
カタネ (地名) Katane 33
—の人 Katanaios 33, 130, 172, 267
カライス Kalais 267 (レギオンの)
ガラティア人 Galates 173
カリオペ Kalliopa (ドーリア方言) 146
カリス Charites (複数形) 63
カリュプソ Kalypso 57
カリンブロトス Kallimbrotos 267 (カウロニアの)
カルキス人 Chalkideus 3, 35, 251
カルタゴ (カルケドン) 人 Kalchedonios 128, 267
カルデア人 Chaldaios 151, 158
ガルテュダス Gartydas 265
カルメル (山) Karmelos 14—15
カロパンティダス Karophantidas 267 (タラスの)
カロンダス Charondas 33, 104, 130, 172, 267 (カタネの)
カンビュセス Kambyses 19
キュジコスの人 Kyzikenos 267
ギュッティオス Gyttios 267 (ロクロイの)
キュレネ (地名) Kyrene 239
—の人 Kyrenaios 239, 267
キュロン Kylon 74 (シュバリス人の首長); 248—249, 258 (クロトンの)
—党 Kyloneioi 248—249
極北の (神、人) Hyperbore(i)os 30, 90—91, 135—136, 138, 140—141, 215, 267
ギリシア (本土) Hellas 28, 91, 166,

250, 266
一人（総称） Hellenes 21, 31, 42, 44, 103, 241
一的 Hellenikos 90（教育）; 210（諸都市）
クストス Xouthos 242—243
クセネアス Xeneas 267（カウロニアの）
クセノカデス Xenokades 267（メタポンティオンの）
クセノクラテス Xenokrates 7
クセノパンテス Xenophantes 267（メタポンティオンの）
クセノピロス Xenophilos 251
クセノン Xenon 267（ロクロイの）
クノッソス（地名） Knossos 92
クラテシクレイア Kratesikleia 267（女性の部）
クラナオス Kranaos 243（アッティスの父）; 267（ポセイドニアの）
クリトン Kriton 267（アルゴスの）
グリュキノス Glykinos 267（メタポンティオンの）
クリュシッポス Chrysippos 267（コリントスの）
クレアイクマ Kleaichma 267（女性の部）
クレアノル Kleanor 267（スパルタの）; 267（女性の部、ラカイナの夫）
クレアラトス Klearatos 267（タラスの）
クレイナゴラス Kleinagoras 267（タラスの）
クレイニアス Kleinias 127, 198, 239, 267（タラスの）; 266（ヘラクレイアの）
クレウサ Kreousa 243
クレオステネス Kleosthenes 267（クロトンの）
クレオピュロス Kreophylos 9, 11
一の（子孫） Kreophyleios 11
クレオプロン Kleophron 267（クロトンの）
クレオン Kleon 267（タラスの）
クレタ（島） Krete 25, 92
一の人 Kres 135
クロトン（人名） Kroton 50
クロトン（都市国家） Kroton 29, 33, 36, 50, 57, 126, 142, 150, 177, 249
一人 Krotoniates 40, 45, 52, 57, 81, 122, 132—133, 143, 148, 170, 177, 192, 195, 248, 262, 265; 267（男性の部、女性の部）
ケイラス Cheilas 267（メタポンティオンの）
ケイロニス Cheilonis 267（女性の部）
ケイロン Cheilon 267（女性の部、ケイロニスの父）
ゲタイ人（複数） Getai 173
ケパレニア（島） Kephalenia 3
一人（複数） Kephalenes 3
ケランボス Kerambos 267（レウカニアの）
ケルト人（複数） Keltoi 151
コリントス（地名） Korinthos 233
一人 Korinthios 267
ゴルディオス Gordios 143

サ 行

サメ（地名） Same 3—4
サモス（島、都市国家） Samos 3—4, 9—10, 19, 21, 28, 30, 88
一人 Samios 4—5, 20, 25—26, 267
サモトラケ（島） Samothrake 151
ザモルクシス Zamolxis 104, 173
サラミス人 Salaminios 82
ザレウコス Zaleukos 33, 104, 130, 172, 267（ロクロイの）
シキュオンの人 Sikyonios 267
シチリア（島） Sikelia 33—34, 129, 133—134, 220, 233
一の Sikeliakos 75
シドン（地名） Sidon 7, 13
シミキアス Simichias 267（タラスの）
シモス Simos 267（ポセイドニアの）
シュバリス（地名） Sybaris 33, 36, 133, 142, 177, 255
一人 Sybarites 74, 177, 267
一の女性 Sybaritis 267（女性の部）
シュロスの人 Syrios 9, 184, 248, 252

シラクサ（シラクーザ、地名） Syrakousai *266*
—人 Syrakousios *185, 189, 199, 267*
シリア（地名） Syria *5, 14, 16*
スキタイ人 Skythes *90*
ステノニダス Sthenonidas *267*（ロクロイの）
ストラティオス Stratios *267*（シキュオンの）
スパルタ（地名） Sparte *25*
スピンタロス Spintharos *197*
セイレンたち Seirenes *82*
ゼウス Zeus *3, 5, 27, 46, 155, 242; 64, 70, 115, 162*（ゼウスにかけて）
セリヌンティオス Selinountios *267*（レギオンの）
ソシストラトス Sosistratos *267*（ロクロイの）
ソステネス Sosthenes *267*（シキュオンの）
ゾピュロス Zopyros *267*（タラスの）

タ 行

大ギリシア（メガレ・ヘラス） Megale Hellas *30, 166*
ダウニア（地名）の Daunios *60*
タウロメニオン（地名） Tauromenion *33, 134, 136*
—の人 Tauromenites *112*
ダマルメノス Damarmenos *267*（メタポンティオンの）
ダモ Damo *146*
ダモクレス Damokles *267*（クロトンの）
ダモタゲス Damotages *267*（メタポンティオンの）
ダモポン Damophon *265*
ダモン Damon *127, 234—236, 267*（シラクサの）
タユゲトスの山なみ Taygeta ore *92*
タラス（地名） Taras *61, 189—190, 250, 266*
—の人 Tarantinos,（女性） Tarantinis *145, 197, 239, 250, 262; 267*（男性の部、女性の部）
ダルダニアの人 Dardaneus *267*
タレス Thales *11—14*
タンタロス Tantalos *245*
テアイテトス Theaitetos *172*
テアゲス Theages *257, 261*
テアドゥサ Theadousa *267*（女性の部）
テアノ Theano *132, 146, 265*（ピタゴラスの妻）; *267*（女性の部、ブロンティノスの妻）
ディオクレス Diokles *251, 267*（プレイウスの）; *267*（シュバリスの）
ディオスクロイ Dioskoroi *155*
ディオスポリス（地名） Diospolis *12*
ディオドロス Diodoros *257*（クロトンの）; *266*（アスペンドスの）
ディオニュシオス Dionysios *189, 192—194*（一世）; *233—237*（二世）
ディオン Dion *189, 199*
ディカイアルコス Dikaiarchos *267*（タラスの）
ディカス Dikas *267*（タラスの）
ディケ（正義の女神） Dike *46*
ディコン Dikon *267*（カウロニアの）
デイナルコス Deinarchos *257*（クロトンの）; *263, 267*（パロスの）
デイノ Deino *132*
デイノクラテス Deinokrates *267*（タラスの）
ティマイオス Timaios *267*（クロトンの）; *267*（パロスの）
ティマシオス Timasios *267*（シュバリスの）
ティマラトス Timaratos *172*
ティマレス Timares *130, 267*（ロクロイの）
ティミュカ Timycha *189, 192—194; 214, 267*（女性の部）
ティメシアナクス Timesianax *267*（パロスの）
ティモステネス Timosthenes *267*（アルゴスの）
デウカリオン Deukalion *242*
テオクレス Theokles *130*
テオドロス Theodoros *267*（タラス

の); *267* (キュレネの)
テオプリス　Theophris　*267* (女性の部、ピルテュスの父)
テオリデス　Theorides　*266*
デクシテオス　Dexitheos　*267* (パロスの)
テストル　Thestor　*239*
テッタリア (地名)　Thettalia　*3*
テトラエイス川　Tetraeis　*260*
テバイ (地名)　Thebai　*250*
テミス (法の女神)　Themis　*46*
デメテル　Demeter　*170*
デモケデス　Demokedes　*257, 261*
デモステネス　Demosthenes　*267* (レギオンの)
デモン　Demon　*267* (シキュオンの)
デュマス　Dymas　*267* (クロトンの)
テュマリダス　Thymaridas　*104, 239, 267* (パロスの)
テュマリデス　Thymarides　*145*
テュルセニス　Tyrsenis　*267* (女性の部)
テュルセノス　Tyrsenos　*267* (シュバリスの)
テュルソス　Thyrsos　*241*
テュレニア (地名、エトルリア)　Tyrrenia　*127, 142*
　一人　Tyrrenos　*127, 267*
テュロス　Tyros　*14*
テラウゲス　Telauges　*146*
デルポイ (地名)　Delphoi　*5, 56, 82, 263*
デロス (島)　Delos　*25, 35, 184, 252*
トゥリオン人　Thourios　*74, 264*
ドドネ (地名)　Dodone　*56*
トラキア (地名)　Thraike　*251*
　一の　Thraikios　*146*
　一人　Thrax　*173, 243*
トラシュダモス　Thrasydamos　*267* (アルゴスの)
トラシュメデス　Thrasymedes　*267* (メタポンティオンの)
トラセアス　Thraseas　*267* (メタポンティオンの)
トラレイス人 (複数)　Tralleis　*173*
ドーリア方言　Doris (Dorike, Dorios) dialektos　*56, 241—243*
ドリス　Doris　*242*
ドリュモン　Drymon　*267* (カウロニアの)
トロイア (地名)　Troia　*42*
　一 (戦争) の　Troikos　*63*
ドロス　Doros　*242*

ナ　行

ナイル (川)　Neilos　*158*
ナウシトオス　Nausithoos　*127, 267* (テュレニアの)
ナスタス　Nastas　*267* (カウロニアの)
ニコマコス　Nikomachos　*251*
ニノン　Ninon　*258, 264*
ネアンテス　Neanthes　*189*
ネオクリトス　Neokritos　*267* (アテナイの)
ネッソス (川)　Nessos　*134*
ネメア (地名)　Nemea　*52*
ネレウス　Nereus　*242*

ハ　行

パイアン、パイオン　Paian, Paion　*30, 208*
ハイモン　Haimon　*267* (クロトンの)
パクティオン　Paktion　*267* (タラスの)
ハデス　Haides　*123; 86, 155, 178—179* (ハデスの館、冥土)　→プルトン
バテュラオス　Bathylaos　*267* (ポセイドニアの)
パトロクロス　Patroklos　*63*
パナイ (地名)　Phanai　*190*
ハニオコス　Haniochos　*267* (メタポンティオンの)
バビュロニアの　Babylonios　*242*
バビュロン (地名)　Babylon　*19*
ハブロテレイア　Habroteleia　*267* (女性の部)
ハブロテレス　Habroteles　*267* (タラスの); *267* (女性の部、ハブロテレイアの父)
バベリュカ　Babelyka　*267* (女性の部)

パラリス　Phalaris　*215―218, 221*
パルテニス　Parthenis　*6―7*
パルミスコス　Parmiskos　*267*（メタポンティオンの）
パルメニデス　Parmenides　*166, 267*（エレアの）
パロスの（人）　Parios　*239, 267*
パンガイオン山　Pangaion oros　*146*
パントオス　Panthoos　*63*
パントン　Phanton　*267*（プレイウスの）
ビアス　Bias　*11*
ヒエロン　Hieron　*266*
ピタゴラス　Pythagoras　*1―2*, その他多くの箇所
―の、―的　Pythagorikos　*86, 94*, 他; Pythagoreios　*241*, 他
―派　Pythagoreioi　*80*, 他; 準―派　Pythagoristai　*80*
ピタゴラス（同名別人、エラトクレスの息子）　*25*
ビタレ　Bitale　*146*
ヒッパソス　Hippasos　*81, 88, 104, 257*（クロトンの千人衆の一人）; *267*（シュバリスの）
ヒッパルキデス　Hipparchides　*267*（レギオンの）
ヒッパルコス　Hipparchos　*75*
ヒッポステネス　Hipposthenes　*267*（クロトンの）; *267*（キュジコスの）
ヒッポストラトス　Hippostratos　*267*（クロトンの）
ヒッポダマス　Hippodamas　*82*
ヒッポボトス　Hippobotos　*189*
ヒッポメドン　Hippomedon　*87*（アシネの）; *267*（アルゴスの）
ヒッポン　Hippon　*267*（サモスの）
ヒメラ（地名）　Himera　*33*
ピュキアダス　Phykiadas　*267*（クロトンの）
ピュタイス　Pythais　*4―6*
ピューティアー　Pythia　*3, 5*
ピュティア競技会　Pythikos agon　*52*
ピュティオス　Pythios　*7, 105, 161*
→アポロン
ピュティオス　Phytios　*130, 172, 267*（レギオンの）
ピュトドロス　Pythodoros　*267*（キュジコスの）
ピュトン（大蛇）　Python　*52*
ビュブロス（地名）　Byblos　*14*
ピュラ　Pyrra　*242*
ピュリス（島名）　Phyllis　*4*
ピュロン　Pyrron　*267*（メタポンティオンの）
ビュンダコス　Byndakos　*267*（女性の部、ピルテュスの兄弟）
ピルテュス　Philtys　*267*（女性の部）
ピロダモス　Philodamos　*267*（ロクロイの）
ピロラオス　Philolaos　*104, 139, 148, 199, 266, 267*（タラスの）
ピンティアス　Phintias　*127, 234―236, 267*（シラクサの）
フェニキア（地名）　Phoinike　*7, 158*
―の　Phoinikikos（神官、山）14
ブテロス　Boutheros　*267*（キュジコスの）
ブトス　Bouthos　*267*（クロトンの）
ブラゴラス　Boulagoras　*265*
プラテアイ（地名）　Plateai　*261*
プラトン　Platon　*70, 127, 131, 167, 199, 265*
プリエネ（地名）　Priene　*11*
ブリュアス　Bryas　*267*（クロトンの）; *267*（タラスの）
プリュギア（地名）　Phrygia
―人　Phryx　*63*
―の　Phrygios　*112*
ブリュソン　Bryson　*104*
プリュニコス　Phrynichos　*267*（タラスの）
プルトン　Plouton　*46, 123*　→ハデス
プレイウスの（人）　Phliasios　*251, 267; 267*（女性の部、エケクラテイア）
プロクセノス　Proxenos　*267*（シュバリスの）; *267*（ポセイドニアの）
プロクレス　Prokles　*267*（メタポンティオンの）
プロコンネソスの（人）　Prokonnesios　*138*

プロメテウス　Prometheus　*242*
プロロス　Proros　*127, 239, 267*（キュレネの）
プロンティダス　Phrontidas　*267*（タラスの）
ブロ（ン）ティノス　Bro(n)tinos　*132*（デイノの夫）; *267*（メタポンティオンの）; *267*（女性の部、テアノの夫）
ペイシクラテス　Peisikrates　*267*（タラスの）
ペイシロデ　Peisirrode　*267*（女性の部）
ペイシロドス　Peisirrodos　*267*（タラスの）
ペウケティア人（複数）　Peuketioi　*241*
ヘシオドス　Hesiodos　*111, 164, 242*
ヘスティアイオス　Hestiaios　*267*（タラスの）
ヘパイストス　Hephaistos　*39*
ヘラ　Hera　*(39), 50, 56, 61, 185; 63*（アルゴスの）
ヘラクレイア（地名）　Herakleia　*266*
ヘラクレイトス　Herakleitos　*173*
ヘラクレス　Herakles　*40, 50, 152, 155, 222*
ヘランドロス　Helandros　*267*（タラスの）
ヘリカオン　Helikaon　*130, 172, 267*（レギオンの）
ペリロス　Perillos　*74*
ヘルモダマス　Hermodamas　*11*
ペレキュデス　Pherekydes　*9, 11, 184, 248, 252*
ヘレン　Hellen　*242*
ペロポンネソスの　Peroponnesiakos　*250*（アカイア）
ヘロリス　Heloris　*267*（サモスの）
ヘロリッポス　Helorippos　*267*（サモスの）
ボイオ　Boio　*267*（女性の部）
ポシデス　Posides　*128*
ポセイドニアの人　Poseidoniates　*239, 267*
ホディオス　Hodios　*267*（カルタゴの）
ホメロス　Homeros　*11, 39, 111, (113), 164, (217), 245, 255, 260*
—の（詩句）　Homerikos　*63*
ポリアデス　Poliades　*267*（シキュオンの）
ポリュクトル　Polyktor　*267*（アルゴスの）
ポリュクラテス　Polykrates　*11, 88*
ポリュムナストス　Polymnastos　*251, 267*（プレイウスの）
ポレマイオス　Polemaios　*267*（シュバリスの）
ポレマルコス　Polemarchos　*267*（タラスの）
ポントスの人　Pontikos　*267*

マ　行

マリオン　Malion　*267*（ダルダニアの）
ミダス　Midas　*143*
ミノス　Minos　*27*
ミムノマコス　Mimnomachos　*267*（タラスの）
ミュイア　Myia　*267*（女性の部）
ミュエス　Myes　*267*（ポセイドニアの）
ミュケナイ（地名）　Mykenai　*63*
ミューズ（複数）　Mousai　*45, 264*
—神殿　Mouseion　*50, 264*（クロトンの）; *170*（メタポンティオンの）
ミュリアス　Myllias　*143, 189—194, 267*（クロトンの）; *267*（女性の部、ティミュカの夫）
ミルティアデス　Miltiades　*128, 267*（カルタゴの）
ミレトス（地名）　Miletos　*11*
ミロン　Milon　*104, 249, 267*（クロトンの）; *267*（女性の部、ミュイアの夫）
ムネシブロス　Mnesiboulos　*267*（レギオンの）
ムネマルコス　Mnemarchos　*4—7, 9, 25, 146, 265*（ピタゴラスの息子）
メギスティアス　Megistias　*267*（メタポンティオンの）
メタポンティオン（地名）　Metapontion　*134, 136, 142, 189, 248—249, 266*
—人　Metapontinos　*81, 170, 262, 267; 267*（女性の部）

メッサピア人　Messapios　*197, 241*
メッセネ（地名）　Mesene　*127*
—人　Mesenios　*127*
メトポス　Metopos　*267*（シュバリスの）
メトロドロス　Metrodoros　*241*
メトン　Meton　*257*（クロトンの？）；*267*（パロスの）
メネストル　Menestor　*267*（シュバリスの）
メネラオス　Menelaos　*63*
メノン　Menon　*170, 267*（クロトンの）
メラニッポス　Melanippos　*267*（キュレネの）
メランピュロス（サモス島）　Melamphyllos　*3*
メリケルテス　Melikertes　*52*
メリッソス　Melissos　*267*（サモスの）
メレシアス　Melesias　*267*（メタポンティオンの）
メーン（月神）　Men　*84*
メンピス（地名）　Memphis　*12*
モコス　Mochos　*14*

ラ　行

ラキニオス　Lakinios　*50*
ラキュダス　Lakydas　*267*（メタポンティオンの）
ラクラテス　Lakrates　*267*（メタポンティオンの）
ラクリトス　Lakritos　*267*（メタポンティオンの）
ラケダイモン（地名）　Lakedaimon　*92, 141, 170*
—女性　Lakedaimonia　*192*（ティミュカ）
—人　Lakedaimonios　*141; 267*（女性の部）
ラコニア（地名）　Lakonike
—女性　Lakaina　*267*（女性の部、クラテシクレイア、テアドゥサ）
—人　Lakon　*267*
ラコン　Lakon　*267*（サモスの）
ラステネイア　Lastheneia　*267*（女性の部）
ラテン人　Latinoi　*152*
ラパオン　Laphaon　*267*（メタポンティオンの）
リタテス　Litates　*263*
リノス　Linos　*139*
リベトラ（地名）　Libethra　*146*
リュコン　Lykon　*267*（タラスの）
リュシアデス　Lysiades　*267*（カタネの）
リュシス　Lysis　*75, 104, 185, 249—250, 267*（タラスの）
リュシビオス　Lysibios　*267*（タラスの）
リュラムノス　Lyramnos　*267*（ポントスの）
レアナクス　Leanax　*267*（シュバリスの）
レウカニア人　Leukanos　*241, 266—267; 267*（女性の部）
レウキッポス　Leukippos　*104*
レオキュデス　Leokydes　*267*（メタポンティオンの）
レオクリトス　Leokritos　*267*（カルタゴの）
レオプロン　Leophron　*267*（クロトンの）
レオン　Leon　*267*（メタポンティオンの）
レオンテウス　Leonteus　*267*（タラスの）
レギオン（地名）　Rhegion　*33, 251*
—の　Rheginikos　*130*
—人　Rheginos　*172, 267*
レクシビオス　Rhexibios　*267*（メタポンティオンの）
レプティネス　Leptines　*267*（シラクサの）
レムノス（島）　Lemnos　*151*
ロクロイ人　Lokroi（複数），Lokros（単数）　*33, 42, 130, 172, 267*
ロディッポス　Rhodippos　*267*（クロトンの）
ローマ人　Romaios　*241*

事項索引

イアンブリコス『ピタゴラス的生き方』の事項索引を収載する。原語はギリシア語綴りをローマ字化して示した。原語が複数ある場合、必ずしもそのすべてを記さない。数字は節番号を、(　) 内の数字は補訳や訳註で言及のある節番号を表わす。

ア　行

哀願、懇願　deesis, litaneia, hiketeia　*226, 234*
愛智、哲学　philosophia　*59, 159, 162* (造語と定義); *1—2, 30, 253* (神与のもの); *246* (極めて貴重); *81* (二種のピタゴラス的愛智); *75, 79* (その他)
愛智者　philosophos　*58* (造語と規定); *44* (希少である); *107, 166, 246* (その他)
アウロス (代表的な管楽器)　aulos　*111—112*
赤　pyrrhon　*153*
赤魚　erythrinos　*109*
アクースマ (聴聞事項)　akousma　*82—86, 140*
アクースマティコイ (聴聞派)　akousmatikoi　*81—82, 87—88*
悪徳　kakia　*77—78, 232* (矯正不能の)
悪人　kakos　*232* (まったくの)
あの (かの) お方　tenos, ekeinos ho aner　*75—76, 82, 87—88, 143, 241, 255*
改め　pedartasis; pedartan (動詞)　*197, 231*　→矯正、忠告
有るもの　on　*159—160* (本義と転義)
怒り　orge　*70*
生き方　bios　*114, 218, 248* (生活)
意見、世評　doxa　*200—201*
医術　iatrike　*82, 163, 241, 244, 264*
イトスギ、糸杉　kyparittos　*154—155*
歌、歌曲　melos　*110—111, 224*
宇宙　kosmos　*162*　→コスモス、天
内輪弟子　esoterikoi　*72*
美しい、善美な　kalos　*45, 58—59, 64, 153*
海、海水　thalassa　*153, 178*
占い　→卜占
ウール (羊毛) の　koidios　*100*　→リネンの
運命、宿命　heimarmene, pepromene　*219; 220* (tyche　不運)
鋭敏、明敏、覚醒　epegria, euageia, anchinoia　*13, 32, 68, 74, 107, 187, 225*
疫病　loimos　*135, 141*
エストー (有り)　esto　*162*
黄金　→金
大通り　leophoros　*83*
恐れ、恐怖　deos　*220* (死を恐れない adees)
踊り (ダンス)　orchesis　*111*
夫　aner　*54, 132*
覚書、記録、文書　hypomnemata　*94, 104, 146, 157, 161, 253, 262*　→書物
親、父母、両親　goneis　*38, 71, 100—101, 181, 246, 257; 78, 210* (母 meter)
音階　genos　*64, 120, 241—242* (全音階　diatonikon, 半音階　chromatikon, 細分音階　enarmonion)
音楽　mousike　*163, 195, 224; 64, 110—114* (医療としての); *112* (音楽の調)
恩人　euergetes　*38, 100—101, 181, 230*
雄鶏　alektryon　*84, 147, 150*
温和　praotes　*154*

カ　行

会計係り　oikonomikos　*72, 74, 89*
快楽　hedone　*85* (すべて悪); *204* (主

目的でない)
歌曲　→歌
学園　diatribe, homakoeion　*74*
かさぶた(比喩)　helkosis　*101*
カシ、樫　drys　*154*
家政(術)　oikonomia　*169—170*
楽器　organon　*119*　→リュラ、アウロス
かね、金銭　chremata　*169, 239*　→資産
神　theos　*87, 137* (存在する); *146—147* (本質); *139, 148* (全能); *145, 155, 215, 217* (摂理); *109* (地下神); *70, 83, 86, 106, 137, 240* (神々との交わり、合一、神に従う、神まねび); *106, 109* (神と食品); *1, 145* (神に祈る)　→神明
雷　brontan (動詞)　*156*
狩り、狩猟　thera　*100*
棺　soros　*155*
感覚　aisthesis　*64*
観照　theoria　*31, 45, 58, 75*
観相(術)　physiognomonein (動詞) *71, 74*
感応、交感　sympatheia　*109* (天上と地上の)
記憶、想起　mneme, anamnesis　*94, 97, 164—166, 256; 63, 134, 143* (前生の想起)
幾何学　geometria, historia　*19, 22, 89, 158; 27* (幾何学的論証)
奇跡的、驚異的事象　*60—62, 134—136, 140—143, 222*
競い、張り合い　agon, philoneikia　*101*
球(面)　sphaira　*88, (151), 247*
教育、教養　paideia　*32, 42—44, 64; 90—93* (多様な教育方法); *101*
矯正、忠告　epanorthosis, nouthetesis *101*　→調律
共同生活、共同食事　→資産(共有)
協和　harmonia, symphonia　*45*
—学(音楽理論)　harmonike episteme *115*
—音の音程の比　harmonikoi logoi *115—119*
切る(外科的切除)　tome　*163, 244*
→焼き、火と鉄によって
金、黄金　chrysos　*84, 126, 141, 143, 153; 74* (金と銀)　→太もも、矢
禁酒　→酒
ギンバイカ、銀梅花　myrrine　*154*
空気(ガス)を含む(食品) pneumatodes　*106*
薬(の使用)　pharmakeia　*163*
口つぐみ　echemythia　*68, 94, 104, 226*　→沈黙
区分法　diairetike　*161*
熊　arktos　*60* (ダウニアの); *142* (白熊)
供物　thysia　*54, 122—123, 150; 85* (供える　thyein)
黒　melan　*153*
—尾魚　melanouros　*109*
訓戒、訓告　apophasis　*101, 187*
敬虔、敬神　eusebeia, hosiotes, hosion *56* (女性の); *75, 134—156; 149* (ピタゴラスの)
計算(術)　logismos　*158*
月桂樹　daphne　*154*
結社、団体　synodos, koinonia　*241, 254*
研学派　→マテーマティコイ
言語　phone　*56* (言語と名称の発明者)　→命名者
健康　euexia, hygieia　*41, 210, 229*
献酒(神への)　sponde　*84, 98—99, 122, 149, 152, 155—156*
賢人、賢者　sophos, sophistes　*11—12* (タレス、ビアス); *44, 83* (七賢人)
元素　stoicheion　*130* (火、空気、水、土); *229*
好学　philomathia　*72*
交響　symphonia　*45* (万有の)
公正　→正義
幸福(な)　eudaimonia, eudaimon　*30, 131*
五角形　pentagonon　*88*
コスモス　kosmos　*162* (ピタゴラスの造語として)　→宇宙
子作り　teknopoieisthai (動詞)　*83*　→生殖
こびへつらい　thopeia　*226, 234*

サ 行

祭事 dromena en tois hierois *216*
酒、ワイン oinos *97—98, 208; 13, 69, 226* (禁酒)
殺人 (者) phonos, sphageus; kteinein (動詞) *78, 155, 177—178, 186*
裁き (あの世での) krisis *86, 155, 179; 178* (罰)
三角形 trigonon *130, 179* (直角三角形)
算数 arithmetike, mathesis di(a) arithmon *22, 27* →数論、計算術
賛美歌 hymnein (動詞) *149*
散歩 peripatos *96—97*
死 thanatos, teleute *10* (ムネマルコスの); *184* (ペレキュデスの); *220* (死を恐れず); *257* (直前にも口を慎む); *265* (ピタゴラスの); *85* (移住)
詩、詩句、詩人 (poietes) *5, 63, 82, 164, 166, 255, 266*
時機 kairos *180—182*
時期 helikiai *201* (人生の時期の区分); *56* (女性の)
始元 (始め、最初のもの、原理) arche *167, 182—183* →第一者、始め
思考 (能力) logismos *68, 77, 153* →理性
資産 ousia, bios *170* (相続); *30, 72, 81, 92, 168, 257* (共有) →友人のものは共有
地震 seismos *135—136*
自然学 physika *158*
—者 physiologos *14*
舌 glossa *194—195*
支度、下ごしらえ katartysis *68, 95*
湿布 kataplasma *163, 244*
自動的 (予兆的) 事象 automaton *149; 145* (ひとりでに、偶然に)
支配、統制、監督 arche, epistateia *174—175, 183* →無統制
市民的公共的行為 *122—126*
自由 eleutheria, autexousion *33, 214* (政治的); *218* (意志の)
十二面体 dodekaedron *88* (十二の正五角形); *247*
宿命 →運命
出産 tiktein (動詞) *153*
呪文、まじない epode *114, 164, 244*
浄化 katharsis *151, 153, 178* (海水によるみそぎ); *68, 70, 74, 78, 228* (学問による魂の)
情念 pathos, pathema *206, 228*
食 (食物、食事) trophe, broma *13, 68, 97—98, 106, 187, 207—208, 226*
食事療法 diaitetikon *163, 208, 244, 264*
植物 phyton *99*
助言 symboule *85*
書物、書き物 syngrammata *158* →覚書
シラミ phtheir *154*
—病 phtheirisis *184, 252*
白 (い) leukos *100, 149, 153, 155*
神学、神論 theologia, peri theon episteme *145, 157*
神官 hiereus *12, 18, 151*
神像 agalma *151, 215, 245; 84, 256* (指輪に刻まれた)
心臓 kardia *109* (動物の)
神託 chresmos; themisteuein (動詞) *3—5, 34, 133, 177, 213, 221—222*
神的な、神のごとき theios *1* (ピタゴラス); *109* (ロゴス); *154* (火); *53* (神人 ho theios)
神殿、神域 hiera *18, 154, 156*
シュンボロン (符丁) symbolon *2, 20, 103, 145, 161, 227, 247*
神明 (神々やダイモンなど) to theion *100, 137, 174—175*
神霊 →ダイモン
神話 mythos *39*
—を作る mythopoiein *46, 54, 218*
推論 syllogismos *157*
数 arithmos *59* (第一の始元); *82, 145—147, 155; 156* (奇数と偶数); *162* (万象は数にかたどる)
—論 arithmetike, ta peri arithmous *158* →算数
杉 kedros *154*
救われる sozesthai, diasozesthai *175* (安全である); *201*

正義、公正　dikaion, dikaiosyne　*46; 55*（婦人の）; *80*（各人の資質に応じた平等）; *107*（動物に対する）; *124, 172*（立法の正義と裁判の正義）; *179*（直角三角形に似る）; *167—186*
政治、国務　politika　*88, 97*
政治学、政治教育　politike paideia　*130*
誠実、信頼性　pistis　*232*
生殖　gennesis, 性交　aphrodisia, 性道徳　*48, 55, 132, 195, 209—213*　→子作り
精神　dianoia　*42, 77*　→理性、知性
ぜいたく　tryphe　*171*
殺生　zoia kteinein (phoneuein)　*154, 168, 186*
節制、節度　sophrosyne, enkrateia　*(13), 32, 41, 187—213, 229, 246*　→放縦
ゼニアオイ　malache　*109*
善　agathon　*30, 32, 41, 83, 85, 87, 131, 137; 75*（智恵の財宝）　→美しい
僭主　tyrannos　*78, 88, 214—215, 218, 220*
—政治　tyrannis　*11, 220*
戦争　polemos　*186, 217*
千人衆　hoi chilioi　*45, 126, 257, 260*
想起　→記憶
葬儀、埋葬　taphe; thaptein（動詞）　*85, 122—123, 184, 238; 154*（火葬禁止）; *155*（白装束で送る）; *256*（葬列）
総合する　syntheton poiein　*151*（諸民族の神思想を）

タ　行

第一者　to proton　*59*（数）; *155*（数、魂）　→始元
ダイモーン　daimon　*10, 30—31, 37, 100, 217, 219*
対立　→不和
戦う　polemein　*232*（人間として人間に対して）
魂　psyche　*155, 173, 179, 219*（不生不滅）; *70, 240*（魂の内の神的なもの、知性）; *218*（自由）; *69, 169, 229*（理性的な部分と非理性的な部分）; *153*（肉体に縛りつけられる）, *68* 他（有魂のもの）　→動物
嘆願者　hiketes, hiketis（女性）　*84, 177*
団体、教団　→結社
智恵　sophia　*44, 59, 75, 83, 90, 157—166*
誓い、誓言　horkos; omnynai（動詞）　*47, 144, 150, 155*
知識　episteme　*159—160*
智者　sophos　*44, 83*　→賢人
知性　nous, noetikon, phrenes, gnome　*31, 77, 82, 228*　→理性、目（魂の）
中、中庸　mesotes　*131*
忠告、戒め　nouthetesis　*101, 197*　→助言、調律
調（音楽の）　harmonia　*241*（ドーリア調）; *112*（プリュギア調、献酒調）
調整　exartysis, katartysis　*64, 68*
長髪者（かみなが）　kometes　*11, 30*
聴聞派　→アクースマティコイ
聴友、学友　homakoos　*73, 162*
調理、料理　kataskeue　*163, 244*
調律　pedartasis　*101*　→矯正
調和　harmonia　*45*　→協和
直知（思考）対象　noeton　*59, 70, 157*
沈黙、黙秘、寡黙　siope　*68, 163, 188, 195, 225, 246; 72, 74*（五年間）　→口つぐみ
通約、不可通約（不条理）　symmetria, asymmetria, alogia　*246—247*
妻　gyne　*5—6, 47—48, 84, 132; 267*（女性の部）
ツル、鶴　geranos　*126*
定義法　horistike　*161*
貞操　sophrosyne　*48, 55*（妻の）; *48, 50, 132*（夫の）
哲学　→愛智
テトラクテュス（四つ数）　tetraktys　*82, 150, 162*
天　ouranos　*59, 216—218*
天文学　peri ton ouranion episteme, ta ourania theoremata　*27, 158; 31*（天文学的諸現象）
動物　zoion, empsychon　*32, 107—108,*

168−169, 186, 229 →肉食
瀆神　blasphemia　*216*
土葬　→葬儀
貪欲　pleonexia　*68, 77—78, 218*

ナ　行

嘆き、悲嘆　oiktos, 涙　dakryon, 泣く　*198, 226, 234*
肉食　kreophagia　*25*（推奨）; *68, 98, 107—109, 186—187, 225*（忌避、禁止）; *85*（例外）
肉体、身体　soma　*153, 228; 266*（魂を拘束するもの）
日常生活（ピタゴラス派の）　*96—100*
入浴　loutron　*98*, 浴場　balaneion　*83*
人間　anthropos, 人類　anthropon genos　*82*（邪悪）; *174—175*
眠り、睡眠　hypnos　*65, 70; 153*（怠惰）, 少眠　oligoypnia　*13*　→夢
年長者、年少者　presbyteros, neoteros　*101, 126, 180, 231*
脳　enkephalos　*109*（動物の）
農業　georgia, 農夫　georgos　*246*

ハ　行

墓、墓標　taphos, mnema　*73—74, 246, 252*（破門された人の）; *139, 148*（ピロラオスの）; *143*（ミダスの）
秤、てんびん　zygon　*186*
始め　arche　*162, 182—183*　→始元、支配
判断　hypolepsis　*201*　→意見
比、比率　logos　*59, 117—119, 130*
秘儀、密儀　mysteria, telete　*14, 18—19, 72, 75, 151, 228*
（ピタゴラスの定理）　*130, 179*
引っかき傷（比喩）　amyche　*101*
羊、子羊　arnos　*150*
美徳　arete　*134*　→敬虔、智恵、正義、節制、勇気
火と鉄によって　pyri kai sideroi　*34, 68, 78, 187, 225*
非物体　asomaton　*159, 228*
秘密の教説　*75, 94, 246*　→沈黙、口つぐみ、シュンボロン
病気　nosos　*34*
福者の島々　makaron nesoi　*82*
不死（魂の）　athanasia　*173, 219*　→魂
不正義　adikia　*167*（その根本原因）→正義
不節制　→放縦
符丁　→シュンボロン
物体　soma　*228*
太もも（黄金の）　meros (chryseos)　*92, 135, 140*
不和、対立、争い　diaphora, stasis, dichophrosyne　*34, 168, 232*
平和　eirene
━をもたらす　eirenopoios　*186*
へつらい　→こびへつらい
蛇　ophis　*142*
ヘロス（英霊）　heros　*31, 100*
法　nomos, 違法　anomia　*100, 171, 176, 223*
方言　dialektos　*241—242*
放縦（不節制、自制力欠如、不均衡、度外れ、高慢）　akrasia, hybris, ametria, asymmetron　*34, 68, 77—78, 171, 187,195*　→節制
卜占（術）　manteia, mantike　*106, 138, 163, 216; 93*（数による予知 prognosis); *257*（鳥占い　oionizesthai（動詞））
星、天体　aster　*59; 215*（大地の周りをめぐるもの）; *82, 147*（太陽や月）

マ　行

マゴス（ペルシアやバビュロニアの神官で賢者）　magos　*19, 151, 154*
マテーマティコイ（研学派）　mathematikoi　*81, 87(—88)*　→アクースマティコイ
豆（カラスノエンドウの一種という）　kyamos　*(106), 109, 191, 193, 260*
身内意識（親近感）　oikeiosis　*168—169*
右、左　dexion, aristeron　*83, 156*
右手　he dexia　*84, 257, 260*

無知、無学　amathia　*70*
無統制　anarcheia　*175*　→支配
目　omma　*31*（魂の目）; *70*（神的な目と肉体の目）; *228,*
迷信　deisidaimonia　*14*
明敏　→鋭敏
妾　pallakis　*50, 132, 195*
命名者　to tois pragmasi ta onomata tithemenon　*82*　→言語
目標　skopos　*228*（最高の）

ヤ　行

矢（黄金の）　oistos　*91, 140—141*
焼き（手術法の一つ）　kausis　*163, 244*　→切る、火と鉄によって
約束　syntheke, syntage　*185*
宿屋、旅館　pandocheion, 宿屋の亭主 pandocheus　*237—238, 245, 261*
友愛、友情　philia　*69—70*（広義の）; *101—102, 229—240*
勇気　andreia　*214—228*
有魂のもの　empsychon　→動物
友人のものは共有　koina ta philon　*32, 92*　→資産
指輪　daktylion　*84, 256*
夢　oneiros　*70, 107, 148*
　よい━を見る　euoneiros　*65*
予期　prosdokan（動詞）　*196, 224*（あらゆる事態を予期する）
欲望　epithymia　*70, 78, 205—207*
預言者　prophetes; prophetis（女性）　*6—7, 14, 18*

ラ　行

理性　logos　*109; 190, 223*（直立した、正しい、健全な　orthos)
立法　nomous tithesthai, 立法家 nomothetes　*33, 130, 172—173*
リネンの（麻布の）　linos　*100*　→ウールの
リュラ（弦楽器の一つ）　lyra　*63, 110, 113*
輪廻転生（動物への）、再生（別の人間として）　*63, 85, 143*
倫理学　ethike philosophia　*158*
労苦　ponos　*85*（善）
論証、証明　apodeixis　*82, 88, 157; 161*（論証法　apodeiktike)
論理学　logike　*158*

ワ　行

和合（国民の）　homodemia, homonoia　*32, 45*
ワシ、鷲　aetos　*62, 142*

訳者略歴

水地宗明（みずち　むねあき）

滋賀大学名誉教授
一九二八年　広島県呉市生まれ
一九五三年　京都大学文学部哲学科卒業
一九七三年　滋賀大学教授
一九九四年　皇學館大学教授（一九九九年退職）

主な著訳書

ブレンターノ『道徳的認識の源泉について』世界の名著（中央公論社）
『クラテュロス』プラトン全集（岩波書店）
『注解　マルクス・アウレリウス「自省録」』（法律文化社）
『プロティノス全集』（共訳、中央公論社）
『アリストテレス「デ・アニマ」注解』（晃洋書房）
『アリストテレスの神論』（晃洋書房）
ポルピュリオス『ピタゴラスの生涯』（晃洋書房）

ピタゴラス的生き方　西洋古典叢書　２０１１　第３回配本

二〇一一年六月十五日　初版第一刷発行

訳　者　水《みず》地《ち》宗《むね》明《あき》
発行者　檜山爲次郎
発行所　京都大学学術出版会
606-8315　京都市左京区吉田近衛町六九　京都大学吉田南構内
電　話　〇七五-七六一-六一八二
ＦＡＸ　〇七五-七六一-六一九〇
http://www.kyoto-up.or.jp/
印刷・土山印刷／製本・兼文堂

ISBN978-4-87698-190-8

定価はカバーに表示してあります

西洋古典叢書 ［第Ⅰ～Ⅳ期］既刊全84冊

【ギリシア古典篇】

アキレウス・タティオス　レウキッペとクレイトポン　中谷彩一郎訳　3255円
アテナイオス　食卓の賢人たち　1　柳沼重剛訳　3990円
アテナイオス　食卓の賢人たち　2　柳沼重剛訳　3990円
アテナイオス　食卓の賢人たち　3　柳沼重剛訳　4200円
アテナイオス　食卓の賢人たち　4　柳沼重剛訳　3990円
アテナイオス　食卓の賢人たち　5　柳沼重剛訳　4200円
アラトス／ニカンドロス／オッピアノス　ギリシア教訓叙事詩集　伊藤照夫訳　4515円
アリストクセノス／プトレマイオス　古代音楽論集　山本建郎訳　3780円
アリストテレス　天について　池田康男訳　3150円
アリストテレス　魂について　中畑正志訳　3360円
アリストテレス　動物部分論他　坂下浩司訳　4725円
アリストテレス　ニコマコス倫理学　朴　一功訳　4935円

アリストテレス　政治学　牛田徳子訳　4410円
アリストテレス　トピカ　池田康男訳　3990円
アルクマン他　ギリシア合唱抒情詩集　丹下和彦訳　4725円
アルビノス他　プラトン哲学入門　中畑正志編　4305円
アンティポン／アンドキデス　弁論集　高畠純夫訳　3885円
イソクラテス　弁論集 1　小池澄夫訳　3360円
イソクラテス　弁論集 2　小池澄夫訳　3780円
エウセビオス　コンスタンティヌスの生涯　秦　剛平訳　3885円
ガレノス　ヒッポクラテスとプラトンの学説 1　内山勝利・木原志乃訳　3360円
ガレノス　自然の機能について　種山恭子訳　3150円
クセノポン　ギリシア史 1　根本英世訳　2940円
クセノポン　ギリシア史 2　根本英世訳　3150円
クセノポン　小品集　松本仁助訳　3360円
クセノポン　キュロスの教育　松本仁助訳　3780円
クセノポン　ソクラテス言行録 1　内山勝利訳　3360円

セクストス・エンペイリコス　ピュロン主義哲学の概要　金山弥平・金山万里子訳　3990円
セクストス・エンペイリコス　学者たちへの論駁　1　金山弥平・金山万里子訳　3780円
セクストス・エンペイリコス　学者たちへの論駁　2　金山弥平・金山万里子訳　4620円
セクストス・エンペイリコス　学者たちへの論駁　3　金山弥平・金山万里子訳　4830円
ゼノン他　初期ストア派断片集　1　中川純男訳　3780円
クリュシッポス　初期ストア派断片集　2　水落健治・山口義久訳　5040円
クリュシッポス　初期ストア派断片集　3　山口義久訳　4410円
クリュシッポス　初期ストア派断片集　4　中川純男・山口義久訳　3675円
クリュシッポス他　初期ストア派断片集　5　中川純男・山口義久訳　3675円
テオクリトス　牧歌　古澤ゆう子訳　3150円
テオプラストス　植物誌　1　小川洋子訳　4935円
ディオニュシオス／デメトリオス　修辞学論集　木曽明子・戸高和弘・渡辺浩司訳　4830円
デモステネス　弁論集　1　加来彰俊・北嶋美雪・杉山晃太郎・田中美知太郎・北野雅弘訳　5250円
デモステネス　弁論集　2　木曽明子訳　4725円
デモステネス　弁論集　3　北嶋美雪・木曽明子・杉山晃太郎訳　3780円

デモステネス　弁論集　4　木曽明子・杉山晃太郎訳　3780円
トゥキュディデス　歴史　1　藤縄謙三訳　4410円
トゥキュディデス　歴史　2　城江良和訳　4620円
ピロストラトス／エウナピオス　哲学者・ソフィスト列伝　戸塚七郎・金子佳司訳　3885円
ピロストラトス　テュアナのアポロニオス伝　1　秦　剛平訳　3885円
ピンダロス　祝勝歌集／断片選　内田次信訳　4620円
フィロン　フラックスへの反論／ガイウスへの使節　秦　剛平訳　3360円
プラトン　ピレボス　山田道夫訳　3360円
プラトン　饗宴／パイドン　朴　一功訳　4515円
プルタルコス　モラリア　1　瀬口昌久訳　3570円
プルタルコス　モラリア　2　瀬口昌久訳　3465円
プルタルコス　モラリア　5　丸橋　裕訳　3885円
プルタルコス　モラリア　6　戸塚七郎訳　3570円
プルタルコス　モラリア　7　田中龍山訳　3885円
プルタルコス　モラリア　11　三浦　要訳　2940円

プルタルコス　モラリア 13　戸塚七郎訳　3570円
プルタルコス　モラリア 14　戸塚七郎訳　3150円
プルタルコス　英雄伝 1　柳沼重剛訳　4095円
プルタルコス　英雄伝 2　柳沼重剛訳　3990円
ポリュビオス　歴史 1　城江良和訳　3885円
ポリュビオス　歴史 2　城江良和訳　4095円
マルクス・アウレリウス　自省録　水地宗明訳　3360円
リュシアス　弁論集　細井敦子・桜井万里子・安部素子訳　4410円

【ローマ古典篇】

ウェルギリウス　アエネーイス　岡　道男・高橋宏幸訳　5145円
ウェルギリウス　牧歌／農耕詩　小川正廣訳　2940円
オウィディウス　悲しみの歌／黒海からの手紙　木村健治訳　3990円
クインティリアヌス　弁論家の教育 1　森谷宇一・戸高和弘・渡辺浩司・伊達立晶訳　2940円
クインティリアヌス　弁論家の教育 2　森谷宇一・戸高和弘・渡辺浩司・伊達立晶訳　3675円
クルティウス・ルフス　アレクサンドロス大王伝　谷栄一郎・上村健二訳　4410円

スパルティアヌス他　ローマ皇帝群像 1　南川高志訳　3150円
スパルティアヌス他　ローマ皇帝群像 2　桑山由文・井上文則・南川高志訳　3570円
スパルティアヌス他　ローマ皇帝群像 3　桑山由文・井上文則訳　3675円
セネカ　悲劇集 1　小川正廣・高橋宏幸・大西英文・小林　標訳　3990円
セネカ　悲劇集 2　岩崎　務・大西英文・宮城徳也・竹中康雄・木村健治訳　4200円
トログス／ユスティヌス抄録　地中海世界史　合阪　學訳　4200円
プラウトゥス　ローマ喜劇集 1　木村健治・宮城徳也・五之治昌比呂・小川正廣・竹中康雄訳　4725円
プラウトゥス　ローマ喜劇集 2　山下太郎・岩谷　智・小川正廣・五之治昌比呂・岩崎　務訳　4410円
プラウトゥス　ローマ喜劇集 3　木村健治・岩谷　智・竹中康雄・山澤孝至訳　4935円
プラウトゥス　ローマ喜劇集 4　高橋宏幸・小林　標・上村健二・宮城徳也・藤谷道夫訳　4935円
テレンティウス　ローマ喜劇集 5　木村健治・城江良和・谷栄一郎・高橋宏幸・上村健二・山下太郎訳　5145円
リウィウス　ローマ建国以来の歴史 1　岩谷　智訳　3255円
リウィウス　ローマ建国以来の歴史 3　毛利　晶訳　3255円